国家出版基金项目
NATIONAL PUBLICATION FOUNDATION

"十四五"国家重点出版物出版规划项目

中国区域协调发展研究丛书

范恒山　主编

长江三角洲区域一体化发展

周毅仁　刘波　著

辽宁人民出版社

© 周毅仁 刘波 2023

图书在版编目（CIP）数据

长江三角洲区域一体化发展 / 周毅仁，刘波著. —
沈阳：辽宁人民出版社，2023.11
（中国区域协调发展研究丛书 / 范恒山主编）
ISBN 978-7-205-10941-7

Ⅰ.①长… Ⅱ.①周… ②刘… Ⅲ.①长江三角洲—
区域经济一体化—研究 Ⅳ.①F127.5

中国国家版本馆 CIP 数据核字（2023）第 211744 号

出版发行：辽宁人民出版社
    地址：沈阳市和平区十一纬路 25 号 邮编：110003
    电话：024-23284321（邮 购） 024-23284324（发行部）
    传真：024-23284191（发行部） 024-23284304（办公室）
    http://www.lnpph.com.cn
印 刷：辽宁新华印务有限公司
幅面尺寸：170mm × 240mm
印 张：23
字 数：306 千字
出版时间：2023 年 11 月第 1 版
印刷时间：2023 年 11 月第 1 次印刷
策划编辑：郭 健
责任编辑：张婷婷 郭 健
封面设计：胡小蝶
版式设计：留白文化
责任校对：吴艳杰
书 号：ISBN 978-7-205-10941-7
定 价：98.00 元

总　序

　　区域发展不平衡是世界许多国家尤其是大国共同面对的棘手难题，事关国家发展质量、民族繁荣富强、社会和谐安定。鉴此，各国都把促进区域协调发展作为治理国家的一项重大任务，从实际出发采取措施缩小地区发展差距、化解突出矛盾。

　　我国幅员辽阔、人口众多，各地区自然资源禀赋与经济社会发展条件差别之大世界上少有，区域发展不平衡是基本国情。新中国成立以来，党和国家始终把缩小地区发展差距、实现区域协调发展摆在重要位置，因应不同时期的发展环境，采取适宜而有力的战略与政策加以推动，取得了积极的成效。新中国成立初期，将统筹沿海和内地工业平衡发展作为指导方针，为内地经济加快发展从而促进区域协调发展奠定了坚实基础；中共十一届三中全会以后，实施东部沿海率先发展战略，为快速提升我国综合实力和国际竞争力提供了强劲驱动力。"九五"时期开始，全面实施区域协调发展战略，以分类指导为方针解决各大区域板块面临的突出问题，遏制了地区差距在一个时期不断拉大的势头。党的十八大以来，协调发展成为治国理政的核心理念，以区域重大战略为引领、以重大区域问题为抓手，多管齐下促进区域协调发展，区域经济布局和国土空间体系呈现崭新面貌。在新中国七十多年发展的辉煌史册中，促进区域协调发展成为最亮丽、最动人的篇章之一。围绕发挥地区比较优势、缩小城乡区域发展和收入分配差距，促进人的全面发展并最终实现全体人民共同富裕这个核心任务，中国从自身实际出发开拓进取，推出了一系列创新性举措，形成了一大批独特的成果，也积累了众多的富有价值的宝贵经验，成为大国解决区域发展不平衡问题的一个典范，为推动全人类更加公平、更可持续的发展做出了重要贡献。中国的探索，不仅造就了波澜壮阔、撼人肺腑的伟大实践，也形成了具有自身特色的区域协调发展的理论体系。

我国已经开启全面建设社会主义现代化国家的新征程。促进区域协调发展既是推进中国式现代化的重要内容，也是实现中国式现代化的重要支撑。缩小不合理的两极差距，实现区域间发展的动态平衡，有利于推动经济高质量发展，有利于增进全体人民幸福美好生活，有利于实现国家的长治久安。我国促进区域协调发展取得了长足的进步，但面临的任务依然繁重，一些积存的症疾需要进一步化解，一些新生的难题需要积极应对。我们需要认真总结以往的成功做法，适应新的形势要求，坚持目标导向和问题导向的有机统一，继续开拓创新，把促进区域协调发展推向一个新高度，努力构建优势互补、高质量发展的区域经济布局和国土空间体系。

顺应新时代推进现代化建设、促进区域协调发展的要求，中国区域协调发展研究丛书出版面世。本套丛书共10册，分别是《中国促进区域协调发展的理论与实践》《四大区域板块高质量发展》《区域发展重大战略功能平台建设》《京津冀协同发展》《长江经济带发展》《粤港澳大湾区高质量发展》《长江三角洲区域一体化发展》《黄河流域生态保护和高质量发展》《成渝地区双城经济圈建设》《高水平开放的海南自由贸易港》，既有关于区域协调发展的整体分析，又有对于重大战略实施、重点领域推进的具体研究，各具特色，又浑然一体，共同形成了一幅全景式展示中国促进区域协调发展理论、政策与操作的图画。从目前看，可以说是我国第一套较为系统全面论述促进区域协调发展的丛书。担纲撰写的均是经济、区域领域的著名或资深专家，这一定程度地保障了本丛书的权威性。

本丛书付梓面世凝聚了各方面的心血。中央财办副主任、国家发展改革委原副主任杨荫凯同志首倡丛书的撰写，并全程给予了积极有力的推动和指导；国家发展改革委地区振兴司、地区经济司、国土地区所等提供了重要的支撑保障条件，各位作者凝心聚力进行了高水平的创作，在此谨致谢忱。

期待本丛书能为加快中国式现代化建设，特别是为促进新时代区域协调发展提供有益的帮助，同时也能为从事区域经济工作的理论研究者、政策制定者和实践探索者提供良好的借鉴。让我们共同努力，各尽所能，一道开创现代化进程中区域经济发展的新辉煌。

2023 年 10 月

前　言

推动长江三角洲区域一体化发展是党中央作出的重大决策，是关系国家发展全局的重大战略，对实现"两个一百年"奋斗目标、实现中华民族伟大复兴的中国梦具有重要意义。

长江三角洲地区是我国最有条件率先实现高质量发展的区域之一，将长江三角洲区域一体化发展上升为国家重大战略，有助于进一步增强这一区域的创新能力和竞争能力，提高经济集聚度、区域连接性和政策协同效率，在引领我国参与全球合作和竞争，为全国构建新发展格局提供支撑、为全国其他地区贯彻新发展理念提供实践方案等方面具有战略性、全局性、示范性意义。

40多年来，长江三角洲地区在经历了区域合作初步探索阶段、城市自发合作阶段、合作层级提升阶段后，在党的十八大后逐步迈入区域一体化发展阶段，并在2018年11月正式上升为国家重大战略，进入更高起点的区域一体化发展新阶段。几年来，长江三角洲区域一体化发展取得显著成效，区域一体化发展主攻方向越来越明确，战略路径越来越清晰，体制机制越来越完善，区域一体化发展进入了前所未有的加速期，已成为推动中国经济高质量发展的重要引擎。

在当今世界正经历百年未有之大变局的新形势下，机遇和挑战都发生了深刻复杂的变化，长江三角洲区域一体化发展正处于重要战略机遇期。中国特色社会主义进入新时代，开启全面建设社会主义现代化新征程，我国经济转向高质量发展阶段，长江三角洲区域在全国发展大局中的战略地位更加凸显，构筑新发展格局战略对长江三角洲区域一体化发展提出了新的历史使命和更高要求，长江三角洲区域一体化发展任重道远。

　　扎实推进长江三角洲区域一体化发展发展，要求我们更加深入贯彻落实总书记关于长江三角洲区域一体化发展的重要论述，紧扣"一体化"和"高质量"两个关键词，紧扣"一极三区一高地"的战略定位，紧扣"三大使命、七项任务、一个保障"的战略要求，以更坚定的决心、更务实的行动、更强大的合力，扎实推进各项战略任务落地落实，加快探索服务全国构建新发展格局的有效路径。

　　本书共十二章，大体上分为四部分。第一部分为第一章，阐述了关于区域一体化发展的相关理论与实践；第二部分为第二、三章，梳理了长江三角洲区域一体化发展国家战略的历史演进过程和把握推进长江三角洲区域一体化发展的战略使命；第三部分为第四至十一章，分别从优化空间一体化格局、推动产业协同一体化、推进基础设施一体化、推进生态环境一体化、推动公共服务一体化、推进更高水平协同开放、健全区域一体化制度体系和以重大平台为依托加快推进区域一体化先行先试等方面对长江三角洲区域一体化发展进行论述；第四部分为第十二章，主要介绍几年来推进长江三角洲区域一体化发展的历史性成就与创新、推动长江三角洲区域一体化发展的典型做法及成效以及未来的发展路径与工作方式规划。

　　本书写作过程中得到了许多业内人士的帮助，特别是国家发改委国土开发与地区经济研究所综合研究室副主任、副研究员王继源同志，区域发展战略研究二室助理研究员张舰同志参与了第一、二章的撰写；上海财经大学城市与区域科学学院张学良教授参与主持了第五、六、十章的撰写；中国科学院南京地理与湖泊研究所陈雯研究员参与主持了第七、八、九章的撰写工作；国家发改委地区司副司长、一级巡视员张东强同志，四级调研员杨扬同志给予了指导和大力帮助。他们的支持对本书完成至关重要，在此谨致诚挚感谢！

　　祝愿长江三角洲区域一体化发展在我国现代化进程中取得新的辉煌！

周毅仁　刘洁

2023 年 10 月

目　录

第一章

区域一体化发展的相关理论与实践

区域一体化是区域发展的热点话题，具有丰富的区域经济理论基础，在中国经历了从协调发展到协同发展再到一体化发展的循序渐进的实践过程，是区域协调发展的高级形态。

第一节　区域一体化发展的基本理论

区域经济发展的理论脉络主要经历了区域比较优势理论、区域均衡发展理论、区域非均衡发展理论、新经济地理学等，随着欧盟的成立，区域一体化开始成为区域经济理论研究的热点和前沿。总体认为，区域一体化发展不是要求每个地区的经济总量一样，而是注重消除歧视，降低交易成本，促进商品、资本、劳动力等要素的自由流动，优化资源配置，实现政策协调，全面提升区域竞争力。

一、区域经济发展的理论脉络

（一）区域比较优势理论

李嘉图在 1817 年出版的《政治经济学及赋税原理》一书中提出了"比较成本学说"（后人称为"比较优势理论"），即不同国家（地区）依据各自劳动生产率和劳动成本的差异进行互利发展的思路，成为经典的区域分工和贸易发展的理论源泉。李嘉图认为，在资本和劳动不能在不同国家（区域）之间完全自由流动和转移的前提下，只能按照比较优势进行国际（区际）分工和国际（区际）贸易。李嘉图指出，如果两个国家（区域）的生产力水平不同，甲方（地区）在任何一种商品生产上都处于绝对优势地位，但优势程度不同；乙方（地区）在任何一种商品生产上都处于绝对劣势地位，但劣势程度也不同；这两个国家（地区）仍然可以通过国际分工和对外贸易相互获利。李嘉图比较优势理论的积极意义在于，不论一个国家（地区）处于何种发展阶段，经济实力强还是弱，都能找到自身的比较优势。在自由贸易制度下，各国（地区）在发展本国（地区）经济过程中，应充分利用国际（地区）分工和贸易，把本国的资本和劳动投入到具有相对优势的产业上，充分发展本国（地区）最有利的产品生产，促进本国（地区）经济的最快速发展，实现最大化经济效益。

赫克歇尔—俄林的"要素禀赋理论"基本沿袭"比较优势理论"逻辑框架，运用生产要素的丰裕程度差异来解释区域分工和贸易流向。发达国家（地区）资本富裕，劳动力稀缺，适宜发展资本密集型产业，而发展中国家（地区）资本稀缺，劳动力富裕，适宜发展劳动密集型产业。随着发达国家（地区）经济迅速发展，剩余劳动力日趋减少，在市场机制作用下就会推动劳动密集型产业从发达国家（地区）向发展中国家（地区）转移，由此形成最佳区域分工格局。比较优势理论的实质是证明了区域分工的必要性和合理性，由于区域自然条件、经济发展条件、经济能级和结构、资源配置效率等因素的差异，各地区的经济存在不平衡性，这就是区域经济合作与分工的基础。区域分工有利于最大程度发挥区域优势，通过合理的地域分工，使资源配置在不断扩展的区域范围内调整和重组，促使区域主导产业部门、一般专业部分以及区域内部各经济部门之间的空间结构和比例关系趋向合理，进而形成高级有序的地区产业结构与空间结构。

（二）区域均衡发展理论

新古典经济学把区域发展理解为依靠市场机制自发缩小发展差距的过程。新古典经济学认为，在市场机制作用下，区域间自由的商品流动与要素流动将自动实现经济发展收敛，其中以威廉姆森的倒"U"形理论较为典型。新古典理论假设实行完全的自由竞争、生产要素充分利用、资本和劳动力可以自由流动，在市场供求关系和资本边际收益递减规律的支配下，发达区域和城市的资本会流向欠发达区域和乡村，欠发达区域和乡村的劳动力则会流向发达区域和城市。资本要素和劳动要素逆向流动的最终结果是，欠发达区域逐渐消除与发达区域之间的差异，城乡区域二元结构逐步消失。罗森斯坦·罗丹于1943年在《东欧和东南欧国家工业化的若干问题》中提出了"大推进理论"，主张在发展中国家或地区对国民经济的各个部门同时进行大规模投资，以冲破发展的"瓶颈"，从而推动整个国民经济的高速增长和全面发展。1956年，经济学家索罗和斯旺基于生产要素自由流动和开放区域经济的假定，认为各国或一国内不同区域之间的经济差距会呈收敛趋势。1965年，威廉姆森在其发表的《区域不平衡与国家发展过程》一文中提出了倒"U"形理论，指出发展阶段与区域差异之间存在着倒"U"形关系，即区域经济差异会随着经济发展的成熟而最终消失。然而在实践中，大多数国家的政府及经济学家们都已认识到，单纯依靠市场的力量是不能解决区域差异问题的，市场机制自发缩小区域差距只是区域一体化发展的一种理想状态和理论状态。

（三）区域非均衡发展理论

非均衡发展理论把区域发展视为保持区域适度差距下提高经济全局效率的必要选择。经济非均衡发展理论认为，无论经济发展处于何种水平，均衡发展是相对的，非均衡发展才是绝对的，非均衡恰恰是经济发展的必要条件，代表学说主要包括缪尔达尔的"循环累积因果理论"、赫希曼的"不平衡增长理论"、佩鲁的"增长极理论"、萨伦巴和马利士的"点轴开发理论"等。1944年，缪尔达尔在《美国的两难处境》一书中提出了循环累计因果原理，认为由于集聚经济的存在，发达地区会因市场的作用持续、累计地加速增长，并同时产生扩散效应和回流效应。赫希曼则在1958年出版的《经济发展战略》一书中考察了如何通过集中投资于某些部门，使投资得到有效利用，他认为在投资有限的情况下，应该集中资本作用于直接生产性活动的部分以尽快获得投资效益，增加产出和收入，特别是要注重利用具有联系效应的产业带动其他更多产业和区域发展。20世纪50年代，法国经济学家佩鲁提出了"增长极理论"，认为经济的发展并非均衡地发生在地理空间上，而是以不同的强度在空间上呈点状分布，并通过各种传播途径，对整个区域经济发展产生不同的影响，这些点就是具有成长以及空间聚集意义的增长极。20世纪70年代，波兰经济学家萨伦巴和马利士提出了"点轴开发理论"，是指从发达区域大大小小的经济中心沿交通线路向不发达区域纵深地推移，是"增长极理论"聚点突破与"梯度转移理论"线性推进的结合。非均衡发展理论提出，在二元经济条件下，为了突破各种外部条件的限制，政府不是取消而是要维护竞争、不成比例和不均衡，使不均衡的链条保持活力，不发达经济地区取得经济增长的最有效途径是采取精心设计的不平衡增长战略。在资源有限的情况下，政府要引导投资集中到产品需求收入弹性和价格弹性最大的产业，获得效益后，再投资改善基础设施部门，当这些部门的投资创造出新的投资机会时，进一步改造投资环境，从而带动整个经济发展。相反，如果政府一味以地区经济总量趋同为目标强行加以干预，推动资本向欠发达地区流动，则会导致政策目标可能难以实现，同时也会降低区域经济发展的总体效率。在短期内，由于政府的干预作用，在保持适度区域差距的同时，经济全局效率得到了极大提升。从长期看，随着发展水平的持续提高，二元经济会向更高层次的一元经济即区域经济一体化过渡，城乡区域间是会趋向均衡的。

（四）新经济地理学

新经济地理学把区域一体化理解为规模报酬递增下空间集聚的现象。新经济地理学主要研究经济活动的空间集聚和区域经济增长收敛的动态变化。20世纪80年代以后，经济全球化快速崛起，信息通信技术大规模应用，国家和区域之间的交流频率大幅度提升、成本大幅度下降，带来了经济分工模式、组织方式的重大变革，在经济发展越来越依赖高端人力资本和技术要素的今天，创新和技术进步日益重要，规模报酬不变甚至递增都是有可能的。在区域一体化发展下，发达地区和大城市由于集中了更多的创新资源，创新活动更为活跃，因而可能在长期内保持更高的增长率，因此，从长期来看区域经济增长可能并不会趋同。由此，新经济地理学再次提出了规模经济、报酬递增和不完全竞争假设前提，认为经济活动的空间集聚是一个内生决定的过程，与外在的资源禀赋条件无关，贸易成本的下降会导致更大程度的规模报酬递增经济，进一步拉大中心区与外围区的发展差距，从而进一步促进经济活动走向空间集聚。克鲁格曼认为，实行区域一体化以后，随着运输成本的下降，产业并不一定会从生产成本较高的中心地区转移到生产成本较低的外围国家，规模收益的原因可能使生产集中在成本较高但更为接近市场的地方更有效，一体化过程相反可能会阻碍外围地区产业发展。

二、区域一体化是区域经济理论研究的前沿

（一）区域一体化的概念

区域一体化，指特定区域内的国家或地区，通过建立制度性或非制度性的经济合作组织，实现经济联合，谋求区域内商品、要素自由流动和优化配置，最终实现区域内各项政策高度协调统一的过程。1952年，荷兰经济学家丁伯根在其著作《论经济政策理论》中首次提出区域一体化的概念，其在1954年《国际经济一体化》论著中更加系统详细阐述了一体化现象，将一体化视为国际经济政策的一个特殊方面，以此建构国际经济的最理想结构，并区分了消极一体化和积极一体化两种形式。其中，消极一体化旨在消除国际经济政策的某些工具而采取的政策措施，从而达到国家间更好的分工和更高的生活水平，但这一过程漫长，可以通过积极一体化加快，即强调规章制度

对纠正自由市场的错误信号、加强自由市场的统一力量的作用。这些一体化举措可以在世界范围内实施，其中有些可以在世界层面的监管之下在区域展开，也就是区域一体化。美国经济学家贝拉·巴拉萨在《经济一体化》中做了更为广泛的解释，认为一体化既是一种过程，又是一种状态，经济一体化就是指产品和生产要素不受政府的经济限制。就过程而言，它包括旨在消除各国经济单位之间的差别待遇的种种举措；就状态而言，则表现为各国间各种形式待遇差别的消失。20世纪90年代，区域经济一体化组织如雨后春笋般地在全球涌现，形成了一股强劲的新浪潮。世界银行在《2009年世界发展报告：重塑世界经济地理》中指出，区域一体化是一个增加开发密度、缩短联系距离、减少相互分割的过程，在一体化的区域内经济是日趋集中的，生活水准是最终趋同的。

国内学者偏重从国家内部的视角对区域一体化进行研究，总体认为区域一体化是指地理位置相近的两个或两个以上地区为获取经济集聚效应和互补效应而整合为统一市场的过程，是区域协调发展的高级形态，是增强区域发展动力的重要举措。孟庆民对区域经济一体化给出的定义是，不同空间经济主体之间为了生产、消费、贸易等利益的获取，产生的市场一体化过程，包括从产品市场、生产要素（劳动力、资本、技术、信息等）市场到经济政策统一逐步演化。景普秋、孙大斌、安虎森等着重对国内区域经济一体化做了界定，认为一体化指在一个主权国家范围内地缘上邻近的省份和城市之间，通过对某些生产领域进行一定程度的联合和调节最终形成一个统一市场的动态过程，在该市场中的产品以及资金、劳动力等要素不受区域限制，统一市场的形成过程也是阻碍经济运行的人为因素逐步消除的过程，最终可以实现区域内经济的合作与统一。陈建军指出，经济一体化就是将有关阻碍经济有效运行的、包括商品和要素自由流动的人为因素加以消除，其本质特征是按照分工要求调整各国（地区）经济结构，从而使得生产要素和产品能够充分流动并获得无差别待遇。

（二）区域一体化的主要形式

美国经济学家贝拉·巴拉萨将区域一体化按照由低到高、由浅入深、由易到难分为四种形式：（1）贸易一体化，主要是指在贸易领域降低关税水平和非关税壁垒，加强国际性或区域性贸易组织协调，全面减少或消除贸易障碍，并在此基础上逐步形成统一的商品市场，促进商品的自由流动。（2）要素一体化，即实行生产要素的自由流动，特别是降低投资、技术、人员壁垒和限制，促进资本、技术、人才的跨国家（地区）流动。（3）政策一体化，即在集团内达到国家（地区）财政、货币、投资、产业、环保等各项经济政策的协调一致。（4）完全一体化，即所有政策的全面统一。

与这四种形式相对应，区域一体化根据市场的融合程度可以分为自由贸易区、关税同盟、共同市场、经济联盟和完全的经济一体化五种类型：（1）自由贸易区。即由签订有自由贸易协定的国家组成一个贸易区，在区内各成员国之间废除关税和其他贸易壁垒，实现区内商品的完全自由流动，但每个成员国仍保留对非成员国的原有壁垒。（2）关税同盟。即成员国之间完全取消关税或其他壁垒，同时协调其相互之间的贸易政策，建立对外的统一关税。这在自由贸易区基础上又进了一步，开始带有超国家的性质，典型的如欧洲经济共同体。（3）共同市场。即成员国在关税同盟的基础上进一步消除对生产要素流动的限制，使成员国之间不仅实现贸易自由化，而且实现技术、资本、劳动力等生产要素的自由流动，典型的如欧洲统一市场。（4）经济同盟。即在共同市场的基础上更进一步，成员国之间不但实现商品和生产要素的自由流动，建立起对外的共同关税，而且制定和执行某些共同基金政策和社会政策，逐步废除政策方面的差异，形成一个庞大的经济实体，典型的如欧洲联盟。（5）完全一体化。这是区域一体化的最高阶段，成员国在经济、金融、财政等政策上完全统一，在国家经济决策中采取同一立场，区域内商品、资本、人员等完全自由流动，使用共同货币。

三、区域一体化与区域协调、区域协同的异同

区域协调发展是指两个或两个以上的区域相互配合得当，能够正确处理地区间的各种关系，是实现区域优势互补、高质量发展的初级形态；区域协同发展是指两个或两个以上的区域，围绕完成某一共同目标，相互协作，是实现区域优势互补、高质量发展的中级形态；而区域一体化发展是指将彼此不同的独立经济个体整合为统一经济体的过程，是区域实现优势互补、高质量发展的高级演进形态。

区域协调发展、区域协同发展和区域一体化发展均是主要经济区域实现优势互补、高质量发展的重要途径，三者之间既有相似性又有所差异。从相似性看，区域协调发展、区域协同发展与区域一体化发展，对促进经济社会发展和各方融合具有共同之处，均会对信息传递、要素流动、基础设施、产业发展、科技创新、资源配置等诸多方面产生积极影响。在一体化发展中，并不排斥局部区域、局部领域的协调和协同发展，如区域一体化客观需要对各方战略、政策、利益进行广泛的协调，需要重点区域率先协同、先行示范等；在协同发展中，也时常将一体化的阶段性目标、一体化的重点领域作为协同发展的主攻方向，并为未来条件成熟后的一体化发展奠定基础。从差异性看，相比于区域协调发展和区域协同发展不打破区域原本形态，区域一体化能够将区域资源进行重新整合，从协调发展到一体化发展，衡量标准逐步提高，整体合力逐步加强，实现难度逐步加大，协调、协同与一体化发展本质是一种内容上相互包含、程度上逐步递进、目标上不断升华的过程。

第二节　中国区域一体化发展的实践

我国国土面积广阔，区域资源禀赋异质性强，区域发展差距大，新中国成立以来，我国区域发展经历了从注重"公平"，到改革开放初期注重"效

率"，再到兼顾"公平"与"效率"的演变，经历了从"均衡发展"到"非均衡发展"再到"协调发展"的重大战略转变。尤其是党的十八大以来，中央加强顶层设计，把区域一体化发展摆到了更加突出的位置，明确提出并推动长三角一体化国家重大战略实施，正式开启了区域一体化的实践，并初步构建起有利于全国统一市场建设和基本公共服务均等化的"四梁八柱"，为我国下一步区域一体化在更大范围、更宽领域、更深层次实践探索奠定了重要基础。

一、"沿海与内地"生产力布局：区域均衡发展实践阶段

从新中国成立到改革开放之前，以毛泽东同志为核心的党的第一代中央领导集体，基于当时特殊的国际国内形势，在优先考虑国防安全和备战的时代背景下，在区域发展领域实施均衡发展战略，重点建设内地，尽可能地将重大项目和投资向内地、山区以及"三线"地区布局。新中国成立初期，以"156"重点项目工程为主，国家在东北及中西部地区投资布局了一批重大项目工程，20世纪60年代中期又重点加强"三线"建设，在很大程度上促进了内陆地区经济发展，缩小了内陆和沿海地区经济差距。

实践证明，这种特殊历史背景下的区域均衡发展战略尽管效率不高，但在客观上促进了我国内地经济社会的快速发展，使得内地与沿海之间的发展差距不大，并初步奠定起内地产业发展基础和框架。区域均衡发展战略是我国在特殊的国际环境背景下以国防备战为优先的重大战略举措，在当时具有重要的现实意义。新中国成立以后到改革开放前，无论从沿海和内陆的比较，从东部、中部、西部、东北四大区域板块的比较，还是从具体省区的相互比较看，我国区域发展都是相对均衡的，区域差距总体保持平稳，在部分区域甚至有所缩小。1952年，沿海地区人均地区生产总值是内陆地区的1.37倍，到1971年一度缩小至1.19倍，至1978年也仅为1.45倍，沿海和内陆整体处于齐头并进态势（图1-2-1）。

图 1-2-1 沿海地区与内陆地区人均地区生产总值倍差

注：沿海地区包括拥有海岸线的辽宁、河北、天津、山东、江苏、上海、浙江、福建、广东、广西、海南 11 个省区市；其余 20 个省区市为内陆地区。

数据来源：国家统计局。

二、"两个大局"战略构想：区域非均衡发展实践阶段

20 世纪 70 年代，随着中美关系开始走向正常化，我国面临的国际环境发生了显著变化，国家开始调整"备战、备荒"优先的生产力布局原则，更加注重"效率优先"的生产力布局原则，重大项目和投资开始由内地向沿海地区转移。1978 年，中共十一届三中全会做出了把工作重点转移到社会主义现代化建设上来的战略决策，确定了中国实行对外开放、对内搞活经济的重大战略方针。在邓小平同志"两个大局"构想中的第一个大局思想指引下，中国区域发展战略由过去主要强调备战转移到以提高经济效益为中心上来，我国逐步形成了"效率优先"的区域非均衡发展战略，东部沿海地区凭借优越的区位条件和国家政策支持获得迅猛发展。"六五"计划明确提出，要积极利用沿海地区的经济基础，充分发挥它们的特长，带动内地经济进一步发展。20 世纪 80 年代初，国家开始实施沿海地区率先发展战略，由点—轴系统理论

中提出的"T"字形沿海和沿江经济布局被纳入《全国国土总体规划纲要》，区域发展支持政策向东部沿海地区重点倾斜，推动东部地区率先实行改革开放，通过在东部沿海地区设立特区、开放沿海港口城市、建设沿海经济技术开发区、沿海经济开放区等，支持东部沿海地区发挥对外开放优势，面向国际市场大力发展开放型经济。

实践证明，改革开放以后到新世纪之交的效率优先的区域非均衡发展战略，实现了东部沿海地区率先发展的战略目标，使东部沿海地区在国民经济发展中起到了重要的支撑带动和示范引领作用。但同样是在这一阶段，我国区域差距迅速拉大，特别是东西差距开始明显拉大。1978 年，沿海地区人均地区生产总值是内陆地区的 1.45 倍，到 1994 年迅速扩大至 1.94 倍，至 2000 年为 1.88 倍。1991 年起，东部人均地区生产总值开始超过东北，居四大区域板块之首，与其他板块的差距逐渐拉大，1978—2000 年东部人均地区生产总值与西部的倍差从 1.76 上升到 2.45，与中部的倍差从 1.68 上升到 2.21，与东北的倍差也从 0.83 上升到 1.37（图 1-2-2）。

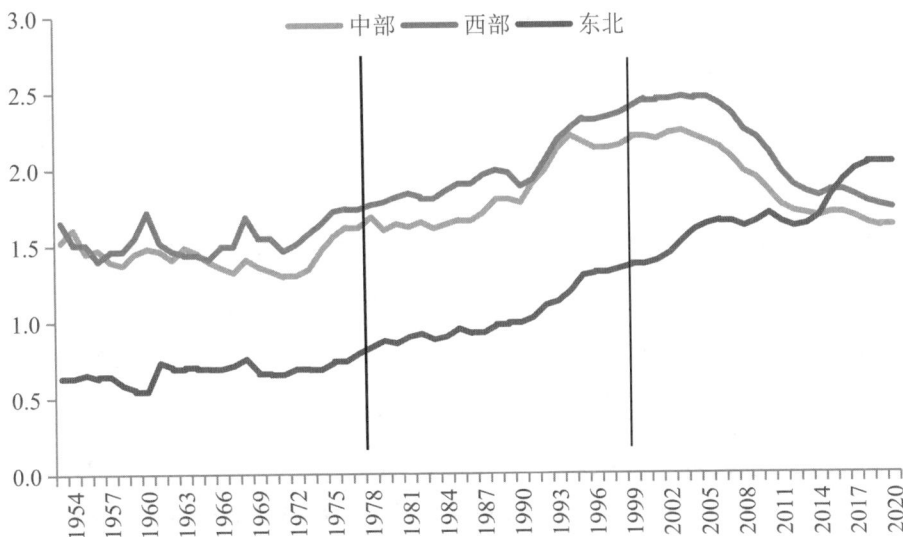

图 1-2-2 东部地区与中部、西部、东北地区人均地区生产总值相对倍差

数据来源：国家统计局。

三、四大区域板块：区域协调发展实践阶段

20世纪90年代中后期，随着我国改革开放深入推进特别是社会主义市场经济体制的逐步建立及完善，各种生产要素加速向东部沿海地区集聚，东部沿海地区发展进一步提速，地区发展差距特别是东西差距不断扩大，并由此引发了一系列区域矛盾和问题。在这种情况下，国家开始把促进区域协调发展提到新的战略高度，开始关注促进东部与中西部地区协调发展，先后制定实施了西部大开发、振兴东北地区等老工业基地、促进中部地区崛起、鼓励东部率先发展的区域发展总体战略。

世纪之交，为扭转东西差距持续扩大趋势，改变西部地区落后现状，中共中央作出西部大开发的战略决策，把区域经济发展战略重点从"第一个大局"转向"第二个大局"，1999年中共十五届四中全会正式提出了"国家要实施西部大开发战略"。在西部大开发战略实施的同时，我国东北地区的问题同样引起了国家的高度重视，随着改革开放的不断深入，老工业基地的体制性、结构性矛盾日益显现，经济发展速度逐渐落后于东部沿海地区，进一步加快发展面临着许多困难和问题，尤其是在当时社会保障尚不健全的情况下，东北国有企业兼并重组产生了大量的下岗失业工人，引发了严重的社会问题。有鉴于此，2002年，党的十六大报告明确提出："支持东北地区等老工业基地加快调整和改造，支持以资源开采为主的城市和地区发展接续产业。"面对东部繁荣、西部开发和东北振兴，中部经济整体发展已经出现了明显的趋缓甚至"塌陷"势头，在发展水平上不如东部，在发展速度上不如西部，"三农"问题越来越严重，产业结构转换越来越困难，资源型产业发展增值空间受到挤压，中部经济发展呈现"塌陷"之势。促进中部地区崛起开始引起国家的高度重视，2004年1月，中央经济工作会议首次出现了"促进中部崛起"的提法。2006年4月，中部崛起的纲领性文件《中共中央、国务院关于促进中部地区崛起的若干意见》（中发〔2006〕10号）正式出台。

事实证明，西部大开发、振兴东北地区等老工业基地、促进中部地区崛起

战略的实施取得了阶段性成果，很大程度上推动了内陆地区加快发展，促进了我国区域协调发展，区域差距开始呈现缩小态势。2000—2012年，东部、中部、西部、东北地区生产总值分别年均增长 11.5%、11.6%、11.9 % 和 10.0%，中西部地区经济增速反超东部，中部、西部地区占全国经济总量的比重分别提高了1.8 和 1.9 个百分点。基于31个省区市常住人口加权计算的区域差异系数从0.620下降到0.429，进一步反映了区域差距呈现收敛态势（图 1-2-3）。随着我国区域发展水平的提高和区域差距的不断缩小，特别是沿海重点地区区域合作的不断深入，我国已经逐步具备了推动局部区域一体化先行先试的基础和条件。

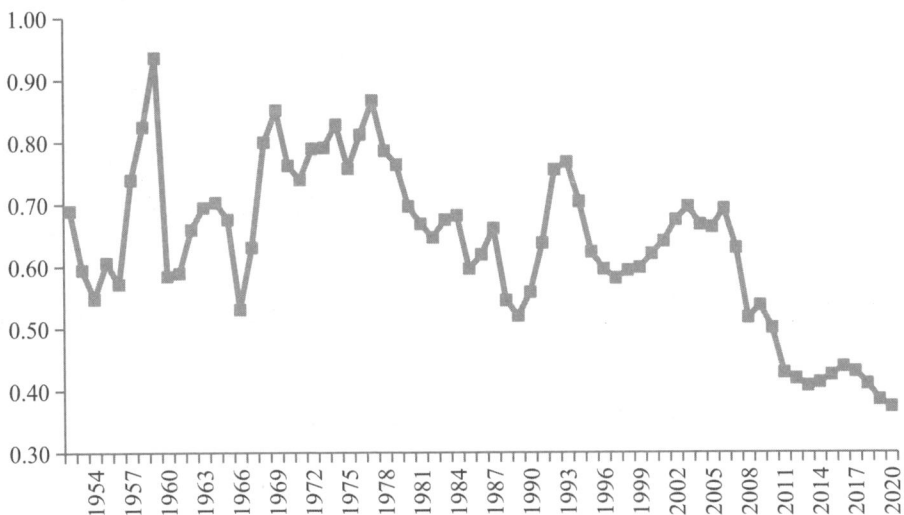

图 1-2-3　31 个省区市区域差异系数

注：区域差异系数基于 31 个省区市常住人口加权后的人均地区生产总值变异系数得到。

数据来源：国家统计局。

四、区域重大战略引领：区域一体化上升为国家战略

党的十八大以来，以习近平同志为核心的党中央审时度势、内外统筹，着眼于实现国内发展与国际合作相统一，实现经济发展与生态保护相统一，实现一体联动和重点突破相统一，先后提出京津冀协同发展、长江经济带发展、粤港

澳大湾区建设、长三角一体化发展、黄河流域生态保护和高质量发展等新的区域重大战略，不断完善改革开放空间布局，推动形成优势互补、高质量发展的区域经济布局。中央提出的一系列重大区域战略，一条统一的主线是要求各地牢固树立"一盘棋"思想，打破行政壁垒，推动重点领域重点区域一体化发展。

京津冀协同发展重点是解决北京"大城市病"问题，以疏解北京非首都功能为"牛鼻子"，高质量推进河北雄安新区和北京城市副中心作为北京新的"两翼"建设，探索超大城市、特大城市等人口经济密集地区有序疏解功能，有效治理"大城市病"的优化开发模式，把北京建设成为国际一流的和谐宜居之都。长江经济带覆盖沿江11省市，横跨我国东、中、西三大板块，坚持生态优先绿色发展，共抓大保护、不搞大开发，努力谱写生态优先绿色发展新篇章，打造区域协调发展新样板，构筑高水平对外开放新高地，塑造创新驱动发展新优势，绘就山水人城和谐相融新画卷，使长江经济带成为我国生态优先绿色发展主战场、畅通国内国际双循环主动脉、引领经济高质量发展主力军。粤港澳大湾区建设包括香港、澳门特别行政区和珠三角9市，是我国开放程度最高、经济活力最强的区域之一，在国家发展大局中具有重要战略地位。建设粤港澳大湾区，既是新时代推动形成全面开放新格局的新尝试，也是深入推动"一国两制"事业发展的新实践。黄河流域生态保护和高质量发展要共同抓好大保护，协同推进大治理，让黄河成为造福人民的幸福河。长三角是我国经济发展最活跃、开放程度最高、创新能力最强的区域之一，也是普遍公认的一体化基础最好、一体化探索最早、一体化成果最为丰富的区域。自《长江三角洲区域一体化发展规划纲要》印发以来，沪苏浙皖紧扣"一体化"和"高质量"两个关键，按照"分区域"和"分领域"两条推进路径加快一体化进程。

在以京津冀协同发展、长江经济带发展、粤港澳大湾区建设、长三角一体化发展、黄河流域生态保护和高质量发展等为主要内容的区域重大战略引领下，我国区域协调发展进入新时代，动力源的引领带动作用不断凸显，贫困地区加快发展，中西部对东部的追赶在继续，区域差距继续缩小。通过以线串点、以点带面，以沿海沿江沿线经济带为主的纵向、横向经济轴带正在全面形成，促进了区域间的融合互动，区域发展格局日益呈现出连接东中西、贯通南北方、多中心、网络化、开放式的新格局。特别是随着长三角一体化的实施，将一体化的制度创新在珠三角、京津冀、成渝等全国其他地区复制推广的基础越来越成熟，区域一体化具备了从点上走向面上、从沿海发达地区走向部分内陆地区、从局部走向全国的基础。（表 1-2-1）

表 1-2-1　区域重大战略的特征

区域	战略背景	战略导向	战略定位	规划范围
京津冀协同发展	北京超大城市病问题突出，影响持续健康发展	以疏解北京非首都功能为牛鼻子，探索协同发展路径	以首都为核心的世界级城市群、区域整体协同发展改革引领区、全国创新驱动经济增长新引擎、生态修复环境改善示范区	北京、天津、河北全域
长江经济带发展	长江面临严峻的生态环境问题	坚持生态优先、绿色发展和共抓大保护、不搞大开发	我国生态优先绿色发展主战场、畅通国内国际双循环主动脉、引领经济高质量发展主力军	沿江11省市全域
粤港澳大湾区建设	支持香港、澳门融入国家发展大局，促进香港、澳门持久繁荣稳定	探索三种货币体制下、三种关税区域内合作共建模式	充满活力的世界级城市群、具有全球影响力的国际科技创新中心、"一带一路"建设的重要支撑、内地与港澳深度合作示范区、宜居宜业宜游的优质生活圈	珠三角9市、香港、澳门
长三角一体化发展	长三角作为经济发展最活跃、开放程度最高、创新能力最强的区域，要在高质量发展等领域发挥示范引领作用	紧扣"一体化"和"高质量"两个关键探索路径	全国发展强劲活跃增长极、全国高质量发展样板区、率先基本实现现代化引领区、区域一体化发展示范区、新时代改革开放新高地	上海、江苏、浙江、安徽全域
黄河流域生态保护和高质量发展	黄河流域面临生态保护、环境治理、长治久安、高质量发展等严峻问题	共同抓好大保护，协同推进大治理	大江大河治理的重要标杆、国家生态安全的重要屏障、高质量发展的重要实验区、中华文化保护传承弘扬的重要承载区	沿黄河9省区相关县级行政单元

资料来源：作者整理。

第三节　区域一体化是区域经济发展的高级形态

区域一体化通常发生在相对发达地区，以劳动力等生产要素自由流动为重要标志，以打造具有国际竞争力的科技创新和产业集群高地为关键目标，以优化区域营商环境作为核心内容，存在多层次、差异化的实施路径，需要有效市场和有为政府相结合，运用系统和辩证思维处理区域一体化的各种矛盾和问题，以资源要素的无障碍流动和地区间合作开放为主要内容，涉及相关区域从认识提升到利益调整，从形式呈现到内容创造，从硬件建设到软件建设，从结构优化到动能转换的全方位、全过程的系统变革和全面创新。简单来说，是以要素资源实现空间一体化发展阶段作为区域经济发展的高级形态。

一、中心城市引领的都市圈、城市群是区域一体化的空间主体形态

从国际上看，区域一体化通常发生在相对发达地区，尤其是人口和经济高度聚集的城市群地区，并且随着一体化程度的提高存在生产要素持续向中心城市、都市圈及城市群流动的趋势。从静态上看，日本东京都辖区面积仅 2194 平方千米，与北京六环内辖区面积（2267 平方千米）相当，占日本国土面积的 0.58%，但人口占日本的 10.9%；伦敦、巴黎都市圈辖区面积约 1 万平方千米，小于北京市，分别占英、法国土面积的 5.8% 和 2.2%，却创造了英、法 30% 以上国民生产总值；美国的人口和经济集中在东西海岸，纽约、芝加哥、洛杉矶大都市区地区生产总值分别占纽约州、伊利诺伊州、加利福尼亚州的 81.2%、78.5% 和 37.9%。从动态上看，美国、日本和西欧，尽管国家层面的人口城市化已经基本稳定，但是在一体化的作用下，人口和经济活动还在继续向以少数大城市为中心的城市群地区集

聚。1986—2020 年，东京都和东京圈人口连续 24 年净流入；2008—2020
年，美国前 20 个大都市区人口占全国比重从 37.3% 提高到 38.0%。我国人
口和经济活动也呈现向城市群集中的趋势，区域一体化的重点是发展水平
最高的长三角地区，同时在珠三角、京津冀、成渝双城经济圈、厦漳泉、
济青烟等相对成熟地区也可开展一体化探索，要深化区域合作，打破行政
藩篱，实现优势互补，增强中心城市的辐射带动作用，打造引领我国高质
量发展的动力源。

二、生产要素特别是劳动力的自由流动是区域一体化的重要标志

区域一体化程度从低到高包括贸易一体化、要素流动一体化、政策一体
化、完全一体化四个阶段。从发达国家来看，欧盟已经实现要素流动一体
化，2014 年欧盟所有成员国基本实现相互完全开放劳动力市场、建立跨国养
老保险转移接续制度，对劳动力资源在欧盟新老成员国间的优化配置起到了
积极作用。英国、荷兰等国，将全体国民纳入到统一的养老保险制度框架下，
不区分城乡、产业、行业、就业性质的差别，给予全体国民平等的养老保障
地位和相同的待遇，进而做到区域统一，有力促进了劳动力的跨区域流动。
当前，我国区域间的商品自由流动已经实现，区域一体化的主要障碍是要素
自由流动受限，相比资本、技术而言，劳动力无障碍流动面临的矛盾更为突
出，特别是劳动力自由流动仍然受到背后地方配套制度不统一的制约，主要
表现在农业转移人口深入融入城市发展还存在障碍，共建共享的人才服务体
系尚未形成，人才落户、居住、就医、子女入学等标准不统一，缺乏互认互
通机制，人才培养和引进制度滞后于一体化进程等。下一步，我国区域一体
化发展的重点是加快要素市场的一体化，加强制度体系的衔接和统一，消除
行政壁垒，促进劳动力自由合理流动。

三、加强分工打造全球科创产业高地成为区域一体化的关键目标

当今世界，国家、区域之间的竞争越来越集中表现为科技创新和产业集群高地的竞争，这种高地的形成高度依赖知识的溢出和产业的分工。区域一体化可以在更大范围内自由配置资源要素，促进人才技术流动和价值链协作，其产生的规模经济、范围经济、集聚经济效应，能够明显提升先进制造业和现代服务业的国际竞争力。例如，美国西雅图和加拿大温哥华宣布打造经济共同体，在人工智能、虚拟现实、创意和娱乐产业开展双城一体化合作，推动创新走廊发展，提高彼此全球经济影响力。英国中南部城市群则打造了以伦敦—剑桥—牛津"金三角"为主要载体的全球领先的生命科学产业集群，以伦敦、曼彻斯特和利物浦等为主要载体的数字产业集群。目前国内长三角等地区发展呈现出许多新特点，创新要素快速集聚，创新链、产业链的"空间共址"效应正在催生出一批具有国际影响力的战略性新兴产业，人工智能、集成电路、生物医药、大飞机等新的主导产业快速发展，规模经济效应开始显现。下一步，要重点通过区域一体化拉长科创长板，瞄准战略性新兴产业和先进制造业，在重点区域加速先进理念、先进模式和先进技术扩散，形成具有全球竞争力的产业集群，实现错位发展、融合发展、一体化发展。

四、先易后难、循序渐进、圈层拓展是区域一体化实施的重要路径

从理论和实践看，区域一体化是一个渐进提高、不断深化的过程，不可能完成于一夜之间，更不是一蹴而就，客观上存在一个由疏远到紧密、由浅层到深层、由内圈向外缘逐渐扩展和辐射带动的动态过程，因此在推进过程中需要多层次、差异化的实施路径。欧盟在一体化进程中合作范围由简单、特定的领域过渡到整体、复杂的领域，起初是煤钢共同体，逐步发展到关税

同盟、自由贸易区、共同市场，最终实现制度化合作。2017 年，欧盟官方提出"多速欧洲"的设想，其实质是差异性一体化的安排，不追求各地一体化的速度完全同步，一些有能力并且愿意向前推进的欧盟国家继续追求共同目标，其他国家再随后跟进。此外，欧盟把跨界地区作为区域一体化的重要突破，特别重视跨界地区（边界地区）在区域一体化中具有重要的衔接和联通功能。我国的长三角地区是国内一体化较早较快的区域，但也存在内部不平衡，安徽与沪苏浙、中心区与非中心区存在明显发展差距。下一步，应按照先易后难的原则和由内向外的圈层，优先选择经济联系紧密、合作基础较好、发展差距又不是太大的区域，例如相对成熟的都市圈、毗邻城市的同城化、发展水平较高的省际交接地区率先推动一体化政策落地，进一步带动各地优势发挥，逐步形成多中心、多网络、多动能的区域一体化发展新格局。

五、优化营商环境是区域一体化的核心内容

区域一体化是有效市场和有为政府相结合的新型一体化。从有效市场看，区域一体化是区域经济发展到一定阶段后的产物，其驱动力来自市场条件下生产要素按照经济规律在区际之间的自由流动，形成区域利益最大化，市场主体特别是跨国公司、民营经济的跨区域生产力布局及企业家的自由选择对促进一体化具有重要推动作用，因此优化区域营商环境，增强对市场主体的吸引力，对于区域一体化的实现具有决定性作用。从有为政府看，一体化需要顶层的制度和政策设计，对一体化的方向和目标进行合理规划，中央政府的统筹协调必不可少，例如欧盟借助结构和投资基金制订并实施了一系列区域政策。此外，一体化是各行政区域主体的相互竞相开放，重点是地方政府之间主动拆除各种显性隐性行政壁垒，加强规则标准的衔接，这就需要政府刀刃向内的自我革命，为要素自由顺畅流动提供良好的制度环境。下一步，应坚持市场主导和政府引导相结合，做好一体化的制度安排，打破行政分割，深化"放管服"改革，坚持市场化、法治化、国际化方向，对标国际通行经贸规则，促进跨境贸易便利化，下大力气营造国际一流的营商环境。

六、区域一体化的双刃剑效应既带来整体实力的增强，又可能拉大内部差距

一体化不是一样化，一个国家内部、区域之间存在差距是常态，即使发达国家也难以做到各地完全均衡发展，一体化会促进地区间资源要素的重新配置和利益的重新分配调整，会同时产生增长效应和分化效应。一方面会促进区域效率提升，推动整体实力的增强；另一方面也可能导致内部差距的拉大，加剧两极分化。英国、意大利南北发展差距问题已存在了数十年甚至上百年的时间，其间也有缓解的阶段，但差距延续至今，且在近些年还有扩大的态势，而德国东西部之间在收入、就业和经济方面依然存在差距。欧盟一体化堪称区域一体化的标杆，即便如此，因为成员国的客观差异，也存在欧元区、申根国、欧盟等不同层次的圈层，一些国家快速增长的（首都）地区与其他地区的差距也在扩大，导致一体化的进度和力度不尽相同。下一步，要统筹好区域一体化的双刃剑效应，加强区域政策的调控，促进基础设施通达、基本公共服务均等化和人民生活保障水平大体相当，从而实现增强发展动力和缩小地区差距的有机统一。

第二章

长江三角洲区域一体化发展
国家战略的历史演进

长江三角洲地区自古便是我国重要的经济区，其在全国的经济地位于明清时期发展至顶峰。近代上海开埠后，长江三角洲地区进入"海洋时代"，进一步成为全国对外开放的重要门户。改革开放后，通过设立上海经济区、长江三角洲城市经济协调会市长联席会议、长三角地区主要领导座谈会等，长江三角洲区域合作不断加深、层级不断提升，逐步迈向区域一体化发展。长江三角洲区域一体化发展在 2018 年 11 月正式上升为国家重大战略，在引领全国参与全球合作和竞争、为构建新发展格局提供支撑、为贯彻新发展理念提供实践方面具有战略性、全局性、示范性意义。

第一节　长江三角洲区域范围演变

长江三角洲的范围并非一成不变，在最基本的自然地理概念下主要指长江入海处大量泥沙在海水顶托作用下沉积形成的冲积平原，而文化地理、经济地理概念下的长江三角洲空间范围不仅局限于此。从历史维度来看，长江三角洲地区自隋唐以来便是我国重要的经济区，南京、扬州、杭州、苏州、上海在不同历史时期均承担过区域中心城市的角色。

一、长江三角洲区域的自然地理概貌

长江三角洲位于我国东部亚热带季风区，因此区域内水网密布、地势低平、气候温和。

（一）河湖众多，是我国河网密度最高的地区

长江三角洲区域河川纵横，湖荡棋布。平均每平方千米河网长度达 4.8—6.7 千米，除淮河、长江、钱塘江、京杭大运河等重要河流以外，还有江苏的秦淮河、苏北灌溉总渠、新沭河、通扬运河，浙江的瓯江、灵江、苕溪、南江、飞云江、鳌江、曹娥江，上海的黄浦江等水系。区域内共有湖泊 200 多个，以太湖面积最大，是我国仅次于鄱阳湖、洞庭湖的第三大淡水湖，其余比较著名的湖泊还有江苏的洪泽湖、太湖、骆马湖、高邮湖、邵伯湖和浙江的杭州西湖、绍兴东湖、嘉兴南湖、宁波东钱湖等著名湖泊。太湖平原拥有以太湖为"中转站"和调蓄库的完整水系——太湖水系，上游水系主要为西部山丘区独立水系，包括苕溪水系、南河水系及洮滆水系；下游主要为平原河网水系，包括东部黄浦江水系、北部沿长江水系和东南部沿长江口、杭州湾水系，黄浦江是下游水系的一条重要泄水通道。京杭运河贯穿流域腹地及下游诸水系，起着水量调节和承转作用。

（二）区域海拔多在 10 米以下，间有低丘

长江以南的常州，苏州常熟、太仓，上海金山等一带的古沙嘴海拔多为 4—6 米，长江以北的扬州、泰州、南通如皋等一带的古沙嘴海拔 7—8 米，海拔最低点在扬州高邮一代，平均海拔 2 米。区域内散布着一些海拔 200—300 米的残丘，如惠山、天平山、虞山、狼山等，大部由泥盆系砂岩和石炭、二叠系灰岩构成，少数由燕山期花岗岩和粗面岩组成。主体太湖平原以太湖为中心，地形呈周高中低。由于地势低洼，历史上洪涝灾害严重，上有长江和太湖上游来的洪水，下有海潮倒灌，夏秋季节又常遭台风暴雨袭击。为改变这种状况，国家大力投资兴修水利工程，开挖河渠，修圩建闸，形成了今天渠渠相连的稠密水网。

（三）气候为典型的亚热带季风气候区

长江三角洲处于秦岭—淮河以南的东部季风区，属于我国东部北亚热带季风气候，四季分明，夏季高温多雨，冬季最冷月平均气温在 0℃以上。这种雨热同区、同期的气候优势，在世界其他亚热带地区是少见的。但整体上长江三角洲在气候上存在冬季半年低温冻害威胁较大、降水不够稳定等气候缺陷。由于长江三角洲地势坦荡且北接华北平原，冬季北方冷空气可以长驱直入，造成比较严重的冻害。区域极端低温可下降到 -10℃，也因此区域内的天然植被以落叶阔叶树为主。亚热带经济果木中，柑橘、枇杷、杨梅等常绿果木的越冬条件地区限制性较大。春秋过渡季节常出现春寒和秋季降温较早现象。由于季风强弱和进退时间早晚不一，区域降水变化较大，汛期变动率更大。过去 50 年里，区域内年均气温、年均最高和最低气温都显著增加，大城市增温率明显高于小城镇和中等城市，城市化效应对大城市气温基本上都是增温作用。

二、长江三角洲的历史地理演进过程

"长江三角洲"的表述较早出现在我国近代地质学先驱丁文江于 1915年以英文发表的文章《芜湖以下扬子江流域地质报告》中，文中用法为"Yangtze Delta"，但当时国内存有"扬子江三角洲""大江三角洲""长江三角洲"等不同译法。1935 年《各学校地理课程标准改正文》要求师范地理教材标准中的"大江三角洲"改为"长江三角洲"，自此"长江三角洲"的表述逐步固定下来。

（一）长江三角洲的地质演变过程

长江三角洲所在地区 10 亿多年前就已是古大陆扬子准地台的一部分，江口三角洲的形成主要是由长江带来的泥沙在海水的顶托作用下，大部分沉积下来形成的三角形陆地。冲积层厚度从西向东由几十米增加到 300 米，冲积层底为坚硬的岩层。

远古时期长江三角洲区域多次因地质变动被海水淹没，现代长江口的三角洲在 6000—7500 年前发育形成。喜马拉雅运动造成以青藏高原为主的西部地区开始猛烈隆升，东部地区则开始大幅度地下降，长江三角洲以及与之毗邻的华北平原、渤海、黄海、东海以及南海等海盆渐次为海水所淹没，最后成为海洋。第四纪晚更新世的一次水期（约 1.1 万年前，我国称其为大理水期，西欧称其为玉木冰期），海面下降至比现如今海平面低 110—130 米的深水，彼时长江三角洲所在地区全部露出海面成为陆地，平原向东直达东经 125°30′，长江入海口可达冲绳海槽。此后进入水后期，气候逐渐变暖，冰川消融导致海水大举内侵，长江三角洲所在地区的大部分地区再次成为浅海。直到 6000—7500 年前后，海面变化开始相对稳定，长江带来的泥沙在河口堆积的速度已经超过了地壳缓缓下降、海面缓缓上升的速度，泥沙不断淤积形成低平的陆地，开始发育形成现代的长江口三角洲。[①]

长江的泥沙在河口堆积成河口沙坝，在南北两侧堆积成滨海沙嘴。长江河口沙坝的出现使得水流分为南北两股汊道，由于科氏力的作用，主江流不断南偏，南支汊流水量不断增大、河槽增宽，北支汊流则逐渐淤浅，最终淤塞使得河口沙坝、沙洲群与北岸陆地并联，形成今天长江北岸最大的冲积平原城市盐城及邗江、泰兴、靖江、如皋、如东、南通、海门、启东诸县地。江口附近的崇明、长兴、横沙等沙岛，也按此规律并入北岸。南支汊流变成主河道以后，又在江中央形成新的河口沙坝，引起江流新的分汊。南岸沙嘴经江阴、太仓、外冈、马桥一线向东延伸，至杭州湾口后受东南风潮流的吹迫，转而向西弯曲，与钱塘江北岸沙嘴相接，沙嘴内侧的浅水海湾被淤封成为一个潟湖，即古太湖的前身。此后浅水海湾不断淤浅，逐渐演变为宽广的湖沼平原。沙嘴外侧滨海地区不断淤积成滨海平原。

（二）长江三角洲区域的历史演进过程

长江三角洲区域在新石器时代便孕育出了多种具有鲜明地域特色的史前文化。在封建王朝时期和近代，长江三角洲区域的经济文化中心不断转移，

---

① 陈永文.长江三角洲自然地理概貌［J］.社会科学，1983（5）：35-37.

南京、扬州、杭州（临安）、苏州、上海均在不同时期扮演了区域中心城市角色，带动了区域经济文化的发展。

在新石器时代拥有孕育了河姆渡文化、马家浜文化、良渚文化、马桥文化等具有鲜明地域特色的史前文化。从太湖三山岛的三山遗址来看，在1万年前的旧石器时代就有古人类在此区域生活。7000—5300年前的河姆渡文化主要分布在杭州湾南岸的宁绍平原及舟山岛等地区，首次被发现于宁波河姆渡镇。7000年前出现的马家浜文化因嘉兴马家浜遗址得名，主要分布在太湖地区，到6000年前左右发展为崧泽文化，首次在上海青浦区崧泽村被发现。马家浜文化之后，良渚文化出现在5300—4300年前，主要分布在钱塘江流域和太湖流域，良渚古城遗址位于杭州余杭区瓶窑镇内，总占地面积3平方千米，始建于5300年前。马桥文化起源于浙江西南山地的原始文化，继承了少量良渚文化因素，相关遗址最早发现于上海马桥遗址中层，文化所处年代与中原地区的夏朝、商朝时间相当。

从三国时期一直到近代，长江三角洲的经济中心不断转移，南京、扬州、杭州、苏州、上海均在不同时代扮演过区域的中心城市角色。隋唐之前，南京作为"六朝古都"，已经带动了长江中下游地区的发展。隋唐时期，京杭大运河的贯通使得扬州成为全国商品贸易、人口往来的集聚地，带动长江三角洲区域开始成为当时全国重要的经济区。南宋将都城迁至临安（今杭州），大批文人学者乃至国外传教士到访临安，使得临安成为当时我国南方地区的政治、经济、文化中心。明清时期，苏州成为长江三角洲区域的中心城市，在全国的经济地位达到我国封建王朝时期的顶峰，也加快了人口、商品和资本向长江三角洲区域的集聚。这一时期区域内交通以内河航运为主，主要水系为南北向的大运河与东西向的长江航道，而支线则包括太湖水系内吴淞江、黄浦江、蒲汇塘等以及南部的钱塘江。进入近代后，1840年的上海开埠，英国强迫清政府签订的《南京条约》中规定的"五口通商"，使得上海在长江三角洲的优势开始显现，长江三角洲区域开始进入"海洋时代"，上海成为区域乃至全国对内对外开放的门户窗口。

三、长江三角洲的区域范围

长江三角洲的范围从最初自然地理概念，被逐步赋予了文化区、经济区的内涵，同时随着区域内城市经济联系的不断增强，长江三角洲所覆盖的空间范围不断扩大，2019年中共中央、国务院印发的《长江三角洲区域一体化发展规划纲要》已覆盖沪苏浙皖三省一市全域35.8万平方千米。

（一）自然地理概念下，指长江入海处冲积而成的三角洲

长江三角洲首先是一个自然地理（沉积学）概念，作为地理单元的"长三角"=长江三角洲=长江三角洲平原，也约等于"太湖平原"，主要指6000—7500年前长江入海处泥沙不断淤积形成的低平陆地范围，面积5.18万平方千米，其中陆上部分2.28万平方千米，其顶点在江苏省仪征附近[①]，地理边界一般认为是在江苏省镇江市以东，通扬运河以南，浙江杭州湾以北的长江中下游平原部分区域，包括南通、上海、镇江、常州、无锡、苏州、嘉兴、湖州、杭州以及南京、泰州、扬州的一部分。需要注意的是，南京大部分地区及宁波等城市并不属于自然地理意义上的"长三角"。

（二）文化地理概念下，指以吴越文化为主体的区域

从地域文化角度来界定，长江三角洲的范围主要为太湖流域、杭嘉湖平原、宁绍平原等以吴越文化为主体的地区，包含上海、浙江、江苏南部、安徽南部。吴越文化又称为江浙文化，由吴文化和越文化构成。吴文化主要指以江苏无锡为核心的环太湖区域的吴地文化；越文化，主要指以浙江绍兴为核心区域的越地文化。吴文化、越文化同源同出，汉代之后，二者基本上已经融合，两字连称而不分彼此。如果按行政区划因素细分，可分为苏南文化、上海文化、杭嘉湖文化、宁绍文化、金衢文化等。

---

① 崔功豪.长三角：从区域合作到一体化发展［J］.上海城市规划，2018（6）：7-8.

（三）经济地理概念下，指以上海为中心、经济社会密切联系的城市群，已逐步扩展至沪苏浙皖全域

目前通常意义的"长三角"更多是指从经济地理角度出发，以上海为中心、经济社会密切联系的城市群。从长江三角洲城市经济协调会的正式成员来看，最初为上海、无锡、宁波、舟山、苏州、扬州、杭州、绍兴、南京、南通、常州、湖州、嘉兴、镇江、泰州 15 个城市，面积约 10 万平方千米。2003 年台州加入，2010 年又吸收安徽合肥、马鞍山，江苏淮安、盐城，浙江金华、衢州，正式成员扩容至 22 个。此后又历经 2013 年、2018 年、2019 年三次扩容，已经覆盖了沪苏浙皖三省一市的全部 41 个城市。2019 年颁布的《长江三角洲区域一体化发展规划纲要》，规划范围包括了沪苏浙皖三省一市全域 35.8 万平方千米。（表 2-1-1）

表 2-1-1　长江三角洲城市经济协调会正式成员城市变化

年份	成员数量（个）	成员城市变化
1997 年长三角城市经济协调会第一次市长联席会议	15	上海、无锡、宁波、舟山、苏州、扬州、杭州、绍兴、南京、南通、常州、湖州、嘉兴、镇江、泰州
2003 年长三角城市经济协调会第四次市长联席会议	16	增加台州
2010 年长三角城市经济协调会第十次市长联席会议	22	增加合肥、盐城、马鞍山、金华、淮安、衢州6 个城市
2013 年长三角城市经济协调会第十三次市长联席会议	30	增加徐州、芜湖、滁州、淮南、丽水、温州、宿迁、连云港 8 个城市
2018 年长三角协调会第十八次市长联席会议	34	增加铜陵、安庆、池州、宣城 4 个城市
2019 年长三角城市经济协调会第十九次会议	41	增加黄山、蚌埠、六安、淮北、宿州、亳州、阜阳 7 个城市

资料来源：笔者根据网络公开资料整理。

第二节 长江三角洲区域发展国家战略的演进

通过对改革开放以来涉及长江三角洲地区的规划文件、政策文件、重要事件及其所涉及的空间范围、主要推动者等的梳理，可以发现长江三角洲区域一体化发展战略向前可以追溯到改革开放初期设立的"上海经济区"。在过去40多年时间里，长江三角洲地区在经历了区域合作初步探索阶段、城市自发合作阶段、合作层级提升阶段后，在党的十八大后逐步迈入区域一体化发展阶段，并在2018年11月正式上升为国家重大战略，进入更高起点的区域一体化发展新阶段。

一、合作的初步探索阶段（20世纪80年代）：国家提出"以上海为中心建立长三角经济圈"，确立"上海经济区"

1982年上海经济区规划办公室的设立是改革开放初期，国家初探长江三角洲区域合作发展的标志性举措，尽管该部门在1988年被撤销，但为后续长江三角洲地区各城市的合作提供了良好的基础和经验。

20世纪80年代初为应对"条块分割""地区分割"等问题，"上海经济区"应运而生。改革开放后采取的"财政包干"等分权改革举措在激发了地方政府进行经济建设的积极性的同时，也加剧了地方保护主义。为解决这一问题，形成合理的经济区和经济网络，国家在1982年发布的"六五"计划（1981—1985年）第三编第二十四章提出编制"以上海为中心的长江三角洲的经济区规划"。同年12月国务院发布《关于成立上海经济区和山西能源基地规划办公室的通知》，提出由上海、浙江、江苏以及国家相关部委共同组建上海经济区规划办公室，牵头开展长三角区域合作，编制了经济区产业、交通、城市等各项发展规划，协调地区和部门间关系。初期上海经济区由苏州、无锡、常州、南通、杭州、嘉兴、湖州、宁波、绍兴9个城市组成。

专栏 2-2-1 《国务院关于成立上海经济区和山西能源基地规划办公室的通知》（国发〔1982〕152号）关于上海经济区规划办公室的相关内容

为了搞好国民经济管理体制的改革，通过中心城市和工业基地把条条块块协调起来，形成合理的经济区域和经济网络，国务院决定选两个点着手试验，进行探索。一个是以上海为中心，包括长江三角洲的苏州、无锡、常州、南通和杭州、嘉兴、湖州、宁波等城市。为了开展工作，国务院决定成立上海经济区规划办公室。

一、规划办公室的任务是，从国民经济发展的全局出发，统筹安排，制订经济区和基地内的经济、社会发展规划，协调经济区和基地内部门之间、地方之间和部门与地方之间的关系，促进生产力的发展。使经济区和基地同全国经济的发展紧密地结合起来。经济区和基地内的城市和企业，都不改变行政隶属关系。

二、上海经济区规划办公室，由国家计委、国家经委、上海市、江苏省、浙江省、机械部、水电部、交通部、化工部、电子部、纺织部、轻工部、经贸部的负责同志组成，王林同志任办公室主任。规划办公室人员要精干，专职人员编制每个办公室暂定十五人。规划办公室设咨询小组，聘请一些六十岁左右，身体好、能力强，实际工作经验多的原来的司局长、副部长参加（供给关系不变）。

三、规划办公室应从调查研究入手，首先从规划做起。通过规划，打破部门和地区的框框，促进地区的联合、企业的联合，真正按照经济规律办事。统一规划后，该列入地方计划的仍列入地方计划，该列入部门计划的仍列入部门计划，使经济区和基地范围内的地区和部门的计划同国家计划衔接起来。

四、规划办公室直属国务院，由国家计委代管。在规划工作上，国家计委、国家经委要经常与规划办公室取得联系，给予帮助、指导。有关地区和部门要积极参加和支持这项工作。

五、办公室在上海市设办公地点，由上海市人民政府负责解决。为了便于工作，在北京的落脚点，由国务院机关事务管理局安排。

1984后，上海经济区又经历了三次范围调整。1984年12月国务院将上海经济区的范围扩大到上海、江苏、浙江、安徽、江西"四省一市"；1985年2月，将上海及其管辖的10个县，苏州、无锡、常州及其管辖的12个县，嘉兴、湖州及其管辖的4个县，共同开辟为"经济开放区"；1987年，将福建纳入上海经济区范围，至此上海经济区已经覆盖了除山东以外的其余全部华东地区。但上海经济区范围的不断扩大也造成了区域内沟通协调成本的上升，经济区的作用不断弱化，这导致上海经济区规划办公室最终在1988年6月被撤销。

部分以都市圈、经济区建设为主要形式的次区域合作开始出现，并一直持续至今。1986年6月，由南京牵头，苏皖赣16个地市参与的"南京区域经济协调会"第一次会议召开，成立南京经济区，这为之后 2000 年江苏提出打造以南京为中心的南京都市圈打下了基础。2021 年 2 月，《国家发展改革委关于同意南京都市圈发展规划的复函》发布，成为全国第一个由国家发展改革委正式批复规划的都市圈。1986 年，浙江宁波、绍兴、舟山、台州共同创建浙东四地市协作联谊会，1988 年升格为浙东四地市市长、专员联席会议，1994 年改称为浙东经济合作区市长联席会议，1998 年于宁波设立浙东经济合作区市长联席会议办公室，2008 年嘉兴市加入浙东经济合作区。截至 2021年，浙东经济合作区市长联席会议已经召开了 18 届。

这一时期，上海经济区以及一些次区域小范围合作的开展反映出长江三角洲地区各地已经萌生了区域经济合作的较强意愿，江苏、浙江的中小城市及企业希望通过与上海开展经济技术合作来促进自身发展，构成了日后推动长江三角洲地区持续合作发展的内在驱动力。

二、城市自发合作阶段（20 世纪 90 年代）：长江三角洲地区各城市通过城市经济协调会，加强对经济协作的组织协调

20 世纪 90 年代初中央作出开发开放上海浦东的重大决策，并在党的十四大上提出"以浦东开发开放为龙头"。在此背景下，如何充分借助上海浦东开发开放的重要战略机遇，对自身的比较优势进行开发、利用和培育，促进经济发展，成为区域内各城市的迫切需求。

1992 年，长江三角洲协作办（委）主任联席会议召开，旨在加强经济协作中的组织协调工作。1992 年，长江三角洲及长江沿江地区经济规划座谈会在北京召开，提出发展"长江三角洲及长江沿江地区经济"的战略构想，将上海、无锡、宁波、舟山、苏州、扬州、杭州、绍兴、南京、南通、常州、湖州、嘉兴、镇江 14 个城市列入长江三角洲城市群。同年，14 个城市召开长三角城市经济协作办（委）主任联席会议，就如何打破行政分割、更好地促进城市合作进行集中讨论，这标志着长江三角洲政府协商机制开始全面启动。

1997 年，长江三角洲协作办（委）主任联席会议升级为长江三角洲城市

经济协调会市长联席会议。第一次长江三角洲城市经济协调会市长联席会议将新成立的江苏省泰州市纳入正式成员，扩容至15个城市，并通过了《长江三角洲城市经济协调会章程》，对长江三角洲地区城市经济协调会的基本宗旨、基本原则、基本任务、组织结构、活动形式等进行了系统的阐述和具体的规定，构建了长三角城市合作的基本框架。此外，会议还就旅游、商贸合作进行了专题讨论，确立了以专题研究推动区域合作的模式。

各城市在经济协调会框架下积极推进商贸、投资等领域合作。上海积极出台优惠政策，优先接受苏浙皖的城市和企业在上海开展外贸、投资开发等业务，如在浦东开发开放之初，安徽省投资集团就在浦东设立全资子公司。[①]长江三角洲地区各城市积极建设对外开放平台，并尝试借鉴上海的开放发展经验，如苏南地区抓住毗邻上海的区位优势，积极引导设立的各类开发区加快在经济政策、管理模式、投资环境等方面与浦东接轨，打造统一的区域协作环境，在这一过程中也逐步形成了与上海既竞争又合作的关系。

这一时期，长江三角洲地区城市间商贸合作的积极开展，极大促进了资本、人才、技术等生产要素的流通。但同时，由于江苏、浙江两省的城市与上海在政策力度和经济实力等方面存在明显差距，苏浙各地随之产生了对上海浦东虹吸资本、人才等要素，影响本地经济和财政收入增长等方面的担忧，一些地方保护行为开始出现。此外，这一时期的区域合作主要集中在太湖流域、杭嘉湖平原、宁绍平原的城市范围内，安徽城市与沪苏浙城市的经济联系仍相对较弱。

三、合作层级提升阶段（2001—2012年）：长江三角洲地区发展成为国家规划，区域合作从城市层面升级为省级层面

随着我国加入世界贸易组织，全球产业尤其是加工制造业加速向长江三角洲地区转移，外商外资加快构建区域产业分工网络，为长江三角洲区域的

---

① 张学良，林永然，孟美侠．长三角区域一体化发展机制演进：经验总结与发展趋向［J］．安徽大学学报（哲学社会科学版），2019，43（1）：138-147.

经济合作发展提供了新的机遇，也提出了新的要求。这一时期，国家层面针对长江三角洲区域内各城市发展定位和分工不够合理、区域整体优势尚未充分发挥等矛盾和问题，发布了一系列区域整体规划，并将"坚持一体化发展"作为发展的主要原则之一，沪苏浙之间由城市层面的合作升级为省级层面的合作。

国家相关部委针对长江三角洲地区经济社会发展发布一系列规划。2007年4月，住房城乡建设部发布《长江三角洲城镇群规划（2007—2020年）》，对长江三角洲区域范围进行扩容，纳入温州、盐城等7个城市。2008年9月国务院发布《关于进一步推进长江三角洲地区改革开放和经济社会发展的指导意见》，将"坚持一体化发展，统筹区域内基础设施建设，形成统一开放的市场体系，促进生产要素合理流动和优化配置"作为主要原则之一。2010年6月，国家发展改革委发布《长江三角洲地区区域规划》，提出"统筹两省一市发展，辐射泛长三角地区"和建设以上海为发展核心的"一核九带"总体布局，规划范围面积21.07万平方千米，包含上海、江苏、浙江的25个城市[①]，其中上海、无锡、宁波、舟山、苏州、扬州、杭州、绍兴、南京、南通、常州、湖州、嘉兴、镇江、泰州、台州16市为发展规划的核心区。

专栏2-2-2　《国务院关于进一步推进长江三角洲地区改革开放和经济社会发展的指导意见》（国发〔2008〕30号）提出的主要原则

坚持科学发展，努力提高自主创新能力，切实加强资源节约和环境保护，推进经济发展方式的转变；

坚持和谐发展，着力保障和改善民生，加强社会主义民主法制建设，维护社会公平正义；

坚持率先发展，加强与周边地区和长江中上游地区的联合与协作，强化服务和辐射功能，带动中西部地区发展；

坚持一体化发展，统筹区域内基础设施建设，形成统一开放的市场体系，促进生产要素合理流动和优化配置；

坚持改革开放，继续在体制创新上先行先试，率先在重要领域和关键环节取得突破，为又好又快发展提供制度保障。

---

① 规划范围包含的25个城市为：上海、无锡、宁波、舟山、苏州、扬州、杭州、绍兴、南京、南通、常州、湖州、嘉兴、镇江、泰州、台州、徐州、淮阴、连云港、宿迁、盐城、金华、温州、丽水、衢州。

城市层面的合作逐步上升为省级层面的合作，省级互动协商机制逐步拓展。与20世纪90年代长江三角洲区域合作主要依托城市经济协调会市长联席会议有所不同，2001年由沪苏浙两省一市常务副省（市）长参加的"沪苏浙经济合作与发展座谈会"的召开、2005年首次两省一市"长三角地区主要领导座谈会"的召开，标志着长江三角洲区域合作发展正式进入沪苏浙两省一市最高决策层视野。其中，"长三角地区主要领导座谈会"这一两省一市的定期磋商机制是由时任浙江省委书记习近平提议设立的，旨在就长江三角洲区域一体化发展中的重大问题进行集中磋商解决，并对未来的一体化发展提出总的方向和要求。在省级合作发展框架下，各方积极开展互动：2003年3月，浙江省党政代表团赴上海考察；5月，浙江省委、省政府下发《关于主动接轨上海积极参与长江三角洲地区合作与交流的若干意见》；7月，时任省委书记习近平提出统领浙江经济社会发展全局的"八八战略"，其中"八项举措"中排在第2位的就是"进一步发挥浙江的区位优势，主动接轨上海、积极参与长江三角洲地区合作与交流"。2003年9月，安徽省党政代表团赴上海考察。浙江、安徽两省均与上海签署了合作协议。2006年6月，浙江杭州市党政代表团赴上海考察，两地市政府签署深化经济合作协议书。此外，上海、江苏、浙江也都将推动长江三角洲地区发展写入本省（市）"十一五"发展规划纲要中。

进入新世纪后，长江三角洲区域合作行政层级的提升使得区域内合作机制拓展到了科技资源共享、产权交易市场建设、大通关建设等方面，这进一步降低了资本、劳动力、技术等生产要素在沪苏浙两省一市范围跨区域流动的制度成本，为长江三角洲地区统一市场的形成提供了基础，沪苏浙两省一市区域一体化发展的大势渐明。

四、迈入一体化发展阶段（2013—2018年）：聚焦服务国家发展大局，率先开展一体化发展机制构建

随着我国经济发展告别低成本竞争、粗放型发展的历史阶段，微观生产

要素成本上升、宏观供求格局深刻变化、资源环境约束增大以及经济发展结构性困境等问题，客观要求长江三角洲地区要更注重区域合作发展的协调性和可持续性，转向高质量一体化发展。党的十八大以来习近平总书记多次作出明确指示，2014年在上海考察时强调"继续完善长三角地区合作协调机制""努力促进长三角地区率先发展、一体化发展"，2018年4月作出"推动长三角实现更高质量一体化发展，更好引领长江经济带发展，更好服务国家发展大局"的重要批示。

党的十八大之后，长江三角洲区域一体化发展的路径、完善一体化发展机制得到逐步明确，并正式将安徽纳入。国务院在2014年9月发布的《国务院关于依托黄金水道推动长江经济带发展的指导意见》中提出"促进长江三角洲一体化发展，打造具有国际竞争力的世界级城市群"，同时还提出"长江三角洲城市群要建设以上海为中心，南京、杭州、合肥为副中心"，这是进入新世纪以来国家层面文件首次将安徽省城市纳入长江三角洲地区。2016年5月，国务院常务会通过《长江三角洲城市群发展规划》，作为指导长江三角洲城市群一体化发展的指导性、约束性文件，规划空间范围涵盖沪苏浙皖三省一市的26个城市。① 该文件抓住上海全球城市功能相对较弱、城市群发展质量不高、城市包容性不足、城市建设无序蔓延、生态系统功能退化等长江三角洲地区发展中的突出矛盾，提出以上海建设全球城市为引领，以共建全球科技创新集群为支撑，以共守生态安全为前提，以健全包容共享的体制机制为保障，构建网络化、开放型、一体化发展格局。

党的十九大之后，长江三角洲城市群一体化发展机制建设得到更实质性的推进。2018年初，由上海、浙江、江苏、安徽联合组建的长三角区域合作办公室在上海正式挂牌成立，初期从三省一市抽调15名工作人员。6月，

---

① 规范范围涵盖的26个城市为：上海，江苏南京、苏州、无锡、南通、泰州、扬州、盐城、镇江、常州，浙江杭州、湖州、嘉兴、宁波、舟山、绍兴、金华、台州，安徽合肥、芜湖、马鞍山、铜陵、安庆、池州、滁州、宣城。

由三省一市共同制订的纲领性文件《长三角地区一体化发展三年行动计划（2018—2020 年）》发布，计划囊括了 12 个合作专题，覆盖范围包括上海、江苏、浙江、安徽全境的 41 个城市，提出到 2020 年要基本形成世界级城市群框架。10 月，三省一市共同签署《长三角地区加快构建区域创新共同体战略合作协议》《长三角技术市场资源共享互融互通合作协议》《长三角地区知识产权一体化发展合作框架协议》，共同构建长三角创新创业的生态体系，打造 G60 科技走廊。11 月，三省一市人大常委会开展立法对接，同步通过《关于支持和保障长三角地区更高质量一体化发展的决定》，在法律层面上共同支撑和保障区域一体化发展。

区域一体化发展形成了"上下联动、统分集合、三级运作、各负其责"的"三级运作"机制，合作范围不断扩大。这一时期，以长三角地区主要领导座谈会为决策层，以沪苏浙皖市长和常务副市长召开的联席会议为协调层，以长三角区域合作办公室、联席会议办公室、重点合作专题组、城市经济合作组为执行层的"三级运作"机制正式形成（表 2-2-1）。"三级运作"机制的形成推动了沪苏浙两省一市间的合作机制建设从经贸领域拓展到生态环保、医疗、信息交流等社会民生和城市治理领域，各地政府之间通过设置相关专题组进行集中研究、签署合作协议等方式积极开展合作。此外，也进一步规范了原有长江三角洲城市经济协调会的运作机制，完善了市长联席会议制度、办公室工作会议制度、专委会暂行管理办法、城市合作专（课）题工作制度等。

表 2-2-1 长江三角洲区域一体化发展的"三级运作"机制

层级	主要内容
决策层	主要是上海市、江苏省、浙江省、安徽省主要领导座谈会，每年召开一次，进行重大决策
协调层	是上海市、江苏省、浙江省、安徽省相关市长和常务副市长召开的联席会议，研究长三角一体化发展中的重大问题，落实主要领导座谈会精神

续表

层级	主要内容
执行层	一是长三角区域合作办公室，既是发动机，也是协调左右的中间枢纽； 二是专题合作组，各行各业共有 15 个合作组，包括商业、金融、科技，是推动一体化的主力军和重要依托； 三是各省联席办，负责统筹协调各省推动一体化发展中的重大事项，再加上 18 个专委会和联盟，依托大学和社会的智库，是推动一体化发展的社会力量

资料来源：笔者根据网络公开资料整理。

这一时期，中共中央、国务院正式提出长江三角洲城市群一体化发展，安徽部分城市开始被正式纳入到规划范围内，一体化发展的路径、机制逐步得到明确，沪苏浙皖间的园区平台合作、科技资源共享、专利转让机制、立法对接等得到实质性推进，同时一体化发展机制进一步扩展到生态补偿、医保服务联网、食品安全共管等区域治理、公共服务共享领域。

五、一体化发展新阶段（2018 年 11 月以来）：正式上升为国家重大战略，在更高起点上推动更高质量一体化发展

2018 年 11 月，习近平总书记在首届中国国际进口博览会开幕式上宣布"支持长江三角洲区域一体化发展并上升为国家战略"，这标志着长江三角洲区域一体化发展进入新的历史时期，要站在国家发展的高度，进一步服务国家和地区发展。2019 年 12 月，中共中央、国务院正式印发《长江三角洲区域一体化发展规划纲要》（以下简称《规划纲要》），规划范围扩展至上海、江苏、浙江、安徽全域，面积 35.8 万平方千米，明确了长三角区域在国家现代化建设大局和全方位开放格局中的战略地位，赋予长三角全国发展强劲活跃增长极、全国高质量发展样板区、率先基本实现现代化引领区、区域一体化发展示范区、新时代改革开放新高地的五大战略定位，提出到 2025 年要实现跨界区域、城市乡村等区域板块一体化发展达到较高水平，在科创产业、基础设施、生态环境、公共服务等领域基本实现一体化发展，全面建立一体化发展的体制机制。随后，三省一市分别印发《浙江省推进长江三角洲区域一

体化发展行动方案》《上海市贯彻〈长江三角洲区域一体化发展规划纲要〉实施方案》《安徽省实施长江三角洲区域一体化发展规划纲要行动计划》《〈长江三角洲区域一体化发展规划纲要〉江苏实施方案》，作为落实国家《规划纲要》的重要举措。相关重要政策文件、规划见表 2-2-2。

表 2-2-2 改革开放以来长江三角洲地区发展的重要政策文件 / 规划

年份	文件 / 规划	规划范围	发布机构	目标定位
1982	《关于成立上海经济区和山西能源基地规划办公室的通知》	上海、苏州、无锡、常州、南通、杭州、嘉兴、湖州、宁波、绍兴	国务院	为了搞好国民经济管理体制的改革，通过中心城市和工业基地把条条块块协调起来，形成合理的经济区域和经济网络
1986	《上海经济区发展战略纲要》	上海、苏州、无锡、常州、南通、杭州、嘉兴、湖州、宁波、绍兴	上海经济区规划办公室	充分发挥中心城市的中心作用，打破经济体制的僵化模式，把横向经济联系更好地组织起来，形成区域经济的综合优势，逐步发展成为我国经济最发达的经济带和港口城市群
1992	成立长江三角洲协作办（委）主任联席会议，后于1997年升级为长江三角洲城市经济协调会市长联席会议	上海、南京、苏州、常州、无锡、镇江、扬州、南通、杭州、湖州、舟山、嘉兴、绍兴、宁波14市，1997年纳入新成立的泰州市，2003年又纳入台州，成员达到16市	长江三角洲地区政府经济技术协作部门	
2007	《长三角城镇群体系建设规划》	上海、南京、苏州、常州、无锡、镇江、扬州、南通、泰州、盐城、连云港、杭州、湖州、舟山、嘉兴、绍兴、宁波、台州、温州、芜湖、马鞍山、合肥、铜陵	住房城乡建设部	

续表

年份	文件/规划	规划范围	发布机构	目标定位
2008	《关于进一步推进长江三角洲地区改革开放和经济社会发展的指导意见》	从省级层面明确长江三角洲地区包括上海、江苏、浙江	国务院	实现科学发展、和谐发展、率先发展、一体化发展，把长江三角洲地区建设成为亚太地区重要的国际门户、全球重要的先进制造业基地、具有较强国际竞争力的世界级城市群
2010	《长江三角洲地区区域规划》	涵盖沪苏浙两省一市的21.07万平方千米，具体包括上海、南京、苏州、常州、无锡、镇江、扬州、南通、泰州、徐州、淮安、连云港、宿迁、盐城、杭州、湖州、舟山、嘉兴、绍兴、宁波、台州、金华、温州、丽水、衢州	国家发展改革委	明确了长江三角洲地区发展的战略定位，即亚太地区重要的国际门户、全球重要的现代服务业和先进制造业中心、具有较强国际竞争力的世界级城市群
2014	《国务院关于依托黄金水道推动长江经济带发展的指导意见》	上海、江苏、浙江、安徽	国务院	促进长江三角洲一体化发展，打造具有国际竞争力的世界级城市群。充分发挥上海国际大都市的龙头作用，加快国际金融、航运、贸易中心建设。提升南京、杭州、合肥都市区的国际化水平
2016	《长三角城市群发展规划》	涵盖沪苏浙皖的21.2万平方千米，具体为上海、南京、苏州、无锡、南通、泰州、扬州、盐城、镇江、常州、杭州、湖州、嘉兴、宁波、舟山、绍兴、金华、台州、合肥、芜湖、马鞍山、铜陵、安庆、池州、滁州、宣城26市	国务院常务会通过，国家发展改革委、住房城乡建设部印发	明确了长江三角洲地区发展的战略定位，即最具经济活力的资源配置中心、具有全球影响力的科技创新高地、全球重要的现代服务业和先进制造业中心、亚太地区重要国际门户、全国新一轮改革开放排头兵、美丽中国建设示范区

续表

年份	文件/规划	规划范围	发布机构	目标定位
2018	《长三角地区一体化发展三年行动计划（2018—2020年）》	上海、南京、苏州、无锡、南通、泰州、扬州、盐城、镇江、常州、杭州、湖州、嘉兴、宁波、舟山、绍兴、金华、台州、合肥、芜湖、马鞍山、铜陵、安庆、池州、滁州、宣城26市	长三角联合办公室	到2020年，长江三角洲地区基本形成经济充满活力、创新能力跃升、空间利用高效、高端人才汇聚、资源流动畅通、绿色美丽共享的世界级城市群框架
2018	《关于支持和保障长三角地区更高质量一体化发展的决定》		沪苏浙皖三省一市人大常委会	指出推进长三角地区更高质量一体化发展对国家改革发展全局的重要意义，明确了总体要求和推进机制，明确以法治力量支持和保障三省一市规划对接、法治协同、市场统一、生态保护和共建共享
2019	《长江三角洲区域一体化发展规划纲要》	涵盖沪苏浙皖全域35.8万平方千米，其中以上海、南京、无锡、常州、苏州、南通、扬州、镇江、盐城、泰州、杭州、宁波、温州、湖州、嘉兴、绍兴、金华、舟山、台州、合肥、芜湖、马鞍山、铜陵、安庆、滁州、池州、宣城27个城市为中心区	国务院	明确了长江三角洲"一极三区一高地"战略定位：全国发展的强劲活跃增长极、高质量发展样板区、率先基本实现现代化引领区、区域一体化发展示范区和新时代改革开放新高地
2021	《长三角一体化发展规划"十四五"实施方案》		长三角一体化发展领导小组	紧扣"一体化"和"高质量"两个关键，打造国内大循环的中心节点和国内国际双循环的战略链接

资料来源：笔者根据网络公开资料整理。

第三节 长江三角洲区域一体化发展的重大意义

长江三角洲地区是我国最有条件率先实现高质量发展的区域之一，将长江三角洲区域一体化发展上升为国家重大战略，有助于进一步增强这一区域的创新能力和竞争能力，提高经济集聚度、区域连接性和政策协同效率，在引领我国参与全球合作和竞争，为全国构建新发展格局提供支撑、为全国其他地区贯彻新发展理念提供实践方案等方面具有战略性、全局性、示范性意义。

第一，战略意义：有助于提升自身在全球经济格局中的能级，引领我国参与全球合作和竞争。

当前科技创新正在成为大国博弈的主战场，新一轮科技革命与产业变革将改变原有全球产业链分工，重构全球产业版图、创新版图、财富版图，对全球各国经济竞争力的消长和全球竞争格局产生重要影响。在美国实施"小院高墙"战略的大背景下，我国需要对未来的科技创新战略和路径进行相应的调整，尤其要重视目前存在的薄弱环节，如基础研究、关键核心技术领域和领军人才培养。长江三角洲地区 2020 年科学研究与试验发展经费投入总额占全国的 30.2%，苏浙沪 R&D 经费投入额分别居全国第 2、第 4、第 6 位，同时拥有多所全国著名的高等学府和知名研究机构，还有一批技术底蕴深厚的制造业龙头企业和在数字经济领域具备国际竞争力的高科技企业。从更高起点推进长江三角洲区域一体化发展，有助于更好调动三省一市科技创新资源，促进产业分工合作、优势互补，共同肩负起中央赋予的"勇当我国科技和产业创新的开路先锋"新使命，打造具有全球竞争力的城市群，引领我国参与全球科技、产业合作和竞争。

第二，全局意义：有助于扮演好经济压舱石、发展动力源角色，为全国构建新发展格局提供支撑。

我国经济目前面临从高速增长转向高质量发展的关键转变，发展不平衡不充分问题仍然突出。同时，受内外部环境不稳定不确定性因素影响，近年来经济面临较大的下行压力。从全国经济大局来看，急需一些转型初步成功，经济增长势头良好的地区通过中心节点和战略链接的作用，充分发挥对内、对外的辐射带动作用，带动更大范围地区的增长和转型，在服务构建新发展格局中先行探路。长江三角洲地区经济总量约占全国的1/4，具有人才、资本、技术等关键要素资源富集，产业链供应链相对完备、市场潜力大等诸多优势。从区位来看，不仅是长江经济带的龙头，也是连接长江经济带与"一带一路"的重要枢纽。此外，长江三角洲地区相比京津冀地区而言内部市场化水平更高，相比粤港澳大湾区而言受外部不确定性因素影响的风险较低。将长江三角洲区域一体化发展上升为国家重大战略，有助于更好释放三省一市的差异化优势与合作发展潜力，促进要素市场一体化发展和地区间联动效应提升，畅通区域"小循环"，成为国内大循环的中心节点、国内国际双循环的战略链接，对全国其他地区释放更大溢出效应和扩散效应，为全国构建新发展格局注入强劲活跃的新动能。

第三，示范意义：有助于探索跨界治理新格局，为全国其他地区贯彻新发展理念提供实践方案。

京津冀协同发展战略以解决北京"大城市病"、结局区域内部发展差距大为侧重点，粤港澳大湾区建设以全面准确贯彻"一国两制"、促进内地与港澳融合发展为侧重点，相比而言，长江三角洲区域内部经济发展差异较小、市场化连接密切、人文比较相通，更有可能率先破除行政界限和行政隔阂，在区域一体化发展、探索跨界治理新格局上取得突破和成功。从更高起点上推动长江三角洲区域一体化发展，建设长三角生态绿色一体化发展示范区，有利于促进三省一市共同探索发展利益共享机制、高端要素集聚开放合作机制、区域协同创新机制、生态环境保护共管机制、共同市场与资源配置机制等，共同谋划一批区域一体化发展的重大示范项目，为全国其他地区更好贯彻创新、协调、绿色、开放、共享的新发展理念提供示范。

第三章

牢牢把握长三角一体化发展的战略使命

第一节　紧扣"一体化"和"高质量"两个关键词

2020 年 8 月 20 日，习近平总书记主持召开扎实推进长三角一体化发展座谈会上强调，要深刻认识长三角区域在国家经济社会发展中的地位和作用，结合长三角一体化发展面临的新形势新要求，坚持目标导向、问题导向相统一，实施长三角一体化发展战略要紧扣一体化和高质量两个关键词，以一体化的思路和举措打破行政壁垒、提高政策协同，让要素在更大范围畅通流动，有利于发挥各地区比较优势，实现更合理分工，凝聚更强大的合力，促进高质量发展。

第一，推动长三角区域经济高质量发展。三省一市要落实好党中央出台的各项政策，在扎实做好稳就业、稳金融、稳外贸、稳投资、稳工作和全面落实保居民就业、保基本民生、保市场主体、保粮食能源安全、保产业链供应链稳定、保基本运转"六保"任务上走在全国前列。要确保各项纾困措施直达基层、直接惠及市场主体，引导金融资本重点支持制造业和中小微企业。要发挥数字经济优势，加快产业数字化、智能化转型，提高产业链供应链稳定性和竞争力。要加快推进重大项目建设，释放有效投资需求。

第二，加大科技攻关力度。创新主动权、发展主动权必须牢牢掌握在自己手中。三省一市要集合科技力量，聚焦集成电路、生物医药、人工智能等重点领域和关键环节，尽早取得突破。要支持一批中小微科技型企业创新发展。

第三，提升长三角城市发展质量。长三角区域城市开发建设早、旧城区多，改造任务很重，这件事涉及群众切身利益和城市长远发展，再难也要想办法解决。同时，不能一律大拆大建，要注意保护好历史文化和城市风貌，避免"千城一面、万楼一貌"。要坚决防止借机炒作房地产，毫不动摇坚持房子是用来住的、不是用来炒的定位，落实长效机制，确保房地产市场平稳健康发展。

第四，增强欠发达区域高质量发展动能。一体化的一个重要目的是要解决区域发展不平衡问题。发展落差往往是发展空间。有关部门要针对欠发达地区出台实施更精准的举措，推动这些地区跟上长三角一体化高质量发展步伐。不同地区的经济条件、自然条件不均衡是客观存在的，如城市和乡村、平原和山区、产业发展区和生态保护区之间的差异，不能简单、机械地理解均衡性。解决发展不平衡问题，要符合经济规律、自然规律，因地制宜、分类指导，承认客观差异，不能搞"一刀切"。

第五，推动浦东高水平改革开放。2020年是上海浦东开发开放30周年，支持浦东在改革系统集成协同高效、高水平制度型开放、增强配置全球资源能力、提升城市现代化治理水平等方面先行先试、积极探索、创造经验，对上海以及长三角一体化高质量发展乃至我国社会主义现代化建设具有战略意义。要继续做好上海自由贸易试验区临港新片区建设工作，充分发挥试验田作用。要抓好上海国际金融中心建设，支持长三角和全国经济高质量发展。

第六，夯实长三角地区绿色发展基础。长三角地区是长江经济带的龙头，不仅要在经济发展上走在前列，也要在生态保护和建设上带好头。要把保护修复长江生态环境摆在突出位置，狠抓生态环境突出问题整改，推进城镇污水垃圾处理，加强化工污染、农业面源污染、船舶污染和尾矿库治理。要推进环太湖地区城乡有机废弃物处理利用，形成系列配套保障措施，为长三角地区生态环境共保联治提供借鉴，为全国有机废弃物处理利用作出示范。长江禁渔是为全局计、为子孙谋的重要决策。沿江各省市和有关部门要加强统筹协调，细化政策措施，压实主体责任，保障退捕渔民就业和生活。要强化执法监管，严厉打击非法捕捞行为，务求禁渔工作取得扎实成效。

第七，促进基本公共服务便利共享。要多谋民生之利、多解民生之忧，在一体化发展中补齐民生短板。三省一市要结合新冠肺炎疫情防控的经验，利用长三角地区合作机制，建立公共卫生等重大突发事件应急体系，强化医疗卫生物资储备。要推进实施统一的基本医疗保险政策，有计划逐步实现药品目录、诊疗项目、医疗服务设施目录的统一。要探索以社会保障卡为载体建立居民服务"一卡通"，在交通出行、旅游观光、文化体验等方面率先实现"同城待遇"。同时，要在补齐城乡基层治理短板、提高防御自然灾害能力上下功夫、见实效。

第二节　准确把握"一极三区一高地"战略定位

第一，"一极"是指全国发展强劲活跃增长极。这是2018年11月习近平总书记在上海考察期间对长三角一体化发展的基本定位，具体要求是长三角要激发市场主体活力，提高创新策源能力，构建现代化经济体系，提高资源集约节约利用水平和整体经济效率，提升参与全球资源配置和竞争能力，在促进我国经济提质增效升级中发挥"稳定器"和"主引擎"作用，增强对全国经济发展的影响力和带动力，持续提高对全国经济增长的贡献率。

第二，"三区"是指全国高质量发展样板区、率先基本实现现代化引领区、区域一体化发展示范区。这是新时代建成社会主义现代化强国、服务中国特色社会主义建设大局赋予长三角的战略重任，具体要求是长三角在推动高质量发展、建设现代化经济体系、促进区域一体化发展方面要当好排头兵，先行先试，为全国其他地区做出榜样、树立标杆。

全国高质量发展样板区。坚定不移地贯彻新发展理念，提升科技创新和产业融合发展能力，提高城乡区域协调发展水平，打造和谐共生绿色发展样板，形成协同开放发展新格局，开创普惠便利共享发展新局面，率先实现质量变革、效率变革、动力变革，在全国发展版图上不断增添高质量发展板块。

率先基本实现现代化引领区。着眼基本实现现代化，进一步增强经济实力、科技实力，在创新型国家建设中发挥重要作用，大力推动法治社会、法治政府建设，加强和创新社会治理，培育和践行社会主义核心价值观，弘扬中华文化，显著提升人民群众生活水平，走在全国现代化建设前列。

区域一体化发展示范区。深化跨区域合作，形成一体化发展市场体系，率先实现基础设施互联互通、科创产业深度融合、生态环境共保联治、公共服务普惠共享，推动区域一体化发展从项目协同走向区域一体化制度创新，为全国其他区域一体化发展提供示范。

第三，"一高地"是指新时代改革开放新高地。这是推进更高起点的深化改革和更高层次的对外开放对长三角提出的新使命新任务，具体要求是长三角要坚决破除条条框框、思维定式束缚，进一步加快各类改革试点举措集中落实、率先突破和系统集成，以更大力度、更高水平推进全方位开放，加快构建改革开放再出发的新格局。

第三节　准确把握两阶段发展目标

《长江三角洲区域一体化发展规划纲要》（以下简称《规划纲要》）提出了分阶段发展目标和具体指标，为推动长三角一体化发展明确了目标导向。按照"十四五"结束的 2025 年和基本实现社会主义现代化的 2035 年两个关键时间节点，《规划纲要》提出长三角一体化发展到 2025 年要取得实质性进展，到 2035 年要达到较高水平。同时，《规划纲要》还提出了中心区人均地区生产总值与全域人均地区生产总值差距、研发投入强度、5G 网络覆盖率、跨界河流断面水质达标率等一系列有针对性的量化指标，作为推动长三角一体化发展的工作指引和检验一体化成效的重要标准。

第一阶段，到2025年长三角一体化发展要取得实质性进展。跨界区域、城市乡村等区域板块一体化发展达到较高水平，在科创产业、基础设施、生态环境、公共服务等领域基本实现一体化发展，全面建立一体化发展的体制机制。

（1）城乡区域协调发展格局基本形成，具体指标为中心区城乡居民收入差距控制在 2.2：1 以内，中心区人均地区生产总值与全域人均地区生产总值差距缩小到 1.2：1，常住人口城镇化率达到 70%。

（2）科创产业融合发展体系基本建立，具体指标为研发投入强度达到 3% 以上，科技进步贡献率达到 65%，高技术产业产值占规模以上工业总产值比重达到 18%。

（3）基础设施互联互通基本实现，具体指标为铁路网密度达到 507 千米 / 万平方千米，高速公路密度达到 5 千米 / 百平方千米，5G 网络覆盖率达到 80%。

（4）生态环境共保联治能力显著提升，具体指标为细颗粒物（PM2.5）平均浓度总体达标，地级及以上城市空气质量优良天数比率达到 80% 以上，跨界河流断面水质达标率达到 80%，单位生产总值能耗较 2017 年下降 10%。

（5）公共服务便利共享水平明显提高，具体指标为人均公共财政支出达到 2.1 万元，劳动年龄人口平均受教育年限达到 11.5 年，人均期望寿命达到 79 岁。

（6）一体化体制机制更加有效，包括资源要素有序自由流动，统一开放的市场体系基本建立。行政壁垒逐步消除，一体化制度体系更加健全。与国际接轨的通行规则基本建立，协同开放达到更高水平。制度性交易成本明显降低，营商环境显著改善。

第二阶段，到2035年长三角一体化发展要达到较高水平。包括现代化经济体系基本建成，城乡区域差距明显缩小，公共服务水平趋于均衡，基础设施互联互通全面实现，人民基本生活保障水平大体相当，一体化发展体制机制更加完善，整体达到全国领先水平，成为最具影响力和带动力的强劲活跃增长极。

第四节 贯彻落实"分区域"和"分领域"推进路径

一、分区域推进路径

坚持以点带面、依次推进，按照由小到大的范围，形成新片区拓展功能、示范区先行探索、中心区率先复制、全域集成推进的一体化发展格局。《规划纲要》按照以点带面、依次推进的原则谋划了长三角一体化发展的圈层结构，要求以上海临港等地区为中国（上海）自由贸易试验区新片区，打造与国际通行规则相衔接、更具国际市场影响力和竞争力的特殊经济功能区；以上海青浦、江苏吴江、浙江嘉善为长三角生态绿色一体化发展示范区（面积约 2300 平方千米），示范引领长三角地区更高质量一体化发展；以中心区27 个城市（面积约 22.5 万平方千米）辐射带动三省一市全域（面积约 35.8 万平方千米）的一体化发展格局。

二、分领域推进路径

《规划纲要》根据不同领域的一体化条件差异，要求分层次统筹推进，对跨省际重大基础设施建设、环境保护、区域协同创新等已经具备条件的领域，要加快一体化发展；对营商环境建设、市场监管联动、公共服务共享等一定程度上具备条件的领域，要注重建立健全体制机制，逐步提高一体化水平；对尚不具备条件的领域，要注重融合、联通、协调、互动，不断缩小发展差距。

第四章

以空间统筹为基底，
构筑长三角空间发展一体化

空间布局一体化是引领长三角区域一体化发展的基本内容和融合发展、高质量发展的"牛鼻子"。[①]空间布局的一体化水平，关乎长三角高质量一体化发展的整体性、可持续性和效率。《长江三角洲区域一体化发展规划纲要》（以下简称《规划纲要》）提出要树立"一体化"意识和"一盘棋"思想，为细化落实长三角空间布局一体化指明了方向。长三角三省一市具有较为完整的城市体系和密集的城市分布，推动长三角地区更高质量一体化发展，在促进产业协同和合作机制建设的同时，也须高度关注空间结构优化。经过多年实践，长三角地区在空间布局一体化和促进区域协调发展方面成效显著。长三角地区要平衡好分工与协作的关系，统筹推进空间布局一体化，实现区域协调发展。

[①] 2019年12月18日，《浙江日报》观点版刊发记者周宇晗对上海市社会科学界联合会党组书记、专职副主席权衡、中科院南京地理与湖泊研究所研究员、浙江省长三角一体化发展咨询委专家陈雯及浙江省社会科学院发展战略和公共政策研究院研究员查志强的专访文章《推动长三角空间布局一体化》。

第一节　调整优化空间发展格局

一、中心城市定位进一步明确

（一）上海市以五个新城建设为发力点，优化市域空间格局[①]

上海市正全面聚焦打造国内大循环的中心节点和国内国际双循环的战略链接，主动服务和融入新发展格局，推动形成长三角一体化发展格局，优化城市空间格局。以强化"四大功能"（全球资源配置、科技创新策源、高端产业引领和开放枢纽门户）、深化"五个中心"建设（全面深化国际经济、金融、贸易、航运、科技创新中心建设）、推动城市数字化转型、提升城市能级和核心竞争力为主攻方向，以五个新城（嘉定、青浦、松江、奉贤、南汇）建设为发力点，优化市域空间格局。并按照独立的综合性节点城市定位，制定加快推进新城规划建设实施意见和行动方案。编制新城规划建设导则，开展新城重点地区规划设计，支持新城集聚一批符合功能定位的重大产业项目，高标准配置学校、医院、文体设施等公共服务资源，推进综合交通枢纽建设，提升新城环境品质，促进新城与长三角城市群中的其他城市相互赋能、辐射带动。推动"一江一河"两岸公共空间品质提升、区域深度开发，推进北外滩建设，加快打造外滩、陆家嘴、北外滩"黄金三角"。促进桃浦、南大、吴淞、高桥、吴泾、金山滨海等重点区域转型发展，加快建设马桥人工智能创新区、市北高新园、长阳秀带、西岸智慧谷、虹桥临空经济示范区等重要产业载体。

上海市五大新城建设不再是卫星城和郊区新城定位，而是长三角城市群

[①] 综合《上海市国民经济和社会发展第十四个五年规划和二〇三五年远景目标纲要》和《2021年上海市政府工作报告》。

中的独立的综合性节点城市。突出独立、综合和节点特征。①

所谓独立，就是形成功能完备，能够自给自足的独立城市功能。既要包括产业、交通、居住、公共服务等基本功能，也要体现各新城的特色功能，不再更多依赖中心城区。

所谓综合，是强调第二、第三产业融合发展，居住与交通、就业、公共服务等功能联动、空间统筹，实现产城融合，职住平衡，形成良好的人居环境品质。不要造成人住在市区、上班在郊区，或住在郊区、上班在市区，防止形成潮汐式交通。

所谓节点，是指形成区域辐射的综合交通枢纽，在长三角区域城市网络当中的能级和地位要进一步提升，成为全市经济发展的重要增长极和上海服务辐射长三角的战略支撑点。

在建设目标上，至2025年，5个新城基本形成独立的城市功能，在长三角城市网络中初步具备综合性节点城市的地位，5个新城常住人口总规模达到360万左右，新城所在区的地区生产总值达到1.1万亿元。至2035年，5个新城各集聚100万左右常住人口，基本建设成为长三角地区具有辐射带动作用的综合性节点城市。

（二）南京将努力成为常住人口突破千万、经济总量突破两万亿元的超大城市②

《南京市国民经济和社会发展第十四个五年规划和二〇三五年远景目标纲要》提出，按照2035年远景目标，综合考虑国内外宏观环境、城市竞合趋势和自身条件，"十四五"期间南京经济社会发展的总目标是，聚力建设具有全球影响力的创新名城、加快形成以创新为第一驱动力的增长方式，聚力建设以人民为中心的美丽古都、探索走出绿色低碳发展新路子，打造富于现代化内涵、推动高质量发展的区域增长极，成为常住人口突破千万、经济总量突

---

① 《关于本市"十四五"加快推进新城规划建设工作的实施意见》（沪府规〔2021〕2号）。
② 《南京市国民经济和社会发展第十四个五年规划和二〇三五年远景目标纲要》。

破两万亿元的超大城市。具体表现为"四个高"：

建设高质量发展的全球创新城市。对标国际一流创新城市和地区，深入实施创新驱动发展"121"战略（即建设一个具有影响力的创新名城、打造综合性科学中心和科技产业创新中心"两个中心"、构建一流创新生态体系），构筑高质量发展动力系统，创建综合性国家科学中心取得实质性成效，形成一批原创性的重大科研成果；建成科技产业创新中心，形成以高新技术企业为主体、高新技术产业为支撑的现代产业体系，全社会研发经费支出占地区生产总值比例达到 4% 左右，高新技术产业产值占规模以上工业产值比重达到 54.5%，整体创新能力进入全球创新型城市行列。

建设高能级辐射的国家中心城市。经济在高质量轨道上实现稳健增长，发展速度继续走在全国同类城市前列，综合实力稳居全国前十强，地区生产总值达到 2 万亿元以上，年均增长 6.5% 左右。战略性新兴产业支撑作用更加突出，基本实现交通运输现代化，初步建成国际消费中心城市和全国重要的金融中心、物流中心、商务中心、数据中心，国际要素集聚能力、生产服务功能和开放引领作用明显增强，更好发挥在都市圈、长三角区域的辐射带动作用。

建设高品质生活的幸福宜居城市。全体居民人均可支配收入达到 9 万元左右，增速与经济增长同步，教育、医疗、养老、社保、住房、交通、体育等基本公共服务体系现代化、均等化、多元化走在前列。社会主义核心价值观更加深入人心，城市文化软实力进一步增强。长江南京段绿色低碳发展成效明显，市域生态环境质量持续改善，空气质量优良天数比例保持 80%。城市人居品质显著提高，乡村振兴战略高水平推进，城乡融合发展水平明显提升。

建设高效能治理的安全韧性城市。市域治理和服务更加精准化、精细化，本质安全水平显著提升，建成国家安全发展示范城市。政府治理同社会调节、居民自治良性互动，社会治理社会化、法治化、智能化、专业化水平明显提高，治理效能迈上新台阶，法治建设满意度达到 90%。国家安全和防范化解重大风险体制机制更加健全，平安南京、法治南京建设取得更大成果，市民幸福感安全感进一步提高，公众安全感达到95%。

2020年5月11日南京市政府发布了《〈长江三角洲区域一体化发展规划纲要〉南京实施方案》（以下简称《南京实施方案》），其中明确南京要紧抓长三角区城一体化发展国家战略机遇，紧紧围绕国家《规划纲要》"一极三区一高地"的战略定位（全国发展强劲活跃增长极，全国高质量发展样板区、率先基本实现现代化引领区、区域一体化发展示范区，新时代改革开放新高地），准确把握"创新共建、协调共进、绿色共保、开放共赢、民生共享"的基本原则，提出了南京的基本定位：驱动长三角一体化发展的战略支点，南京在长三角城市群中"承东启西、联通南北、衔接海陆"的独特地位将进一步凸显，不仅要在上海带动下与其他城市共同打造长三角一体化新格局，还要当好次区域发展的领头羊，肩负起推动宁镇扬、南京都市圈、宁杭生态经济带、扬子江城市群整体发展的职责使命。推动长三角高质量发展的创新引擎，充分发挥南京自身优势，联动区域创新资源，强化区域创新功能，织密区域创新网络，加快发展动能转换，构建现代化经济体系，率先走出一条创新驱动发展的路子，为长三角高质量发展释放更多动能、激发更大活力。支撑长三角国际化发展的门户枢纽，进一步加强合作，创造更多经验，全面提升城市国际化水平，在深度融入长三角一体化进程中，更好地对接"一带一路"、联通长江经济带，构建国际性"门户枢纽"。

按照"十四五"结束的2025年和基本实现社会主义现代化的2035年两个关键时间节点，《南京实施方案》提出了分阶段发展目标和具体指标，为南京推动长三角一体化发展明确了目标导向。提出到2025年取得实质性进展，打造具有全球影响力的创新名城，在长三角更高质量一体化发展新征程中走在前列；到2035年达到较高水平，现代化经济体系基本建成，成为具有影响力和带动力的强劲活跃增长极，一体化发展体制机制更加完善，走在全国更高质量一体化发展前列。同时，《南京实施方案》还提出了全市城乡居民收入比、研发投入强度、铁路网和高速网密度、5G网络覆盖率、跨界河流断面水质达标率等一系列有针对性的量化指标，作为南京推动长三角一体化发展的工作指引和检验一体化成效的重要标准。

（三）无锡重点在"全面融入"与"自身融合"上下功夫[①]

无锡作为长三角区域中心城市，拥有优越的自然人文优势和雄厚的产业科技基础，有条件有能力在"十四五"时期全面融入长三角区域更高质量一体化发展进程，发挥更大作用。

"全面融入"，即坚持以建设长三角先进制造核心区、技术创新先导区、绿色生态标杆区、综合交通枢纽区为目标，全面对接融入上海，推动苏锡常都市圈发展，促进锡常泰跨江纵向联动，参与宁杭生态经济带建设，推进省内南北挂钩合作，加强医疗、养老、文旅等服务功能共建共享，强化无锡长三角"C位担当"，更深层次融入长三角一体化发展。着力塑造区域协调发展新优势，打造长三角世界级城市群的重要中心城市。建立城际深度合作交流机制，协同联动沪苏浙皖城市，积极参与G42沪宁沿线人才创新走廊、"一地六县"长三角产业合作区等建设，推动构建环太湖创新经济生态圈。推进一批对接服务上海龙头的具体项目。落实苏锡常一体化合作峰会议定事项，推出"苏锡常畅游卡"，促进医保经办服务一体化，共推共建苏锡、锡常协同发展区。倡议构建锡常泰湖纵向联动机制，加快江阴靖江长江隧道建设，推动盐泰锡常宜铁路开工建设，打造江阴—靖江工业园区跨江融合发展新样板。积极推进凤城—梅里长江大跨越等重要输电工程，促进区域电网互联互通。高标准建设环太湖城乡有机废弃物处理利用示范区。争取承办长三角金融工作会议。

"自身融合"，即以市域一体化为目标，着力推动锡澄锡宜一体化发展，加快建设锡澄、锡宜两个协同发展区，支持江阴、宜兴两市各自在跨江联动、苏浙皖三省交界地区发挥更强的影响辐射力，市域一体形成合力全面融入长三角一体化进程。优化国土空间布局。按照"一轴一环三带、一体两翼两区"市域国土空间总体格局，规划形成1个主中心城区，江阴、

[①] 综合参考《无锡市国民经济和社会发展第十四个五年规划和二〇三五年远景目标纲要》和《无锡市2021年政府工作报告》。

宜兴2个副中心城区，北部片区（锡澄协同发展区）、西部片区（锡宜协同发展区）和东部片区（锡东绿色发展区）等3个综合片区，惠山洛社、江阴利港—璜土、宜兴官林等若干新市镇构成的城镇体系新格局。加快功能区域规划建设。推动梁溪老城、太湖新城"双核"融合发展，加快推进锡山区、惠山区、滨湖区、新吴区与"双核"有机协同，持续提升中心城区综合能级。重点是谋划建设梁溪科技城、蠡湖未来城、新吴空港枢纽等一批功能性载体，促进产业创新聚合、文商旅服务、枢纽辐射能力，提高产城人协调发展质量水平。加强城市更新和精细化管理。建立完善城市更新单元制度，以梁溪老城等区域为重点，开展城市功能修补和生态修复。推行空间重塑和留白，创新城市微空间更新模式，活化文化基因，展现特色风貌，建成一批多重功能复合利用的高品质街区。加大城市管理力度，推动市容市貌、环境卫生、园林绿化、道路交通、工地管理等重点领域形成试点示范，建成一批城市管理标杆项目，提高城市国际化水平。加强市政基础设施建设。重点是统筹推动能源、水利、供水、排水、燃气、热力等基础设施系统建设运行，建设海绵城市、韧性城市，全面提升城市综合承载能力和抗风险能力。建设新型智慧城市。重点是持续加快5G、车联网、人工智能、智能电网、云计算和大数据中心、智慧充换电桩等新型基础设施体系建设，在此基础上，积极推进涉及城市运行维护和民生领域应用，打造全面数字化示范地。

在"两融"过程中，首要任务是构建现代化综合立体交通体系，重点是建设区域交通"大通道"，包括建设盐泰锡常宜、南沿江铁路、苏锡常快线等一批高铁、城际、市域铁路和高速公路、国省干线；建设区域交通"大枢纽"，包括苏南硕放区域性枢纽机场改扩建、无锡（江阴）港功能扩展；畅通市域交通"微循环"，包括建设竣工地铁4号线一期工程，开工建设地铁5号线、6号线以及一批城市快速路等工程，同步加快交通网络薄弱地区道路和城市支路建设，打通一批"断头路"，拓宽一批"瓶颈路"，减少高峰时间段城市堵点，到2025年，公共交通出行分担率达到32%以上，广大市民群体切实体会到区域市域一体化所带来的高效率和便利性。

提升中心城市发展品质。优化城市功能和公共服务资源布局。实施视觉形象建设工程，强化城市色彩和形态管理，推进城市亮化工程，因地制宜设置城市雕塑。组织城市设计竞赛，加强蠡湖未来城、鸿山旅游度假区等重点片区规划设计。建立重要项目规划设计方案专家论证机制。实施大运河整治提升和文化带建设工程，争创江南古运河国家级旅游度假区。推进火车站南广场综合改造、锦园保护与改建工程等项目建设，启动烈士陵园改造和环境提升工程。强化太湖新城产业导入和城市功能配套，促进功能叠加和产城融合，高水平建设国际会议中心等地标性建筑。实施做大做强梁溪区三年行动计划，加快中山路核心商圈及崇安寺整体改造升级，推进梁溪科技城建设试点，打造精彩城区。

推动乡村全面振兴。坚持把解决好"三农"问题放在全局工作重中之重，以推进农业农村现代化示范建设为主线，加快推动农业高质高效、农村宜居宜业、农民富裕富足。坚决遏制耕地"非农化"、防止"非粮化"，推进农田连片整治，新增高标准农田3万亩（1亩=0.0667公顷）。实施现代种业产业化行动，保障粮食、生猪、蔬菜、水产等重要农产品稳定供给，提升粮食仓储基础设施水平。培育农业企业、种养大户、农民合作社、家庭农场等新型经营主体。推进五大现代农业产业园和五大乡村建设先导区规划建设和融合发展，提升国家级、省级现代农业产业园发展水平。开展新一轮农房建设，引导适度集中居住，探索利用集体建设用地建设租赁住房。加强农村人居环境整治，深化"一推三治五化"专项行动，完成100个重要节点村庄整治，创建20个省级特色田园乡村，以点带面打造一批美丽乡村示范带。探索城乡融合协调发展综合改革，提高乡镇、街道治理能力，完善新型农村社区治理服务体系。创新集体经济联合发展机制，确保村均集体收入超900万元。推进江阴全国乡村治理体系建设试点、宜兴国家城乡融合发展试点，支持阳山创建国家级旅游度假区。

（四）常州制定融入长三角区域一体化发展的"532"发展战略 [①]

常州市第十三次党代会提出立足新起点、奋进新征程，抢抓长三角区域一体化发展重大机遇的"532"发展战略。常州将瞄准"国际化智造名城、长三角中轴枢纽"城市定位，大力实施"532"发展战略，加快建设长三角交通中轴、创新中轴、产业中轴、生态中轴、文旅中轴，高标准打造长三角产业科技创新中心、现代物流中心、休闲度假中心，不断提升城乡融合发展示范区、统筹发展和安全示范区建设水平，推动长三角一体化发展不断取得新的成效。

在交通互联互通上交出"常州答卷"。常州将以大交通构建大格局、促进一体化发展，完成交通基础设施投资2000亿元以上，构建多层次、互联互通交通网，实现3小时通达全国重要城市、2小时通行全省、1小时畅行都市圈。在铁路上，建成南沿江城际铁路、常泰铁路，开工建设镇宣铁路、盐宜铁路、苏锡常城际铁路及西延线、轨道交通5号线6号线，共同建设"轨道上的长三角"。在公路上，建成苏锡常南部高速、溧宁高速，开工建设丹金高速、靖澄常宜高速等，全力打造"高速中环"。水运方面，加快推进常州综合港务区建设，开工建设德胜河三级航道整治项目，构建通江达海的高等级航道网，让"黄金水道"发挥"钻石效益"。空运方面，实施常州机场航站楼改扩建工程，建设长三角地区重要干线机场。特别是以"点"的突破，推动"面"的发展，将常州南站建设成为常泰铁路、苏锡常城际、地铁5号线和未来多条轨道交通的换乘交汇点，长三角中轴枢纽的"第一门户"和城市"中央车站"。

在激发创新动能上贡献"常州力量"。常州将积极参与长三角科技创新共同体建设，深度融入沿沪宁产业创新带、G60科创走廊、太湖湾科创带发展，勇当长三角科技和产业创新的开路先锋。中以常州创新园是中以两国创新合作的标志性项目，常州将进一步强化与以色列创新资源精准对接，嫁接长三

[①] 参考《中国共产党常州市第十三次代表大会工作报告》。

角扎实的产业基础、广阔的市场容量，让更多以色列先进技术在常州、长三角转化为生产力，打造长三角对接国际创新要素的重要窗口。高标准建设智能制造龙城实验室，在数字化制造技术、智能制造与机器人技术、高端新材料上，加强原创性、引领性科学研究，形成一批重大科技成果，向着国家战略性科技创新基地奋力迈进。

在产业协同发展上树起"常州高度"。常州将继续推动产业横向联合、纵向整合，积极开展产业链精准招商，谋划实施一批强链补链项目，加速壮大高端装备制造、新能源、新材料等十大先进制造业集群，精心培育工业与能源互联网、人工智能等八大高成长性产业链，打造2—3个产值超3000亿元的地标产业，支撑工业规模总量早日突破两万亿元，力争早日成为万亿地区生产总值城市，有力支撑全省世界级先进制造业基地建设。打造全国营商环境最优城市，以开放、法治、创新、高效的发展环境吸引海内外人才和企业安家落户，推动贸易和投资便利化，努力成为联通国际市场和长三角的重要桥梁。

在生态联保共治上绘就"常州底色"。作为沟通联系长江、太湖水系的生态廊道，常州将像保护眼睛一样保护生态环境，积极探索零碳城市建设，促进产业生态化、生活低碳化、能源绿色化，放大自然资源禀赋优势，打造长三角生态中轴，让绿色成为城市发展最鲜明的底色。始终把保护与修复长江生态环境摆在压倒性位置，坚定不移打好"十年禁渔"持久战，深入开展"停转拆绿提"五大行动，更高水平开展滆湖、长荡湖治理，争创国家长江经济带绿色发展示范试点。深入开展污染防治攻坚，扎实推进"危污乱散低"企业出清提升行动，坚决遏制"两高"项目盲目发展，制定落实碳达峰碳中和行动方案，深化国家低碳城市试点建设，守护好蓝天、碧水、净土。

在文旅互融共进上擦亮"常州标识"。近年来常州坚持不忘本来、吸收外来、面向未来，深入挖掘历史资源，促进文旅融合发展，创造出环球恐龙园、东方盐湖城、天目湖等高品质景区，成为全国知名度假目的地。未来五年，常州将以建设长三角休闲度假中心为引领，加快曹山未来城、中沙文旅中心月亮船等重大文旅项目建设，全面优化提升"乐园之都""闲逸山水""美丽乡村""食美常州"核心文旅 IP，策划以"常州三杰"为代表的经典红色之旅，努力打造"不得不去"的特色景点、"不得不买"的文创产品、"不得不住"的网红民宿，全面拉长旅游的消费链、价值链，吸引更多长三角居民到常州"慢下来、停下来、住下来、还想来"。

在城乡融合发展上打造"常州示范"。常州将统筹实施新型城镇化和乡村振兴战略，推动城乡规划布局、产业体系、基础设施、要素配置等全面融合，建设城乡融合发展示范区，打造"都市里的村庄"和"田野里的都市"，加快形成"各美其美""美美与共"融合发展新格局。坚持系统思维、一体布局，统筹推进老城厢复兴、高铁新城建设、"两湖"创新区联动发展，拓展城市未来发展空间。深入推进溧阳、金坛城乡融合发展试验区建设，加快释放"人"的活力、激活"地"的潜力、激发"产"的动力，为乡村振兴注入新动能。深入实施乡村建设行动，持续推进农村人居环境整治提升，积极探索、有序推进现代化宜居农房建设，推动全市规划发展村庄全部建成美丽宜居乡村，从"一处美"迈向"一片美""全域美"。统筹"做大蛋糕"与"分好蛋糕"，完善创新创业创富机制，推动更多劳动者通过辛勤劳动迈入中等收入群体，全面提升低收入群体增收能力、生活品质和社会福利水平，加强自然灾害、环境风险、公共安全事件、公共卫生事件等重大突发事件应急处置联动，增强人民群众在一体化发展中的获得感、幸福感、安全感。

（五）苏州聚焦加速沪苏同城化，打造服务长三角一体化的中心城市①

聚焦加速沪苏同城化。强化长三角重要中心城市地位，利用在上海大都市圈中的区位优势，全面对接上海"五个中心"建设，加快与上海共建国际性枢纽集群，建设联动上海的现代物流服务基地和供应链组织中心、服务上海大都市圈的信息次级枢纽。依托沪宁高铁、高速公路大动脉以及沪苏通、沪苏湖铁路等双向通道，推动以城际铁路、市域（郊）铁路、轻轨等为骨干的通勤网络建设，构建沪苏 1 小时紧密通勤圈，促进区域内人才、技术、资

---

① 综合参考《苏州市国民经济和社会发展第十四个五年规划和二〇三五年远景目标纲要》和《苏州市2021 年政府工作报告》。

本等要素更加自由便利流动，打造江苏对接上海的最重要枢纽门户城市。

打造融入上海先行区。探索毗邻区域协同发展新机制，实施规划、交通、创新、环保、民生等领域全方位融沪合作行动计划，积极承接上海非核心功能与优质产业项目溢出。推动虹桥—昆山—相城、嘉定—昆山—太仓、宝山—嘉定—太仓、青浦—昆山—吴江—嘉善等沪苏毗邻区域开展深度合作，加强规划衔接，统筹布局生产生活空间，共享公共服务设施，强化社会治安协同管理，加强重大污染、安全事故等联合管控与应急处置，推动安亭—白鹤—花桥城镇圈共建。支持昆山、太仓、相城和苏州工业园区参与虹桥国际开放枢纽建设。

推动沪苏跨界合作取得更大实效。强化跨界基础设施对接与公共服务共享，加快推进沪苏省际断头路、瓶颈路消除，加快推进苏锡常都市快线对接上海嘉闵线延伸项目落地实施，加强跨界地区警务网格和综治网格"双网融合"创新交流和协作。加快与上海科教资源嫁接融合，推出"一网通办""一卡通行"等同城化措施。推进苏州（相城）上海数字经济产业园、苏州北站综合交通枢纽、虹桥—相城苏沪合作商务会展区建设，打造虹桥—昆山—苏州工业园区—相城综合功能走廊。推动与上海规则对接、标准互认和政策协调，优化嘉昆太、青昆吴和环淀山湖等合作机制，创新同城化协调发展机制。

协同推进长三角一体化发展。推进长三角生态绿色一体化发展示范区建设，贯彻落实示范区建设总体方案，打造"高品质生态绿心""高水平创新绿核""最江南水乡客厅"，建设苏州南部高铁科创新城，力争在共立生态绿色新标杆、共筑创新经济新高地、共创人居环境新典范等方面取得重要突破。加大改革创新力度，集中落实、系统集成重大改革举措，在财政、土地、项目等要素资源上给予倾斜，探索跨行政区域生态优势转化路径。协同打造沿沪渝、苏嘉杭高速和沪苏湖、通苏嘉铁路的创新功能轴，支持吴江建设长三角绿色智能制造产业示范区，推进苏淀沪城际铁路等重大项目建设，统筹规划建设昆山南部锦溪、淀山湖、周庄三镇，积极融入淀山湖世界级湖区。

加快共建环太湖世界级湖区。推动环太湖地区统筹规划建设，加快在产业创新协作、生态环境共保、文化旅游合作等领域取得实效。以太湖科学城、苏州（太湖）软件产业园等为重要载体，加快自主创新产业整体规模不断发展壮大，共同打造环太湖生态创新带。统筹推进环太湖文旅休闲度假区、大运河文化带建设，共建环太湖国际旅游目的地。协同推进环太湖地区城乡有机废弃物处理利用。

推动长三角协同创新产业和开放体系建设。围绕电子信息、生物医药、材料科学等重点领域，健全长三角区域创新共同体、多层次产业创新大平台共建机制，组织实施一批关键共性技术跨区域协同攻关项目，加强跨区域"双创"合作，融入沪宁产业创新带、环太湖科创带，推进 G60 科创走廊产业合作示范园区建设。探索建立长三角自贸区学习交流和联动发展机制，在更大范围内复制推广自贸区苏州片区、苏州工业园区、昆山金融改革试验区等改革创新举措，推动高能级开放合作平台共建共享。支持苏宿工业园区等南北共建园区高质量发展，加快发展中新苏滁高新区、中新嘉善现代产业园、苏锡通科技产业园等合作园区。

高位融入一体化要素市场与制度体系建设。积极参与共建统一开放的人力资源市场，推动人才资源互认共享，加强面向高层次人才的协同管理，完善人才柔性流动机制。支持长三角教育一体化发展联盟（相城）基地建设。主动融入长三角区域各类资本市场分工协作体系，加快推进与沪深证券交易所、区域各类交易场所合作。探索共建促进产业内部联动和产业链深度融合的产业联盟、产业基金。支持苏州长三角数字货币研究院加快发展。探索实行统一的市场准入制度，建立健全重大事项政府间协商机制。

（六）南通奋力建设长三角一体化沪苏通核心三角强支点城市[①]

推进区域协调发展，全方位融入苏南、全方位对接上海，以"大通州湾"思维系统推进沿海开发、江海联动发展，聚力建设通州湾长江集装箱运输新出海口，努力把沿海打造成为绿色产业集聚带、滨海特色城镇带和美丽生态

---

① 参考《南通市国民经济和社会发展第十四个五年规划和二〇三五年远景目标纲要》。

风光带，奋力打造长三角经济发展新引擎。

加快跨江融合发展。深度融入苏南发展板块。全面学习苏南在园区发展、产业培育、营商环境等方面的先进经验，构建同质化发展生态。主动承接苏南产业转移、成果转化，实现与苏南产业链分工协作、融合发展。学习借鉴苏南自主创新示范区体制机制创新经验，探索跨江合作园区协同发展新模式，提高承接信息产业、研发设计、总部经济等高端产业和业态能力。支持苏锡通科技产业园加快探索省域一体化发展路径，在跨江融合发展体制机制上形成经验成果。支持各县（市）区、重点园区与苏南重点产业平台对接合作，实现产业平台紧密型合作全覆盖。引入国有资本、社会企业参与园区共建，打造若干跨江产业合作"区中园、园中园"，推动产业深度对接、集群发展。

深度对接上海协同发展。以上海"1+8"大都市圈空间协同规划编制实施为契机，落实崇明东平—南通海永—南通启隆跨省城镇圈一体化规划，促进协同一体化发展。积极策应上海"五个中心""四大功能"建设，加强与上海城市核心功能协同，大力推进沪苏合作共建南通新机场、通州湾长江集装箱运输新出海口等重大战略性工程，深化生态、教育、卫生、文旅等领域合作，锻长板补短板，加快打造上海大都市北翼门户城市。

创新一体化发展体制机制。紧扣"一体化"和"高质量"两个关键词，树立"一体化"意识和"一盘棋"思想，围绕交通互联互通、产业协同创新、生态联保共治、开放合作共赢、公共服务共享等重要方面，进一步创新一体化合作机制。按照资源共用、成本共担、利益共享的原则，创新跨江融合发展体制机制。探索创新跨江合作路径，实现各县（市）区与苏南等相关区（市）建立紧密型合作全覆盖。在要素资源跨区域统筹配置、营商环境共建、生态环保共治等方面取得创新成果。建立规划、投融资、招商、经营管理等方面的合作机制。探索实施公共服务同城化、一体化共享机制，促进基本公共服务便利共享。推动苏锡通科技产业园、南通创新区等建设南通沪苏跨江融合示范区，争取打造国家级发展平台，统筹产城联动发展，探索跨江联动、跨江融合发展新模式。

实施向海发展战略。打造绿色产业集聚带。依托沿海综合交通廊道和海岸线，充分发挥大通州湾沿海集聚效应，重点发展节能低碳绿色环保的钢铁新材料、石化新材料、生物基新材料等沿海临港高端产业，建成国家级新材料产业基地。加快推进中天精品钢等重大项目建设，打造江苏绿色精品钢产业基地。按照全省石化产业发展重心由沿江向沿海地区转移形成"两基地一空间"的布局，打造通州湾石化产业发展新空间。瞄准江苏省装备制造关键环节和重点领域，做强做优船舶及海洋工程装备、智能港口机械、智能制造装备等高端装备产业，吸引国内外装备制造核心骨干企业建立生产与研发基地，建成国家高端装备产业研发基地和制造基地。打造新兴产业基地，率先突破重特大项目，重点集聚百亿级乃至千亿级临港大项目，建设富有沿海特色高质量产业带。

打造滨海特色城镇带。按照绿色低碳理念，推进以通州湾示范区滨海港城为核心、沿海重点镇为重要节点的滨海城镇建设。强化中心城区与滨海城镇带的快速轨道交通、快速通道建设，增强中心城市对滨海城镇带辐射带动力。加快建设临港产业园区和现代化新港城，塑造具有滨海风情和地方特色的城镇风貌，打造滨海特色城镇节点。配合海港、海鲜、温泉等海洋特色资源，打造规模适度的特色滨海旅游区和特色村落，建设滨海旅游胜地，打造功能配套完善、人居环境友好、滨海风貌鲜明的宜居宜业宜游高品质滨海特色城镇带。

打造美丽生态风光带。开展岸线修复整治与生态建设，促进海岸线自然化、绿植化、生态化，逐渐恢复形成具有生态功能的自然岸线。开展滨海湿地植被种植与恢复，恢复当地滩涂植被及生态系统。在达标海堤内侧推进滨海森林防护带工程，拓展公众亲水岸线，改善海岸景观，提升海岸生态功能和资源价值。积极推动南黄海休闲旅游度假区、海港生态公园、小洋口旅游度假区、刘家埠子旅游度假区、通州湾海洋旅游度假区、江海产业园、圆陀角旅游度假区建设，形成令人向往的沿海生态风光带。

创新发展海洋经济。围绕建设国家一流现代海洋城市目标，放大国家海洋经济创新发展示范城市载体效应，促进海洋产业转型升级，持续推动海洋现代产业体系向布局集聚化、结构合理化和产品高端化方向集聚，建设富有区域特色的现代海洋产业集群。科学利用海域资源，贯彻落实国家严控新增围填海决策部署，严守海洋生态红线和自然岸线保有率管控底线，以围填海历史遗留问题处理、非填海建设项目用海审批为抓手，全力保障大通州湾新出海口等重大战略项目建设。立足国土空间规划，编制实施海岸带保护与利用规划，扎实推进市级围填海历史遗留问题处理方案落地生效，引导符合国家产业政策的项目充分消化已填成陆存量海域资源，完善配套公共基础设施和产业空间布局。"十四五"期间，实现海洋生产总值年均增长 9% 左右，占全市生产总值比重及占全省海洋生产总值比重稳步提高。

打造大通州湾发展新引擎。统筹大通州湾生产力布局，以世界眼光高起点布局，把沿海前沿区域放在全国、全省区域发展战略布局中来定位，着力打造"一带一路"和长江经济带最便捷最经济的出海口，成为长三角重要的产业承载地和增长新空间，实现江海联动、河海联通、陆海呼应，促进要素在更大范围流动配置。统筹优化大通州湾生产力布局，推动港产城融合发展，实施标志性工程，打造江海新引擎、智造新高地、美丽新湾城。按照国际一流标准建设通州湾长江集装箱运输新出海口，加强智慧化、现代化港口基础设施建设，构建"铁路连港区、内河到码头、港口通大洋"集疏运体系，加快开工建设 20 万吨级深水航道，起步港区、主体港区开港运营，打造江苏远洋集装箱运输核心港区、上海国际航运中心北翼重点发展港区。加快建设沿海绿色产业集聚带，建成万亿级绿色高端临港产业基地。支持通州湾发展石化新材料、现代纺织等重点产业，海门港打造钢铁产业基地和循环经济产业链，吕四港建设我国东部沿海重要粮油运输中转基地。以通州湾示范区和海门港新区为核心，高品质推进通州湾示范区核心商贸城建设，打造服务沿海地区发展的现代化滨海城市，加快推进洋口、吕四两大组团建设，构建"一核两组团"城市发展格局。放大天然海湾生态优势，推进滨海特色城镇、旅游景区、公园绿地等建设。

加快推进沿海港区建设。推动市域港口规划"一张图"、布局"一盘棋"、资源"一本账",优化通州湾港区各作业区规划布局,形成以通州湾为主港区,洋口、吕四、海门、三夹沙作业区为骨干的总体格局,加快建成长江"海进江、江出海"的江海联运新通道。加快建设通州湾出海口港区码头及配套工程(一期、二期)、吕四作业区 10 万吨级码头、海门作业区一港池 5 万吨级码头、通州湾作业区三港池码头、洋口作业区液体化工码头二期等沿海码头,推进通州湾 30 万吨级原油码头及航道前期研究。加强沿海进港深水航道和锚地建设,推动区域性航道、锚地共享共用,加快建设通州湾港区小庙洪航道、吕四港区西港池 10 万吨级进港航道、三夹沙南航道和网仓洪航道等工程。加快推进洋吕铁路、通海港区至通州湾港区铁路专用线建设,以互联互通为目标,增强交通基础设施对沿海发展的支撑力,高起点规划建设沿海港口和风电场安全、防污染配套基础设施。

加速沿江港区绿色转型。以集群、绿色为导向强化产业支撑,优化沿江港区布局,整合形成如皋、南通、通海三大港区,有序推进与城市发展不相匹配的港区功能逐步退出。完善港区功能,提升港口公共服务能力,如皋港区以大宗散货运输为主,南通港区以服务城市生活、临港工业为主,通海港区以集装箱运输为主,充分利用长江 12.5 米深水航道,提升江海直达运输服务能力。

强化内河港口支撑。围绕新出海口水运支持体系打造,合理布局内河港区、作业区,推动内河港口向"等级标准化、集约节约化、功能多元化、绿色智能化"方向发展,优化干线航道沿线码头布局,提高内河港口与沿岸城镇、产业发展的匹配性。以千吨级的码头泊位建设为主,积极推进内河码头与航道工程共建,加快推进公用、专业化码头,集装箱码头建设,基本形成集内河中转、商贸物流、临港开发等功能于一体的现代化内河港口。

加快临港物流发展。大力发展冷链、装备、电商等专业物流,增强中转配送、流通加工等增值服务,延伸港口物流产业链。重点发展多式联运、国际物流、商贸物流、装备物流和大宗物流。依托洋口港，大力发展以 LNG（液化天然气）、石油等液化品为主的专业物流，支持洋口港建设国家级 LNG 产供储销体系枢纽，推进 LNG 气化冷能综合开发利用；依托吕四港，加快通用散杂货、集装箱和液体散货、油气品等物流建设，建成全国粮、棉、油、糖及冷链物流基地。依托海门港，加快钢铁、煤炭、水泥等物流建设，建成多式联运基地。将上海铁路局海关物流基地和海安凤山内河港建设成为通州湾出海口的重要喂给基地。

深化长江沿线港口合作。发挥通州湾新出海口"一带一路"最便捷出海口、江海联动的区位优势，积极承接沿江、长三角、长江经济带资源集聚和产业转移，成为全省扩大内需和畅通循环的重要通道和板块。加强与长江经济带上游重点江港、内河港合作，建成长江经济带物流大通道上的重要外向型枢纽基地。充分利用上海港、苏州港等各异的资源禀赋和互补的区位、市场优势，加强在区域与国际贸易体系中供应链各环节的合作。加强与省港集团、上港集团等港航企业在联合运营、货源组织、航线合作等方面开展全方位合作，推动互动联合、紧密协同、利益共享。

（七）扬州争做长三角一体化高质量发展示范[①]

扬州紧扣构建"一个交汇点"和"三地三枢纽"，主动参与建设区域通勤圈、产业创新圈、幸福生活圈，联手推动宁镇扬一体化，争做长三角一体化高质量发展的示范。

紧扣"一个交汇点"：奋力打造长江经济带与大运河文化带联动牵引的交汇点城市。

大运河与长江在扬州交汇，与长江一起构成了长三角一体化的发展主轴。作为长江运河交汇点城市，扬州必须坚决扛起"共抓大保护"的时代责任和"让古运河重生"的历史重任，协同推进长江经济带和大运河文化带建设。

奋力在长江经济带绿色发展中争做典范。坚持系统思维，立足放大扬州

---

① 张宝娟.争做长三角一体化高质量发展示范［J］.群众（思想理论版），2022（5）：4-6.

"江河湖—水贯通"的自然生态优势，从生态系统整体性和流域系统性出发，编制好国土空间开发保护"一张图"，合理布局生产、生活、生态空间，严格落实生态环境"三线一单"、项目准入负面清单等刚性举措，大力推进沿江产业"降黑增绿""腾笼换鸟""破旧立新"，让长江扬州段"绿"的底色更靓、"金"的成色更足、"新"的特色更明，唱响现代化"长江之歌"。

奋力在大运河文化带建设上争当示范。一体建设高品位的文化长廊、高颜值的生态长廊、高水平的旅游长廊，精心打造大运河国家文化公园三湾核心展示园，加快建设运河文化展示"八大片区"，创新推出一大批运河实景，充分发挥世界运河历史文化城市合作组织、世界运河城市论坛等高端平台的作用，全力推动扬州在运河遗产保护与传承、文化研究与传播、生态保护与提升、文旅融合与发展、国际交流与合作上走在全国前列，唱响新时代"运河号子"。

构筑"三地"：全力打造长三角有影响力和竞争力的产业科创高地、先进制造业基地和国际旅游目的地。

扬州在产业上有特色，在科创上有潜力，在旅游发展上有优势，是国家创新型城市、全国小微企业创业创新基地城市示范、全国旅游标准化示范城市。面向长三角，迈向新征程，必须在融合开放中积蓄优势，在彰显特色中提升能级。

加快转型，打造长三角重要的先进制造业基地。实施产业基础再造工程，做大先进制造业总量、壮大先进制造业集群，以"人有我优、人优我强"为目标，推动支柱产业强链扩链；以"链条延伸、集群共建"为主线，推动新兴产业加速扩量；以"项目带动、创新驱动"为抓手，推动传统产业转型升级，全力在制造业规模总量、发展质态、企业转型、产业协同上取得新突破。力争到"十四五"期末，全市制造业总量突破万亿元大关，构建高端装备、汽车及零部件、新型电力装备、化工新材料等10条500亿元级优势产业链，培育1—2个在全省乃至全国有影响力、高辨识度的先进制造业集群。

协同发力，构筑长三角有影响力的产业科创高地。深度参与建设区域协同创新体系，加快构建以共建共享为特征的跨区域产业创新"联合体"，以G328科创走廊为串联，以宁镇扬毗邻地区合作示范区、江广融合区中央创新区、国家高新区江苏自贸试验区联动创新发展区为核心，以仪征经济开发区、扬州高新区、扬州经济技术开发区、广陵经济开发区、杭集高新区、江都经济开发区等为支撑，加快构建"一廊三区多点"联动创新格局，推动创新人才、技术、资金等高端要素向扬州无障碍流动。

彰显优势，建设长三角国际旅游目的地。放大"世界运河之都""世界美食之都""东亚文化之都"品牌效应，规划建设宁扬康养产业带，持续提升"两古一湖"核心旅游板块，积极打造以美食为特色的沿江区域消费中心城市。围绕"让古城复兴"，加快建设历史文化名城保护和有机更新示范城市；围绕"让古运河重生"，精心打造自然生态之美与历史人文之美相得益彰的古运河水上游览线；围绕打造世界级景区，加快推动大运河文化旅游度假区创建国家文化旅游度假区，着力构建以大运河为主轴的全域旅游发展格局，积极拓展"文旅＋美食""文旅＋康养""文旅＋体育"等旅游新领域，全力争创国家级旅游休闲城市、国际知名文化旅游目的地。

建设"三枢纽"：着力打造长三角有较大影响力和示范意义的综合交通枢纽、旅游航空枢纽和河江海水水中转枢纽。

充分发挥扬州处于江苏中心、长三角中心位置的地理优势，打造交通枢纽，发展枢纽经济，提升城市发展能级，增强扬州在区域发展中的集聚力和吸附力。

加快构建长三角中部地区综合交通枢纽。加快打造"两纵两横多联多射"融合发展的多层次铁路网，构建完善环主城高品质高速公路环、环主城快速化国省公路环、市域高速公路环、市域国省干线一级公路环等"四张公路环"，结合北沿江高铁、扬镇宁马城际铁路建设，把扬州东站建设成为公铁一体、内外衔接、辐射周边的区域综合交通枢纽。以扬州东站为中心，对标国际一流对江广融合区进行整体规划建设，打造研发孵化机构和创新人才富集的中央创新区、现代服务业和总部经济集聚的城市中央商务区。

全力打造服务长三角的国际旅游航空枢纽。高标准实施扬州泰州国际机场二期扩建工程，极快拓展国际国内航线，加快建设以机场为中心快捷通达周边城市和主要景区的轨道交通、高速公路网，全力打造全球最美中小机场、长三角旅游门户机场。在此基础上，提升发展扬州空港新城，依托光线（扬州）中国电影世界等重大项目，着力建设面向长三角的现代空港服务业集聚区、枢纽型物流产业区和区域旅游集散中心。

着力建设长三角河江海水水中转枢纽。与省港口集团全面深化合作，共同推进扬州市沿江、沿运河公共码头岸线资源整合开发和一体化高质量运营，做大做强扬州港；推进扬州港大力发展大运河—长江—海洋水水中转、多式联运业务，与南京港、镇江港合力打造宁镇扬组合港，更好服务苏中苏北地区高质量发展。按照"前港—中仓—后产"模式，推动扬州港与扬州经济技术开发区联动发展，高标准建设扬州港口物流产业园区，加快发展临港产业集群，到"十四五"期末实现"百万标箱、亿吨大港、千亿产业"目标，成为长三角港产城融合发展的示范。

（八）镇江"六个一体化"加快拥抱长三角一休化 ①

镇江市紧扣"一体化"关键词，优化区域布局、促进协调发展。制定出台《〈长江三角洲区域一体化发展规划纲要〉镇江实施方案》《镇江市推进长三角一体化发展重点工作任务、重大平台项目和重要改革举措清单》等文件，建立健全组织领导和统筹推进机制，构建"1+3"战略实施体系，力推产业创新、基础设施、区域市场、绿色发展、公共服务、市内全域"六个一体化"，明确70项重点工作事项，清单化落实推进，确保各项决策部署在镇江落地落实。围绕"六个一体化"积极融入南京都市圈，认真落实《宁镇扬一体化发展三年行动计划（2021—2023年）》，项目化推进宁镇扬一体化发展，以宁镇扬"小三角"全面融入长三角"大三角"，以宁镇扬"中循环"全面助推全国"大循环"。加快镇江、连云港南北园区共建步伐，积极谋划市域"九

---

① 综合参考《〈长江三角洲区域一体化发展规划纲要〉镇江实施方案》及《镇江市国民经济和社会发展第十四个五年规划和二〇三五年远景目标纲要》。

大重点片区"发展布局，区域协调发展取得新进展。

市域一体化发展全面提速，初步形成"一体、两翼、三带、多片区"发展布局，中心城区首位度显著提高。全面融入长江经济带、长三角一体化、宁镇扬一体化等重大发展战略，资源禀赋和比较优势充分彰显，跨区域深层次合作不断扩大。推动区域一体发展，全面对接长三角一体化发展，加快宁镇扬一体化发展进程，积极融入南京都市圈建设。

加大"力度"，健全完善基础设施。以高质量推进基础设施一体化为抓手，加快实现双向"破圈"、多边"链接"。轨道交通稳步推进。连淮扬镇铁路全线通车，宁句城际轨道年底建成通车，南沿江城际铁路线下工程基本完成，扬镇宁马铁路正在前期规划设计。公路交通提档升级。五峰山长江大桥南北公路接线工程建成通车，312国道宁镇段快速化改造项目正式开工，丹金高速正在工可报批。其他设施日益完善。港务集团江海联运中心项目正在办理前期手续，数字化绿色港口项目开工建设；大路通用机场水上跑道和二期扩建项目加快推进；高桥港区LNG加注站及接收站工程已进行桩基施工。

突出"深度"，着力推动产业创新协同发展。充分发挥长三角区域技术创新策源地优势，不断提升跨区域创新协同与合作的能力水平。高效促进产业融合。科学研判长三角区域产业分工和未来产业发展趋势，结合镇江产业发展实际，研究制定产业发展规划，确立"四群八链"产业体系。发展"飞地经济"，与上海、南京、苏州等长三角高能级城市合作建设产业园区，探索专业园区合作开发新模式新机制。高质推进创新合作。加快推进G312产业创新走廊建设，承办首届南京都市圈创新合作大会，发布"南京都市圈创新合作（镇江）宣言"，上线"科技创新生态图谱"，推动创新资源共建共享、优势互补。高频引进人才集聚。依托长三角丰富的人才资源，实施人才"镇兴"计划、"金山英才"计划，开展"院士家乡行"等招才引智活动，吸引更多高校毕业生留镇、来镇，助推镇江创新发展。

拓展"维度"，打造生态环境共保联治。积极推动区域内社会治理、环境保护等方面实现合作共享、资源整合和要素流动"无障碍"。推动政务服务通办。设立长三角"一网通办"专窗，构建线上线下"一窗（网）受理、集成服务"新模式，为长三角一体化政务服务提供有力支撑。深化环境治理合作。与省生态环境厅联合共建生态环境治理体系和治理能力现代化试点市，建立长江干流等跨市联防联控联治机制，共同推进长江、京杭大运河、太湖等重点跨界水体联保专项治理，共同守护生态绿色。加强长江禁渔联动。落实长江流域禁捕退捕协作共管机制，长江退捕工作得到国家第三督查组充分肯定。

注重"温度"，优化提升公共服务共建共享。深化与长三角城市的合作，共建一体化公共就业创业服务平台，推动住房公积金"跨省通办"，实现社保、公交、文旅"一卡通用"。深化教育合作。丰富地方教育资源，相继引进南京师范大学、苏州外国语学校等在镇江设立分校，高校园区投入使用，义务教育优质均衡比例、教育基本公共服务水平走在全省前列。实施医疗共享。持续扩大异地就医直接结算范围，已开通跨省异地就医医疗机构107家。与南医大合作成立南京医科大学镇江临床医学院；引进上海"名医主刀"医生集团，成立"金山博医""焦山杏林""北固口腔"三个医生集团，群众获得感不断增强。推进文旅融合。举办第二届长三角自驾游产业发展大会、第六届长三角慢生活旅游峰会等，创成第三届长三角国家公共文化服务体系示范区（项目）合作机制大会主办城市，开发精品红色旅游，连续举办金山文化旅游节、美丽乡村游嘉年华等节庆活动，城市魅力充分彰显。

（九）盐城着力打造长三角北翼产业新高地①

深度融入长三角一体化发展。全面融入以上海为龙头的长三角一体化，高质量推进长三角"一区三基地"建设（"飞地经济"示范区、科创成果转化基地、优质农产品供应基地、生态旅游康养基地），高标准建设长三角中心区城市，打造长三角北翼强劲活跃增长极。

打造长三角"飞地经济"示范区。立足"飞地"资源，积极争取国家、

---

① 参考《盐城市国民经济和社会发展第十四个五年规划和二〇三五年远景目标纲要》。

省和上海等有关方面支持，以 33 平方千米沪苏大丰产业联动集聚区为核心、以 307 平方千米大丰飞地为基础，全面深化长三角各类园区合作共建，全方位、多层面、宽领域推动"飞地经济"发展。围绕全市主导产业、战略性新兴产业，大力引进具有配套基础的汽车、钢铁、新能源、电子信息等重大项目，推动与长三角重点产业链协同发展，打造长三角最具规模的承接先进制造业示范基地。加快建成长三角"飞地经济"示范区，为全国"飞地经济"建设提供样板。

建立健全"飞地经济"示范区制度体系。在空间布局、产业方向、投资管理、要素流动、公共服务等领域创新"飞地经济"发展模式，实现共商共建共管共享共赢。探索建立财税分享机制，支持地方全额共享示范区的地区生产总值、工业产值，按照投资比例分成增值税、所得税的地方留成部分。深化与上海临港集团合作，承接上海自贸区临港新片区溢出效应，大力推动沪苏大丰产业联动集聚区建设，完善功能配套，增强承载能力，提升开发水平，持续打造北上海临港生态智造城品牌。不断创新长三角合作共建园区管理模式，进一步提高园区运行效率和效益。

加快形成全方位接轨新格局。推进更高水平融入长三角。加快推动产业创新、基础设施、绿色发展、公共服务、要素市场、全域开放等领域一体化。重点面向科技创新和数字经济等领域，加强与上海、南京、杭州等城市开展离岸研发、离岸孵化合作，打造长三角科创成果转化基地。推动沪盐共建共享农业全产业链，深化与上海农场合作，加快建设光明集团大丰"一园一厨五基地"项目，打造长三角最优质的农产品供应基地。做好"生态＋"文章，建设世界知名生态湿地旅游目的地，将长三角（东台）康养基地建成长三角区域康养服务一体化示范区，打造长三角高品质的生态旅游康养基地。深化与长三角重点城市在教育、养老、医疗卫生、文体传媒等领域全方位合作，逐步实现公共服务资源的互联共享。瞄准上海等长三角优质教育资源城市，深化校际联动合作。对标上海等地精细化城市管理理念，不断提升城市建管水平。加快信息基础设施一体化布局，完善综合交通运输体系，全面融接上海国际航运中心。

创新一体化发展体制机制。推动政务、商务、市场等方面全面接轨上海、融入长三角，打造国际一流营商环境。加快在企业登记、土地管理、环境保护、投融资、财税分享、公共服务等领域建立政策协同机制。加强在农产品冷链物流、环境联防联治、信用体系等领域标准互信互认。探索建立人才柔性流动机制，促进人力资源特别是高层次人才有效流动和优化配置。推进区域异地存储、信用担保等业务同城化，促进资本跨区域有序流动。推进现有各类产权交易市场联网交易，推动公共资源交易平台互联共享。加快推进建立统一的技术市场，实行高技术企业与成果资质区域互认制度。

（十）泰州奋力谱写长三角一体化发展泰州新篇章[①]

积极融入长三角区域一体化发展。全面落实长三角区域一体化发展规划纲要和泰州实施方案，紧扣"一体化""高质量"，加快接轨沪宁、融入苏南步伐，推进协同创新、互联互通、市场共建、生态共保、服务共享。建设接沪连宁的战略支点，加快对接上海科创中心和南京创新名城建设，加大与杭合都市圈的合作联系，实现产业链、创新链、价值链和要素链全面融入，探索建立"科创飞地"。在推动高质量跨江融合上争当表率，积极参与共建苏锡常一体化，推进锡常泰协同发展，争创江阴—靖江高质量跨江融合发展实验区，深化江阴—黄桥等南北共建园区建设，加强泰兴—常州新北跨江合作，推动泰兴虹桥园区争创常泰合作先行区。以常泰联动为先导，南联杭州都市圈，北接盐城、淮安、宿迁，共同打造长三角地区南北融合发展中部走廊。推动与扬州、镇江、盐城、南通等毗邻地区协同协作。扎实推进扬泰协同发展，加强基础设施互联互通，携手打造国际旅游航空枢纽港，协力建设南水北调清水走廊，共建里下河生态湿地公园，共同开发旅游市场。

推动长江经济带高质量发展。落实"生态优先，绿色发展"要求，着力在长江生态保护上争当表率。加强与长江中上游地区交流合作，联动推进基

---

① 参考《泰州市国民经济和社会发展第十四个五年规划和二〇三五年远景目标纲要》。

础设施网络建设、生态环境治理和产业协同发展。加强长江沿线空间管控，合理布局生产、生态、生活空间，实现"多规合一"、沿江"一张图"，打造生态修复示范区、绿色发展增长极。实施生态修复和环境保护工程，协同推进突出问题整改，美化提升"一带两岛三节点"沿江生态走廊。全面推进长江禁渔，实施长江流域禁捕退捕专项行动，严厉打击非法捕捞行为。实施转型升级和绿色发展工程，统筹水、路、港、岸、产、城，大力招引优质资源和高端项目，推进重点园区生态化、循环化提升改造，加快构建生态系统良性循环、环境风险有效防控的特色产业体系。实施布局优化和岸线调整工程，完善长江经济带国土空间用途管制和纠错机制，设定长江岸线1千米及外围5千米范围内的国土空间准入条件，逐步退出纳入负面清单的建设项目。到2025年，干流岸线生产性利用率控制在50%以内。

构建市域总体发展格局。按照空间融合、功能集聚、分工有序的原则，统筹城镇、产业、资源要素配置，推动空间布局与建设用地等要素有效衔接，加快构建"一主两副、一带四轴"市域总体发展格局。"一主"指泰州都市区。加快做强中心城市，推动中心城市与泰兴同城化发展，做强都市经济，提升城市功能，大力发展高新技术产业和服务经济，增强要素集聚配置能力，打造生态宜居、产业先进的现代化都市区。"两副"指靖江城区和兴化城区。强化片区服务中心功能，扩大人口经济集聚规模，提升对周边城乡地区的辐射带动能力，形成支撑市域整体均衡发展的重要增长极。"一带"指沿江港产城绿色转型发展带。坚持生态优先、绿色发展，推动产业绿色化和空间集约化，统筹配置空间、岸线、生态、产业和科教资源，打造生态环境优良、具有较强竞争力的现代制造业走廊和特色城镇带。"四轴"指南北向的沿宁靖盐发展轴、沿兴泰发展轴和东西向的沿如泰发展轴、沿宁启发展轴。沿宁靖盐发展轴和沿兴泰发展轴是泰州沿江和里下河地区互动发展的联系轴，也是泰州跨江联动，将上海及苏南发展能量向腹地辐射传递的联系轴。沿如泰发展轴串联泰兴城区、黄桥等城镇，沿宁启发展轴串联海陵和姜堰城区，也是对接沿海、推进江海联动的重要联系轴。

（十一）杭州：以杭州都市圈为基本盘，推进长三角一体化发展①

杭州制定了长三角一体化行动目标。到 2025 年，全市域全方位融入长三角更高质量一体化发展格局基本形成，城市综合实力、创新能力和国际影响力迈上新台阶，城市集聚辐射效应日益凸显，城乡区域一体化发展水平进一步提升，常住人口城镇化率达到 80%，人均地区生产总值达到 20 万元，城乡居民收入差距缩小到 1.8∶1。通过围绕建设历史文化名城，精心守护中华文明圣地；围绕建设创新活力之城，全力打造中国数字经济第一城；围绕建设生态文明之都，努力建设美丽中国"大花园"。

一体化具体行动路径主要包括以下方面：

着力构建"服务借力上海、平台引领示范、大都市圈融合、关键廊带联动"的一体化发展路径，增强战略节点功能，强化与重点节点城市协同联动、错位发展，合力促进长三角区域一体化发展。

开展服务借力上海十大行动。深入开展科创、产业、文旅、金融、人才、开放、营商环境、民生共享、交通网络、城市治理十大对接行动。

聚力建设四大高质量发展平台。聚焦开放，高标准建设钱塘新区；聚力创新，高水平打造城西科创大走廊；面向未来，高品质推进湘湖和三江汇流区域未来城市试验区建设；厚植文化，高起点建设世界文化遗产群落。

协同打造高水平一体化融合的杭州都市圈。深化"六大西进"、区县（市）协作、联乡结村等工作，推动新四区和三县（市）进一步融入主城区，打造杭嘉一体化、杭湖一体化、杭绍一体化三个发展先行区和千黄省际旅游合作示范区。

联动发展六条跨区域关键廊带。深入参与 G60 科创走廊建设，共同推进杭合创新带建设，合力建设杭绍甬城市连绵带，深入推进宁杭生态经济带建设，共保共建大运河文化带，深入推进"名城名湖名江名山名村"风景廊道建设。

---

① 参考《中共杭州市委关于贯彻实施长三角一体化发展国家战略全面提升城市综合能级和核心竞争力的决定》《杭州市国民经济和社会发展第十四个五年规划和二〇三五年远景目标纲要》。

建设现代化国际化杭州都市区。坚持"集成、集聚、集约"理念，增强杭州中心城市集聚能力，强化分工合作与紧密联动，提升对全省大都市区建设的示范、引领、领跑作用。强化余杭、萧山、钱塘新区的内链外接作用，规划建设杭绍、杭嘉、杭湖三大一体化合作先行区，谋划共建杭绍临空经济一体化发展示范区。系统谋划以"城市轨道＋市域轨道"为重点的"1 小时通勤圈"，共构以城市大脑群为中枢的区域治理系统、以"一卡通"为先导的公共服务共享网络，加快推进都市区同城化发展。

建设协同包容的杭州都市圈。深化与衢州市开展旅游、创新等领域合作交流，共同推动钱塘江诗路建设。合力编制实施新安江流域水生态环境共同保护规划，规划建设杭黄毗邻区块生态旅游合作先行区，共建杭黄世界级自然生态和文化旅游廊道、环太湖生态文化旅游圈和杭衢黄省际旅游合作示范区。支持宣城市融入杭州都市圈发展，积极拓展经济腹地，探索数字变革促进跨省际都市圈建设新路径，不断提升杭州都市圈在全国的影响力。

深化与中心城市协同发展。鼓励上海名院名校名所来杭建立分支机构、研发中心，深化建设梦想小镇沪杭创新中心等创新飞地，建立沪杭高层次人才、海外人才互通机制，探索构建"基础研究在上海、应用研究与产业化在杭州"的模式。对接上海自贸区临港新片区和虹桥国际开放枢纽，承接中国国际进口博览会溢出效应。携手共建跨区域多层次金融科技创新平台，做强科创板上市"杭州军团"，争取上海大型金融机构、金融总部在杭设立第二总部，打通杭州产业与上海资本的连接通道。

强化城市协同发展。联通宁波—舟山港，数字赋能传统产业改造升级，共建新能源汽车、新材料等产业链，唱好杭甬"双城记"，共建沪杭甬湾区经济创新区。发挥浙江人才大厦等带动效应，服务支撑全省高质量发展。深化建设 G60 科创走廊、杭合创新带，链接合肥、南京科教人才资源，加快建设合杭梦想小镇和钱塘新区长三角小镇，积极推动长三角政务服务"一网通办"，共建"数字长三角"、长三角科技创新共同体。深化长三角区域生态环境保护协作，协同建设宁杭生态经济带。深度融入长江经济带，积极参与上中下游共抓大保护。

（十二）宁波全力打造长三角一体化发展先行区 [①]

宁波全面融入长三角一体化，积极引领浙江大湾区建设，唱好杭甬"双城记"，全面构建宁波都市区，加快形成"一核引领、两翼提升、三湾协同、多极支撑、全域美丽"市域发展总体格局，实现城市能级、功能、品质整体跃升。

宁波深入落实区域重大战略，制订参与长三角一体化发展标志性工程实施方案，滚动编制实施重大事项、重大平台、重大改革和重大项目清单，全方位对接中心城市，建设长三角一体化先行区。深度对接上海"五个中心"建设，落实沪甬合作协议，推动科创、产业、金融、人才、教育、医疗、环保等重点领域合作，推动长三角新材料产业协同创新中心等一批实体项目落地，高水平共建沪杭甬湾区经济创新区。高起点建设前湾沪浙合作发展区，积极承接上海非核心功能，打造上海配套功能拓展区。

积极引领建设浙江大湾区。高水平建设甬江科创大走廊、前湾新区等高能级平台，打造环杭州湾经济区重要增长极。引导石化、汽车、装备等产业大项目向沿海集中布局，构建甬台温临港产业带。加强与浙江自贸试验区其他片区建设联动，提升义甬舟开放大通道牵引能级。共同制定杭州湾、三门湾区域环境保护政策，共建生态型美丽湾区。

协同唱好杭甬"双城记"。深入落实两市合作框架协议，加强战略规划对接，发挥传统优势，培育新优势，提升综合实力，共同打造长三角金南翼。谋划推进杭甬城际铁路、货运铁路和智慧高速公路，提升环杭州湾综合运输通道功能。联动建设浙江自贸试验区、国家自主创新示范区、跨境电商综合试验区、临空经济示范区等重大平台。加强数字经济、新材料、汽车制造、健康医疗等产业链合作，构建区域创新共同体。共同办好杭州亚运会、浙洽会等国际性大活动，共建大运河文化带和浙东唐诗之路，打造浙江大花园精

---

① 参考《宁波市国民经济和社会发展第十四个五年规划和二〇三五年远景目标纲要》。

品旅游带。

做实做强宁波都市区。健全浙东经济区和宁波都市区协作机制，构筑与定海、三门、天台、新昌、嵊州、上虞等毗邻区域紧密联系的核心圈层，增强对舟山、台州、绍兴、金华、嘉兴等周边城市的辐射带动作用。落实宁波都市区建设行动方案，深入实施大都市区标志性工程，推进甬舟、甬绍、甬台等一体化合作先行区建设，谋划环四明山区域高速网，加快建设都市区内部快速路网，构筑"一小时"交通圈。积极推进四明山文旅休闲区等合作平台建设。探索推进户籍、职教、社保等同城化待遇，实现教育、医疗、就业等公共服务共建共享。

全力建设海洋中心城市。统筹湾区保护和开发，推进环杭州湾先进制造产业带、环象山港生态经济区和环三门湾海洋新兴产业带建设，实施生态海岸带建设工程，打造一批海洋特色功能区块，加快建设宁波海洋经济示范区。重点发展海洋新材料、海洋生物医药等产业，做强深海养殖和远洋渔业，大力发展游艇邮轮、休闲渔业、滨海度假等涉海旅游业。高水平建设北京大学宁波海洋药物研究院、宁波海洋研究院等涉海科研机构，突破海洋生物资源开发、海洋能开发利用等关键核心技术。大力发展海洋文化。实施智慧海洋建设行动。

深化重点地区协作发展。深化与粤港澳、长江中游、成渝等重点区域城市合作，健全多层次合作网络。扎实做好对口支援工作，深入开展东西部协作和甬延合作，打造新时代山海协作工程升级版，持续推进产业协作、消费协作、科技协作和人文交流，携手奔向现代化。

全面优化市域城镇发展格局。增强一核能级。优化中心城区空间布局，推动"东揽、西拓、南融、北强、中优"，加强主城区与外围组团统筹联动，实现城市整体提升、拱卫发展，提升经济高度、人口密度和创新浓度。提升以大运河文化、唐诗文化为底蕴的沿姚江、奉化江城市发展轴，加快建设以甬江为主轴的创新发展带，构筑镇海—高新区—东部新城—东钱湖的大东部新发展轴，规划建设江北慈城—姚江新城—空铁新城的城西发展轴。增强泛三江口、东部新城、鄞州南部、镇海新城等核心板块发展活力，加强高端服务、总部经济、国际交流等功能塑造，打造城市功能核心区和高品质形象窗口。精品建设鄞州中部、空铁新城、姚江新城、创智钱湖、北仑滨江、奉化宁南等重点板块，优化提升城西区域建设水平，加快推进庄桥机场搬迁，推动北仑凤凰城、大嵩—梅山湾等外围组团集约特色发展，高起点谋划宁波湾区域发展，加快配套完善、功能提升和人口集聚。加速奉化全面融入中心城区，坚持以产兴城、以城促产，突出高新产业承接功能。优化行政区划设置，加快推进全域城区化发展。

提升两翼水平。发挥北翼临湾接沪优势，以统筹产业平台和基础设施建设为牵引，促进慈溪城区、余姚城区和前湾新区相向融合发展，着力拓空间、强功能、育产业，加强与主城区融合联系，打造高质量发展重要引擎和宁波都市副城。推进宁海、象山城镇化补短板强弱项，大力发展旅游经济、海洋经济和新兴产业，引导人口向县城集聚、产业向园区集中、要素向平台汇集，打造宁波南翼重要增长极和辐射台温地区的门户。

优化城镇节点。完善市域城镇体系，调整优化城镇节点布局，到2025年建成省级美丽城镇40个以上。继续深化镇级小城市试点，提升卫星城、中心镇建设品质和发展活力。推动区位条件优越、产业基础良好的城镇发挥比较优势，建设商贸物流、文化旅游、特色产业型城镇。实施"千年古城"复兴计划，推动鄞江、慈城高水平保护和高质量开发。

（十三）温州打造长三角联动闽台赣的桥头堡 [1]

着力将温州建设成为"三城市两枢纽"，即长三角南大门区域中心城市、民营经济创新示范城市、上海高端资源溢出的重要承接城市，全国性综合交通枢纽、长三角联动海西区的桥头堡和重要节点枢纽。到2022年，全市民营经济创新发展动力不断增强，中心城区首位度加快提升，外快内畅的综合交通体系更加健全，生态和营商环境建设取得明显成效，公共服务跨区域便利

---

[1] 参考《温州市国民经济和社会发展第十四个五年规划和二〇三五年远景目标纲要》和《温州市推进长江三角洲区域一体化发展行动方案（2019—2025年）》。

共享水平进一步提升，一批标志性工程全面推进，长三角南大门区域中心城市辐射带动能力明显增强。到 2025 年，全市域全方位融入长三角一体化发展格局基本形成，科创产业、城乡区域、基础设施、生态环境、公共服务等领域基本实现一体化发展，区域一体化发展体制机制较为完善，温州成为长三角经济新增长极。

打造长三角南大门区域中心城市。城市化进程加速推进，1.6 万平方千米、承载千万人口的温州都市区全面建成。"大建大美""精建精美"成效显著，基础设施日益完善，城市功能更加完备，城市个性加速凸显，城市化水平达到 72%。高端要素集聚效应更加明显，各类人才总量达到 175 万人，都市区辐射能力和中心城区首位度显著提升。

打造民营经济创新示范城市。温州创建新时代"两个健康"先行区成为全国样板，建成温台民营经济协同发展新高地，民营经济健康发展评价指标总体水平显著提升，全市民营经济税收贡献率、技术创新成果贡献率等重点指标保持在 90% 以上，东南沿海具有比较优势的现代产业体系全面构建，全市地区生产总值突破 1 万亿元。

打造上海高端资源溢出的重要承接城市。温州与上海各地、各领域合作交流全面开展，跨区域要素流动更高效、平台合作更开放、市场化体系更健全，全方位接轨上海的机制、路径、项目体系全面构建，长三角一体化发展示范区创新制度和先进经验率先在温州复制推广，一大批重点合作项目取得突破性进展。

打造全国性综合交通枢纽。紧密对接长三角一体化的交通版图，加快空港、海港、高速、高铁重点项目建设，接轨大上海、融入长三角的大通道全面构筑。"521"高铁交通圈加快形成，"两主一辅"铁路枢纽基本建成；机场旅客吞吐量突破 2500 万人次，港口货物吞吐量突破 2 亿吨，集装箱吞吐量突破 200 万 TEU；城市轨道、高速公路、公共交通成环成网，开放畅达高效领先的全国性综合交通枢纽基本建成。

打造长三角联动海西区的桥头堡和重要节点枢纽。温州作为长三角与海西区交会城市、大陆距离台湾空中直航距离最短城市的区位优势进一步发挥，联通长三角与海西区的基础设施网络加快构筑，区域之间的产业合作、经贸往来、要素流动在温州充分集聚融合，海峡两岸（温州）民营经济创新发展示范区深入推进，浙南闽北合作发展区等一批具有影响力的区域合作项目落地实施，温州作为长三角联动海西区的桥头堡地位不断巩固。温州市全面融入长三角高质量一体化发展。深入实施《温州市推进长江三角洲区域一体化发展行动方案》，高起点谋划项目载体，高水平打造合作平台，高质量建设长三角南大门区域中心城市，推动全方位多领域深层次融入长三角一体化发展。以接轨上海为主攻方向，深化与嘉定、松江等地合作，共建嘉定工业区温州园，携手举办长三角科技成果交易博览会。加强与杭州在数字经济、生物医药等领域合作，建设"数字飞地"。加强与宁波国家自创区合作共建，促进智能制造、新材料等产业优势互补、协同发展。积极与台州开展跨区域发展政策协同试验，为民营经济参与长三角一体化发展探索路径。深化与宁德浙南闽东合作发展区合作共建。深度参与数字长三角建设，向上争取布局国际互联网数据通道，推进新型互联网交换中心等建设，共同打造全球数字经济发展高地。加快长三角产业升级股权投资基金运作。建立面向长三角高层次人才的协同管理机制和人才一体化评价互认体系，推动高端人才跨区域交流。

积极联动闽台赣等地区发展。更高水平推进海峡两岸（温州）民营经济创新发展示范区建设，全域打造"台青筑梦家园"。加强对台重点平台建设，聚焦智能制造、科创服务、生命健康、生态农业等领域，加强对台项目招引。实践"民资＋台智"新模式，深化落实惠台政策，支持民营企业开展对台资金、技术、人才合作，吸纳台湾青年创业就业，建设温州与台湾商协会合作联盟。深化温沪台合作机制，提升双屏论坛和"一县一品"交流品牌，促进温州与台湾各领域、多元化、常态性的交流。加快构筑联通福建、江西主要中心城市的基础设施网络，加强区域间产业、科创、经贸、旅游等多领域合作。推进一批具有影响力的区域合作项目落地实施，加快交溪流域水电项目开发。积极谋划推动同港珠澳地区合作发展的载体举措。

（十四）湖州以新优势打造长三角新势力城市[①]

深度融入长三角一体化战略，打造新发展格局重要节点。湖州市深度参与区域一体化合作，着力打造长三角一体化发展新价值高地。全面加强与长三角城市深度合作，释放交通区位、产业合作、绿色创新、创业生活等方面价值潜力。以"轨道上的湖州"为牵引，参与都市圈同城化交通网建设，发展枢纽经济，打造交通枢纽价值高地。推进长三角产业合作区建设，努力打造省际毗邻区域协同发展样板，打造产业合作价值高地。共建共享长三角一体化生态大花园，加强与长三角生态绿色一体化发展示范区的紧密联动发展，协同推进绿色科技和绿色产业创新，打造绿色发展价值高地。共建长三角绿色认证联盟，推进试点先行区建设，促进成果应用。吸引沪杭地区优质公共服务资源向湖州延伸布局，设立跨区域医疗联合体，建立居民服务"一卡通"，实现公共服务"同城待遇"，打造宜居宜业价值高地。

湖州市致力于全面融入上海大都市圈。全方位、深层次参与上海"1+8"大都市圈建设，着力打造上海大都市圈的西翼门户。深度对接上海"五大中心"建设，纵深推进科技、金融、航运、贸易等方面合作。共建沪湖绿色智造创新廊道，探索"飞地"产业园区、联合创新中心（基地）共建新模式，高质量打造 G60 科创走廊北翼核心带。积极承接中国国际进口博览会溢出效应，加强与上海自贸区及新片区、虹桥商务区等战略载体的联动。推进长三角绿色智造联动发展南浔合作园建设。

湖州市深度参与全省大湾区和大都市区建设。全面落实省"大湾区""大都市区"战略，协同推进杭州都市圈建设，共建大运河文化带。推进杭湖一体化进程，联动沪杭甬湾区经济创新区，建设杭湖一体化合作先行区。深化新兴产业、科技创新、生态环保、公共服务等领域合作，承接杭州都市圈产业外延功能溢出。积极协助承办杭州 2022 年亚运会，做好设施配套和服务保

[①] 参考《湖州市国民经济和社会发展第十四个五年规划和二〇三五年远景目标纲要》。

障。加快推进嘉湖一体化，深入实施"五个一"标志性工程，加快"练市—乌镇"嘉湖一体化合作先行区建设。

湖州市紧密协作环太湖经济圈。全面加强与苏锡常合作，共建环太湖高质量发展城市圈。深化产业科创联动，加强高端装备、生物医药等优势产业和创新领域协作，打造区域性产业集群。深化环太湖高校联盟建设，开展跨区域产学研合作，共建科创共同体，合力打造环太湖科创湾。共建环太湖生态文化旅游圈，协同开展古镇、滨湖、乡村等特色旅游资源开发，打造世界级旅游度假目的地。落实太湖流域生态环境保护联防联控机制，推动长三角生态环境协同立法。

湖州市全面加强地区交流合作。积极参与长江经济带建设。进一步做好东西部协作、对口支援、对口合作、山海协作等各项对口工作，持续打响"白叶一号"茶苗扶贫、"湖羊致富"工程等湖州对口工作品牌。加强与港澳台地区交流合作，鼓励港澳台资企业来湖投资，为港澳台人员来湖就业创业提供便利服务，鼓励符合条件的企业到香港上市融资。

湖州全面推进长三角一体化合作平台打造工程。

一是长三角产业合作区湖州片区。坚持生态优先绿色发展，在"一地六县"省际毗邻区域共建长三角产业合作区。湖州片区作为先行启动部分，着力打造高端制造集聚区、绿色发展样板区、深度合作先行区，为长三角一体化发展及更大范围的毗邻地区合作探索可复制可推广的实践经验。

二是长三角生态绿色一体化发展示范区紧密型联动发展区。以南太湖新区、吴兴区、南浔区为重点，复制推广一体化示范区改革创新经验，深化全方位合作，探索更大范围一体化发展体制机制。建设长三角绿色智造联动发展南浔合作园，在跨区域管理机制、税收分成、利益分配等方面探索可复制的合作机制。

三是嘉湖一体化合作先行区。以数字经济为主攻方向，加强文化旅游领域深度合作，统筹基础配套多网融合，谋划嘉湖城际铁路和南北向综合交通廊道，推进多领域一体化创新合作。加快建设"练市—乌镇"嘉湖一体化合作先行区启动区。

四是杭湖一体化合作先行区。以德清相关区块纳入杭州城西科创大走廊规划管理建设为契机，支持德清联动安吉、余杭等杭湖两市毗邻区域，打造杭州城西科创大走廊北部板块，创新科技、产业和平台等多领域合作模式，建设杭湖一体化先行区，引领带动全市域加快融入杭州都市圈。

（十五）嘉兴努力建设成为长三角核心区联通国内国际双循环的黄金节点①

嘉兴以接轨上海为重点，打造接轨上海"桥头堡"和承接上海辐射"门户"，积极融入杭州，深化与苏甬联动发展，在推动长三角区域率先形成新发展格局中发挥先锋作用。

协同共建长三角生态绿色一体化发展示范区。聚力提升嘉善片区的示范引领功能，强化与上海青浦、苏州吴江片区的示范协同，努力打造生态优势转化新标杆、绿色创新发展新高地、一体化制度创新试验田、人与自然和谐宜居新典范。优化生态、科创、产业、居住等聚落空间结构和交通连接网络，实现城市自然系统、经济系统和社会系统的和谐、高效与可持续。加强汾湖湿地、祥符荡湿地保护和修复，建设著名文化生态湖区，高标准建设水乡客厅。构建国际一流的产业创新生态系统，打造高质量发展高地。支持设立人才管理改革试验区，建设人才高地。运用现代生态建筑设计理念，打造生态田园城市。加强高端服务供给，布局和建设一批优质学校、医院，健全完善养老、住房、抚幼等服务保障体系。加快推进全面深化改革系统集成。

加大对示范区建设支持力度。突出改革赋能，支持嘉善片区承担重大改革试点。加大放权力度，制定市级管理权限下放清单。支持机构职能体系的改革创新，构建与示范区建设相适应的行政管理体制。支持实现示范区线上线下"跨省通办""一网通办"。强化要素保障，加大财政、投融资、土地等

———————

① 参考《嘉兴市国民经济和社会发展第十四个五年规划和二〇三五年远景目标纲要》。

支持力度。发挥长三角创新投资集团等作用,支持优质项目落户嘉善。支持嘉兴综合保税区 B 区率先复制推广自贸区政策,加快发展进口贸易、保税物流、跨境电商等业态,积极争取跨境电商零售进口试点。

加强示范区联动片区建设。统筹秀洲区王江泾镇、油车港镇,规划建设秀水新区,与一体化示范区实现规划协调、联动建设。强化生态、文化等资源挖掘利用,加快天鹅湖、莲泗荡等建设,优化美化湖荡群湿地环境,丰富完善休闲体验设施,打造长三角高品质生态休闲湖区。因地制宜规划布局一批创新产业生态圈,探索生产高效、生活舒适、生态优质的湖区经济发展模式,促进城镇与乡村、创新与产业融合共进。

打造长三角核心区综合交通枢纽,共建轨道上的长三角。发挥轨道交通在长三角城市群连接中的重要作用,加密沪嘉杭通道,构建苏嘉甬通道,谋划嘉湖通道。扩容提升嘉兴高铁南站,推进多方向轨道接入,形成区域性轨道交通枢纽,强化与上海虹桥枢纽、浦东国际机场、萧山国际机场等连接。推进通苏嘉甬铁路、沪乍杭铁路、铁路杭州萧山机场枢纽及接线工程以及沪杭、嘉兴至枫南、嘉善至西塘、金山至平湖、杭州下沙至海宁长安等环杭州湾、环太湖铁路项目谋划建设,构建"县县有铁路、处处连枢纽"的轨道交通系统,推动实现与毗邻大城市轨道交通网络的无缝对接。

打造嘉兴航空联运中心。加快推进嘉兴机场改扩建,力争尽早建成运营,稳步提升货运能力,争取开通国际航线,努力打造长三角重要国际货运枢纽。完善嘉兴机场与周边机场群的协作机制,提升航空物流、客流运载等能力。加快市域通用机场规划布局,构建空中短途集疏运网络体系,增强短途运输、低空旅游、航空作业等业务能力。

提升海河联运能力和水平。发挥通江达海的条件优势,打造浙北海河联运大通道,成为全国海河联运枢纽示范工程。加强嘉兴港独山港区、乍浦港区、海盐港区统筹管理与功能协调,打造成为以海河联运为特色的多功能、现代化港口。深化嘉兴港与上海港、宁波舟山港合作,做强近洋航线集装箱运输,积极开辟远洋航线,推动嘉兴港加快融入世界强港行列。加快浙北高等级航道网建设，完善内河港池体系，强化集装箱货源腹地开拓。完善海河联运一体化管理机制，进一步提升海河联运效率。

构建互联互通、安全高效的立体交通枢纽系统。注重交通的系统集成功能，以公路体系和轨道交通为纽带，促进公铁水空等互联互通。提升交通管理信息化水平，推进交通体系安全高效。加快推进沪杭高速、杭州湾跨海大桥北接线等高速公路信息化改造，普及推广智能交通基础设施，形成全国领先的智能交通环境。加快苏台高速嘉兴段、海宁至桐乡高速等一批高速网成型项目建设，不断完善"五纵五横"国省道网建设。全面打通跨行政区域断头路，提升公路通达水平。全面开展水乡碧道网建设。

打造长三角核心区联通国内国际双循环的黄金节点，建设与沪杭苏甬四方联动的枢纽城市。对接上海大都市圈，加强政策、服务、功能对标。着力承接上海虹桥商务区服务功能，建设虹桥国际开放枢纽金南翼。加强平台合作，促进沪嘉创新链、产业链协同，共建平湖金山产城融合发展区、张江长三角科技城平湖园、上海漕河泾新兴技术开发区海宁分区。融入杭州都市圈，深化杭嘉一体化发展，加强海宁、桐乡融杭板块协同，联动打造新的增长极。推进嘉苏一体化发展，加强秀洲区与苏州吴江区、中新嘉善现代产业园与苏州新加坡工业园的深度合作，强化电子信息、生物医药等产业链共建，在文化休闲旅游、内河航运领域实现无缝对接。建设甬嘉一体化协同合作区，做大做强港口物流、临港产业等海洋经济。推动嘉湖一体化发展，协同共建乌镇练市一体化先行启动区，加速浙北嘉湖板块崛起。

立足国内大市场，共推国内大循环。深度融入长江经济带，加强与成渝、武汉等长江流域中心城市的交流合作，推动跨区域协同发展。加强与无锡、常州等产业合作，打造环太湖经济圈。对接京津冀、粤港澳大湾区及其他沿海发达地区，争取引入更多高端要素资源。加强东西部协作、对口支援、山海协作等工作，完善与欠发达地区合作机制，有序推进产业梯度转移，促进优势资源开发利用，增强欠发达地区发展动能。依托强大国内市场，贯通生产、分配、流通和消费各环节，形成嘉兴产品和服务品牌，增强对国内需求的适配性。深化对接国家科技、产业布局体系，完善市场流通、金融支撑体系，实现上下游、产供销有效衔接，促进各产业门类发展与要素资源配置的相互协调。

参与和促进国内国际双循环。立足国内大循环和长三角发展优势，协同推进国内市场开拓和国际贸易合作，促进内需和外需、进口和出口、招商引资和对外投资协调发展，确保国民经济稳健运行。构建联动国内国际两个市场、两种资源的产业链、创新链体系，提升价值链环节，保障产业链安全。优化国内国际市场布局、商品服务结构、贸易方式，提升出口产品和服务质量，增加优质产品进口，打造一批进出口销售平台。集聚一批联动国内国际市场的服务机构，提升科技、商务、金融、物流、信息等服务水平。促进内外贸监管体制、经营资质、质量标准、检验检疫、认证认可等相衔接，推进同线同标同质。

（十六）绍兴市实施"融杭联甬接沪"战略，深度推进杭绍甬一体化同城化发展 [①]

绍兴深入推进长三角一体化发展、省"四大建设"、杭绍甬一体化示范区和杭绍、甬绍一体化合作先行区建设，持续优化空间布局、提升城市能级，共筑网络化大城市和杭绍甬城市群。

打造融杭联甬接沪枢纽城市。深度参与"沪杭甬湾区经济创新区""数字长三角""美丽长三角""轨道上的长三角"建设，积极发挥杭甬"双城记"绍兴"金扁担"作用，建立完善杭绍甬同城化工作机制，实施综合交通网络化、公共服务同城化、产业平台协同化、城市发展融合化四大行动，高标准协办 2022 年杭州亚运会，合力共建沿湾主通道、创新主引擎、智造产业带、山海生态廊、精品文化轴、同城生活圈。深度接轨上海产业、科研、金融、教育、医疗等领域，加强与上海浦东新区、虹桥商务区、松江区等战略

---

① 参考《绍兴市国民经济和社会发展第十四个五年规划和二〇三五年远景目标纲要》。

合作，全域承接上海的龙头辐射带动，建设上海制造协作区、上海服务拓展区、上海创新转化地、上海文化交融地。加快建设一体化合作先行区。借鉴长三角生态绿色一体化发展示范区创新经验，协同杭州宁波建设杭绍、甬绍一体化合作先行区。杭绍重点共建杭绍临空经济一体化发展示范区、杭绍一体化萧诸绿色发展先导区，形成柯诸萧协作区，努力成为省内市际间合作示范，构筑杭州都市区杭绍同城主中心。甬绍重点建设滨海新区—前湾新区高端产业协作联动区、四明山生态文旅休闲体验区、义甬舟开放大通道甬绍合作先行区，共同打造浙东唐诗之路精华地、嵊新奉特别合作区，推动杭绍、甬绍毗邻区域成为长三角南翼现代化都市区连绵带、杭绍甬高质量发展的重要增长极。

（十七）金华建设长三角南翼高质量发展增长极 [①]

一是深度融入长三角一体化发展。聚焦高质量、一体化，打造长三角城市群区域中心城市、长三角辐射中西部节点城市。推动与上海都市圈、杭州都市圈、宁波都市圈紧密对接和分工合作。共同实施长三角产业链补链强链固链行动，共建共享长三角数字新基建平台。推动科技创新资源开放共享，打造 G60 科创走廊合作共同体。共同推进长三角社会保障卡、居民服务"一卡通"，共建公共卫生等重大突发事件应急体系。

二是促进长三角内陆开放联动发展。依托自贸试验区金义片区的体制机制优势，建立"信息共享、制度共建、模式共创"合作机制，推动长三角内陆开放联动发展服务中心常态化运行，加强区域协作与交流。联动衢州、丽水及周边黄山、上饶、鹰潭等地，共建浙皖闽赣国家生态旅游协作区，共同打造区域旅游品牌，建设集康体养生、健康管理、宜居休闲为一体的长三角休闲养生基地。共建信用、市场、社会治理等一体化体系。强化金华在浙闽赣皖四省十二城的龙头示范作用，打造成为区域双循环枢纽、现代产业和科技创新引领区、现代社会治理示范区。

---

① 综合参考《金华市国民经济和社会发展第十四个五年规划和二〇三五年远景目标纲要》《2021 年金华市政府工作报告》。

为了一体化深度、高质量高效地融入长三角，金华强化顶层设计，按照以点串线、以线带面、辐射全域的思路，构建了"一轴驱动、两带牵引、三向联动、全域融入"的一体化发展整体格局。

一轴驱动，以金义主轴为核心，强化资源配置和辐射带动功能，构建富有活力和竞争力的双创生态系统，推进各类改革试点举措集中落实、率先突破和系统集成，打造成为高能级战略发展平台、区域重大合作平台，引领金华全面参与长三角一体化发展国家战略。

两带牵引，依托沪杭金发展带和义甬舟开放大通道，深度参与长三角G60科创走廊建设，围绕产业分工与协作、资源共享与共益、创新融合与联动，促进"创新链＋产业链＋资本链＋人才链＋服务链"五链融合。

三向联动，从三个方向实现全域化推动、差异化发展。北向全面接轨上海、杭州、苏州，加快集聚沪杭苏科技、人才、信息、金融等高端资源，深化数字经济、科技创新、产业协作等合作；东向紧密对接宁波，紧抓义甬舟开放大通道建设契机，加强义乌陆港与宁波舟山港的联通，共同构筑向东开放大通道。西南向深化与闽赣皖联动，贯通杭金衢、金丽温两大城市连绵带，将金华建设成长三角经济区辐射带动中部地区的战略节点城市。

金华成立推进长三角一体化工作领导小组，下设12个专题合作组，全方位谋划和推动一体化事项。全市集聚资源要素，发挥"市场＋制造""改革＋开放""区位＋交通""生态＋人文""传统＋新型"等天然禀赋和底蕴优势，成功纳入长三角一体化发展规划27个中心区，成为长三角G60科创走廊成员单位。

（十八）舟山加快打造长三角世界级城市群的"海上明珠"[1]

舟山树立区域发展共同体理念，推进舟山与长三角城市在港口发展、基础设施、产业联动、资源配置、旅游健康、教育文化、公共服务、生态保

---

[1] 综合参考《舟山市人民政府关于印发舟山市国民经济和社会发展第十四个五年规划和二〇三五年远景目标纲要》《2021年舟山市政府工作报告》《舟山市2021年推进长三角一体化发展工作要点》《舟山市2022年推进长三角一体化发展工作要点》。

护、粮食安全等方面的协作，发挥舟山在长三角世界级城市群中的应有作用。积极承接大城市溢出效应，开展更为广泛的经济合作和人才合作，吸引更多资源要素向舟山集聚。全面融入上海都市圈，加强浙沪自贸试验区合作，谋划推进洋山区域整体开发，建设小洋山北侧集装箱支线码头等项目，加强浙沪海事服务、航运交易等方面合作，打造浙沪海上合作示范区。加快推进甬舟一体化，合力共建全球海洋中心城市，积极参与升级建设宁波舟山港一体化2.0，加强两地在开放平台、港口、交通、产业、市场、公共服务等方面协作。推进义甬舟开放大通道建设，加强与杭州、宁波、金义等自贸片区联动。

舟山长三角一体化工作要点聚焦于抢抓"四大建设"、高质量发展建设共同富裕示范区新机遇，以甬舟一体化合作先行区为先行先试平台，以宁波舟山港一体化建设和浙江自贸试验区高质量发展为主抓手，深度推进全方位、多领域、深层次合作，合力建设世界一流强港、全球海洋中心城市，共同绘就长三角一体化"浙江新样板"，奋力谱写甬舟一体化发展新篇章。

围绕共建甬舟一体化合作先行区、推进基础设施互联互通、推进产业创新协同发展、社会民生普惠共享、社会管理共商共治、共推对外开放创新合作等六方面重点工作，梳理形成了42项具体任务清单。

在谋划共建甬舟一体化合作先行区方面，两地将建立甬舟一体化合作先行区工作对接机制，推进先行区基础设施建设，继续加快六横公路大桥一期建设进度，启动六横至春晓天然气管道项目前期工作。同时，推动甬舟一体化合作先行区先行先试，统筹规划岸线和航线布局，推进中奥能源有限公司码头改扩建等项目。

甬舟一体化合作先行区将有序推进一批重大交通项目，加快推进甬舟铁路施工图申报，力争2022年底前取得全线建设用地批复；合力推动港口航道设施提升，加快推进金塘大浦口集装箱码头建设，加快开展鼠浪湖西三区堆场及配套码头项目前期工作；统筹推进宁波舟山港港口发展配套航道锚地建设；强化能源管网互联，研究推进甬舟石化基地互联互通管道、成品油管道项目。

甬舟一体化发展，关键在产业创新协同发展上，将强化产业链上下游分工协作，促进甬舟两地制造业优势互补，推动石化、螺杆塑机产业链延伸共建。加快推进舟山绿色石化基地（二期）工程、大榭石化馏分油改扩建等重大产业项目建设。同时，两地将强化航运、金融等服务业融合发展，依托舟山江海联运服务中心建设，构建跨区域多式联运物流网络、建设大宗商品储运加工交易中心、培育国际港航物流服务体系。鼓励宁波各类优质金融机构进驻舟山，推动甬舟两地金融机构加强业务合作。

共推对外开放创新合作是宁波和舟山推进甬舟一体化的一项重要工作。2022年两市将复制推广浙江自贸区创新合作政策，强化浙江大宗商品交易等方面共同向国家相关部委争取相关政策和支持。此外，两地还将深化甬舟贸易投资促进平台合作共建，复制推广长三角各综试区成熟经验，探索推动宁波跨境电商综试区先进做法向舟山延伸；继续加大两地招商招展合作力度，宁波邀请舟山企业单位参加第三届中国——中东欧国家博览会、中国（宁波）出口跨境电商博览会等，舟山邀请宁波企业单位参加舟山世界油商大会等系列活动；扎实推进浙江国际农产品贸易中心建设。

（十九）台州市坚持全方位接轨、全市域融入，努力书写长三角高质量一体化发展台州篇章[①]

台州坚持全方位接轨、全市域融入，以推进民营经济创新发展、国家级高新区、长三角山海旅游目的地、长三角"陆上大通道"、浙东中型国际化空港、浙东沿海物流枢纽港、长三角海洋清洁能源基地、长三角健康养老福地、最具幸福感城市、三门湾甬台一体化合作先行区等十大标志性工程建设，以联动发展沿海战略性新兴产业走廊、甬台温城市连绵带和名山海岛大花园发展带三条跨区域廊带，以打造全国民营经济高质量发展强市、长三角先进制造业基地、长三角山海宜居美丽花园"一市一地一园"，努力书写长三

[①] 综合参考《台州市国民经济和社会发展第十四个五年规划和二〇三五年远景目标纲要》《台州市推进长三角区域一体化发展行动计划》。

角高质量一体化发展台州篇章。

全面接轨大上海。以全市域接轨大上海为先导，强化"五个全面对接"，全面推进"十大行动"，建成上海产业转移重要集聚地、资源外溢重要承接地、公共服务重要扩散地、休闲旅游重要目的地。深化与上海市辖区的全面战略合作，建设一批高质量一体化发展深度融合示范区，着力推进台州上海合作产业园、沪甬台合作产业园等建设，引进优质项目落户。加快打造"上海研发孵化＋台州生产制造"模式。探索人才一体化路径，推进人才合作常态化。加强关键核心技术攻关合作，推动共建跨区域产业链，合力打造汽车制造、医药健康等世界级产业集群。全面深化基础教育、医疗健康、教育培训等方面合作，融入长三角院校高等教育联盟。

深化跨区域合作。加快融入"数字长三角"，重点形成与"数智杭州"创新成果转化承接、与G60科创走廊深度融合、与长三角地区产业梯度互补的发展格局。强化与杭州高校和科研院所的校地、院地合作，深化"总部＋基地""研发＋生产"飞地模式。积极招引杭州5G、物联网、云计算、大数据等领域龙头企业、"独角兽"企业的产业链延伸项目落地，共建数字经济产业研究院、互联网研究中心等平台。全面落实甬台战略合作框架协议，促进全方位、宽领域、深层次合作。积极融入长三角先进制造业基地建设，联合宁波共创国家级制造业高质量发展示范区。联动金义都市区、温州都市区，加强基础设施互联互通，推动科技创新、先进制造、文化旅游等领域的紧密合作。深入建设甬台一体化合作先行区，加快乐清湾区域一体化进程，谋划金台、绍台跨市域协作片区。坚持生态优先、绿色发展，推动跨区域生态保护和协同治理，高质量融入长江经济带发展。

打造长三角联动海西经济区发展枢纽。积极对接海峡西岸城市群重点城市，强化与台湾经贸联系，争创海峡两岸经贸合作区，加快建设海峡两岸海上旅客集散中心、货运物流中心、商品交易中心等交流合作平台。丰富海峡两岸交流合作领域，建设青创基地。积极链接海峡西岸城市群精品旅游线路，共建海峡西岸山海旅游胜地。

（二十）合肥高质量建设长三角世界级城市群副中心 [①]

合肥市紧扣"一体化"和"高质量"，坚持上海龙头带动，联手南京、杭州和区域其他城市，打造科技创新策源地、新兴产业集聚地、内陆开放新高地、绿色发展样板区，加快打造具有国际影响力的创新之都，高质量建设长三角世界级城市群副中心和支撑全省发展的核心增长极。

携手打造长三角科技创新共同体。推进合肥与上海张江综合性国家科学中心合作，健全开放共享合作机制，联合长三角优势力量，构建世界一流的重大科技基础设施和网络。推进长三角国家技术创新中心加快落地，打通重大基础研究成果产业化关键环节，提升技术创新策源能力。深入实施长三角联合创新攻关计划，共同承接国家重大战略项目和国家科技重大专项。推动科技创新资源和平台共建共用共享，探索区域创新收益共享机制。共建长三角成果转移转化示范区，协同开展长三角全面创新改革试验。

携手打造世界级产业集群。协同开展长三角产业链补链固链强链行动，提升重要原材料、关键零部件、核心元器件、工业软件稳定供应水平，共同打造自主可控、安全可靠的现代产业体系。发挥龙头企业带动作用，谋划建立存储芯片、新型显示、新能源暨智能网联汽车、环境等 G60 产业联盟，强化与长三角城市产业分工协作，加快长三角"感存算"一体化超级中试中心等重点项目建设。深化园区合作，推进省际产业园区合作，共建 G60 科创走廊、沪宁合产业创新带。发挥长三角绿色农产品生产加工供应联盟作用，搭建产供销对接平台。

携手打造互联互通基础设施网络。协同推进轨道交通、高速公路、航道等互联互通，强化江海联运、铁海联运，谋划高速磁悬浮通道合肥—芜湖试验线建设，共建轨道上的长三角、携手打造世界级机场群和港口群。推动长三角油气能源设施互济互保，共建长三角能源应急供应保障基地，提升天然气应急储备调控能力。协同布局新一代信息基础设施，推动超算和大数据中

[①] 综合参考《合肥市推动长三角地区更高质量一体化发展重点工作推进方案》《合肥市国民经济和社会发展第十四个五年规划和二〇三五年远景目标纲要》。

心共享，共建数字长三角。

携手打造绿色长三角。联合实施 PM2.5 和臭氧浓度"双控双减"，深入实施长三角秋冬季大气污染综合治理攻坚行动和重污染天气联防联控。加强巢湖综合治理，共建长江生态廊道。完善落实固体废物污染防控长效机制，推动建设长三角固体废物信息化监管体系，严厉打击危险废物非法跨界转移、倾倒等违法犯罪活动。加强长三角区域协作和地方标准建设，建立同等环境考评体系，推进长三角区域生态环境监管执法一体化和行政处罚裁量基准一体化，合力建设生态环境监测体系。加强适应气候变化联防联治，共建气象监测体系。

携手打造便利共享公共服务体系。协同建设长三角公共卫生等重大突发事件应急体系，加强区域内应对突发公共卫生事件、自然灾害、事故灾难应急预案和处置方案衔接。推动教育合作发展，加强区域教育标准体系建设，建立健全各级各类学校校长和教师双向交流机制，积极引入长三角一流大学、科研院所在肥设立分支机构。加快长三角城市文化旅游合作发展，推进公共文化服务共建共享和重大文化活动联办联动，协同构筑国际化文创产业基地，共同打造高品质精品旅游线路和全国乃至世界旅游目的地。加快推动与长三角高水平医院开展人才培养、学科建设合作，推动长三角区域内医院专科联盟建设。推进医保一体化和养老合作，合力打造长三角健康养生基地。

携手打造一体化市场体系。加快长三角"一网通办"平台互联互通，提升长三角政务服务一体化水平。强化长三角人力资源合作，推动建立互认共享的人才评价和培养机制。推动建立统一开放的资本市场，支持符合条件的金融机构互设分支机构，协同推动建立长三角区域性股权市场。支持长三角公共资源交易联盟建设，加强区域内公共资源交易平台互联共享，共建长三角产权交易平台市场。共建国家社会信用体系建设区域合作示范区，携手打造诚信长三角。推动长三角市场监管一体化发展，深入开展满意消费长三角行动。深化长三角城市人大、政协交流合作，常态化开展专题调研和交流。

加强与长江中游城市群合作。落实中部崛起战略，完善长江中游城市群省会城市会商制度，发挥合肥连接长三角城市群和长江中游城市群枢纽作用，深入开展与长江中游城市群基础设施、科技产业、环境治理、城市气象服务、金融服务、市场监管、公共服务、文化旅游等领域的合作。

做强做优合肥都市圈、推动合肥都市圈同城化发展。不断提升都市圈一体化高质量发展水平，建设国内具有较强影响力的现代化都市圈和支撑全省发展的核心增长极。加快构建 1 小时通勤圈，打造轨道上的都市圈，完善都市圈高速公路网络，建设城际铁路、市域（郊）铁路、高速（高等级）公路等都市圈综合交通走廊。加快构建一体化产业链，发挥都市圈产业（链）联盟作用，促进产业链创新链协同发展，引导都市圈城市产业错位布局、分工协作。加快推进合六经济走廊、合淮产业走廊建设，积极发展合芜、合马、合滁、合铜产业带，推进合肥蚌埠在新一代信息技术等产业协同发展，共建若干市域毗邻合作园区。加快构建一卡通服务网，推进医疗、教育、文化等优质公共服务资源共建共享，推动生态环境协同共治。建立健全高层领导沟通会商、办公室综合协调、牵头部门推进落实、各市共同配合的常态化推进运行机制，做到决策更科学、协调更及时、运转更有力。

深化区域协同发展。加强与南京都市圈协同发展、区域联动，打造东中部区域协调发展典范，推动与上海大都市圈对标对接，共建沪宁合产业创新带，深化与杭州、宁波都市圈互动互补，共建长三角世界级城市群。加强与皖北结对合作，强化人才和项目支持，高水平建设阜合现代产业园区，支持县区合作共建园区建设。持续深入推进援疆援藏对口支援。

（二十一）芜湖市开展六项专项行动，全方位融入长三角一体化发展[①]

"五个区块链接"建设行动。参照"一地六县"模式，对标"青吴嘉"，打造长三角生态绿色一体化发展示范区拓展和延伸区；推进省际产业合作园区，促进全市省级及以上开发区与沪苏浙园区创新合作模式；推进各县（市）

[①] 综合参考《芜湖市国民经济和社会发展第十四个五年规划和 2035 年远景目标纲要》《芜湖市推动"五个区块链接"加快与长三角对接合作工作方案》。

区与沪苏浙有关市的城区对口合作；加快推进与沪苏浙城市间结对共建；充分把握《南京都市圈发展规划》上升国家层面的战略契机，深化与南京都市圈的毗邻合作。

"三区两圈一廊"协同行动。推进长三角G60科创走廊、南京都市圈、合肥都市圈协同发展，推进皖江城市带承接产业转移示范区、合芜蚌国家自主创新示范区、皖南国际文化旅游示范区高质量建设。

长三角世界级机场群协同行动。推动芜湖三元通用机场、合肥官亭通用机场等九城市航线互联互通，共同构建G60"空中走廊"；加快推进芜宣机场改扩建项目和芜湖（京东）全球航空货运超级枢纽港项目建设，积极争取通用航空低空开放试点，协同打造长三角世界级机场群。

长三角区域绿色屏障构筑行动。打造长三角中心区有特色、有魅力的生态名城，肩负起建设绿色美丽长三角的责任担当。建立健全联防、联管、联治新机制，夯实绿色发展本底。

开放发展平台高质量建设行动。高质量推进中国（安徽）自贸区芜湖片区、综合保税区建设，高水平建设跨境电商综合试验区，高标准打造国际一流营商环境。高规格办好中国（芜湖）科普产品博览交易会、中国（芜湖）国际动漫创意产业交易会等重大展会。

"一卡通"芜湖样板打造行动。持续深化推进一卡通跨区域、跨部门、跨层级应用，拓展公共服务、待遇补贴、医疗健康、创业融资、文化体验、旅游观光、公共交通等七大领域的"一卡通"应用深度，全力打造居民服务"一卡通"的全国样板。

全面加强与上海的对接合作。深入实施长三角区域一体化发展"5910"计划，强化与上海在航空、科创、开放、人工智能等领域的合作。充分发挥产业配套优势，深度融入上海先进制造产业链，推动江北新区、芜湖高新区、芜湖经开区、三山经开区等精准对接上海重点产业平台载体。深化与上海高端服务业合作，支持芜湖航运服务集聚区建设，加强与上海港合作，借力上海国际贸易中心建设，融入国际物流通道。加快上海松江芜湖产业创新中心建设，加强与张江国家自主创新示范区合作交流，将更多优秀创业团队、创新资源集聚在创新中心孵化、在芜湖产业化。加快推进大龙湾片区生态城市、东航维保基地等项目建设。

协同建设G60科创走廊。积极开展多种形式的产业合作，发展"飞地经济"，推进鸠江经济开发区长三角G60科创走廊产业合作示范园区建设。建设长三角科技创新共同体，全面加强与G60城市在产学研等领域的合作，推动一批带动力强的重大科技成果在芜落地转化。抢抓商合杭高铁开通机遇，加强与杭州在人工智能、在线经济等领域的合作。深化与杭州、宁波、嘉兴、苏州等在文化旅游方面的合作，共同打造长三角文旅精品线。

积极融入合肥、南京都市圈。呼应合肥综合性国家科学中心建设，加强在科创和汽车产业领域的合作，推进通用航空国家地方联合工程研究中心等重大创新平台建设，强化两市汽车技术协同创新，以新能源汽车、智能网联汽车和节能汽车为重点，全力推动产业链集群化发展。支持与合肥、南京的高等院校、科研院所和大企业等研发机构开展科技交流和联合攻关，共建一批优势学科的分校（院）、研发基地和跨地区产业研究机构。对标南京、合肥基本公共服务标准，加快引进优质教育资源、医疗机构、高端文化设施等公共服务类合作项目，推动医疗、教育资源共享与合作。

加强都市圈旅游资源联合开发。推进芜马、芜宣一体化发展，在城市规划统筹协调、基础设施共建共享、产业发展合作共赢、公共事务协作管理、生态环境联防联治等方面取得实质性进展，提高整体竞争力。

协同促进基本公共服务便利共享。参与共建长三角重大突发事件应急体系和一体化防洪体系，在重大疫情和公共安全事件、重特大事故灾害的相关应急预案和处置方案等方面深入衔接。推进长三角医保一体化，实施统一的基本医疗保险政策，实现长三角区域药品、医用耗材工作联动，药品目录、诊疗项目、医疗服务设施项目相统一。以社保卡为载体建立居民服务"一卡通"，促进长三角地区在交通出行、旅游观光、文化体验等方面实现同城待遇。探索成立区域公共创业服务联盟，设立市场化个人征信机构，共建国家信用建设区域合作示范区，推进社会治理共建共治、诚信记录共享共用。加强与长三角在养老领域的合作，探索构建以老年教育为引领的特色化养老产业链。

（二十二）马鞍山以融入南京都市圈为主攻方向，当好安徽推动长三角一体化发展的"先锋军""排头兵"[1]

马鞍山市抢抓长三角一体化发展战略机遇，乘势而上，充分发挥作为南京都市圈、合肥都市圈核心城市基础优势，以规划为引领，促进重大平台、重点项目、体制机制、政策措施等无缝对接。完善与南京、合肥常态化对接机制，加强与长三角重要城市交流合作，加快毗邻地区深度融合，打造协同发展平台，在一体化发展中展现更大作为。

持续提升基础设施互联互通水平。坚持优化提升、适度超前、功能完善、运行高效的原则，提升马鞍山交通枢纽建设水平和服务功能，协同推动跨区域基础设施互联互通。以共建"轨道上的长三角"为重点，谋划推进一批干线铁路、城际铁路、市域（郊）铁路项目，建设公铁水空畅达高效的综合交通体系。推进毗邻区域交通网络全方位融合，健全跨区域、跨行业交通一体化体制机制，充分发挥交通在长三角一体化进程中的支撑作用，促进资源高效配置、要素自由流动。加快建设结构合理、功能明确、衔接充分、服务高效的城市路网，完善国省干道网络，提升乡镇基础设施覆盖面，实施国省干线及城市道路快速化改造，打造旅游道路、综合性客货运枢纽。强化与区域中心城市的通达性，注重各种交通方式的立体衔接，提升综合交通立体网的网络化效应和协同效能，提高区域竞争力。到"十四五"末，全市铁路和轨道交通里程达300千米，公路总里程达7800千米，其中高速公路达245千米；实现与南京同城化，形成与合肥1小时通勤圈。港口水运、多式联运协同发展水平不断提高，通用航空发展取得积极进展。

高水平建设毗邻地区新型功能区。加快江宁—博望新型功能区建设，创

---

[1] 参考《马鞍山市国民经济和社会发展第十四个五年规划和2035年远景目标纲要》《马鞍山市加快推进长三角更高质量一体化发展实施方案》。

新管理体制和合作机制，优先配置资源，打造全面接轨、始终领先的政策环境。完善与省投资集团的合作机制，全面推动博望产城融合发展示范区项目市场化运营，结合规划建设不同阶段，摸排梳理产业载体、城市功能载体和城市基础设施配套等方面短板，持续谋划建设项目，制定投资计划，实施动态化管理。健全与江宁区的对接机制，加快"宁博创智谷"项目建设，持续推动产业项目联合招引和建设，着力打造新转化、新智造、新消费、新贸易、新基建"五新"产城融合示范区，发展一批"链长""群主"项目，培育壮大新兴产业集群。

推动毗邻区域率先一体化发展。建设浦口—和县新型功能区，加快打造浦和产业合作示范区、浦和文旅产业伙伴园区、浦和现代农业伙伴园区、南京江北新区智能制造产业园分园四个平台，形成具有竞争力的产业创新集群。支持含山县和巢湖市联动创建国家全域旅游示范区，加快建设巢含产业合作园区，打造合肥都市圈一体化发展先行区。统筹推进慈湖高新区—江宁滨江开发区、花山—江宁、当涂—高淳等省际毗邻地区深度融合，搭建人才、科创、项目、金融等共享平台。推动宁马、合马、芜马毗邻区域率先一体化发展，打造长三角毗邻区域合作示范带探索跨界一体化发展新机制。推进全面深化改革举措在省际毗邻地区新型功能区内系统集成、集中落实，建设改革创新高地。积极推进刚性审批制度向相对柔性的指导性管理制度改革，进一步推动管理权限下放，赋予省际毗邻地区新型功能区审批管理权限及部分市级经济管理权限。探索政府与市场协同推进机制，积极引导社会力量参与新型功能区建设，充分发挥市场配置资源的决定性作用和企业、社会组织的主体作用，更好发挥政府在空间开发管制、基础设施布局、公共服务供给、营商环境建设等方面的引导和支持作用。探索建立权责分工、利益共享机制及跨行政区水资源和土地资源开发利用、生态环境保护和生态补偿机制。支持新型功能区内人民群众自由享受两地相关政策待遇，在户籍、社保、纳税、就业、就学、就医、行政执法监管等方面推动政策同城化。支持建立容错机制，制定相应免责清单，充分激发广大干部的"闯创干"精神。

（二十三）铜陵市打造长三角中心区现代化城市 [①]

铜陵市把推进长三角一体化作为推动全市区域协调发展、参与更高水平开放合作的重要抓手，加快推动"区块链接"和重点工程连接细化实化，促进科创产业融合发展、基础设施互联互通及要素对接、公共服务便利共享、规划政策相互协同。

推动科创产业融合发展。积极主动承接长三角技术、产业等溢出效应，深入开展科研联合攻关、研究平台共设、人才联合培养等多领域合作，打造长三角科技成果转化应用基地。发展"飞地经济"，探索科技成果"外部孵化、内部转化"新模式。支持铜陵有色等龙头企业创建国家级技术创新中心、工程研究中心等科创平台。强化产业对接，推动落实与上海松江区、江苏常州市战略合作协议，探索园区合作新模式，推进产业园区合作共建。探索利用铜基新材料延伸发展新能源汽车关键零部件、电子信息、高端装备、精细化工等先进制造业，实现与长三角区域优势产业深度融合、同步提升。

加强基础设施互联互通及要素对接。推动高铁、高速公路、国省干道、港口建设，积极加入长三角港口联盟，主动融入长三角航运经济圈，协同构建长三角一体化综合交通网络。充分激活江北区域的"土地红利""人口红利"，打造投资洼地，吸引和接替长三角发达地区产业的梯度转移。加强与沪苏浙人力资源市场融合接轨，探索建立同长三角一体化发展相适应的干部交流机制。推动公共服务便利共享。加强公共服务政策协同，缩小与沪苏浙在教育、卫生、文旅、体育等领域的差距，加快政务服务"一网通办"、居民服务"一卡通"。推动教育与科技合作，积极争取沪苏浙一流大学、科研院所在铜陵设立分支机构，推动与长三角高等院校开展合作办学，推动优质教育资源扩面共享。推动医疗资源共享，探索采取合作办院、设立分院、组建医联体等合作形式，加强对接沪苏浙知名医院，扩大优质医疗卫生资源在全市的覆盖范围。推动文旅深度合作。开展与长三角相关城市的文化互动，联手

[①] 综合参考《铜陵市国民经济和社会发展第十四个五年规划和 2035 年远景目标纲要》《铜陵市贯彻落实长江三角洲区域一体化发展规划纲要的实施方案》。

打造跨界文旅精品、黄金线路，争取加入长三角文体旅大健康产业联盟。推动跨区域体育资源共享、信息互通、项目合作和人才交流培养，积极参加长三角运动休闲体验季、体育休闲博览会、体育产业高峰论坛等品牌活动，引导、支持优秀体育产业单位争取加入长三角体育产业联盟，推动群众体育、竞技体育和体育产业协调发展。

推进区域产业协同合作。深化与长三角乃至全国范围内中心城市的产业协同合作，强化产业链供应链耦合对接、融合发展，做优做强我市优势产业。充分发挥以铜基新材料为标志的新材料产业基础及制造业优势，主动对接沪苏浙，协同推进长三角一体化发展，积极推动合铜发展带建设，推进与合肥都市圈、长三角区域的汽车、家电、电子信息等优势产业形成协同合作，持续提升区域内产业之间的契合度。引导中小企业加强与各自产业龙头企业的联系，形成配套协作，走专精特新之路。建立健全全方位区域对接合作机制和利益共享机制，进一步推动长三角先进科技成果转移转化。

强化规划政策对接协同。加强与沪苏浙城市重点领域制度规则和重大政策协调，深化政策制定统一性、规则一致性和执行协同性。探索建立跨区域产业转移、重大基础设施建设、园区合作的成本分担、利益共享、税收分享和征管协调机制，形成有利于生产要素自由流动和高效配置的良好环境。

（二十四）安庆市定位打造长三角地区高质量发展的中心区和带动皖西南、辐射皖鄂赣交界地区的区域重点城市 [①]

安庆市按照创新共建、协调共进、绿色共保、开放共赢、民生共享的基本原则，围绕打造长三角地区高质量发展的中心区和带动皖西南、辐射皖鄂赣交界地区的区域重点城市，全面等高对接、强化创新引领、主动担当作为，以工业化、城市化、区域化为抓手，加快构建具有竞争力的产业发展体系，推动现代化基础设施体系建设，增强区域生态屏障功能和绿色发展能力，提升公共服务水平，成为长江三角洲区域的增长极、西大门、后花园。

---

① 综合参考《安庆市国民经济和社会发展第十四个五年规划和 2035 年远景目标纲要》《安庆市贯彻落实长三角洲区域一体化发展规划纲要的实施方案》。

　　实施中心城市扩能共进行动，高质量推进区域重点城市建设。立足比较优势加强与苏沪浙对标对接、合作共进，优化城市功能布局，加快安庆中心城市建设，错位推动各县（市）发展；加快各片区、各板块快速通道建设，构筑以中心城市为核心、各县（市）便捷通达的"半小时"通勤网络；实施片区工程，高质量建设安庆经开区、高新区，谋划推进筑梦新区二期建设，建成滨江中心商务区（CBD）等；同时对标先进增强城市综合功能，加快形成"中心城市—小城市—中心镇—美丽乡村"一体化发展格局，成为带动皖西南、辐射皖鄂赣交界地区的重要增长极。

　　实施城乡融合共建行动，加快乡村振兴步伐。发挥粮油主产区优势，建设长三角地区粮食生产核心区和保障国家粮食安全的高产、高品质中心产区，建设长三角地区绿色农产品生产加工供应基地，建设长三角3小时鲜活农产品物流圈。安庆还将统筹推进城乡基础设施、公共服务一体化，探索建立城乡教育联合体、建立城乡校长教师交流机制，做好脱贫攻坚与乡村振兴、长三角一体化发展战略衔接。

　　实施基础设施筑网共联行动，建设现代化基础设施网络。建成合安九高铁、开工建设六安景铁路、融入长三角重点景区发展、构建"四纵一横"一级公路骨架网络、改造完成天柱山机场、参与长三角港口联盟建设等。未来，安庆将着眼于加快长三角区域互联互通，建设一体化现代综合交通网络，同时参与打造数字长三角、融入长三角能源保障体系，不断提升安庆区位优势和综合枢纽作用。

　　推进区域产业协同合作。深化与长三角乃至全国范围内中心城市的产业协同合作，强化产业链供应链耦合对接、融合发展，做优做强安庆市优势产业。充分发挥以铜基新材料为标志的新材料产业基础及制造业优势，主动对接沪苏浙，协同推进长三角一体化发展，积极推动合铜发展带建设，推进与合肥都市圈、长三角区域的汽车、家电、电子信息等优势产业形成协同合作，持续提升区域内产业之间的契合度。引导中小企业加强与各自产业龙头企业的联系，形成配套协作，走专精特新之路。建立健全全方位区域对接合作机制和利益共享机制，进一步推动长三角先进科技成果在我市转移转化。

（二十五）滁州争当安徽长三角一体化发展排头兵[①]

滁州作为实施长三角一体化发展中心区和安徽东向发展的桥头堡，扎实推进长三角一体化发展专项行动，争当安徽长三角一体化发展排头兵、高质量发展先行者，率先建成长三角更高质量一体化发展样板区，共同打造高质量发展强劲增长极。

突出"双圈"互动，推进"一区一基地"一体化发展。立足区位交通、资源禀赋、产业基础，突出重点，明确主攻方向，加强区域协调互动，积极融入南京都市圈、合肥都市圈建设，构建区域联动、特色鲜明、城乡融合、优势充分发挥的区域发展新格局。

加快建设"大江北"协同发展区。推进南京都市圈同城化，加快毗邻南京江北新区扇形区域率先整体融合、功能互补和协同发展，努力打造融入长三角一体化发展的先行区。推进跨界一体化发展示范区建设。开展顶山—汊河、浦口—南谯两个毗邻区域深度合作，探索建立产业协同发展、科技协同创新、基础设施互联互通、公共服务共享、生态环保共治等一体化新机制；协同推进南京都市圈上升为国家试点。推动重点区域优先重点开发。加快明湖、乌衣、汊河、金牛湖、全椒东部新城、滁州原创科技城、中新苏滁高新技术产业开发区等重点板块建设，提升武岗、水口、金集等一批沿边新市镇和特色小镇。加快同城化步伐。实施滁宁城际铁路等一批骨干工程，联动开发沿线城轨经济；开辟滁宁第二通道，构建滁宁半小时快速通勤圈、1小时生产要素物流圈、1小时休闲旅游生活圈。加强与南京教育医疗等公共服务领域"一卡通"共享。推进产业配套融合。深度参与以江北新区为中心的产业集群建设，完善产业协作机制，加快配套产业引进；推进现代服务业融合发展，加快物流、商贸、科创、旅游等一体化建设；推进现代农业发展，大力发展观光、休闲农业，建设南京优质农副产品供给基地。

---

① 综合参考《滁州市实施长江三角洲区域一体化发展规划纲要行动方案》《滁州市国民经济和社会发展第十四个五年规划和2035年远景目标纲要》。

高质量建设西部大工业基地。大力实施淮河生态经济带战略，充分利用定远、凤阳、明光丰富的矿产资源，加强统筹规划，完善产业链，加快产业集群化、规模化和新兴化，推动产业战略转型。推进产业集群建设。围绕硅基材料、凹凸棒、盐化工三大产业链建设关键环节，着力延链、补链、强链，开展定向招商、精准招商、产业链招商，注重引进技术含量高、市场前景好、带动性强的战新项目，招引和谋划储备一批有助于产业升级、转型发展的重大项目，打造具有核心竞争力的产业集群。强化三地特色产业分工协作，建立健全产业协同发展政策和规划机制，探索建立紧密型产业联盟，推进基地产业链互联互通和综合利用。加大科技创新。围绕"政府＋企业＋高校科研院所"模式深入推进政产学研用合作，鼓励高校、科研机构在基地建立分支机构。围绕基地产业发展需求，大力引进一批高层次创新人才和创新团队。强化资源利用。加强对石英砂、岩盐、凹凸棒等矿产资源的管理，以国有矿山企业为主体推进矿权收储，加快推进明光凹凸棒资源矿区整合，加强凤阳石英砂加工企业综合整治。加快设立矿业产业基金，深化与长三角优质资本合作，着力推进资源、资产、资本、资金一体化运营，促进资源优势向产业优势转变。加强平台建设。加快推进凤阳、定远、明光三地承接平台建设，促进基础设施互联互通，积极推进园区合作共建。大力发展循环经济，打造完整产业链条，促进园区转型升级，提升园区发展水平和竞争力。建设沿淮生态屏障。大力开展陡坡开垦地、缺水易旱的丘陵岗地植树造林，建设生态大走廊；加强生态修复，推进淮河沿岸的码头、国有林场现有林地中的"天窗"、裸露地等生态复绿。实施淮河行蓄洪区调整和建设，扩大中游行洪通道，使行蓄洪区启用标准提高到10—50年一遇。

积极融入合肥都市圈。拓展合肥都市圈合作深度和广度，加快推进基础设施、产业、科技创新、公共服务等一体化进程和联动共享。推进重大交通工程建设。配合合肥建设综合交通枢纽，规划建设滁州市区与合肥市区直接通达的铁路，加快建设滁州至合肥高速公路第二通道，进一步加强市际周边的县乡公路改建沟通衔接。加强产业协作。积极推动合滁产业发展带建设，不断提升都市圈内配套能力，共建一体化、现代化经济体系。协同打造智能家电产业集群基地，推动家电产业本地配套产业发展；加快新能源汽车和汽车零部件产业集聚发展，加强产业链建设；围绕平板显示器件、集成电路制造、LED 光电、软件信息等战新产业，着力打造特色新型电子信息产业集群；联合开展重大产业推介、会展等活动；抓住凤阳经济开发区纳入省皖北承接产业转移集聚区"6+N"布局政策机遇，积极推进园区与长三角合作共建，加快凤宁产业园建设。推进公共服务一体化。深化都市圈社保、教育、文化、卫生和人才交流等专题合作，引导资源要素在圈内高效流动和优化配置。

（二十六）池州"扬池所长"切实当好长三角一体化绿色发展标兵[①]

池州市聚焦建设承接产业转移示范区、国际文化旅游示范区、生态优先绿色发展示范区三个目标，彰显池州特色、扬池所长，切实当好长三角一体化绿色发展标兵，努力实现绿水青山和金山银山的有机统一。到 2025 年，区域协调发展格局基本形成。与皖江城市带毗邻市同城化进程明显加快，与皖南国际文化旅游示范区核心区城市联动发展更加紧密，与沪苏浙城市互动交流常态化。人均地区生产总值与长三角全域平均水平明显缩小，常住人口城镇化率达到 62%。

深化与沪苏浙地区合作。制定承接上海辐射实施方案，接轨上海非大都市核心功能疏解，重点接轨科技创新转移转化、中高端制造业转移。加大与沪苏浙地区政府、重点企业交流，定期选派干部挂职，接轨沪苏浙先进管理经验。积极谋划对接参与 G60 科创走廊、G50 绿色发展走廊建设。对标沪苏浙产业园区，推动全市各开发园区特色发展，打造长三角产业合作发展实验区。支持各县区、各省级以上开发区选择 1—2 个主导产业高质量承接，推动与沪苏浙开展多种形式的产业合作，探索合作共建利益共享新机制。落实江南产业集中区改革创新发展实施方案，将江南产业集中区建设成为长三角省际产业合作园区。

---

① 综合参考《池州市融入长三角一体化发展行动方案》《池州市国民经济和社会发展第十四个五年规划和 2035 年远景目标纲要》。

推动市域高质量一体化发展。提升中心城市能级，增强中心城市竞争力、集聚力、辐射力和影响力，加快打造现代化中等城市，建设支撑全市发展的核心增长极。强化中心城市枢纽功能，推进合池、池铜、池安、池黄"北向、东向、西向、南向"四大通道建设，构筑安池铜城市群"15分钟"便捷通行圈，争取进入合肥"1小时"都市圈扩容，提高与皖江城市带、皖南国际文化旅游示范区一体化建设水平，全面融入长三角城市群，积极参与长江中游城市群合作发展，打造长三角西向门户节点城市。推动中心城市高质量发展，推进江南产业集中区、市开发区、池州高新区、平天湖风景区协同发展，推进交通、环保、电力、信息等基础设施一体化规划建设，增强产业承接、要素集聚、高端服务和科技创新能力。强化中心城市现代基础设施体系建设，构建便捷通勤圈、优质生活圈。提升中心城市品质和魅力，加快绿色城市、人文城市、智慧城市建设，推广生态修复城市修补试点经验，保护传承非物质文化遗产，整合建成数字化城市管理平台，提高城市科学化、精细化、智能化管理水平。开展新型城镇化试点，推进常住人口基本公共服务全覆盖，保持中心城市人口净增长态势。加强市县联动，全面落实县域经济振兴措施，推进有条件的县城实施"城市双修"工程，全面提升县域承载力，加快构建现代化经济体系，实现高质量发展。

（二十七）宣城市全力推动以苏皖合作示范区为先导的"一地六县"合作区建设开局破题长三角一体化 [①]

推进"一地六县"合作区建设。加快构建"一区、两片区、多组团"空间格局。对标长三角生态绿色一体化发展示范区的拓展和延伸，以苏皖合作示范区为"一地六县"合作区的先行区，坚持全市联动、重点推进，先局部再整体，先双边再多边，先启动再联动，推动一体化融合。加快构建"一地六县"综合协调中心服务区、郎溪和广德两片区、市域多组团的空间发展格局，打造绿色发展样板区、战略性新兴产业集聚区、长三角科技创新成果转

---

① 综合参考《长三角一体化高质量发展宣城行动方案》《宣城市国民经济和社会发展第十四个五年规划和2035年远景目标纲要》。

化承载区和体制机制创新融合引领区。综合协调中心服务区核心区承担综合协调服务功能，重点发展生态农业、康养产业、数字经济；起步区承担创业创新和综合物流功能，积极承接新兴产业布局。郎溪片区和广德片区（两片），按照各扬所长、彰显特色的原则，立足主导产业和战略性新兴产业，协同推进两个片区产业发展。其中：郎溪片区重点打造生态型产城融合先行区、"两山"理念转化样板区、合作共建示范园区、绿色农产品服务功能区、现代临港产业集聚区；广德片区重点打造新兴产业集中发展区、"两山"理论转化样板区和文化旅游休闲康养基地三大功能区。全市域联动协同发展（多组团），依托宣城经济技术开发区、宣城高新技术开发区、芜宣机场临空产业园、宣城多式联运综合枢纽区等，积极申建中国（安徽）自贸试验区宣城联动创新区；做强宣城经济技术开发区、宣城现代服务业产业园区军天湖片区，放大合作区平台作用，大力发展新兴产业；推进市域联动发展，支持宣州和宁国高标准建设毗邻地区协同发展示范区或合作共建产业园，泾县、绩溪和旌德重点发展文化旅游、健康养生、生态农业等美丽经济。

高起点推动中国（安徽）自贸试验区宣城联动创新区建设。充分发挥"一地六县"合作区平台功能，围绕宣城经济技术开发区、宣城高新技术开发区、芜宣机场临空产业园、宣城多式联运综合枢纽区等，设立中国（安徽）自贸试验区宣城联动创新区，率先复制和推广自贸试验区改革试点经验，积极推动与中国（安徽）自贸试验区芜湖片区体制接轨、政策协同和市场融合，实现联动创新、一体发展。

深层次融入"两圈多廊带"区域发展格局。深度参与共建南京都市圈。积极推进宁宣城际铁路、宣镇铁路等交通项目建设，强化跨区域联动发展。加快建设苏皖合作示范区、宁宣产业园，加强新能源汽车及零部件、非金属材料等产业领域一体化合作，共推合作机制创新、设施共建共享、资源环境共保、要素平台共建、生态经济共育。坚持产城融合导向，谋划建设一批跨省界毗邻区域合作先导区，重点打造社渚—梅渚、天目湖—邱村—凌笪—新杭等一体化融合板块。全面融入杭州都市圈。主动加强与杭州都市圈成员城市紧密合作，争取全市域全方位加入杭州都市圈。提质发展宣城萧山产业园，升级郎溪（中国）经都产业园等合作平台。支持建设宁国—安吉省际毗邻地区新型功能区，共建绩溪与临安一体化高质量发展示范区，推动宁国、绩溪等地设立杭州城西科创大走廊联动发展区块。推动宁杭高铁二通道、杭临绩高铁等重大交通项目建设，谋划宣城（宁国）至杭州（临安）城际铁路等项目，实现杭州都市圈"1小时"通勤。协同建设跨区域廊带。深化共建长三角G60科创走廊，加快松江宣城产业园等园区建设，支持长三角G60科创走廊产业合作示范区（核心汽车零部件）建设。优化建设皖江城市带承接产业转移示范区，积极推进省级以上开发区与长三角重点产业园区合作，大力发展"园中园"和"飞地经济"。积极融入宁杭生态经济带，合作共建宁宣黄发展带。持续深化皖南国际文化旅游示范区建设，深度参与新安江生态经济示范区、杭黄绿色产业带、杭黄世界级自然生态和文化旅游廊道建设。

二、都市圈建设步伐明显提速

（一）构建"一核五圈四带"的网络化空间格局[①]

促进形成网络化空间格局。发挥上海龙头带动的核心作用和区域中心城市的辐射带动作用，依托交通运输网络培育形成多级多类发展轴线，推动南京都市圈、杭州都市圈、合肥都市圈、苏锡常都市圈、宁波都市圈的同城化发展，强化沿海发展带、沿江发展带、沪宁合杭甬发展带、沪杭金发展带的聚合发展，构建"一核五圈四带"的网络化空间格局。

（二）提升上海全球城市功能

按照打造世界级城市群核心城市的要求，加快提升上海核心竞争力和综合服务功能，加快建设具有全球影响力的科技创新中心，发挥浦东新区引领作用，推动非核心功能疏解，推进与苏州、无锡、南通、宁波、嘉兴、舟山等周边城市协同发展，引领长三角城市群一体化发展，提升服务长江经济带

---

① 《长江三角洲城市群发展规划》。

和"一带一路"等国家战略的能力。

（三）促进五个都市圈同城化发展

1. 南京都市圈

包括南京、镇江、扬州三市。提升南京中心城市功能，加快建设南京江北新区，加快产业和人口集聚，辐射带动淮安等市发展，促进与合肥都市圈融合发展，打造成为区域性创新创业高地和金融商务服务集聚区。

2. 杭州都市圈

包括杭州、嘉兴、湖州、绍兴四市。发挥创业创新优势，培育发展信息经济等新业态新引擎，加快建设杭州国家自主创新示范区和跨境电子商务综合试验区、湖州国家生态文明先行示范区，建设全国经济转型升级和改革创新的先行区。

3. 合肥都市圈

包括合肥、芜湖、马鞍山三市。发挥在推进长江经济带建设中承东启西的区位优势和创新资源富集优势，加快建设承接产业转移示范区，推动创新链和产业链融合发展，提升合肥辐射带动功能，打造区域增长新引擎。

4. 苏锡常都市圈

包括苏州、无锡、常州三市。全面强化与上海的功能对接与互动，加快推进沪苏通、锡常泰跨江融合发展。建设苏州工业园国家开放创新综合试验区，发展先进制造业和现代服务业集聚区，推进开发区城市功能改造，加快生态空间修复和城镇空间重塑，提升区域发展品质和形象。

5. 宁波都市圈

包括宁波、舟山、台州三市。高起点建设浙江舟山群岛新区和江海联运服务中心、宁波港口经济圈、台州小微企业金融服务改革创新试验区。高效整合三地海港资源和平台，打造全球一流的现代化综合枢纽港、国际航运服务基地和国际贸易物流中心，形成长江经济带龙头龙眼和"一带一路"战略支点。

(四)促进四条发展带聚合发展

1. 沪宁合杭甬发展带

依托沪汉蓉、沪杭甬通道,发挥上海、南京、杭州、合肥、宁波等中心城市要素集聚和综合服务优势,积极发展服务经济和创新经济,成为长三角城市群吸聚最高端要素、汇集最优秀人才、实现最高产业发展质量的中枢发展带,辐射带动长江经济带和中西部地区发展。

2. 沿江发展带

依托长江黄金水道,打造沿江综合交通走廊,促进长江岸线有序利用和江海联运港口优化布局,建设长江南京以下江海联运港区,推进皖江城市带承接产业转移示范区建设,打造引领长江经济带临港制造和航运物流业发展的龙头地区,推动跨江联动和港产城一体化发展,建设科技成果转化和产业化基地,增强对长江中游地区的辐射带动作用。

3. 沿海发展带

坚持陆海统筹,协调推进海洋空间开发利用、陆源污染防治与海洋生态保护。合理开发与保护海洋资源,积极培育临港制造业、海洋高新技术产业、海洋服务业和特色农渔业,推进江海联运建设,打造港航物流、重化工和能源基地,有序推进滨海生态城镇建设,加快建设浙江海洋经济示范区和通州湾江海联动开发示范区,打造与生态建设和环境保护相协调的海洋经济发展带,辐射带动苏皖北部、浙江西南部地区经济全面发展。

4. 沪杭金发展带

依托沪昆通道,连接上海、嘉兴、杭州、金华等城市,发挥开放程度高和民营经济发达的优势,以中国(上海)自由贸易试验区、义乌国际贸易综合改革试验区为重点,打造海陆双向开放高地,建设以高技术产业和商贸物流业为主的综合发展带,统筹环杭州湾地区产业布局,加强与衢州、丽水等地区生态环境联防联治,提升对江西等中部地区的辐射带动能力。

三、城市群空间结构逐步调整完善

（一）长三角一体化城市群发展历程

2011年《全国主体功能区规划》明确了中国适宜发展城市的21个区域，奠定了全国19大城市群规划发展的雏形。

2016年出台的国家"十三五"规划纲要，明确提出要"加快城市群建设发展"，并对全国19个城市群和以拉萨、喀什为中心的2个城市圈的建设目标和方向做出具体要求。全国19大城市群的规划要求基本成形。

2016年国家发展改革委住房城乡建设部正式下达《关于印发长江三角洲城市群发展规划的通知》，确定长三角城市群在上海市、江苏省、浙江省、安徽省范围内，由以上海为核心、联系紧密的多个城市组成，主要分布于国家"两横三纵"城市化格局的优化开发和重点开发区域。规划范围包括：上海市，江苏省的南京、无锡、常州、苏州、南通、盐城、扬州、镇江、泰州，浙江省的杭州、宁波、嘉兴、湖州、绍兴、金华、舟山、台州，安徽省的合肥、芜湖、马鞍山、铜陵、安庆、滁州、池州、宣城等26市，国土面积21.17万平方千米，2014年地区生产总值12.67万亿元，总人口1.5亿人，分别约占全国的2.2%、18.5%、11.0%。

作为全国19大城市群中要求"优化提升"的第一档城市群，长三角一体化城市群发展历程更为悠久，1982—2022年，历经40余载。1982—1988年间，长三角各城市因经济发展差距和利益冲突，一体化进程经历城市扩张到停滞，1992年随着上海浦东新区的建设一并重启规划，由浅层一体化向深层一体化发展，"十三五"期间逐步由注重经济一体化向经济社会一体化转变，在2019年12月公布的《长江三角洲区域一体化发展规划纲要》中，确定规划范围包括上海市、江苏省、浙江省、安徽省全域（面积35.8万平方千米），上海、苏南、浙北和皖东等27个城市为一体化中心区（面积22.5万平方千米），后又增加了温州市。之后不断优化城市群内部空间结构，促进城市群高质量发展。

（二）长三角一体化城市群发展定位与目标

在国务院出台的"十四五"发展规划中明确提出，"我国已转向高质量发展阶段"，"我国发展不平衡不充分问题仍然突出，重点领域关键环节改革任务仍然艰巨，创新能力不适应高质量发展要求，农业基础还不稳固，城乡区域发展和收入分配差距较大，生态环保任重道远，民生保障存在短板，社会治理还有弱项"。

2021年，长三角城市群中三省一市地区生产总值达27.6万亿，占国内生产总值的24.1%，常住人口规模超过2.35亿人，占全国人口的16.6%，坐拥上海、苏州、杭州等8个万亿地区生产总值城市。结合长三角发展现状和新环境，长三角一体化结合创新、协调、绿色、开放、共享五大发展理念，将经济增长极、高质量、现代化、一体化、改革开放五个层面作为战略定位，围绕城乡协调、科创产业、基础设施、生态环境、公共服务、制度一体化六大方面作为规划目标。

第二节 构筑科学合理、形态各异的空间发展新格局

一、强化区域联动发展

《长江三角洲区域一体化发展规划纲要》要求发挥上海龙头带动作用，苏浙皖各扬所长。

提升上海服务功能。面向全球、面向未来，提升上海城市能级和核心竞争力，引领长三角一体化发展。围绕国际经济、金融、贸易、航运和科技创新"五个中心"建设，着力提升上海大都市综合经济实力、金融资源配置功能、贸易枢纽功能、航运高端服务功能和科技创新策源能力，有序疏解一般制造等非大都市核心功能。形成有影响力的上海服务、上海制造、上海购物、上海文化"四大品牌"，推动上海品牌和管理模式全面输出，为长三角高

质量发展和参与国际竞争提供服务。

发挥苏浙皖比较优势。强化分工合作、错位发展，提升区域发展整体水平和效率。发挥江苏制造业发达、科教资源丰富、开放程度高等优势，推进沿沪宁产业创新带发展，加快苏南自主创新示范区、南京江北新区建设，打造具有全球影响力的科技产业创新中心和具有国际竞争力的先进制造业基地。发挥浙江数字经济领先、生态环境优美、民营经济发达等特色优势，大力推进大湾区大花园大通道大都市区建设，整合提升一批集聚发展平台，打造全国数字经济创新高地、对外开放重要枢纽和绿色发展新标杆。发挥安徽创新活跃强劲、制造特色鲜明、生态资源良好、内陆腹地广阔等优势，推进皖江城市带联动发展，加快合芜蚌自主创新示范区建设，打造具有重要影响力的科技创新策源地、新兴产业聚集地和绿色发展样板区。

加强区域合作联动。推动长三角中心区一体化发展，带动长三角其他地区加快发展，引领长江经济带开放发展。加强长三角中心区城市间的合作联动，建立城市间重大事项重大项目共商共建机制。引导长三角市场联动发展，推动跨地域跨行业商品市场互联互通、资源共享，统筹规划商品流通基础设施布局，推动内外贸融合发展，畅通长三角市场网络。加强长三角中心区与苏北、浙西南、皖北等地区的深层合作，加强徐州、衢州、安庆、阜阳等区域重点城市建设，辐射带动周边地区协同发展。探索共建合作园区等合作模式，共同拓展发展空间。依托交通大通道，以市场化、法治化方式加强合作，持续有序推进 G60 科创走廊建设，打造科技和制度创新双轮驱动、产业和城市一体化发展的先行先试走廊。深化长三角与长江中上游区域的合作交流，加强沿江港口、高铁和高速公路联动建设，推动长江上下游区域一体化发展。

在分工上，长三角地区三省一市形成错位竞争局面。上海是龙头带动作用，江苏、浙江是两翼，安徽是腹地，联动发展。上海作为全球门户型城市定位，积极为长三角世界级城市导入和导流更多全球化资源，为长三角高质量发展和参与国际竞争提供服务；江苏省布局上以沿沪宁产业创新带等为抓手，产业上以科技产业创新中心、先进制造业基地为发展目标；浙江省布局上以大湾区、大花园、大通道、大都市区等建设为抓手，产业上以全国数字经济创新高地为发展目标；安徽省布局上以皖江城市带等为抓手，产业上以打造科技创新政策源地、新兴产业聚集地和绿色发展样板区为发展目标。一市三省功能定位示意见图4-2-1。

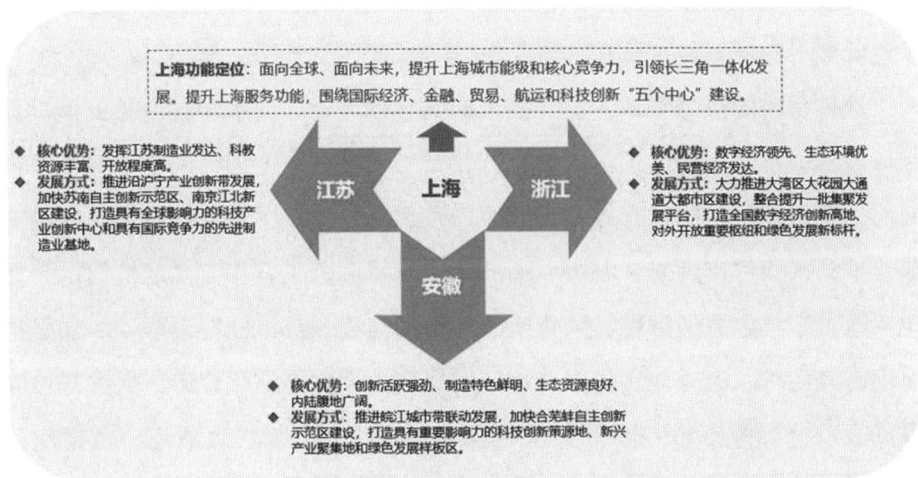

图4-2-1　一市三省功能定位示意图 [①]

资料来源：https://new.qq.com/rain/a/20220406A035PH00.

二、加快都市圈一体化发展

都市圈是城市群内部以超大特大城市或辐射带动功能强的大城市为中心、以1小时通勤圈为基本范围的城镇化空间形态，都市圈的发展是推动城市群的必要条件。长三角共有六大都市圈，分别是上海都市圈、南京都市圈、苏锡常都市圈、杭州都市圈、合肥都市圈和宁波都市圈。《长江三角洲区域一体化发展规划纲要》要求提升都市圈一体化水平。

推动都市圈同城化。以基础设施一体化和公共服务"一卡通"为着力点，加快南京、杭州、合肥、苏锡常、宁波都市圈建设，提升都市圈同城化

---

① 腾讯网 https://new.qq.com/rain/a/20220406A035PH00。

水平。统一规划建设都市圈内路、水、电、气、邮、信息等基础设施，加强中心城市与都市圈内其他城市的市域和城际铁路、道路交通、毗邻地区公交线路对接，构建快速便捷的都市通勤圈。实现都市圈内教育、医疗、文化等优质服务资源"一卡通"共享，扩大公共服务辐射半径，打造优质生活空间。推动中心城市非核心功能向周边城市（镇）疏解，在有条件的地方打造功能疏解承载地。推动都市圈内新型城市建设，打造功能复合、智慧互联、绿色低碳、开放包容的未来城市。

推进都市圈协调联动。加强都市圈间合作互动，高水平打造长三角世界级城市群。推动上海与近沪区域及苏锡常都市圈联动发展，构建上海大都市圈。加强南京都市圈与合肥都市圈协同发展，打造东中部区域协调发展的典范。推动杭州都市圈与宁波都市圈的紧密对接和分工合作，实现杭绍甬一体化。建设宁杭生态经济带，强化南京都市圈与杭州都市圈协调联动。加强淮河生态经济带、大运河文化带建设，发展环太湖生态文化旅游，促进都市圈联动发展。加强都市圈间重大基础设施统筹规划，加快大通道、大枢纽建设，提高城际铁路、高速公路的路网密度。加快建立都市圈间重大事项协调推进机制，探索协同治理新模式。

长三角城市群应优先实现都市圈的同城化，在此基础上，推动城市群的一体化发展。因此在未来的发展中，应发挥上海龙头带动的核心作用和区域中心城市的辐射带动作用，以基础设施一体化和公共服务"一卡通"为着力点，推动南京都市圈、杭州都市圈、合肥都市圈、苏锡常都市圈、宁波都市圈的同城化，探索协同治理新模式。

目前苏锡常都市圈、宁波都市圈正处于产业向中心城市集聚阶段，而南京都市圈、杭州都市圈、合肥都市圈周边的要素要向都市圈中心城市聚集，聚集的同时产生辐射效应，产业链条向外延伸，链条的上游仍然在都市圈核心城市。未来各大城市圈将继续升级，逐渐推动长三角一体化的成熟发展。

三、促进城乡融合发展

《长江三角洲区域一体化发展规划纲要》要求促进城乡融合发展，提高城乡基础设施联通水平、推动城乡公共服务一体化、全面推进人的城镇化、提升乡村发展品质。

提高城乡基础设施联通水平。加快覆盖城乡的公路、电力、天然气、供水、信息、物流和垃圾污水收集处理等基础设施建设，形成联通中心城市、县城、中心镇、中心村的基础设施网络。推动中心区农村公路提档升级、电网升级改造、天然气管网延伸布局、宽带网络建设应用、垃圾污水集中处置，鼓励有条件的县市区建设统一的供水管网，加强农村饮水安全设施建设，提高城乡基础设施互联互通和便捷高效水平。加大苏北、浙西南、皖北等城乡基础设施投入和支持力度，加强大别山革命老区对外联通通道建设，实施农村基础设施补短板工程，提高区域交通通达能力和其他基础设施综合配套水平。

推动城乡公共服务一体化。统筹推进城乡公共服务一体化发展，推动城乡公共服务便利共享，提升农村基本公共服务水平。完善统一的城乡居民基本医疗保险和基本养老保险制度，提升农村居民保障水平。优化农村基础教育学校布局，建立城乡教育联合体，推动城乡校长教师轮岗交流，提高农村基础教育整体水平。鼓励县级医院与乡村医疗卫生机构组建县域医疗服务共同体，推动城市大医院与县级医院建立对口支援、巡回医疗和远程医疗制度。加大农村医务人员培训力度，提高农村医疗服务能力。推行城乡社区服务目录制度，促进城乡社区服务标准衔接和区域统筹。

全面推进人的城镇化。加快以人为核心的综合配套改革，破除制约人全面发展的体制机制障碍，提升人的城镇化水平。深化户籍制度改革，构建城乡居民身份地位平等的户籍登记制度。推进城镇基本公共服务常住人口全覆盖，提高城市包容性，有序推进农业转移人口市民化。完善适应上海超大城市特点的户籍管理制度和南京、杭州特大城市的积分落户制度，提升中心区其他城市人口集聚能力，全面放开Ⅱ型大城市、中小城市及建制镇的落户限制，有序推动农村人口向条件较好、发展空间较大的城镇、特色小镇和中心村相对集中居住和创业发展。推动城乡人才双向流动，鼓励和引导城市人才回乡创业兴业。

提升乡村发展品质。大力实施乡村振兴战略，推动农村一、二、三产业深度融合，提高农民素质，全面建设美丽乡村。加强农产品质量安全追溯体系建设和区域公用品牌、企业品牌、产品品牌等农业品牌创建，建立区域一体化的农产品展销展示平台，促进农产品加工、休闲农业与乡村旅游和相关配套服务融合发展，发展精而美的特色乡村经济。推广浙江"千村示范、万村整治"工程经验，加快农村人居环境整治，打造农村宜居宜业生产生活生态空间。加强独具自然生态与地域文化风貌特色的古镇名村、居住群落、历史建筑及非物质文化遗产的整体性保护，全面繁荣乡村文化。建立健全党组织领导的自治、法治、德治相结合的乡村治理体系，促进农村社会全面进步。提高农民文化素养，提升农村现代文明水平。

在长三角区域一体化中，对城乡融合发展的要求逐步提高，重点放在了人的城镇化方面，包括公共服务均等化、交通基础设施的可达性及乡村振兴方面。

上海市在《贯彻〈长江三角洲区域一体化发展规划纲要〉实施方案》中明确提出大力推进城郊融合型乡村振兴。实施"美丽家园"工程，全面完成村庄布局规划、郊野单元（村庄）规划编制，实施乡村规划师、建筑师制度，优化村庄布局，加大政策力度，鼓励和引导农民相对集中居住，编制"四好农村路"建设规划和设计导则，推进实施提档升级改造，有序推进农村生活垃圾分类，巩固完善农村生活垃圾治理收运处置体系，全面完成农村卫生厕所改造、生活污水处理。实施"幸福乐园"工程，实施城乡学校携手共进计划，推进城乡一体医联体建设，实施上海市农村地区养老服务美好生活行动计划，发展互助式养老，实施"离土农民就业促进计划"和"新型职业农民培育计划"，推进农村综合帮扶。实施"绿色田园"工程，推进都市现代农业绿色发展行动计划，创建农村产业融合新载体，建设一批优质农产品线上线下产销对接平台，打造一批精品乡村旅游路线、民宿集群，提升和培育一批农村双创空间，加快长三角农创平台建设，支持长三角"田园五镇"乡村振兴先行区等省际毗邻地区探索乡村振兴一体化发展模式。加快健全城乡融合发展体制机制和政策体系。

浙江省在《推进长江三角洲区域一体化发展行动方案》中提出目标：乡村振兴战略全面实施，城乡区域差距明显缩小。到2025年，常住人口城镇化率达到75%，中心区城乡居民收入水平差距缩小到1.8∶1。为此要推进城乡融合发展，加快人口转移市民化进程，全面放开中小城市落户限制，推动未落户城镇常住人口共享基本公共服务。大力推进城乡基础设施和公共服务体系建设，推动城乡要素市场一体化发展，建立完善党组织领导的自治、法治、德治相结合的乡村治理体系，加快构建平等互惠、双向流动新型城乡关系。深入实施乡村振兴战略，推动农村一、二、三产业深度融合。继续加大浙西南山区、重点海岛城乡基础设施建设投入，提升建设一批农村公路网、信息网和美丽乡村风景线，打造山海协作升级版。支持衢州建设省际边界区域重点城市。

江苏省在《长江三角洲区域一体化发展规划纲要实施方案》中确定了城乡区域协调发展格局基本形成，全省城乡居民收入差距缩小到2∶1左右，常住人口城镇化率达到75%的发展目标，并就促进城乡融合发展方面进行具体规划部署。提高城乡基础设施联通水平方面，要加快覆盖城乡的公路、电力、天然气、供水、信息、物流和垃圾污水收集处理等基础设施建设，形成联通中心城市、县城、中心镇、中心村的高品质基础设施网络。推动中心区农村公路提档升级、电网升级改造、天然气管网延伸布局、宽带网络建设应用、垃圾污水集中处置，鼓励有条件的县市区建设统一的供水管网，加强农村饮水安全设施建设。加大苏北城乡基础设施投入和支持力度，实施农村基础设施补短板工程，提高区域交通通达能力和其他基础设施综合配套水平。推动城乡公共服务一体化方面，要完善统一的城乡居民基本医疗保险和基本养老保险制度。优化农村基础教育学校布局，加强农村幼儿教育、学前教育，建立城乡教育联合体，推动城乡校长教师轮岗交流。鼓励县级医院与乡村医疗卫生机构组建县域医疗服务共同体，推动城市大医院与县级医院建立对口支援、巡回医疗和远程医疗制度，促进经济发达地区的县级医院提档升级。推行城乡社区服务目录制度，促进城乡社区服务标准衔接和区域统筹。全面推进人的城镇化，加快以人为核心的综合配套改革，积极探索高质量新型城镇化路径，提高城市包容性，推进农业转移人口市民化。构建城乡居民统一的户籍登记制度。推进城镇常住人口基本公共服务均等化全覆盖。完善南京等特大城市的积分落户制度，进一步提升中心区其他城市人口聚集能力，全面放开Ⅱ型大城市、中小城市及建制镇落户限制，有序推动农村人口向城镇、特色小镇和中心村相对集中居住和创业发展。促进城乡人才、资本、技术等要素双向流动，建立健全返乡农民工创业就业的激励机制，鼓励和引导城市人才下乡创业兴业。提高乡村发展品质方面，要大力实施乡村振兴战略，推动农村一、二、三产业深度融合。加强农产品质量安全追溯体系建设，推进区域公用品牌、企业品牌、产品品牌和地理标志品牌等农业品牌创建，参与建立一体化农产品展销展示平台，发展精而美的特色乡村经济。加快农村人居环境整治，改善苏北农民群众住房条件，优先推进农村危房改造，打造农村宜居宜业新空间。加强古镇名村、居住群落、历史建筑及非物质文化遗产的整体性保护，建立健全党组织领导的自治、法治、德治相结合的乡村治理体系，提高农民文化素质，提升农村现代文明水平。健全村务档案管理制度。

安徽省在《实施长江三角洲区域一体化发展规划纲要行动计划》中部署加快乡村振兴步伐，推动城乡融合发展。通过坚持农业农村优先发展，大力推进乡村振兴战略，高质量推进新型城镇化战略，促进城乡要素自由流动、平等交换和公共资源合理配置，实现城乡高质量融合发展。一是坚持精准扶贫精准脱贫基本方略，着力攻克深贫堡垒，完善精准帮扶措施，巩固扩大脱贫攻坚成果，同步做好脱贫攻坚与乡村振兴的衔接；二是推进城乡基础设施一体化，形成中心城市—县城—中心镇—中心村一体化的基础设施网络，强化城乡道路客运有机连接，有序推进县域公用设施一体化建设，加强农村基础设施管护；三是加快城乡公共服务一体化，推动公共服务向农村延伸、社会事业向农村覆盖，大力发展农村教育事业，整合城乡医疗卫生资源，推动城乡社区服务标准衔接和区域统筹，鼓励基础较好的市县积极争创国家城乡融合发展试验区；四是提高人的城镇化水平，有力有序有效深化户籍制度改革，同步推进城镇基本公共服务常住人口全覆盖，推动农业人口就近转移，推动城乡要素资源双向流动；五是发挥农产品主产区优势，建设长三角绿色农产品生产加工供应基地，提升区域农产品供给水平，打造区域农产品生产加工供应平台，建立区域一体化农产品展销物流平台，共建长三角3小时鲜活农产品物流圈。

四、推进跨界区域共建共享

（一）上海市积极推进上海大都市圈协同发展[①]

在《贯彻〈长江三角洲区域一体化发展规划纲要〉实施方案》中明确提出，要加快编制上海大都市圈空间协同规划，围绕上海和苏州、无锡、常州、南通、宁波、嘉兴、舟山、湖州的"1+8"区域范围构建开放协调的空间格局，发挥空间规划的引领作用，加强在功能、交通、环境等方面的衔接，促进区域空间协同和一体化发展。鼓励支持虹桥—昆山—相城、嘉定—昆山—太仓、金山—平湖、枫泾—嘉善等跨省市城镇合作。推进崇明东平—南通海永—南通启隆、嘉定安亭—青浦白鹤—苏州花桥、金山枫泾—松江新浜—嘉兴嘉善—嘉兴平湖等三个跨省城镇圈协调发展，进一步实现功能布局融合、基础设施统筹、公共服务资源共建共享。

（二）浙江省全面推进跨区域重点板块协同发展[②]

浙江省主要从加强与上海自由贸易试验区新片区联动，推动省际毗邻区

---

① 上海市《贯彻〈长江三角洲区域一体化发展规划纲要〉实施方案》。
② 《浙江省推进长江三角洲区域一体化发展行动方案》。

域和省内都市区跨市域协同发展三方面，着力打造一批全方位融合、一体化发展协同板块。

一是加强与上海自由贸易试验区新片区联动。共建上海自由贸易试验区新片区小洋山岛区块，提升小洋山岛港航服务功能。联合开展大洋山开发研究，探索新型合作开发模式，把大洋山建设成为集港航服务、保税物流及配套加工增值服务于一体的高度开放综合功能区。加强浙沪自由贸易试验区合作联动，推动浙江自由贸易试验区复制推广上海自由贸易试验区新片区政策制度，放大上海自由贸易试验区新片区辐射带动效应。深化国际油气交易中心与上海期货交易所的期现合作，共同建设期现一体化油气交易市场。争取浙江自由贸易试验区赋权扩区。探索建设数字自由贸易试验区。加强自由贸易试验区与海关特殊监管区域、经济技术开发区联动，发挥自由贸易试验区辐射带动作用。

二是促进省际毗邻区域协同发展。推动共建苏浙皖产业合作区，加强与苏皖毗邻区域生态旅游、节能环保、新能源、新材料等产业协作创新，推进基础设施互联互通和生态环境联保共治，打造一批科技成果转化承载和战略性新兴产业集聚发展合作平台，成为长三角跨区合作、绿色发展样板区。共建平湖—金山产城融合发展区。以枫泾镇—新埭镇、金山卫镇—独山港镇、廊下镇—广陈镇、吕巷镇—新仓镇等毗邻区域为切入点，推动交通设施、产业发展、民生保障、平安建设、生态旅游、文化科创、人才建设等领域合作。重点推进张江长三角科技城合作建设，加快沿海重化工产业布局优化和转型升级，统筹协调和保护生态、生活岸线，加强轨道铁路网、公路公交网和水路运输网对接。共建千岛湖—黄山生态旅游合作区。以千岛湖及新安江流域水资源和生态环境保护为核心，以打造杭黄国际黄金旅游线为主线，推动杭州市与安徽省黄山市深度合作。深化开展新安江流域生态补偿试点合作，加强杭黄全域旅游合作，共同传承发展钱塘文化、新安文化，合力推进千岛湖—新安江大画廊建设，打造世界级自然生态和文化旅游廊道。共建温州浙南闽北合作发展区。支持温州建设浙南闽北区域中心城市，构筑长三角联通海西经济区的重要枢纽。以苍南、泰顺为重点，加强与福建省宁德市等地的海岸带和流域开发合作。整合区域内太姥山、飞云湖和廊桥、古道、温泉等特色旅游资源，联动推进浙闽边际生态旅游合作。以海峡两岸（温州）民营经济创新发展示范区、苍南对台贸易试验区、浙南闽北赣东进口商品集散中心为平台，促进对台经贸合作和民间交流。共建浙赣边际（衢饶）合作区。合作区位于江山市、常山县和江西省上饶市玉山县交界区域。探索建立跨省域共建共享的市场化开发机制，创新绿色发展、集约发展模式，推进规划共绘、平台共建、产业共融、要素共享、生态共保，加大一体化的基础设施建设力度，大力发展绿色制造、现代服务、文化旅游、幸福康养等生态型产业，建设成为共推跨越发展的新型合作区。

三是打造省内一体化合作先行区。建设杭绍一体化合作先行区。以杭州萧山、绍兴柯桥和诸暨交界地区为切入点，加强杭州都市区跨区重大交通、能源、水利等基础设施互联互通。推动杭州钱塘新区—绍兴滨海新区产业协同和差异化发展，支持绍兴柯桥建设临杭创新园和融杭新城、诸暨实施与杭同城行动计划。建设甬绍一体化合作先行区。以宁波、绍兴交界地区为切入点，以宁波前湾新区—绍兴滨海新区等跨市域产业平台协同为重点，加强空间策略、功能布局、产业协作、重大基础设施等规划对接和实施协同，共同打造世界级先进制造业大平台。聚焦嵊州、新昌、奉化等跨市域毗邻区域对接联动，发挥义甬舟大通道节点支撑作用，优化提升一批开发平台能级。建设甬舟一体化合作先行区。充分发挥宁波港口资源、开放高地、产业集群、海洋经济等优势和舟山通江达海区位优势、海洋海岛资源优势，聚焦六横、金塘等区域，以跨海交通、能源、水利等基础设施通道为支撑，以管理体制和开发模式创新为突破口，探索建立全域统筹、宁波为主的开发管理体制和资本为纽带、企业为主体的股份合作模式。建设嘉湖一体化合作先行区。发挥湖州、嘉兴接沪融杭联苏通皖的区位优势，以吴兴—南浔—秀洲—嘉善、乌镇—练市等跨市域毗邻区域为重点，推进跨区域多领域一体化创新合作，共同推动 G60 科创走廊提升发展，构建沪湖绿色智造廊道，率先打造长三角高质量一体化发展先行区块。建设杭嘉一体化合作先行区。以杭州、嘉兴交界地区为切入点，联动推进杭州钱塘新区、余杭区、海宁市合作联动，共建杭州大都市区同城化发展先行区。加快余杭、海宁合作开发区块规划建设，延伸杭州城东产业智造走廊，高水平建设杭海新城，主动承接临平、下沙城市功能。加快推进杭海城际铁路、海宁西站高铁新城等互联互通重大项目建设。

（三）江苏省推进跨界区域共建共享 [①]

江苏省重点安排在推动省际毗邻区域协同发展和共建跨区域产业合作园区建设两个方面。

推动省际毗邻区域协同发展。探索省际毗邻区域协同发展新机制，推进虹桥—昆山—相城深度合作，强化功能协同，积极发展面向国际的总部经济和枢纽经济；推进嘉定—昆山—太仓协同创新，在资源共享、产业合作、科技创新等方面取得突破进展；加强顶山—汊河、浦口—南谯区域协作，推进公共服务共享和跨界生态资源共保；积极推动江宁—博望区域联动，促进协同协作发展。支持南通沪苏跨江融合试验区建设，探索江海联动、跨江融合新模式，在基础设施、高端产业、要素流动、公共服务等方面加强协同共建，打造上海北翼门户。依托苏浙皖交界地区的溧阳市、宜兴市、郎溪县、广德县、长兴县、安吉县和上海白茅岭农场，协同推进长三角产业合作发展区建设。推进毗邻地区班线公交化，支持定制客运发展。

共建跨区域产业合作园区。推广苏州工业园区合作开发管理模式，加快南北合作共建园区高质量发展，推进苏宿合作高质量发展创新实验区建设，形成一批可复制可推广的经验制度。加强沪苏大丰产业联动集聚区建设，积极承接上海产业升级转移，打造"飞地经济"样板。继续做好中新苏滁、中新嘉善等省际合作产业园建设。支持徐州与宿州、淮北合作共建产业园区。支持江阴—靖江工业园区建设跨江融合发展试验区。

---

① 《长江三角洲区域一体化发展规划纲要》江苏实施方案。

（四）安徽省推进跨界区域共建共享 ①

侧重于高质量推进"一圈五区"建设，主要包括：一是高质量建设合肥都市圈，提升合肥省会城市能级，增强合肥引领带动力。推进都市圈同城化步伐，加快合六经济走廊、合淮蚌产业走廊建设，积极建设合芜、合马、合铜、合滁、合桐发展带，有序推动都市圈扩容提质。同时深化与长三角都市圈协调联动，重点加强与南京都市圈协同发展。二是加快发展合芜蚌国家自主创新示范区，以合肥、芜湖、蚌埠国家级高新区为核心，充分发挥各类产业园区特色优势，推动产业创新升级，打造具有重要影响力的品牌园区。创建合芜蚌国家科技成果转移转化示范区，加强与浙江、上海闵行、苏南等现有示范区对接，共建科技成果转移转化高地。三是提升发展皖江城市带承接产业转移示范区，对接沿沪宁产业创新带和 G60 科创走廊，高质量承接产业转移。四是高水平打造皖北承接产业转移集聚区，积极承接沪苏浙中心区工程机械、轻工食品、纺织服装等传统产业升级转移，有序承接新型、绿色重化工业，力争骨干企业迁移布点、相关企业配套跟进，实现全产业链高质量承接。五是大力振兴皖西大别山革命老区，发展特色优势产业，提升精准脱贫基础支撑力。六是高标准建设皖南国际文化旅游示范区，深化与沪苏浙旅游合作。

第三节　加快推进区域协调发展一体化的政策举措

长三角地区坚持全面深化改革，坚决破除制约一体化发展的行政壁垒和体制机制障碍，统一规范的制度体系加快建立，促进区域空间一体化的政策措施相继出台，要素自由流动的统一开放市场加快形成，制度性交易成本不断降低，区域一体化发展的路径模式不断完善，为全国其他区域一体化发展提供了示范。

---

① 《安徽省实施长江三角洲区域一体化发展规划纲要行动计划》。

一、强化组织协调，健全推进一体化体制机制

（一）设立推动长三角一体化发展领导小组

长三角一体化发展是新时代中共中央、国务院确定的重大战略。中央层面成立推动长三角一体化发展领导小组，统筹指导和综合协调长三角一体化发展战略实施，研究审议重大规划、重大政策、重大项目和年度工作安排，协调解决重大问题，督促落实重大事项，全面做好长三角一体化发展各项工作。国家发展改革委、财政部、商务部海关总署、科技部、工业和信息化部、自然资源部、生态环境部、交通运输部、中国人民银行、市场监管总局、中国银保监会、中国证监会等中央部门及上海市、江苏省、浙江省、安徽省作为成员单位。领导小组办公室设在国家发展改革委，承担领导小组日常工作。上海市、江苏省、浙江省、安徽省分别设立推进长三角一体化发展领导小组及办公室。

（二）建立完善长三角区域合作三级运作机制

上海市、江苏省、浙江省、安徽省作为推进长三角一体化发展的责任主体，从2008年起建立了决策层、协调层和执行层"三级运作，统分结合"的区域合作机制，逐步建立了"主要领导座谈会明确任务方向，联席会议协调推进，长三角区域合作办公室、联席会议办公室和专题合作组具体落实"的机制框架。长三角区域合作采取轮值制度，每年由一个省（市）作为轮值方，这样能保证合作机制"三级运作、上下联动，统分结合、各司其职，轮值牵头、平等协商"。作为决策层的长三角地区主要领导座谈会是三省一市最高层级的审议决策机制，原则上每年召开一次，出席范围为三省一市省委（市委）书记、省（市）长，并邀请国家发展改革委相关领导出席。主要负责审议和决策长三角一体化中长期发展规划、工作计划、实施方案等；负责审议和决策高质量一体化发展的重大改革和重大项目；负责审议联席会议提请决策的其他重大事项等。长三角地区合作与发展联席会议为协调层，是三省一市联合协调机制，出席范围为三省一市常务副省（市）长，省（市）政府

分管秘书长，发展改革委主任、分管副主任，长三角办、联席办成员，各重点专题合作组负责人，原则上每年召开两次。主要负责审议主要领导座谈会方案（议题），落实有关筹备事项协调工作；负责落实主要领导座谈会重大决策部署，协调推进三省一市区域合作的重大事项；负责审议长三角区域合作年度工作计划和下年度工作重点；负责审议长三角办、联席办、专题组提请决策的重要事项等。长三角区域合作办公室、各省（市）联席会议办公室和专题合作组作为执行层，是长三角高质量一体化发展的服务平台和推进机构，在上海联合集中办公。

二、深化跨地区间要素自由流动的体制机制

一体化空间格局，必然是要打破行政约束，将区域作为一个整体，根据经济社会和资源环境的区位条件差异性，科学配置各类开发和生态保护空间以及城市和乡村空间，促使发展要素向开发条件优越的空间集聚。推进长三角一体化发展，重点在于推动要素市场一体化建设。依托三省一市产权交易市场，逐步实现联网交易、统一信息发布和披露。探索将交易种类拓展至国有企业实物资产、知识产权、农村产权、环境产权等各类权属交易，实现交易凭证互认，建设产权交易共同市场。推进水、矿产、森林等资源使用权跨省交易。加强碳排放管理合作，依托上海碳排放交易平台，率先在长三角城市群开展碳排放交易，推进长三角区域内排污权交易工作。

提高金融市场一体化程度。在城市群范围积极推广自贸试验区金融改革可复制试点经验。切实发挥长三角金融协调发展工作联席会议等平台的作用，加快推进金融信息、支付清算、票据流通、信用体系、外汇管理一体化，提升金融服务实体经济能力。强化金融监管合作和风险联防联控，合力打击区域内非法集资，建立金融风险联合处置机制。做实"信用长三角"合作机制，推动征信体系互联互通。

建立土地（海域）高效配置机制。坚持最严格的耕地保护制度和节约用地制度，强化土地利用总体规划实施管理，严格控制新增建设用地占用耕

地。完善城乡建设用地增减挂钩政策，实行城镇建设用地增量供给与存量挖潜相结合，探索实行城镇建设用地增加规模与吸纳农业转移人口落户数量挂钩机制。实行长期租赁、先租后让、租让结合、弹性出让等多种方式相结合的工业用地供应制度，建立健全城镇低效用地再开发激励约束机制和存量建设用地退出激励机制。依托现有基础探索建立城乡统一的建设用地交易市场，优化建设用地配置。依法科学配置海域资源，严格围填海项目审查，优先保障国家重大战略项目用海需求，推进海域资源市场化配置。

推动资源市场一体化。创新和完善长三角人口服务和管理制度，加快实施户籍制度改革和居住证制度，统筹推进本地人口和外来人口市民化，加快消除城乡区域间户籍壁垒，促进人口有序流动、合理分布和社会融合。统筹规划、联合共建一批重要资源储备基地，完善安全风险防范机制。健全跨区域资源基础设施网络共享机制，鼓励第三方合理使用，提高网络资源配置效率。推进长三角城市群数据信息交易，促进数据信息基础设施互联互通，建立安全可信、公正透明的隐私保护与定价交易规则，推动数据信息交易有序开展。

三、出台都市圈一体化规划和相关行动方案

（一）都市圈一体化规划

长三角共规划建设六大都市圈，分别是上海都市圈、南京都市圈、苏锡常都市圈、杭州都市圈、合肥都市圈和宁波都市圈。

上海都市圈：《上海市城市总体规划（2017—2035年）》提出，上海主动融入长三角区域协同发展，构建上海大都市圈，打造具有全球影响力的世界级城市群。规划的上海大都市圈包括上海、苏州、无锡、常州、南通、嘉兴、宁波、舟山、湖州。《长江三角洲区域一体化发展规划纲要》对上海大都市圈进行了补充和完善，主要包括上海、近沪区域、苏锡常都市圈。这两份规划中关于上海大都市圈的范围基本一致。

南京都市圈：2000年7月，江苏省提出打造以省会南京为中心的南京都

市圈。2003 年 1 月，江苏省政府批准《南京都市圈规划（2002—2020）》。2021 年 2 月，国家发展改革委复函同意该规划，南京都市圈成为中国第一个由国家发展改革委正式批复规划的都市圈。南京都市圈包括南京、镇江、扬州、淮安、马鞍山、滁州、芜湖、宣城和常州的溧阳、金坛，包含 33 个市辖区、11 个县级市和 16 个县，总面积 6.6 万平方千米。南京都市圈是一个跨省城市群，地跨苏皖两省，在吸收部分江苏城市外，又纳入部分安徽城市，实质是以南京为中心形成一个经济区域带，在这个区域带里共同发展，共同做强做大，以一个城市为龙头来带动一大批城市及周围城镇发展。

苏锡常都市圈：苏锡常都市圈包括苏州、无锡、常州三市，《长江三角洲城市群发展规划》要求苏锡常都市圈全面强化与上海的功能对接与互动，加快推进沪苏通、锡常泰跨江融合发展。因此，与其他都市圈有着明显不同的是，苏锡常都市圈并没有明确的中心城市，其定位在于积极融入上海都市圈。

杭州都市圈：杭州都市圈位于长三角的南翼，主要以杭州为中心，联结湖州、嘉兴、绍兴、衢州、黄山五市为节点，称之为长三角打造的"金南翼"。2010 年，浙江省政府批复《杭州都市经济圈发展规划》。2016 年，《长江三角洲城市群发展规划》将杭州都市圈列入"一核五圈四带"的"五圈"之一。杭州都市圈正努力建设成为推动世界第六大城市群——长三角城市群的重要板块、亚太国际门户长三角地区的有机组成部分、全国科学发展和谐发展先行区和浙江创业创新核心区。

合肥都市圈：2009 年 8 月，安徽省委、省政府下发了《关于加快合肥经济圈建设的若干意见》，正式提出建设合肥经济圈。2016 年，《长江三角洲城市群发展规划》将合肥都市圈纳入，标志着合肥都市圈上升为国家发展战略，同时把淮南市和桐城市纳入经济圈范畴。合肥都市圈位于长江中下游沿江长三角西端，包括安徽省合肥市、淮南市、六安市、滁州市、芜湖市、马鞍山市、蚌埠市、桐城市（县级市），是长三角向中西部延伸的重要枢纽和西大门。

宁波都市圈：宁波都市圈的具体范围包括宁波、舟山、台州三市并延伸至绍兴市新昌县、嵊州市等周边区域。在长三角都市圈中，宁波都市圈拥有最具特色的陆海统筹优势，根据宁波、舟山、台州三地人民政府联合发文公布的《宁波都市圈建设行动方案》，宁波都市圈的建设目标是努力构建"一主一副四片两带"空间结构，建设成为以开放创新为特色的国际港口名城，打造全球综合枢纽、国际港航贸易中心、国家智造创新中心、亚太文化交往中心、幸福宜居美丽家园，在推进新型城镇化、构建对外开放新格局和长三角一体化发展方面发挥示范引领作用。

（二）相关行动方案

中共中央、国务院印发《长江三角洲区域一体化发展规划纲要》之后，三省一市分别制定出台了实施方案或行动计划予以贯彻落实。

《上海市贯彻〈长江三角洲区域一体化发展规划纲要〉实施方案》对提升上海服务辐射能级，共推城乡区域协调发展，推进上海大都市圈协同发展等空间一体化方面进行了具体部署落实。

《〈长江三角洲区域一体化发展规划纲要〉江苏实施方案》聚焦"一体化"合力构建区域协调发展新格局，主动服务、积极支持上海发挥龙头作用，充分集成江苏优势，加强与浙皖战略协同，深化"1+3"重点功能区建设。在长三角一体化框架下加速全省域一体化发展。

《浙江省推进长江三角洲区域一体化发展行动方案》结合浙江实际，提出按照统筹部署、分类指导、以点带面、有序推进的要求，形成示范区先行探索、中心区率先融入、多板块协同联动、全省域集成推进的一体化发展格局。

《安徽省实施长江三角洲区域一体化发展规划纲要行动计划》制定中心区率先突破，全省域一体推进的一体化推进路径。中心区要拉高标杆、率先接轨、争先进位，加快与沪苏浙中心区联动，辐射带动全省加快发展。同时，充分激发各地积极性、创造性，主动对接沪苏浙，强化产业协同发展，完善基础设施体系，提升公共服务能力，形成多主体、多层级、多领域集成推进的良好态势。

国家发展改革委印发《沪苏浙城市结对合作帮扶皖北城市实施方案》，

部署有关沪苏浙城市结对合作帮扶皖北城市工作，帮扶城市包括上海市 3 个区、江苏省 3 个市、浙江省 2 个市，受帮扶城市包括安徽省淮北市、亳州市、宿州市、蚌埠市、阜阳市、淮南市、滁州市、六安市共 8 个市，并就重点工作任务和落实主体责任给予了明确要求。对推动皖北地区加快发展，缩小长三角区域内发展差距具有重要意义。

四、建立健全城乡融合发展新机制

《长江三角洲区域一体化发展规划纲要》对促进城乡融合发展提出了明确要求，主要包括提高城乡基础设施联通水平、推动城乡公共服务一体化、全面推进人的城镇化和提升乡村发展品质四个方面。三省一市在各自的实施方案或行动计划中都予以落实，提出了具体的促进城乡融合发展的政策举措。

上海市提出大力推进城郊融合型乡村振兴。实施"美丽家园"工程，全面完成村庄布局规划、郊野单元（村庄）规划编制，实施乡村规划师、建筑师制度，优化村庄布局，加大政策力度，鼓励和引导农民相对集中居住，编制"四好农村路"建设规划和设计导则，推进实施提档升级改造，有序推进农村生活垃圾分类，巩固完善农村生活垃圾治理收运处置体系，全面完成农村卫生厕所改造、生活污水处理。实施"幸福乐园"工程，实施城乡学校携手共进计划，推进城乡一体医联体建设，实施上海市农村地区养老服务美好生活行动计划，发展互助式养老，实施"离土农民就业促进计划"和"新型职业农民培育计划"，推进农村综合帮扶。实施"绿色田园"工程，推进都市现代农业绿色发展行动计划，创建农村产业融合新载体，建设一批优质农产品线上线下产销对接平台，打造一批精品乡村旅游路线、民宿集群，提升和培育一批农村双创空间，加快长三角农创平台建设，支持长三角"田园五镇"乡村振兴先行区等省际毗邻地区探索乡村振兴一体化发展模式。加快健全城乡融合发展体制机制和政策体系。

江苏省根据省情对提高城乡基础设施联通水平、推动城乡公共服务一体化、全面推进人的城镇化和提升乡村发展品质四个方面进行了细化落实，在城乡基础设施投入和支持力度，实施农村基础设施补短板工程，完善统一的城乡居民基本医疗保险和基本养老保险制度，推行城乡社区服务目录制度，促进城乡社区服务标准衔接和区域统筹，构建城乡居民统一的户籍登记制度，完善南京等特大城市的积分落户制度，推进城镇常住人口基本公共服务均等化全覆盖，实施乡村振兴战略，健全村务档案管理制度等方面进行了制度设计。

浙江省强化制度保障，发挥地方立法对加快长三角一体化发展的推动作用，加强地方立法规划、年度立法计划和具体立法项目协作，探索地方人大执法检查工作协同，为长三角一体化高质量发展提供有力的法治保障。制定专项规划，省发展改革委会同省自然资源厅、省建设厅、省农业农村厅编制城乡区域融合发展专项行动计划。

安徽省通过大力推进乡村振兴战略，高质量推进新型城镇化战略，促进城乡要素自由流动、平等交换和公共资源合理配置，实现城乡高质量融合发展。围绕扎实推进城乡基础设施一体化、加快城乡公共服务一体化、提高人的城镇化水平、建设长三角绿色农产品生产加工供应基地和提升乡村发展品质六大方面具体提出了 63 项政策措施。

第五章

以协同创新为目标，
推动长三角产业协同一体化

　　长三角地区是我国经济发展最活跃、开放程度最高、创新能力最强的区域之一，在国家现代化建设大局和全方位开放格局中具有举足轻重的战略地位。2021 年，长三角实现地区生产总值 27.61 万亿元，社会消费品零售总额 11.15 万亿元，进出口总额 14.11 万亿元，相关指标占全国比重分别为24.14%、25.28%、36.08%，主要经济指标占比稳中有升。从研发投入和创新产出来看，2021 年长三角三省一市研究与试验发展（R&D）经费投入达到8325 亿元，占全国总投入近 30%，研发投入强度即研发经费支出占地区生产总值的比例达到 3.05%，高于全国 2.44% 的平均水平，其中上海更是高达4.1%；2021 年长三角专利授权量 143.83 万件，占全国 31.3%，年末有效发明专利量 89.34 万件，每万人发明专利拥有量达到 38 件。

　　正是具有人才集聚、科技发达、产业链供应链相对完备等优势，长三角担负着国家创新驱动发展战略的重要使命。推动长三角产业和创新一体化发展，增强长三角地区创新能力和竞争能力，加快构筑具有国际影响力的前沿产业集群，对引领全国高质量发展、建设现代化经济体系意义重大。而基于长三角打造全国发展强劲活跃增长极、全国高质量发展样板区、率先基本实现现代化引领区、区域一体化发展示范区、新时代改革开放新高地"一极三区一高地"的战略定位，也蕴含着不断加强创新策源能力建设、深入提升科技创新和产业融合发展、进一步增强经济和科技实力的内在要求。习近平总书记 2020 年 8 月在主持召开扎实推进长三角一体化发展座谈会时指出，长三角要"勇当我国科技和产业创新的开路先锋"，"上海和长三角区域不仅要提供优质产品，更要提供高水平科技供给，支撑全国高质量发展"。

第一节　产业创新发展取得新成效

一、科技基础设施建设持续推进

丰富的科技创新资源为长三角的产业创新发展提供了强力支撑，立足于国家重大战略科技目标和产业发展现实需求，提高基础研究和应用创新能力，依托上海张江、安徽合肥综合性国家科学中心建设，长三角在国家实验室、国家重点实验室、产业创新中心、技术创新中心等重大科技创新基地平台和重大科技基础设施方面的布局不断丰富和完善。根据长三角科技资源共享服务平台数据显示，截至 2021 年 8 月，长三角地区拥有 104 家国家重点实验室，610 家省级重点实验室，拥有工程技术研究中心 1376 家，其中国家级 82 家，省级 1294 家，拥有国家工程实验室 32 家，国家工程研究中心 30 家；现有大型科学仪器 40150 台，其中上海 18057 台，江苏 7257 台，浙江 9447 台，安徽 5389 台，拥有包括上海光源、江苏神威·太湖之光、安徽稳态强磁场实验装置等在内的大科学装置 23 台。密集的科技设施和平台也有力地支撑起长三角在量子科技、光子科学、脑科学、生命医药、人工智能、新材料、新能源技术、电子信息、网络通信等领域的基础和应用研究。

从各省市代表性科技设施和创新平台来看，上海超强超短激光实验装置、转化医学国家重大科技基础设施（上海）投入运行，硬 X 射线、上海光源二期、海底观测网、高效低碳燃气轮机等重大科技基础设施以及李政道研究所、上海量子科学研究中心等研究机构的建设不断推进，大科学设施和研发与转化功能型平台集聚效应显现、运行能效不断提升；江苏着力打造未来网络试验设施、高效低碳燃气轮机试验装置等科技设施，推进网络通信与安全紫金山实验室、材料科学姑苏实验室、深海技术科学太湖实验室创建国家实验室，同时基于自身产业发展基础，形成了长三角先进材料研究院、无锡先进技术研究院等产业和技术创新中心；浙江积极推动之江实验室、西湖实验室打造国家实验室，加快建设甬江等省实验室，充分发挥西湖大学、浙江清华长三角研究院等新型研究型高校和研发机构的作用；安徽围绕合肥综合性国家科学中心建设，发挥国家同步辐射实验室的带动作用，加快推进聚变堆主机关键系统综合研究设施等大科学装置集群建设，积极搭建研究载体和平台。

此外，长三角也具有丰富的高校和人才资源。长三角三省一市共有普通高校 462 所，其中"双一流"建设高校 36 所，占到了全国的 25%，高校年研发课题近 30 万项；拥有研发人员 229 万人，占全国的 30%；同时高层次人才集聚水平较高，拥有两院院士超 400 人，2021 年新增两院院士中长三角地区有 35 人入选，占增选人数的 23.5%，其中江苏 16 人入选，院士人数达到 118 人，上海 11 人入选，院士人数达到 184 人，浙江和安徽则分别有 5 人和 3 人增选。企业作为创新的重要主体，2020 年长三角规上工业企业设立研发机构 44643 个，占全国 42%，机构人员达 132 万人。另外，2020 年长三角拥有科技企业孵化器 1760 个，孵化器内企业近 9 万家，拥有众创空间 2029 家，服务企业和团队 4.68 万家。而从作为主要科技载体平台的高新区发展来看，2020 年长三角 34 家国家级高新区承载企业 45735 家，实现总产值 7.17 万亿元，占全国 28%，实现营业收入 11.41 万亿元，其中技术收入 1.66 万亿元。

二、协同创新网络体系不断优化

构建完善的协同创新网络是长三角一体化发展的重要方面。长三角地区拥有创新合作的坚实基础，改革开放初期的"星期日工程师"就体现了长三角创新协同的内在需求和积极实践，2003 年以来的区域创新体系建设联席会议制度进一步推动了长三角区域的创新合作。而随着 2018 年长三角一体化上升为国家战略，区域协同创新也进入了新的阶段。《长江三角洲区域一体化发展规划纲要》提出要加强长三角地区协同创新产业体系建设，构建区域创新共同体。2020 年底，《长三角科技创新共同体建设发展规划》发布，进一步明确了长三角科技创新共同体建设的目标，并从协同提升自主创新能力、构建开放融合的创新生态环境、聚力打造高质量发展先行区、共同推进开放创新等方面提出了具体要求。2021 年 5 月，长三角科技创新共同体建设办公室正式揭牌，为高质量推进长三角科技创新共同体建设开展各项工作。

随着区域创新合作进程的不断深入和创新共同体的建设，长三角协同创新网络体系不断优化，在科技成果转化、科技资源共享、项目联合攻关、协同载体建设、体制机制创新等方面取得了显著成效。根据由上海市科学学研究所、江苏省科技情报研究所、浙江省科技信息研究院和安徽省科技情报研究所共同发布的《长三角区域协同创新指数 2021》，长三角区域协同创新指数从 2011 年的 100 分增长至 2020 年的 227.05 分，年均增速达到 9.54%，整体协同创新水平稳步提升。长三角科技资源共享服务平台的建设完善使得长三角三省一市的科技资源和设施得以在区域内实现有效共享，有力提升了创新效率，平台集聚的重大科学装置和科学仪器总价值超过 450 亿元，且数量和质量仍在不断提升，大型科学仪器共享率超过 90%，实现访问量超过 150 万人次。另外，长三角科技人才库也已汇聚 20 多万名科技专家信息，平台累计访问量超过 120 万人次。不只是共享，在科技设施的共建方面长三角各地区也日益形成合力，围绕已有基础和重点需求，整合区域优势力量，国家实验室、重大科技设施和产业创新平台的共同建设持续深化，同时上海张江、安徽合肥也积极打造"两心共创"。

针对国家重要战略需求和集成电路、人工智能、生物医药等重点产业发展中的关键"卡脖子"技术，长三角各地区也积极开展联合研究与攻关，2020 年，三省一市全年安排用于联合攻关的省市级财政科研资金超过 2 亿元，带动社会投入超过 10 亿元，全年国家重点研发计划中，长三角协同开展科技攻关 194 项，占三省一市获批项目总数和金额的比重均超过 80%。在体制机制方面，长三角探索采用"揭榜挂帅"等方式来开展联合攻关项目。此外，长三角区域开展协同创新的载体和平台也不断丰富。2021 年 6 月，长三角国家技术创新中心在上海揭牌成立，旨在创新科技体制机制，整合长三角区域的创新资源，推动区域创新要素的流动与优化配置，构建集创新要素、研发载体和产业需求于一体的创新综合体。在协同创新体系建设过程中，长三角创新空间布局也在不断完善，形成了 G60 科创走廊、太湖科创带等创新高地，沿海沿江科创带日趋成熟发展，上海张江、苏南、杭州、宁波温州和合芜蚌等国家自主创新示范区集群的辐射带动作用不断增强。

三、协同推进科技成果转移转化

对于如何更好地匹配科技创新的需求和供给，推动科技成果的转移转化，实现创新和产业深度融合，长三角也在不断探索。目前，长三角初步形成了较为完善的技术交易市场和服务体系，有国家技术转移东部中心（上海）、国家技术转移苏南中心（苏州）、浙江科技大市场和安徽网上技术大市场等技术转移交易平台，其中国家技术转移东部中心已在长三角地区设立了 19 个分中心，拥有上海闵行、江苏苏南、浙江、宁波、合芜蚌等国家科技成果转移转化示范区。此外，长三角地区的技术市场运营机构共同发起成立了长三角区域技术市场联盟。依托技术转移平台的建设和技术交易网络的丰富，长三角逐步建立起科技成果信息发布、转移、转让、授权机制，这有利于加速长三角区域科技成果转移，为打通长三角高校、科研机构、企业间科技成果转化通道提供了一定的支撑。2020 年，长三角三省一市技术市场技术输出合同合计 12.56 万项，金额 5733.97 亿元，技术流入合同 13.25 万项，金额 5686.39 亿元，而三省一市相互之间的技术交易合同输出有 1.4 万项，交易额 540 多亿元，专利转移数量达到 17741 件。

科技成果向现实生产力转化效率的提升，依赖于科技创新需求和供给的匹配程度，企业作为主要技术需求方，可能并不能成为创新资源配置的主体，因此需要加强企业、高校、科研院所和机构等不同主体间的对接，从而提高产学研用的融合程度，对此长三角也在不同方面进行了一定的实践。江苏产业技术研究院作为江苏省推动创新和产业融合发展的重要机构平台，聚焦科学到技术转化的关键环节，探索促进科技成果转化的体制机制，根据产业需求配置科技资源，通过合同科研、技术产权交易和共建联合创新中心等方式有效链接起需求和供给端，提高了科技成果应用效率。而长三角国家技术创新中心作为江苏产研院的"升级版"，将长三角区域内在更大范围地来匹配产业需求和创新资源，形成创新要素、研发载体和产业需求的融合体系，实现创新资源更精准、更有效的配置。

创新飞地也是长三角实现创新和产业融合发展的一种重要方式，囿于自身创新资源，长三角一些城市会选择在上海等中心城市建立科创园或研发中心，利用形成的科技成果推动自身产业发展，从而将上海创新资源与当地产业实现对接。目前坐落于上海的科创飞地已近 20 家，张江高科区、松江 G60 科创走廊、临港成为主要的飞入地，而飞出地则主要分布在浙江，典型代表有温州（嘉定）科技创新园、慈溪（上海）飞地服务中心、南浔（上海）科创中心等。此外，作为长三角的重要探索，科技创新券也有利于推动企业对接优质创新资源。2013 年，浙江长兴县与上海首次提出跨省使用创新券，此后上海陆续与嘉兴、昆山、南通等地合作探索科技创新券的跨区域使用。2021 年，上海市青浦区、江苏省吴江区、浙江省嘉善县、安徽省马鞍山市成为长三角通用通兑科技创新券的首批试点区，区域内企业向长三角区域内服务机构购买专业技术服务可以享受长三角试点区域财政科技资金的补贴。

四、产业协同发展能力逐步提高

长三角的产业发展基础整体较为雄厚，具有较为丰富的市场主体和较强的发展动能。目前，长三角地区拥有 A 股上市公司 1756 家，占上市公司总数近 37%，相比 2018 年增长 40%，其中上海 393 家、江苏 593 家、浙江 620 家、安徽 150 家；在 2021 年中国 500 强企业分布中，长三角有 129 家，占比

26%，其中上海 33 家、江苏 43 家、浙江 45 家、安徽 8 家；分布在长三角地区的高新技术企业超过 10 万家，占全国比重近三分之一。此外，长三角产业发展新动能持续增强。2021 年，上海战略性新兴产业增加值 8794.52 亿元，比上年增长 15.2%，其中工业战略性新兴产业增加值 3651.43 亿元，服务业战略性新兴产业增加值 5143.09 亿元；江苏工业战略性新兴产业、高新技术产业产值占规上工业比重分别达 39.8%、47.5%，规上高技术服务业营业收入同比增长 18.1%，规上工业中数字产品制造业增加值比上年增长 19.7%，高于规上工业 6.9 个百分点；浙江以新产业、新业态、新模式为主要特征的"三新"经济增加值占地区生产总值比重达到 27.8%，数字经济核心产业增加值 8348 亿元，比上年增长 13.3%，战略性新兴和高新技术产业增加值分别增长 17.0% 和 14.0%；安徽高技术制造业增加值比上年增长 27.4%，战略性新兴产业产值增长 28.8%，高于全部规上工业 13.4 个百分点，其中新一代信息技术产业、新能源汽车产业产值分别增长 31.2% 和 31%。

基于自身较为完善的城市规模体系以及较为完备的产业链条体系，长三角内部的产业发展形成了各地区一定的功能长板。上海作为长三角龙头城市，立足自身"四大功能"和"五个中心"建设，推动"五型经济"发展，综合服务功能齐全，先进制造业和现代服务业的辐射带动作用较强；另外，江苏实体经济基础较好，制造业发展水平较高；浙江民营经济活跃，数字经济发展具有优势；安徽虽然产业基础稍弱，但具有科技创新和后发优势明显等特点和优势，增长势头强劲。在此基础上，各地区产业的关联与合作构成了长三角产业协同发展的主要特征。2020 年，上海企业在江苏、浙江、安徽投资 2413.43 亿元，占到在全国投资的 43.52%，比 2018 年增长了近 72%，江苏、浙江、安徽企业在上海投资金额 331.41 亿元，占到全国来沪投资的 33.85%，约是 2018 年的 3 倍。另外，长三角地区上市公司在长三角异地投资企业超 4000 家，获融资企业数超 1.3 万家。特别是，长三角各地区在布局产业发展"新赛道"上的合力越发强劲，三省一市"十四五"规划都将集成电路、人工智能、生物医药、电子信息、高端装备制造、新材料、新能源汽车作为重点发展产业，而相关产业的发展内在地都需要城市间发展的相互支撑、资源的共享和产业链的协同。当前长三角企业家联盟推动组建了9个产业链联盟，联合开展长三角重点产业链协同研究，合力建设一批具有国际竞争力的产业集群。

第二节　构建自主可控、安全稳定的协同创新产业体系

构建自主可控、安全稳定的协同创新产业体系是长三角产业一体化的目标和任务。为此，三省一市应深化合作，加快建成具有全球影响力的长三角科技创新共同体，增强产业区域分工协作，促进产业协同发展，加强创新链与产业链跨区域协同。本节主要围绕构建区域创新共同体、加强产业分工协作、推动产业与创新深度融合展开。

一、构建区域创新共同体

深化三省一市的创新合作，着力促进区域协同创新，切实发挥中心城市上海的科技创新资源集聚优势和辐射带动作用，苏浙皖结合地区特色和各自比较优势，强化创新优势，强化长三角区域创新一体化，在更高水平、更广领域共同开展开放创新，加快建成具有全球影响力的长三角科技创新共同体，打造高质量发展先行区、原始创新动力源、融合创新示范区、开放创新引领区是推动长三角产业协同一体化的迫切任务。

首先，三省一市联合提升自主创新能力。通过共建一批高水平的创新基地、共同打造重大科技基础设施集群等统筹推进科技创新能力建设。尤其是加强国家实验室、国家重点实验室、国家技术创新中心、国家产业创新中心、国家制造业创新中心、国家临床医学研究中心等重大科技创新基地布局建设，加快建设长三角国家技术创新中心，加快构建世界一流的重大科技基础设施集群和区域重大科技基础设施网络。共同实施重大科技项目、协同开

展关键核心技术攻关、联合实施科技成果惠民工程等重大科技项目。强化区域优势产业创新协作、支撑循环型产业发展协力提升现代化产业技术创新水平。

其次，构建有利于协同创新的政策环境。通过加强三省一市科技创新规划对接、开展创新政策先行先试、共同加强科研诚信和学风作风建设等共塑一体化科技创新制度框架。具体包括建立长三角科技创新规划会商机制，形成长三角地区科技协同创新规划体系，系统推进长三角区域全面创新改革等。通过强化各类创新主体的协同和联动、围绕产业创新链强化协同创新等措施促进创新主体高效协同。具体包括共同建设一批世界一流大学和世界一流学科，构建基础研究、技术开发、成果转化和产业创新全流程的产业创新链等。通过促进区域资源优势互补和高效利用、促进科技人才在各省市之间健康有序流动等推动创新资源开放共享和高效配置。

最后，三省一市共建高质量发展先行区。主要聚焦共建创新高地、G60科创走廊、沿海沿江创新发展带等打造高质量发展先行区。具体包括共建多层次产业创新大平台，形成具有全国影响力的科技创新和制造业研发高地；发挥 G60 科创走廊九城市的创新资源集聚优势，先行先试一批重大创新政策；以上海为中心，沿海岸线展开，分别打造北至南通、盐城、连云港的沪通港沿海创新发展翼和南至宁波、绍兴、舟山、台州、温州的沪甬温沿海创新发展翼。

二、加强产业分工协作

通过引导产业合理布局、构建完善的区域产业创新链、提高原始创新能力、协同打造世界级制造业产业集群等方式加强产业分工协作、形成合理的基于产业链的分工体系，是长三角地区促进高质量一体化发展的基础。

首先，形成合理的产业空间布局。充分发挥各地比较优势，协同制定长三角制造业发展规划，优化产业空间布局，尤其是推动先进制造业和高新技术产业空间布局一体化发展，结合各地特色，构建基于产业链、创新链的地区产业合作模式。形成产业创新引领区、特色及配套产业区、产业转移承接区相结合的产业空间布局模式，其中，创新引领区聚焦创新经济、服务经济、绿色经济积极发展总部经济、研发设计、高端制造、销售等；特色及配套产业区大力发展现代农业、文化旅游、大健康、医药产业、农产品加工等；产业转移承接区积极承接创新引领区向外转出的传统产业。

其次，协同打造世界级制造业产业集群。产业集群是促进专业化分工、优化资源配置、降低交易成本的重要途径。发挥长三角地区制造业集聚优势，在进一步提升制造业发展水平的基础上，培育一批龙头企业，打造全国先进制造业集聚区，聚焦集成电路、新型显示、物联网、大数据、人工智能、新能源等领域培育一批具有国际竞争力的龙头企业。在此基础上，围绕电子信息、生物医药、航空航天、高端装备、新材料、节能环保、汽车、绿色化工、纺织服装、智能家电十大领域，打造若干世界级先进制造业产业集群。

最后，构建完善的区域产业创新链。健全共享合作机制，促进各类资源、要素、创新成果普惠共享，推动长三角地区国家级高新技术产业开发区跨区域合作，共建一批高水平重大科技创新基地，通过产业创新平台合作和共建，支撑各类产学研用创新主体加强协作。围绕集成电路、人工智能、量子信息、生物医药、先进制造、物联网、互联网等高新产业，构建基础研究、技术开发、成果转化和产业创新全流程的产业创新链。在此基础上，瞄准世界科技前沿和产业制高点，协同推动产业创新合作，促进产业基础高级化和产业链现代化。

三、推动产业与创新深度融合

习近平总书记强调，"要围绕产业链部署创新链、围绕创新链布局产业链，推动经济高质量发展迈出更大步伐"。创新是引领发展的第一动力，产业与创新融合发展是提高产业附加值、推动产业升级、促进产业链现代化、增强产业综合竞争力、提升我国在全球价值链中的地位、实现经济高质量发展的关键。长三角地区亟须加强创新与产业跨区域协同，打造以产业链为基础、创新链为引领的产业升级版。要依托自身密集的科技创新资源、雄厚的研发基础以及强劲的产业化能力，主动求变、抢占先机，壮大发展人工智能、电子信息、生物医药、汽车制造、新能源、新材料等先进制造业和前瞻布局战略新兴产业，提高自身现代服务业能级，推动数字经济赋能新产业新经济发展，把握经济发展的新产业、新业态、新模式，打造一批优势产业集群。

首先，推动长三角地区创新链与产业链域融合发展。对此要加强从基础研究到技术应用再到应用场景丰富的过程融合，探索面向重大需求、面向技术瓶颈、面向消费者需求的多层次创新体系；要围绕产业链补链强链，厘清产业发展脉络，把握重点合作方向，建立区域产业"链长制"和"链主制"，在重点产业、重点领域、重点环节加强产业链与创新链的融合提升，增强自主创新能力，解决"卡脖子"的技术难题，在产业链深度分工和创新链融合中迈向全球价值链中高端。在此基础上，加强长三角地区内产业链和创新链的统筹与协调，完善地区层面产业链创新链融合发展的制度建设，要加强区域"软环境"建设，促进三大城市群营商环境的联合建设和整体优化，着力推进制度创新，加强金融、创新、人才等体制机制改革，全面对接国际高标准市场规则体系，不断提升居民生活品质，实现人才、资金、技术、信息等各种要素资源的扩容增能。

其次，发展壮大战略新兴产业。战略新兴产业是增强国家竞争力、推动经济高质量发展的基础。长三角地区产业和创新融合发展，须以培育和壮大新兴产业为主要目标。加快壮大新一代信息技术、生物技术、新能源、新材料、高端装备、新能源汽车、绿色环保以及航空航天、海洋装备等产业，在夯实现有产业基础的同时，注重新产业的布局和谋划。

最后，做强做优做大数字经济。发展数字经济，推动数字经济和实体经济深度融合，赋能传统产业转型升级，催生新产业新业态新模式，打造具有国际竞争力的数字产业集群，是长三角地区推进产业和创新融合发展的重要方向。为此，三省一市协同推进数字关键核心技术自主创新，提升数字技术基础研究能力，并加强信息基础设施建设，在长三角地区范围内合理规划布局智能化综合性数字信息基础设施。在此基础上，推动数字经济和实体经济融合发展，运用新一代信息技术对传统产业进行全方位、全链条改造，推动互联网、大数据、人工智能同产业深度融合，加快培育一批"专精特新"企业和制造业单项冠军企业。此外，要促进数字产业集群化发展，在长三角地区范围内打造世界级数字产业集群。

第三节　加快推进协同创新产业体系的政策举措

以"科创＋产业"为引领，促进产业链和创新链深度融合，提升长三角地区协同创新能力，打造全国原始创新高地和高精尖产业承载区，推进协同创新产业体系建设，是长三角高质量一体化发展的坚实基础。突破行政壁垒，促进创新要素和产业资源的跨区域流动，是长三角建设区域创新共同体的必然要求。从目前的发展现状来看，长三角区域创新合作仍存在较为严重的"省域分割"问题，创新资源空间布局以本地发展为主，创新要素、创新政策、市场合作、创新主体等方面的协同不足。本节主要聚焦科创公共服务平台、创新网络体系建设、科技成果转移转化等方面提出加快推进长三角地区协同创新产业体系的政策举措。

一、搭建科创公共服务平台

科技创新公共服务平台作为一种为创新主体提供公共创新服务和技术支持的公共创新载体，能够有效促进产业链、创新链、价值链的融合发展，促进各类创新主体协同互动，提高创新资源跨区域配置效率，强化创新成果转化，是解决跨区域创新合作障碍的重要公共基础设施。搭建综合性、高水平的科创公共服务平台是促进长三角地区区域创新合作的现实需要。

第一，坚持"政府主导、市场运作、社会参与"的平台管理和运作机制。公共科创服务平台是由政府、企业和科研院所（高校和科研院所）等主体构成的产学研合作平台，是为创新主体提供服务和技术支撑的公共基础设施。因此，政府的协调和引导显得尤为重要，长三角三省一市的政府部门需要通力合作，成立平台建设领导小组，通过跨区协同联动，对标长三角高质量一体化和科技创新共同体建设需求，聚焦平台运营的标准、规范的制定，相关财税支持政策的出台，各类创新主体的引导和协调，平台的考核评估等方面，共同搭建科创公共服务平台。此外，就平台的运营而言，应根据平台相关属性，采取灵活多样的模式，对于重大基础性研究，应以政府牵头为主，而对于面向市场和企业现实需求的产业服务平台，应更多地发挥市场的作用，并引导和鼓励更多的社会力量参与。

第二，注重科创服务专业人才的培养和引进。人才是科创公共服务平台的基础，平台的运营和管理需要专业的科创服务人才，三省一市应当共同推动对科创服务人才的培养和储备。依托长三角地区高水平的高校科研院所，共建一批世界一流大学和一流学科，开展协同育人，加强对科创服务人才的培育力度。完善人才引进的体制机制、优化人才工作生活环境，提高科创公共服务平台对世界各地杰出科学家和研究人员的吸引力。推进各地区人才政策的协调发展，实施一体化的人才保障服务标准和人才评价标准，推动三省一市科技专家库共享共用，完善人才交流、合作和共享机制。

二、发挥科创板和注册制的平台作用

科创板自设立以来，已经为长三角科技创新企业提供了强力的资本支撑。浦东新区和上海证券交易所共同设立了"长三角资本市场服务基地"，构建了长三角服务网络，并推出了助力区域"硬科技"企业对接科创板的十大服务功能。截至 2021 年 6 月，长三角科创板上市企业数量达 135 家，占全国的 48%。在推进协同创新产业体系的进程中，还需要切实发挥科创板对长三角协同科技创新支持作用，在支持更多的长三角地区科技创新企业到科创板上市融资的同时，更要支持科技型上市公司做强做大，发挥高质量上市公司对科技创新的带动作用。

第一，支持更多的符合条件的长三角地区科技创新企业到科创板上市融资。为此，应充分发挥上海金融服务资源集聚和上市服务综合功能优势，并加强上海证券交易所和三省一市证监局的协作交流，共建长三角创业融资服务平台。运用新一代信息技术、互联网、大数据、人工智能等先进技术手段，聚焦上市企业发现培育、预审评价、股权对接融资、专业服务、政策辅导等企业上市的全生命周期，进一步完善长三角资本市场服务基地的功能，助力更多的"硬科技"企业登陆创业板。此外，进一步扩大基地在长三角地区的服务范围，增加联盟城市成员，设立更多的基地分中心，打造良好的科创板服务科创企业的生态体系。

第二，支持科创板上市企业做强做大，高质量发展。促进科创板上市企业做大做强是推动科创板高质量发展、完善科创板制度的基础，也是深化资本市场改革的应有之义。为此，科创板应严格坚守服务"硬科技"企业的首要标准，对"硬科技"企业的定位更加严格，真正聚焦服务国家创新战略、突破关键核心技术、市场认可度高、科技创新和转化应用能力突出的科创企业。加强市场监管，重点是完善风险防范和化解机制，为此，坚守信息披露的核心，进一步提高信息披露质量，压实相关主体信息披露责任，信息披露应以投资者保护为目标，营造公平公正、诚信透明、稳健运行的良好市场环境。提升监管部门的管理能力，重点是提高监管人员的专业素质，同时大力推广区块链、大数据、人工智能等新一代信息技术在监管领域的使用。提升科创板对科技企业研发投入和研发效率的支撑作用，通过实施股权激励等市场化改革方式，推动有利于提升科技企业创新绩效的考核评价机制，引导更多的资本对企业研发投入的支持。

三、着力推进创新网络体系建设

创新网络作为一种跨越行政区域的创新体系，是长三角地区提升创新策源能力和全球资源配置能力、建设创新共同体、推动长三角高质量一体化发展的支撑和保障。长三角地区是大量创新资源和创新主体的集聚高地，近年来，以上海为中心，南京、杭州、合肥为节点的长三角创新网络正在逐步建立，创新资源和创新要素的跨区流动逐步加速，在重大科技项目联合攻关、产学研合作、创新平台共建、技术标准和规范互认等方面均取得了较大进展。但是也应该认识到，长三角地区创新网络体系建设在协同创新体制机制、资源配置效率以及创新资源共享平台等方面还存在很大的不足。为此，加快推进长三角协同创新产业体系还应该着力于建设创新网络体系。

首先，构建网络化的协同创新空间布局。整合长三角地区高校、科研机构、各类创新基地和专业化服务机构等各类科技创新资源，引入国家科技资源共享平台优质资源，形成科技资源数据池，构建长三角地区科技资源分布地图。切实尊重各地创新水平和创新需求差异，立足各地创新资源禀赋，明确三省一市在创新网络中所处的地位和作用。在此基础上，制定共同的创新目标，通过探索长三角地区科技创新利益共享机制，搭建科技创新资源共享服务平台，促进区域创新资源优势互补和高效利用，加强创新和产业合作，推进长三角地区创新链、产业链和供应链的融合发展。

其次，探索有利于协同创新的体制机制。加强顶层设计引导，推进长三角三省一市科技协同创新规划，通过规划引领，在地区科技创新目标、科技创新重点任务、创新资源空间布局等方面达成共识。在此基础上，聚焦人才、技术、资本、信息等创新资源共享，推进创新制度改革。包括构建一体化的人才保障服务和人才评价标准，实施高新技术企业跨区域认定制度，探索科技服务跨地区流动的方式方法。

最后，通过构建世界级产业集群，打造区域创新网络。产业集群是在一定范围的地理空间内由具有较强协同关系的产业构成的一种组织形式，各类的创新主体包括头部企业、高校和科研院所以及各类创新服务机构等相互之间密切合作，高度协同，从而有利于形成开放、共享的区域创新网络。特别是，国家级高新区和经济技术开发区作为我国的创新高地和创新体制机制改革的引领区，有形成产业集群的天然优势。长三角地区作为国家级开发区的集聚地，需要进一步强化开发区之间的协同联动，发挥国家级开发区在培育世界级产业集群中的平台和支撑作用。

四、推进科技成果转移转化

推动科技成果转化为现实的生产力和产生经济效益是实现科技创新赋能经济高质量发展的基础。然而从目前的情况来看，长三角地区科技成果转化效率还不是很高，科技成果产业化应用率较低。为此，应加快建设一体化的科技成果转移转化体系，围绕科技成果从产出到转化的各个环节打造相应的支撑平台，包括提高科研成果产出质量，打通科研成果产业化通道，畅通科技成果转移转化的融资渠道等。

首先，共建长三角地区共性技术研发平台。瞄准世界科技前沿，聚焦国家重大需求，支持长三角地区高水平大学建设世界一流大学和世界一流学科，整合上海交通大学、复旦大学、浙江大学、中国科学技术大学等知名院校的优势科技资源，围绕重大基础研究和关键核心技术突破等方面开展联合攻关。在此基础上，鼓励长三角地区高科技企业与高校和科研院所，在建立健全成果转化项目资金共同投入、技术共同转化、利益共同分享机制的基础上，围绕集成电路、新型显示、人工智能、先进材料、生物医药、高端装备、生物育种等重点领域设立开放、协同、高效的共性技术研发平台以及各类新型研发机构，就产业关键核心技术进行协同攻关。

其次，促进科技创新成果产业化。实现创新成果产业化转化为现实生产力是带动国民经济高质量发展的现实需要。然而，与发达国家相比，我国科技成果转化率低、科技和经济活动脱节问题比较突出。促进科技创新成果产业化、贯通创新链和产业链也是长三角地区建设创新共同体的必然要求。发挥长三角地区高等院校和科研院所的科技创新优势和高科技企业的产业化优势，以市场需求为导向，以企业为主体，打造市场化的利益共享、优势互补的科技创新转化平台，鼓励产学研用深度融合。切实发挥大学科技园、高新技术产业开发区等科技成果孵化器的作用，通过培育特色产业集群推动科技成果转化。鼓励三省一市高校、科研机构建立专业化技术转移机构，发展社会化技术转移机构，提高技术转移专业服务能力。构建长三角一体化的技术交易市场网络，建立面向全球的科技成果信息发布、转移、转让、授权的科技成果转移转化服务体系和科技成果交易中心。

最后，创新科技金融服务模式，构建多样化的金融服务体系。完善的投融资体系是科技成果产业化能否成功的关键因素之一，强化科技企业资金链、解决科技型企业的融资问题是推动科技成果转化的重要保障。打造长三角地区层面的科技金融服务平台，围绕科技创新型企业的不同成长阶段有针对性地构建多样化的科技金融服务体系，包括科技债权、股权融资、科技保险、科技担保与租赁、科技信贷、互联网金融等。

五、增强产业区域分工协作能力

增强产业区域分工协作、促进产业协同发展是推动长三角一体化发展的基础。从现实来看，长三角地区尚没有形成差异化的产业分工模式，仅从产业规划来看，各个城市的产业规划多以服务本地经济发展为目标，在关键技术、关键零部件和关键材料方面缺乏整体的协同规划，产业规划趋同现象严重。在推进长三角产业一体化的进程中，应探索有利于增强长三角地区产业区域分工协作的体制机制，增强中心城市的辐射带动作用，建立网络化的产业集群组织。

首先，探索有利于增强长三角地区产业区域分工协作的体制机制。加强顶层设计引导，推进长三角三省一市产业协同发展规划，通过规划引领，优化产业空间布局，发挥各地比较优势、形成地方特色、明确自身功能地位，并在地区产业协同发展目标、重点任务、产业空间布局等方面达成共识。与此同时，切实发挥市场在资源配置中的基础性作用，通过建立统一的市场标准体系，促进商品以及要素的跨区域自由流动，营造统一开放的、有序竞争的市场环境。

其次，增强核心城市产业能级。长三角产业一体化须充分发挥中心城市的辐射带动作用，增强主导产业的集聚辐射能力。为此，上海要充分发挥中心城市的科技创新资源集聚优势，强化高端产业引领功能，加快形成战略性新兴产业引领与传统产业数字化转型相互促进、先进制造业与现代服务业深度融合的高端产业集群。在此基础上，深化南京、杭州、合肥等区域中心城市与上海的协同发展，增强城市创新能力，健全共享合作机制，联合开展重大科学问题研究和关键核心技术攻关，推动优质科技资源和科技成果普惠共享，与上海共同打造长三角科创圈，构筑形成优势互补、协同联动的科技创新圈和创新城市群。

最后，切实发挥网络化的产业集群组织的支撑作用。产业集群组织是由政府和市场之外的社会力量构成的重要的组织形式，是连接政府和市场的强有力的纽带、科技进步和产业发展之间的桥梁，通过研发合作等方式将具有竞合关系的各种利益相关方整合在一起，能弥补市场和政府在创新驱动发展中的不足与缺陷，成为政府和市场都不能替代的组织，是世界级产业集群计划成功的体制保障。[1] 网络化的产业集群组织在协调各方利益、加快要素流动、优化资源配置、避免重复建设、维护竞争秩序、优化产业结构等方面具有天然优势，是推动产业一体化发展、助力培育世界级产业集群的重要组织形式。长三角地区增强产业区域分工协作能力，培育世界级的先进制造业产业集群，应充分发挥产业集群组织的支撑作用。

---

① 赵作权，田园，赵璐 . 网络组织与世界级竞争力集群建设［J］. 区域经济评论，2018（6）：44-53.

第六章

以互联互通为抓手，
推进长三角基础设施一体化

第一节　基础设施互联互通取得新突破

一、轨道方面长三角领跑全国

长三角地区是我国经济发展最活跃、开放程度最高、创新能力最强的区域之一，在国家现代化建设大局和全方位开放格局中具有举足轻重的战略地位。交通基础设施作为区域经济社会联系的纽带，尤其是高速交通系统能够产生诸多联动发展效应，是塑造城市门户效应及资源高效利用的重要推动力。1997年之前，我国的铁路网络以普速铁路为主，之后为适应各地区经济发展的需要而进行了六次铁路提速（表6-1-1）。

表6-1-1　1997—2007年中国铁路提速历程

提速历程	提速时间	范围	主要变化
第一次	1997年4月1日	京广、京沪、京哈三大干线	全国铁路旅客列车平均旅行速度达到时速48.1千米；提速列车最高运行时速达到了140千米；首次开行了快速列车和夕发朝至列车

提速历程	提速时间	范围	主要变化
第二次	1998 年 10 月 1 日	京广、京沪、京哈三大干线	全国铁路旅客列车平均旅行速度达到时速 55.2 千米；快速列车最高运行速度达到了时速 160 千米；首次开行了行包专列和旅游热线直达列车
第三次	2000 年 10 月 21 日	陇海、兰新、京九、浙赣线	全国铁路旅客列车平均时速达到 60.3 千米；初步形成了覆盖全国主要地区的"四纵两横"提速网络
第四次	2001 年 10 月 21 日	京九、武昌—成都、京广线南段、浙赣和哈大线	全国铁路旅客列车平均旅行速度达到时速 61.6 千米；进一步增开了特快列车，树立了夕发朝至列车等客货运输品牌的形象
第五次	2004 年 4 月 18 日	主要城市间的城际铁路线	几大干线的部分地段线路基础达到时速 200 千米的要求；提速网络总里程 16500 多千米；全国铁路旅客列车平均旅行速度达时速 65.7 千米
第六次	2007 年 4 月 18 日	京哈、京沪、京广、京九、陇海、浙赣、兰新、广深、胶济等干线	在京哈、京沪等既有干线实施的时速 200 千米的提速，部分有条件区段列车运行速度可达 250 千米，时速 200 千米提速线路延展里程一次达到 6003 千米，标志中国铁路既有线提速跻身世界先进铁路行列

资料来源：根据中国铁路大提速相关资料整理。

长三角地区作为我国重要的经济发展中心，自然成为铁路提速的重点覆盖区域。2008—2010 年，合宁铁路、甬台温铁路、沪宁城际高铁、沪杭高铁等先后通车运营。2011 年，京沪高铁全线贯通，标志着长三角地区高铁的主干网络初具雏形。2013 年宁杭、杭甬高速铁路的建成通车，标志着长三角地区高铁主干网络布局基本形成。此后，合福高铁、宁安高铁等一系列高铁线路顺利开通，长三角地区的高铁网络密度不断加大，全面进入网络化布局阶段。2017 年，长三角铁路营业里程突破 10000 千米，达到 10072.4 千米，其中高铁 3667.8 千米，高速铁路占全国六分之一。区域内"三省一市"41 个地级以上城市中 34 个通了高铁，动车组实现公交化开行，"1 小时至 3 小时生活圈"梦想变为现实。2018 年，长三角铁路到发旅客首次突破 13 亿人次，其中高铁到发 9.75 亿人次。2019 年，长三角三省一市共推进 16 个轨道交通项目，运营铁路总里程为 11526.9 千米，密度为 3.21 千米 / 百平方千米，其中高铁里程 4974.1 千米，密度为 1.39 千米 / 百平方千米。铁路站点覆盖率达到 97.6%，高铁站点覆盖率达到 90.2%。截至 2020 年 7 月，长三角地区运营的高铁客运专线超过 10 条，通达城市 39 个，高铁及城际铁路运营总里程攀升至 5900 余千米，"轨道上的长三角"建设取得阶段性成果。

总体而言，在 2005—2020 年期间，长三角高铁网络建设依次经历了合肥—南京、南京—上海、上海—杭州、杭州—宁波四个主要城市间的铁路提速，最终形成了以上海、南京、杭州、合肥、宁波等城市为核心并向外围逐步扩散的高铁网络体系。此外，2013 年之前，长三角地区的高速铁路主要是以省会城市为基础的跨省市之间的联系，诸如合宁、沪宁、沪杭等高速铁路，而 2013 年之后则开始关注省内各市区的联系，例如宁杭、杭甬、合福等高速铁路。目前，长三角地区形成了全国最为密集完善的高铁网络，以全国 8% 的铁路营业里程，承担着全国 20% 的旅客发送量。一条条高铁开辟出一道道高效、快速的城市走廊，成为长三角地区三省一市最强"黏合剂"。（表 6-1-2）

表 6-1-2　长三角地区已开通的主要高速铁路

铁路名称	开通时间	设计速度（km/h）	连接的主要城市
合宁	2008 年 4 月 18 日	250	合肥、南京
甬台温	2009 年 9 月 28 日	250	宁波、台州、温州
沪宁	2010 年 7 月 1 日	350	上海、苏州、无锡、常州、镇江、南京
沪杭	2010 年 10 月 26 日	350	上海、嘉兴、杭州
京沪	2011 年 6 月 30 日	200	徐州、宿州、蚌埠、滁州、南京、镇江、常州、无锡、苏州、上海

铁路名称	开通时间	设计速度（km/h）	连接的主要城市
合蚌	2012 年 10 月 16 日	350	合肥、淮南、蚌埠
宁杭	2013 年 7 月 1 日	350	南京、湖州、杭州
杭甬	2013 年 7 月 1 日	350	杭州、绍兴、宁波
杭长	2014 年 12 月 10 日	350	杭州、金华、衢州
合福	2015 年 6 月 28 日	300	合肥、铜陵、黄山
宁安	2015 年 12 月 6 日	250	南京、马鞍山、芜湖、铜陵、池州、安庆
金温	2015 年 12 月 26 日	200	金华、丽水、温州
青盐	2018 年 12 月 26 日	200	连云港、盐城
杭黄	2018 年 12 月 25 日	250	杭州、黄山
宁启	2019 年 1 月 5 日	200	南京、扬州、泰州、南通
徐盐	2019 年 12 月 16 日	250	徐州、宿迁、淮安、盐城
商合杭	2020 年 6 月 28 日	350	亳州、阜阳、淮南、合肥、芜湖、宣城、湖州、杭州

资料来源：作者根据中国高铁网（http://www.gaotie.cn）数据资料整理。

为了进一步提高长三角的轨道建设，国家发展改革委于 2021 年 6 月印发了《长江三角洲地区多层次轨道交通规划》。其中明确指出，到 2025 年，基本建成轨道上的长三角，形成干线铁路、城际铁路、市域（郊）铁路、城市轨道交通多层次、优衔接、高品质的轨道交通系统，长三角地区成为多层次轨道交通深度融合发展示范引领区，有效支撑基础设施互联互通和区域一体化发展。轨道交通总里程达到 2.2 万千米以上，新增里程超过 8000 千米，高速铁路通达地级以上城市，铁路联通全部城区常住人口 20 万以上的城市，轨道交通运输服务覆盖 80% 的城区常住人口 5 万以上的城镇。由此可见，未来长三角地区的轨道建设将会以更加明显的优势领跑全国。

二、跨地区公路通达能力显著提高

作为全国经济最发达的地区之一，长三角地区高速公路网络建设也在全国的前列，区域内已基本形成"放射＋网格"式的高速公路网络布局。1988年，中国大陆第一条高速公路沪嘉高速公路在上海诞生，自此拉开了上海乃至中国高速公路建设的大幕。1991年，安徽省首条高速公路合宁高速公路建成通车。1996年，沪宁高速公路正式通车，这是连接上海市和江苏省省会南京市之间的第一条高速公路，标志着江苏省高速公路通车里程实现了"零"的突破。1998年底，浙江省开建的第一条高速公路沪杭甬高速公路全线建成通车。2000年，长三角地区沪宁、沪杭、杭甬、京沪四条长距离的高速公路建设形成了类似"Z"字形的高速公路发展轴。之后，长三角地区高速网络建设进入快速发展时期。2013年，常合高速公路的建成加强了南京、常州、无锡、苏州、上海等沿线城市的交通关联。上海周边等高速公路方格网由上海市域扩展到嘉兴、苏州等上海邻近的都市圈。南京、杭州、宁波市域内放射状高速公路进一步得到加强。至此，长三角地区的"放射＋网络"式的高速公路网络基本形成。该地区以大城市为核心，在城市外围形成高速公路圈，采取辐射形式连通各省级区域的地级市，形成了支撑城市发展的快速通道。但这样的整体建设有很强的城市等级意识，即大城市与各城市之间的高速公路连接度较高，而中小城市之间高速公路网络连接度较低。

截至2019年，长三角地区的高速公路里程达到15230千米，约占全国总里程的10.2%。整体来看，在2000—2019年期间，长三角地区高速公路发展态势迅速，从2285千米增加到15230千米，增长了约6.7倍。从分地区的角度看，一方面，江苏省的基础公路设施在三省之中位列首位，浙江省其次，安徽省最弱。另一方面，20年间安徽省的高速公路里程超越江苏省，位居榜首，并且其发展速度最为迅猛。具体而言，从2000年至2019年，安徽省的高速公路里程增加至4877千米，增长了约10.4倍，而上海市、浙江省、江苏省分别增长了约8.6倍、7.4倍和4.5倍（表6-1-3）。此外，根据国家发展改革委、交通运输部印发的《长江三角洲地区交通运输更高质量一体化发展规划》，预计到 2025 年，省际公路通达能力进一步提升，高速公路密度将达到 500 千米 / 万平方千米。这些网状的公路系统将极大推动整个长三角地区的经济联系和产业结构优化，促使其区域一体化发展水平不断提升。

表 6-1-3　2000—2019 年长三角地区高速公路里程（单位：千米）

年份 \ 地区	上海市	江苏省	浙江省	安徽省	总里程
2000	98	1090	627	470	2285
2001	110	1387	774	596	2867
2002	240	1704	1307	866	4117
2003	240	2004	1438	1070	4752
2004	485	2423	1475	1294	5677
2005	560	2886	1866	1501	6813
2006	581	3354	2383	1747	8065
2007	635	3558	2651	2206	9050
2008	637	3725	3073	2506	9941
2009	768	3755	3298	2810	10631
2010	775	4059	3383	2925	11142
2011	806	4122	3500	3009	11437
2012	806	4371	3618	3210	12005
2013	815	4443	3787	3521	12566
2014	825	4488	3884	3752	12949
2015	825	4539	3917	4249	13530
2016	825	4657	4062	4543	14087
2017	829	4688	4154	4673	14344
2018	836	4711	4421	4836	14804
2019	845	4865	4643	4877	15230

资料来源：《中国区域经济统计年鉴》。

长三角地区的高速公路对区域内的客运、货运等运输也起着至关重要的作用。根据《2020 年长三角交通一体化发展年度报告》，2019 年，长三角旅客运输结构中，公路占比 70.2%；长三角货物运输结构中，公路占比 59.3%。由此可见，公路运输在长三角整个运输结构中也占据优势地位。

三、港口航运工程持续推进

长三角已经成为我国水运发展最快的地区之一。中国港口特别是长三角地区港口发展已成为当前亚洲及世界航运业繁荣兴旺的引擎。

近年来，长江三角洲港口集装箱吞吐量和货物吞吐量稳步增长。根据交通运输部公布的数据，截至 2021 年 12 月，长三角港口集装箱吞吐量已突破 1 亿标准箱，标志着长三角世界级港口群建设取得重要阶段性成果。从全球视角看，2020 年，上海港和宁波舟山港分别位居全球集装箱吞吐量第一和第三位。其中，上海港集装箱吞吐量连续 11 年保持世界第一，宁波舟山港货物吞吐量连续 12 年位居全球榜首。此外，在全球 100 强集装箱港口中，太仓港、连云港港、南京港、嘉兴港、南通港和长三角其他港口也位列其中。不难得出，长三角港口群的货物及集装箱吞吐量已居世界领先地位。就中国而言，2021 年，无论是集装箱吞吐量还是货物吞吐量，长三角港口中有三个港口均进入全国前十，它们分别为上海港、宁波舟山港和苏州港（表 6-1-4，表 6-1-5）。另外，从 2018 年的数据来看，长三角港口群中亿吨港口共有 16 个，全年货物吞吐量完成 43.63 亿吨，占全国港口货物吞吐量的 32.69%。[①] 由此可见，长三角港口在全国乃至世界都占有极其重要的位置。

---

① 根据"港口圈"数据：2018 年长三角港口群中亿吨港口共有 16 个，分别为宁波舟山港、上海港、苏州港、南通港、南京港、泰州港、连云港港、江阴港、镇江港、芜湖港、杭州港、嘉兴内河港、湖州港、马鞍山港、扬州港、铜陵港。

表6-1-4 2021年全国港口集装箱吞吐量前十名（单位：万标准箱）

排名	港口	1—12月	同比增速
1	上海港	4703	8.1%
2	宁波舟山港	3108	8.2%
3	深圳港	2877	8.4%
4	广州港	2447	5.6%
5	青岛港	2371	7.8%
6	天津港	2027	10.4%
7	厦门港	1205	5.6%
8	苏州港（内河）	811	29.0%
9	北部湾港	601	19.0%
10	营口港	521	−7.8%

资料来源：作者根据国家交通运输部公布的集装箱吞吐量数据整理而得。

注：广州港集装箱吞吐量包含五和、新塘、番禺三个港口数据。

表6-1-5 2021年全国港口货物吞吐量前十名（单位：万吨）

排名	港口	1—12月	同比增速
1	宁波舟山港	122405	4.4%
2	上海港	76970	8.0%
3	唐山港	72240	2.8%
4	广州港	65130	6.4%
5	青岛港	63029	4.3%
6	苏州港（内河）	56590	2.1%
7	日照港	54117	9.1%
8	天津港	52954	5.3%
9	烟台港	42337	6.0%
10	北部湾港	35822	21.2%

资料来源：作者根据国家交通运输部公布的货物吞吐量数据整理而得。

注：上海港货物吞吐量包含上海港及上海港内河数据；广州港货物吞吐量包含广州港及五和、新塘和番禺三个港口数据。

目前，以上海港为核心，江苏、浙江港口为两翼的"一体两翼"港口群已基本形成。而安徽省的芜湖港、马鞍山港、铜陵港3个亿吨内河港口，在腹地资源方面给其他长三角港口很大支撑。为进一步加快长三角港口助力该区域一体化发展的步伐，国家也制定了相应的政策法规。2018年，交通运输部联合上海市、江苏省、浙江省和安徽省人民政府发布了《关于协同推进长三角港航一体化发展六大行动方案》（以下简称《方案》），《方案》以内河航道网络化、区域港口一体化、运输船舶标准化、绿色航运协同化、信息资源共享化以及航运中心建设联动化等六个方面为主要任务，努力实现长三角港航更高质量一体化发展。2019年，国务院印发的《长江三角洲区域一体化发展规划纲要》明确提出，推动港航资源整合，优化港口布局，健全一体化发展机制，增强服务全国的能力，形成合理分工、相互协作的世界级港口群。因此，未来长三角港口应在相关政策的指引下，结合各区域的实际情况，推动港城一体化发展。

四、世界级机场群合力打造

迄今，长三角机场群的民航业已经取得了令人瞩目的业绩，形成了以上海两场为龙头，包括南京禄口、无锡硕放、杭州萧山、宁波栎社、合肥新桥等23个机场组成的机场群。机场群是在城市群内各城市间的协作、分工和融合过程中，逐步形成功能互补、分工合作、错位发展和良性竞争的机场联盟。它是城市群发展的重要载体和组成部分。

根据中国民航局发布的《2020年民航机场生产统计公报》，由于受新冠疫情的影响，2020年我国机场完成旅客吞吐量85715.9万人次，比上年下降36.6%。其中长三角机场群完成旅客吞吐量16116.2万人次，比上年下降39.3%。另外，从长三角机场群内部来看，各机场业务量水平发展极不平衡。上海、南京、杭州、宁波、合肥等核心城市的机场承担了绝大部分的业务量。具体而言，2020年，上海浦东国际机场、上海虹桥国际机场、杭州萧山国际机场、南京禄口国际机场、宁波栎社国际机场以及合肥新桥国际机场六个机场总旅客吞吐量占到长三角地区的79%，而其他17个机场的总旅客吞吐量仅占该地区的21%。（表6-1-6）

表 6-1-6　2020 年长三角机场旅客吞吐量（单位：万人次）

地区	机场	名次	本期完成	本期区域占比	上年同期	比上年同期增减
上海	上海虹桥	7	3116.56	19.34%	4563.79	−31.7%
	上海浦东	9	3047.65	18.91%	7615.35	−60.0%
江苏	南京禄口	12	1990.66	12.35%	3058.17	−34.9%
	无锡硕放	40	599.35	3.72%	797.34	−24.8%
	南通兴东	50	251.5	1.56%	348.45	−27.8%
	扬州泰州	51	237.16	1.47%	297.97	−20.4%
	常州奔牛	52	225.52	1.40%	405.23	−44.3%
	徐州观音	54	220.11	1.37%	300.59	−26.8%
	盐城南洋	60	169.19	1.05%	209.03	−19.1%
	连云港白塔埠	88	96.53	0.60%	192.28	−49.8%
	淮安涟水	72	132.68	0.82%	234.76	−43.5%
浙江	杭州萧山	10	2822.43	17.51%	4010.84	−29.6%
	宁波栎社	31	897.16	5.57%	1241.4	−27.7%
	温州龙湾	33	878.72	5.45%	1229.17	−28.5%
	舟山普陀山	80	114.15	0.71%	152.19	−25.0%
	台州路桥	81	108.7	0.67%	138.13	−21.3%
	义乌	70	136.62	0.85%	202.91	−32.7%
	衢州	142	38.61	0.24%	40.41	−4.5%
安徽	合肥新桥	34	859.43	5.33%	1228.24	−30.0%
	阜阳西关	108	63.88	0.40%	92.22	−30.7%
	黄山屯溪	129	44.43	0.28%	86.97	−48.9%
	安庆天柱山	131	43.15	0.27%	59.29	−27.2%
	池州九华山	170	21.99	0.14%	52.45	−58.1%
长三角			16116.2	1.0	26557.2	−39.3%

资料来源：作者根据中国民航局公布的《2020 年民航机场生产统计公报》整理而得。

从全国四大机场群分布来看，一方面，2020 年，长三角机场群完成旅客吞吐量 16116.2 万人次，占全国（85715.9 万人次）的约 19%，远高于粤港澳大湾区机场群珠三角九市（9148.1 万人次）、成渝机场群（8383.0 万人次）和京津冀机场群（7435.9 万人次），位居榜首。另一方面，2020 年，长三角机场群完成货邮吞吐量 580.9 万吨，约占全国四大机场群总货邮吞吐量的一半，同样以绝对优势占据鳌头，具体见图 6-1-1。

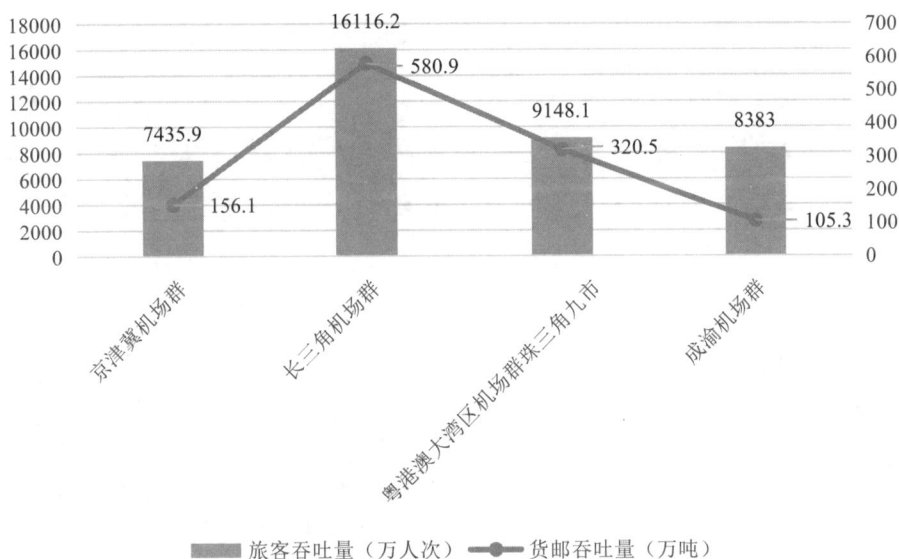

图 6-1-1　2020 年全国四大机场群旅客吞吐量和货邮吞吐量统计

数据来源：中国民航局发布《2020 年民航机场生产统计公报》。

总体而言，长三角地区是中国机场密度最高、航空客运发展最好的区域之一，但也存在区域内机场两极分化、国际门户枢纽功能弱等问题。对此，为加快长三角区域民航协同发展，打造长三角世界级机场群，2021 年 6 月，推动长三角一体化发展领导小组办公室印发了《长江三角洲地区民航协同发展战略规划》（以下简称《规划》）。《规划》明确提出，到 2025 年，基本形成跨界融合、层次清晰、区域一体的民航高质量发展体系，长三角世界级机场群体系基本建成。到 2035 年，全面建成共建共享共赢的民航协同发展格局，长三角世界级机场群运营规模、运营效率、服务质量和竞争力国际一流。

五、能源保障建设共同增强

能源作为长三角地区经济增长不可或缺的物质基础，对其经济发展的速度和质量产生重大影响。由《中国区域经济统计年鉴》可得，2019 年，长三角地区年末总人口为 22714.04 万人，占全国总人口（140005 万人）的 16.22%，地区生产总值约为 24 万亿元，占国内生产总值的 24%，但长三角地区的区域面积仅为我国国土面积的 3.7%。这从侧面反映出，为满足区域内巨大的能源消费需求，长三角能源系统为经济的持续发展提供了强有力的支撑。但无法避免的是，长三角地区能源发展也存在着供需不平衡等问题。

长三角地区能源消费总量巨大，已成为中国能源消费最集中的区域之一。从能源消费量来看，2019 年，长三角地区能源消费总量为 804.85 百万吨标准煤，占全国的 16.51%。其中煤炭消费、原油消费、天然气消费分别占全国的 14.81%、16.13% 和 19.42%（表 6-1-7）。从能源消费结构来看，化石能源是长三角地区能源消费的主要对象，约占该区域能源消费总量的 82%，其中煤炭占 53%，原油占 19%，天然气占 10%[①]（图 6-1-2）。另外，长三角地区能源资源匮乏，且高度依赖外部输入。以煤炭为例，2019 年，该地区煤炭产量约 1.2 亿吨，煤炭消费量达到约 6 亿吨，需大量依靠外省（区、市）调入或国外进口。由此可见，能源问题已成为影响长三角一体化发展的重大问题。

基于能源问题，长三角地区在近几年也进行了一系列的能源保障建设。

---

① 为方便比较，这里将煤炭、原油、天然气等消费量统一转化以"标准煤"为计量单位，转化方式可参考我国现行的《综合能耗计算通则》（GB/T 2589—2008）。具体折算标准为：原煤的折标准煤系数为 0.7143 千克标准煤 / 千克，原油的折标准煤系数为 1.4286 千克标准煤 / 千克，天然气的折标准煤系数为 1.3300 千克标准煤 / 立方米（该系数是指油田天然气对标准煤的折算系数）。

表 6-1-7 2019 年长三角主要能源消费情况

地区	能源消费（百万吨标准煤）	煤炭消费（百万吨）	原油消费（百万吨）	天然气消费（百万立方米）
上海	116.96	42.38	25.97	9940
江苏	325.26	249.02	41.21	28806
浙江	223.93	136.77	34.72	14720
安徽	138.7	167	6.59	5964
长三角	804.85	595.17	108.49	59430
全国	4874.88	4019.15	672.68	305970
占比	16.51%	14.81%	16.13%	19.42%

资料来源：作者根据 CEIC（China Economic Information Center）经济数据库整理而得。

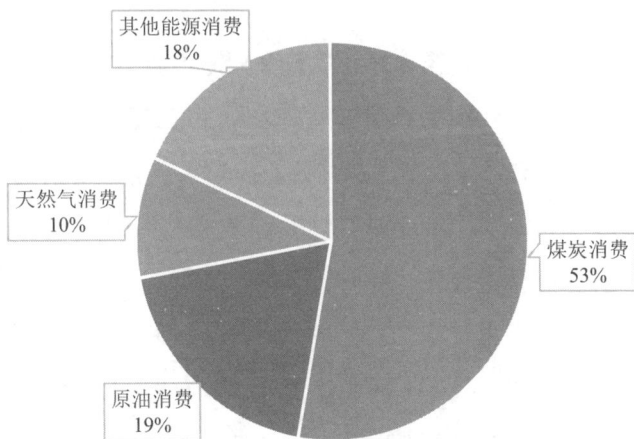

图 6-1-2 2019 年长三角地区能源消费构成

资料来源：作者根据 CEIC（China Economic Information Center）经济数据库整理而得。

例如，2018 年，《长三角地区一体化发展三年行动计划（2018—2020 年）》发布。该计划对推进区域油气煤基础设施建设、提升电网综合能力、深化新能源领域合作做了详细规定。同年，上海、杭州、嘉兴三地三家能源企业在杭州签订沪杭嘉天然气战略合作协议。协议的签订也标志着长三角区域的能源互济互保、互联互通再次迈出了新步伐。2019 年，国务院印发的《长江三角洲区域一体化发展规划纲要》再一次明确了能源基础设施建设，包括石油、天然气、电网、新能源等。这些政策的实施有利于为长三角地区构建清洁低碳、安全高效的能源体系，促进该地区经济、能源和生态环境的协调发展。

第二节　构建畅通高效的基础设施互联互通网络体系

一、协同建设一体化综合交通体系

交通基础设施不仅是区域经济一体化的"动脉"，也是区域产业整合的前提，是合理配置资源、提高经济运行质量和效率的重要基础。交通体系的服务能力为区域一体化发展提供基础支撑。国际发展经验表明，区域一体化发展及其功能的发挥，首先有赖于发达高效的区域综合交通体系的形成与完善；交通体系的区域一体化发展不仅能有效提高交通体系的整体效益，而且是引导区域整体协调发展的先行条件和有效手段。交通基础设施建设可以通过降低边界效应强化地区间的贸易往来，进而提升区域一体化水平。尤其是在短期内，地区间的经济社会制度差异无法消除，行政壁垒难以突破，通过交通设施的互联互通，推动人口和要素的自由流动，有利于弱化制度及行政管理方面的阻力。因此，一体化综合交通体系对于长三角地区的长远发展而言意义重大。而如何构建这一交通体系是值得深思的问题。我们可以从区域轨道交通、高速公路、机场与港口航运等方面进行考虑。

协同推进长三角的轨道建设。长三角地区应把握多层次运输需求，统筹干线铁路、城际铁路、市域（郊）铁路、城市轨道交通规划布局和一体衔接，打造四网融合、覆盖充分、内畅外通的轨道交通网络。其中，干线铁路网依托国家铁路，主要服务中长途客货运输，兼顾城际功能；城际铁路网，主要服务区域节点城市之间及节点城市与邻近城市间的城际客流；市域（郊）铁路网，主要服务城市中心城区和周边城镇之间通勤客流；城市轨道交通网，主要服务城市中心城区通勤客流。

提升省际公路的通达能力。交通是区域发展的"动脉"，也是城市群形成演变的基本前提，而中国高速公路从线到网的发展进程对城市群空间结构演化产生着日益深刻而长远的影响。高速公路网络建设是产业带形成与发展的动力和纽带。因此，长三角地区应加快省际高速公路建设，强化公路对外互联互通，形成便捷通达的公路网络。首先，继续推进高速公路拥挤路段扩容改造，对高峰时段拥堵严重的国省道干线公路实施改扩建。例如，为提升主要城市之间的通行效率，可以加快推进对宁马、合宁、京沪等高速公路改扩建工程。其次，实施打通省际待贯通路段专项行动，取消高速公路省界收费站，逐步实现相邻城市间高速公路直连。

共同打造世界级机场群。围绕《长江三角洲地区民航协同发展战略规划》，长三角地区可以构建分工明确、功能齐全、联通顺畅的机场体系，提高区域航空国际竞争力。首先是继续巩固上海国际航空枢纽的地位，增强面向长三角、全国乃至全球的辐射能力。其次是优化提升杭州、南京、合肥区域航空枢纽功能，增强宁波、温州等区域航空服务能力，支持苏南硕放机场建设区域性枢纽机场。最后是完善区域机场协作机制，统筹空域资源利用，促进民航、通用航空融合发展。

合力推进港口航道建设。长三角地区需推动港航资源整合，优化港口布局，形成合理分工、相互协作的世界级港口群。第一，继续做强上海国际航运中心集装箱枢纽港，加快推进宁波舟山港现代化综合性港口建设，从而提升国际竞争力。第二，加强沿海沿江港口江海联运合作与联动发展，鼓励各港口集团采用交叉持股等方式强化合作，推动长三角港口协同发展。第三，加强内河高等级航道网建设，推动长江淮河干流、京杭大运河和浙北高等级航道网集装箱运输通道建设，提高集装箱水水中转比重。

二、共同打造数字长三角

数字经济是继农业经济、工业经济、传统服务经济之后，随着高新技术不断发展衍生出的一种全新的经济形态。在《2020 年中国数字经济发展报告》中，官方完善了数字经济的概念："数字经济是以数字化的知识和信息作为关键生产要素，以数字技术为核心驱动力量，以现代信息网络为重要载体，通过数字技术与实体经济深度融合，不断提高经济社会的数字化、网络化和智能化水平，加速重构经济发展与治理模式的新型经济形态。"数字经济是长三角实现数字资源价值、提升资源配置效率的必由之路，也是长三角抢占数字经济新高地、提升综合竞争力的必然选择。2019 年 12 月，《长江三角洲区域一体化发展规划纲要》也明确提出，要协同建设新一代信息基础设施，共同推动重点领域智慧应用，合力建设长三角工业互联网，共同打造数字长三角。

协同建设新一代信息基础设施。一是加快推进 5G 网络建设，支持电信运营、制造、IT 等行业龙头企业协同开展技术、设备、产品研发、服务创新及综合应用示范。二是统筹规划长三角数据中心，推进区域信息枢纽港建设，实现数据中心和存算资源协同布局。三是加快量子通信产业发展，统筹布局和规划建设量子保密通信干线网，实现与国家广域量子保密通信骨干网络无缝对接，开展量子通信应用试点。四是加强长三角现代化测绘基准体系建设，实现卫星导航定位基准服务系统互联互通。

共同推动重点领域智慧应用。大力发展基于物联网、大数据、人工智能的专业化服务，提升各领域融合发展、信息化协同和精细化管理水平。围绕城市公共管理、公共服务、公共安全等领域，支持有条件的城市建设基于人工智能和 5G 物联的城市大脑集群。加快长三角政务数据资源共享共用，提高政府公共服务水平。推进一体化智能化交通管理，深化重要客货运输领域协同监管、信息交换共享、大数据分析等管理合作。全面推行长三角地区联网售票一网通、交通一卡通，提升区域内居民畅行感受度和体验度。加强智慧邮政建设，支持快递服务数字化转型。

合力建设长三角工业互联网。首先，积极推进以"互联网 + 先进制造业"为特色的工业互联网发展，打造国际领先、国内一流的跨行业跨领域跨区域工业互联网平台。其次，统筹推进省际之间工业互联网建设，推动企业内外网改造升级，积极参与国家标识解析与标准体系构建。再次，加快建设以跨行业跨领域跨区域平台为主体、企业级平台为支撑的工业互联网平台体系，推动企业上云和工业 APP 应用，促进制造业资源与互联网平台深度对接。最后，全面建立工业互联网安全保障体系，着力推动安全技术手段研发应用，遴选推广一批创新实用的网络安全试点示范项目。

三、协同推进跨区域能源基础设施建设

近年来，长三角地区在能源领域不断取得进展，但区域内仍面临着"保供、提质、增效、优化、清洁"等问题。因此，推进跨区域能源基础设施建设，对长三角地区的可持续发展具有现实的必要性和紧迫性。

全力建设油气基地。一是打造国际石油储备基地。在长三角区域探索创新石油储备模式，以原油、成品油为重点，承接全球资源，为世界级石化产业基地做好储备配套。二是增强天然气供应能力。加快宁波舟山液化天然气（LNG）登陆中心和区域 LNG 接收站建设，建设一批 LNG 中转储运项目。联合上海、江苏 LNG 接收站，共同打造国际 LNG 枢纽。

共同推进电网建设。电力是区域发展和设施建设的基础，在区域协调发展中是必不可少的基础性要素。2019 年，国网上海市电力公司、国网江苏省电力有限公司和国网浙江省电力有限公司共同启动长三角一体化电力先行工作，推动能源服务融入长三角一体化高质量发展。一年来，在以上海青浦、江苏吴江、浙江嘉善为主体的一体化示范区内，三地电网先后建成青浦—嘉善、青浦—吴江 10 千伏互联工程，打通电力"断头路"。另外，"皖电东送"工程也已成为长三角地区不可或缺的一环。早在 2013 年，淮南—上海 1000 千伏特高压交流示范工程正式投入运行。紧接着，准东—皖

南 ±1100 千伏特高压直流输电线路，加上 1000 千伏淮南—浙北—上海、淮南—南京—上海两条特高压交流输电线路以及多条穿境而过的超、特高压线路，让安徽形成了池州九华、宣城宣广和芜湖南陵 3 处密集通道，成为"西电东送"的重要枢纽。2020 年 4 月，《长三角一体化发展示范区电力行动白皮书（2020 年）》正式发布，进一步明确三地电力公司融入长三角一体化示范区建设的重点任务和行动计划。未来，上海、江苏、浙江三地电网企业将共同致力于打造共商、共建、共管、共享、共赢的能源生态，为服务长三角一体化示范区能源转型升级，构建区域清洁低碳、安全高效的现代智慧能源体系做出贡献。

协同构建现代能源体系。随着中国经济发展步入新常态，"绿色低碳"循环发展方式便显得格外重要。2020 年 9 月，我国在第七十五届联合国大会一般性辩论上提出了"二氧化碳排放力争于 2030 年前达到峰值，努力争取 2060 年前实现碳中和"的气候目标，随后在 12 月的气候雄心峰会宣布了多个更新的 2030 年国家自主贡献目标，包括"到 2030 年，非化石能源占一次能源消费比重将达到 25% 左右，风电、太阳能发电总装机容量将达到 12 亿千瓦以上"。这些目标的提出，不仅提振了全球应对气候变化的信心，也为国内低碳转型指明了方向。长三角地区是中国经济最发达、能源消费最集中的区域之一。由于缺乏传统能源资源，长三角地区的能源供给高度依赖其他省份的输入，煤电装机比重居高不下。随着经济规模的进一步扩大，该地区能源总量和能耗强度的双控压力越来越大，能源转型尤为迫切。对此，长三角地区必须以绿色发展为引领，就近开发利用可再生能源，构建清洁、低碳、安全、高效的现代能源体系。

一是在能源转化环节，长三角地区关键在于突出重点、掌握核心技术，如开展清洁高效煤电、可再生能源发电、先进核电以及重型燃气轮机等能源装备的技术攻关与工程应用。二是在能源输运环节，长三角应重视传统能源网（包括电网、油气管网、煤炭物流网以及热网）的改造升级工作，建设适应大规模可再生能源接入的智能电网，加大对大型油气管网优化运行的研究力度、建设智能化油气管网等。三是在能源存储环节，加强储能基础设施建设、因地制宜继续推广抽水蓄能电站等。四是在能源消费环节，推广节能产品，提高用能效率。

四、加强省际重大水利工程建设

长三角区域涉及长江和淮河流域中下游地区、太湖流域全域及东南诸河浙皖地区，拥有长江、淮河、钱塘江等大江大河，太湖、巢湖、洪泽湖等著名湖泊，还有京杭大运河、引江济太、淮河入海等人工水道，河网密度达到0.24 千米/平方千米，是全国河网密度最密集的区域之一。长三角区域一体化发展战略对标国内国际先进水平，解决好水问题，发挥好水优势，是关系到战略成败的关键。2019 年 12 月，国务院印发的《长江三角洲区域一体化发展规划纲要》也曾明确提出要着力提升基础设施互联互通水平，着力强化生态环境共保联治，并提出了要基本建成安全可控的水网工程体系。因此，只有建设好水利工程，才能加快实现长三角区域一体化的目标。

一是以长江为纽带，淮河、大运河、钱塘江、黄浦江等河流为骨干河道，太湖、巢湖、洪泽湖、千岛湖、高邮湖、淀山湖等湖泊为关键节点，完善区域水利发展布局。二是长江沿线，重点加强崩塌河段整治和长江口综合整治，实施海塘达标提标工程，探索建立长三角区域内原水联动及水资源应急供给机制，提升防洪（潮）和供水安全保障能力。三是淮河流域，启动实施淮河入海水道二期等淮河治理重大工程，保障淮河防洪排涝安全。四是太湖流域，实施望虞河拓浚、吴淞江整治、太浦河疏浚、淀山湖综合整治和环太湖大堤加固等治理工程，开展太湖生态清淤试点，形成太湖调蓄、北向长江引排、东出黄浦江供排、南排杭州湾的流域综合治理格局。五是以巢湖、洪泽湖、高邮湖、淀山湖、华阳湖等湖泊为重点，完善湖泊综合管控体系，加强湖泊上游源头水源涵养保护和水土保持，强化水资源保护与水生态修复。六是加快实施引江济淮工程，完善引江济太运行机制。

第三节　提升基础设施互联互通水平的政策举措

一、合力共建轨道上的"长三角"

长三角城市群既是我国经济发展的重要引擎，也是城镇化基础最好的地区之一。轨道交通作为交通运输系统的主骨架，在推动国土资源开发、提升区域经济发展、优化城市空间格局等方面意义重大。具体而言，一方面，轨道交通延展了城市空间，使不同性质产业、居住区依托轨道交通的便利各得其所，澄清了城市功能布局；另一方面，利用轨道交通所构建的城市空间结构的扩散是有序的、高密度的、可控制的，这种空间布局能保障大多数人出行需求。因此，长三角地区需要加强轨道交通建设，以交通一体化来带动区域一体化。

围绕《长江三角洲区域一体化发展规划纲要》，长三角地区必须加快建设集高速铁路、普速铁路、城际铁路、市域（郊）铁路、城市轨道交通于一体的现代轨道交通运输体系，构建高品质快速轨道交通网。围绕打通沿海、沿江和省际通道，推动北沿江高铁、沿江高铁武合宁通道、沪通铁路二期、沪苏湖、通苏嘉甬、杭临绩、沪乍杭、合新、镇宣、宁宣黄、宁扬宁马等规划项目开工建设，推进沿淮、黄山—金华、温武吉铁路、安康（襄阳）—合肥、沪甬、甬台温福、宁杭二通道的规划对接和前期工作，积极审慎开展沪杭等磁悬浮项目规划研究。以都市圈同城化通勤为目标，加快推进城际铁路网建设，推动市域铁路向周边中小城市延伸，率先在都市圈实现公交化客运服务。支持高铁快递、电商快递班列发展。

二、统筹推进新型基础设施建设

2018 年中央经济工作会议将 5G、人工智能、工业互联网、物联网定义为

"新型基础设施"。2019 年新型基础设施建设首次被定性为基建的重要内容，并排列在城际交通、物流、市政基础设施等传统基建类项目之前，"科技新基建"将成为经济增长的重要引擎之一，也成为数字经济时代重要的基础保障。2020 年 3 月，中央明确指出，要加快推动新型基础设施建设，提升产业数字化发展基础能力。长三角区域作为我国经济发展的重要增长极，在面对当今世界复杂多变的局势时，应该统筹推进新型基础设施建设，助力区域经济高质量发展。

实施新一代网络基础设施建设行动。一是高水平建设 5G 和固网"双千兆"宽带网络。编制新一轮 5G 建设行动计划，加快 5G 独立组网（SA）建设，率先建成 SA 核心网，持续推进重点区域深度覆盖，形成有规模效应的应用。二是加快布局全网赋能的工业互联网集群。实施新一轮工业互联网三年行动，建设国家工业互联网系统与产品质量监督检验中心以及机床、钢铁等 10 个行业标识解析二级节点，深化创新应用，推动标识解析国家顶级节点（上海）扩容增能，搭建长三角工业互联网公共服务平台。三是加快下一代互联网规模化部署。推进互联网应用 IPv6 升级，聚焦新型智慧城市、人工智能等领域，强化基于 IPv6 网络的终端协同创新发展。四是推动卫星互联网基础设施建设。落实国家战略，推动技术创新、产业发展、市场应用、运维服务等，完成通信网络及基础配套设施建设，初步形成卫星互联网信息服务能力。

实施创新基础设施建设行动。第一，建设若干先进产业创新基础设施。打破管理分割，依托蛋白质中心，组建电镜中心，接入中科院重大科技基础设施共享服务平台，加快构建电镜应用开放共享网络，新增若干套冷冻电镜，提升对生物医药、新材料等产业的支撑能级。第二，争取国家支持布局新一轮重大科技基础设施。例如，建设人工智能综合环境模拟平台，实现耦合环境模拟；建设全场景感知系统，实现动态环境感知与实时监测等。第三，持续推进光子科学大设施群建设。全力推进硬 X 射线自由电子激光装置建设，加快推进软 X 射线、活细胞成像、超强超短激光等重大科技基础设施建设。

实施一体化融合基础设施建设行动。一方面，建设新一代高性能计算设施和科学数据中心。加强统筹政府投资高性能计算资源，采用阶段性滚动扩容方式，建设新一代高性能计算设施和大数据处理平台。另一方面，探索建设长三角生态绿色一体化发展示范区智慧大脑工程。以上海、江苏、浙江信息平台为基础，建设长三角示范区一体化数据中枢和业务中台，支撑长三角示范区开展规划管理、生态环保、公共服务、产业发展等方面一体化制度创新。

三、协同共建油气、电网、新能源等能源基础设施

长三角地区是我国经济发展最活跃、开放程度最高、创新能力最强的区域之一，协同共建油气、电网、新能源等能源基础设施是助力"双碳"目标实现、落实我国能源安全新战略，更是贯彻落实长三角一体化战略，推动长三角地区更高质量发展的迫切需要。

统筹建设油气基础设施。完善区域油气设施布局，推进油气管网互联互通。编制实施长三角天然气供应能力规划，加快建设浙沪联络线，推进浙苏、苏皖天然气管道联通。加强液化天然气（LNG）接收站互联互通和公平开放，加快上海、江苏如东、浙江温州 LNG 接收站扩建，宁波舟山 LNG 接收站和江苏沿海输气管道、滨海 LNG 接收站及外输管道。实施淮南煤制天然气示范工程。积极推进浙江舟山国际石油储运基地、芜湖 LNG 内河接收（转运）站建设，支持 LNG 运输船舶在长江上海、江苏、安徽段开展航运试点。

加快区域电网建设。完善电网主干网架结构，提升互联互通水平，提高区域电力交换和供应保障能力。推进电网建设改造与智能化应用，优化皖电东送、三峡水电沿江输电通道建设，开展区域大容量柔性输电、区域智慧能源网等关键技术攻关，支持安徽打造长三角特高压电力枢纽。依托两淮煤炭基地建设清洁高效坑口电站，保障长三角供电安全可靠。加强跨区域重点电力项目建设，加快建设淮南—南京—上海 1000 千伏特高压交流输电工程过江通道，实施南通—上海崇明 500 千伏联网工程、申能淮北平山电厂二期、省际联络线增容工程。

协同推动新能源设施建设。因地制宜积极开发陆上风电与光伏发电，有序推进海上风电建设，鼓励新能源龙头企业跨省投资建设风能、太阳能、生物质能等新能源。加快推进浙江宁海、长龙山、衢江和安徽绩溪、金寨抽水蓄能电站建设，开展浙江磐安和安徽桐城、宁国等抽水蓄能电站前期工作，研究建立华东电网抽水蓄能市场化运行的成本分摊机制。加强新能源微电网、能源物联网、"互联网＋智慧"能源等综合能源示范项目建设，推动绿色化能源变革。

四、统筹布局水利基础设施建设

长三角地区因水而兴、土壤肥沃，自古便是鱼米之乡。同时，区域地势低平、江淮巨量过境洪水、区间暴雨洪涝、风暴潮增水相互叠加，上下游、干支流、流域间洪水相互顶托，极易成灾。此外，区域兼具山、林、田、河、湖、海等生态系统，生物多样性丰富，经济发达，人口产业聚集，面临着巨大的水资源水环境承载压力。随着长三角区域一体化发展战略的实施，高质量发展更是对高标准水安全、优质水资源、宜居水环境、健康水生态提出了迫切的需求。对此，统筹布局水利基础设施建设便显得格外重要。

长三角地区需要全面统筹协调长江、淮河、太湖流域和东南诸河综合治理体系，注重互联互通、联防联控、共建共管、协作协同。具体而言，以长江沿线为主轴，环太湖区域为核心，西部大别山、黄山、天目山等丘陵山区为生态屏障，东部河口水域和沿海岸线为保护带，淮河、钱塘江、大运河等河道为骨干廊道，巢湖、滆湖、洪泽湖、千岛湖、高邮湖、淀山湖、骆马湖、石臼湖等湖泊为重要节点，形成"一轴一核、一屏一带、三廊多点"水安全保障总体布局，系统解决水灾害、水资源、水生态和水环境问题。此外，长三角地区可以创新一体化协同治水管水体系，深化水利改革，打造数字流域，强化水利科技创新和水安全风险防控。

为进一步提升长三角一体化发展水安全保障能力，《长江三角洲区域一体化发展水安全保障规划》（以下简称《规划》）于 2021 年 6 月正式印发。《规划》明确指出：到 2025 年，长三角区域水安全保障能力进一步增强，初步建成与社会主义现代化进程相适应的水利现代化体系，太湖流域水治理体系和治理能力现代化达到较高水平；到 2035 年，长三角区域全面建成现代化水安全保障网络，实现饮水放心、用水便捷、亲水宜居、洪涝无虞，人民群众获得感、幸福感、安全感进一步增强，江南韵、古镇味、水乡风的长三角特色水文化全面弘扬，水安全保障能力基本达到国际先进水平。

第七章

以共保联治为途径，
推进长三角生态环境一体化

沪苏浙皖三省一市始终坚持生态保护优先，把保护和修复生态环境摆在重要位置，共同加强生态空间共保，推动环境协同治理，夯实绿色发展生态本底，努力建设绿色美丽长三角。

第一节　生态环境共保联治取得新进步

一、环境共同保护成效显著

（一）天空更加湛蓝，空气更加清新，基本实现了"还老百姓蓝天白云、繁星闪烁"的美丽图景

2018—2020 年长三角三省一市 PM2.5 年平均浓度均值由 40.3 微克 / 立方米下降至 33.5 微克 / 立方米，降幅达到 17 个百分点，其中上海和浙江 2020 年 PM2.5 平均浓度分别为 32 微克 / 立方米和 25 微克 / 立方米，优于国家二级标准限值（35 微克 / 立方米）；2018—2020 年长三角三省一市空气质量优良比例均值由 79.7% 提升至 86.1%，提高了 8 个百分点，其中浙江 2020 年空气质量优良比例突破 90% 达到 93.3%。2020 年长三角地区 41 个城市空气优良天

数比例范围为70.2%—99.7%，平均为85.2%，比2018年提高了11个百分点。

（二）江河湖海更加清澈洁净，再现江南水乡碧波荡漾动人景象

地表水环境质量持续改善，长三角三省一市1285个省级以上（含国家级）地表水考核断面中，年均水质达到或优于国家《地表水环境质量标准》（GB 3838—2002）Ⅲ类标准的优良断面比例由2018年的64.8%提升至2020年的78.8%，提高了14个百分点。重要跨省界河流湖泊基本达到水功能区目标，长江干流长三角段（含安徽段、江苏段、上海段）总体水质状况持续为优，主要入江支流总体水质状况为优，劣Ⅴ类断面基本实现清零；淮河、新安江干流总体水质状况持续为优；太湖湖体总体水质稳定在Ⅳ类，连续14年实现"两个确保"目标，15条主要入湖河流总体水质状况显著提升，2020年太湖流域124个重点断面水质达标率达到95%。近岸海域环境质量总体得到改善，2020年上海、江苏、浙江海洋环境质量监测点位中，符合海水水质标准Ⅰ和Ⅱ的比例分别为15.2%、52.9%和43.4%。

（三）土壤环境质量整体较好

2020年江苏204个国家网风险监控点中，95.6%的点位低于国家《土壤环境质量 农用地土壤污染风险管控标准（试行）》风险筛选值；上海76个国家土壤环境监测网基础点位的例行监测结果也表明农用地土壤环境质量总体较好。[①]

（四）生态空间稳步改善

林地生态系统得到有效保护，2020年浙江全省森林覆盖率为61.2%，继续稳居全国前列；上海全市森林覆盖率达19%，江苏全省森林覆盖率达24%；安徽森林覆盖率首次超过30%。生态环境状况整体较为稳定，根据《生态环境状况评价技术规范》，上海2019年生态环境状况指数为62.5，评价等级为"良"；江苏2020年生态环境状况指数为65.2，评价等级为"良"；浙江2019年各县（市、区）的生态环境状况指数均在84以上，全省评价等级

---

① 浙江、安徽数据暂未公布。

为"优"；安徽 2019 年生态环境状况保持良好。

二、生态环境治理持续推进

（一）坚持源头防治、标本兼治、全民共治，强力推进蓝天、碧水、净土三大保卫战

上海基本形成生活垃圾全程分类收运体系，引领全国生活垃圾分类新风尚；江苏持续深化"两减六治三提升"专项行动，深入实施生态环境污染治理"4+1"工程，"重化围江"治理取得重大进展；浙江大力推进治水、治气、治土、治废，深入实施"千万工程"，推进农村人居环境整治，建成全国首个生态省；安徽深入实施污染防治攻坚行动顺利实现阶段性目标。

主要污染物排放量显著下降，城市黑臭水体基本全面消除。2020 年三省一市化学需氧量合计排放量 300 万吨、氨氮合计排放量 13.7 万吨、二氧化硫合计排放量 27.9 万吨、氮氧化物合计排放量 149.6 万吨，除化学需氧量相比2015 年增加 7 个百分点，其余污染物排放量分别减少 64、86、45 个百分点。

（二）增强环境保护投入，持续推进环境治理行动和环境基础设施建设

三省一市扎实推进城乡有机废弃物综合处理利用和无废城市、资源循环利用示范城市（基地）等试点建设，建成环太湖城乡有机废弃物处理利用示范中心，垃圾综合治理能力全面提升，生活垃圾全部实现 100% 无害化处理。

上海完成 31 座城镇污水厂提标改造和 17 座污水厂新扩建工程，总处理能力达到 840 万立方米 / 日，城镇污水处理率达到 97% 左右，污泥设施规模突破 1000 吨干基 / 日，完成 1700 余个直排污染源截污纳管、54 座雨水泵站截流改造，完成 2.1 万余处雨污混接改造，实施 40.9 万户农村生活污水处理设施改造，农村生活污水处理率达到 88%，新增生活垃圾焚烧和湿垃圾集中处理能力 1.7 万吨 / 日，无害化处理总能力达到 4.2 万吨 / 日，危废焚烧规模达到 36.5 万吨 / 年。

江苏印发实施《江苏省环境基础设施三年建设方案（2018—2020 年）》，

三年累计新建污水管网约 1.3 万千米，新增城镇污水处理能力 460 万立方米 / 日，城镇污水处理能力达 1989 万立方米 / 日，生活垃圾焚烧处理能力达 3.5 万吨 / 日，全省城市污水处理率达到 97% 左右，城镇污水处理率接近 92%，农村生活垃圾收运处理体系基本全覆盖，生活污水治理设施行政村覆盖率达到 77.7%，危险废物处置利用能力达 221.6 万吨 / 年（焚烧 166.5 万吨 / 年，填埋 55.1 万吨 / 年）。

浙江完成废气综合治理工业园区 102 个、工业废气治理项目 1200 个、臭气异味治理项目 51 个，完成工业园区、生活小区和镇（街道）"污水零直排区"建设分别为 88 个、1447 个、330 个，完成污水处理厂清洁排放技术改造 49 个、城镇污水管网建设改造 1882 千米，实现入河排污口监测全覆盖、实现农村饮用水监测全覆盖、实现入海排污口在线监测设施全覆盖，行政村生活污水处理率达 84.8%，治理污染土壤和地下水 83 万立方米，在全国率先开展全域"无废城市"建设，到 2020 年新增危险废物集中利用处置能力 114.3 万吨 / 年、共有危险废物利用处置能力 1145 万吨 / 年。

安徽实现省级以上工业园区污水集中处理设施全覆盖，实现乡镇政府驻地及省级美丽乡村中心村污水处理设施全覆盖，全面完成船舶生活污水防污改造任务，建成涵盖 1294 个国控点位的土壤环境监测网络，持续开展"清废行动"和危险废物专项整治，提升危险废物利用处置、环境监管能力。

（三）深入践行生态优先理念，协同发力，推动长三角重要生态空间系统修复提升

提高物种生境保护力度，加强盐城湿地珍禽、大丰麋鹿、泗洪洪泽湖湿地、崇明东滩湿地等国家级自然保护区建设，生态功能明显恢复。盐城黄（渤）海候鸟栖息地（一期）成功申报世界自然遗产，填补了我国滨海湿地类空白。

大规模实施国土绿化行动，2018—2020 年三省一市累计造林总面积 84.1 万公顷，其中上海累计造林总面积 1.4 万公顷、江苏累计造林总面积 13.9 万公顷、浙江累计造林总面积 25.9 万公顷、安徽累计造林总面积 42.9 万公顷。

推动跨界重要生态空间治理，淮河—洪泽湖生态廊道、皖西大别山生态屏障、皖南—浙西—浙南生态屏障建设加快步伐，环太湖、杭黄等重要廊道环境持续改善，杭黄世界级自然生态和文化旅游廊道初步构建，涌现一批知名旅游目的地。

重点跨界水体污染防治问题得到有效解决。太湖流域水环境综合治理、巢湖流域生态保护与水环境综合治理、太浦河跨界水体联保、环淀山湖生态环境综合整治等行动深入实施，取得阶段性成果。深入开展"蓝色海湾"整治行动计划，促进近海水质稳中趋好，海湾、岸线得到综合整治，海洋生态环境质量不断改善。

三、生态协作机制不断创新

（一）省际毗邻区域生态环境治理合作机制探索取得多项重大成果

位于沪苏浙交界地区涵盖上海青浦、江苏吴江、浙江嘉善的长三角生态绿色一体化发展示范区（以下简称"一体化示范区"）为跨界地区长期联合开展生态环境保护工作探索路径和提供示范。2019年，在苏州盛泽—嘉兴王江泾联合河长制成功运作的基础上，沪苏浙两省一市通过了《太湖淀山湖湖长协作机制规则》，建立太湖流域的跨界联合河湖长制。2020年吴江、秀洲跨界治水机制成为长三角典范并被推广，成功入选中国改革2020年度典型案例。

南京都市圈生态环境联保共治取得新进展。建立起南京都市圈水利水务合作共建机制，共同推进区域内跨界水利水务重点项目建设、跨界河流水环境综合治理，不断提升水安全、水资源、水环境保障水平。苏皖两省的溧水区、高淳区、博望区和当涂县签署了《石臼湖生态环境保护合作框架协议》；江宁区联合博望区建立了跨界河湖联合河长制，并开创性地聘任了跨界河湖镇街级、村社级河湖长为联合河湖长，共同开展巡河、治河、护河工作；浦口区与南谯区建立滁河联防共管联席会议机制，签订《长三角一体化水利（务）合作协议书》；南京市与镇江市签订了《跨界水体水质提升合作协议》；南京市河长办与南京都市圈7市河长办会商建立联合河长制机制，共议协同治水要务。

其他省际毗邻区域生态环境协作机制创新。苏皖合作区郎溪、溧阳围绕天目湖流域综合治理，探索建立起基于土地流转的村镇级尺度流域生态补偿机制。安徽宿州、江苏徐州、宿迁三市探索建立洪泽湖流域水环境保护常态化机制和汛期水环境安全防控机制，加快推动淮河流域跨省界区域生态补偿工作的落实。浙江杭州、安徽黄山建立完善新安江流域生态补偿机制并形成可复制可推广经验，全面推动新安江—千岛湖生态补偿试验区建设。长三角（湖州）产业合作区围绕生态环境领域"放管服"和"最多跑一次"改革出台"十条意见"，推动环评审批简政放权。

（二）生态环境共保联治范围不断扩大，跨行政区生态环境治理协作制度机制体系逐步完善

流域生态补偿机制不断深化。深化新安江—千岛湖生态补偿试点工作，实施洪泽湖流域、滁河流域、沱河流域上下游横向生态补偿，苏皖两省就长江流域横向生态补偿机制正式签署了合作协议，出台太湖流域生态补偿指导意见。推动联合河湖长制在更多跨界河湖地区复制推广。

建立起长三角区域大气和水污染防治协作机制，完善跨界环境处置和应急联动协调机制，在上海举办的中国国际进口博览会期间开展空气质量应急管控和区域协作中发挥关键作用。加快深化长三角固废危废处理区域合作。2019年在上海市突发事件预警信息发布中心，首次进行长三角地区暴雨红警联动发布与响应演练。发布大气超级站、设备泄漏监测等2项长三角区域生态环境标准，国内首次打通区域生态环境标准发布路径。

建立起一批生态环境共保联治区域性平台。建立太湖流域水环境综合治理信息共享平台；依托上海市环境监测中心建立长三角区域空气质量预测预报中心，实现三省一市空气质量实时监测的共享和污染预测；长三角一体化示范区建立长三角一体化智慧气象保障服务平台，实现一体化气象服务；完善废弃物资源利用平台建设，浙江建立无废城市在线平台，安徽建立固体废物一张图管理平台，嘉兴建立全国首个小微产废企业危险废物统一收集平台。

开展长三角地区法院司法协作工作会议，推动环境资源司法保护协作。积极吸纳专业性力量，召开长三角生态环境院士峰会，成立G60科创走廊环

境产业技术创新联盟。浙江牵头推动长三角区域生态环境领域信用一体化，实施信用联合奖惩合作，实施绿色信贷约束，将环保处罚信息上传"信用长三角"平台，助力银行部门开展绿色信贷预警分析。

四、区域环境监管联动合作

（一）率先推动环境空气质量方面的环境监管联动合作

依托上海市环境监测中心，建成长三角区域空气质量预测预报中心，实现三省一市空气质量实时监测共享以及污染预判，形成大气污染防治预报会商常态化机制；推进长三角区域大气污染物排放标准制修订，2021 年 5 月发布长三角首个区域统一标准《制药工业大气污染物排放标准》，进一步支持长三角生态环境标准的统一；加快推进长三角地区重点城市一体化空气质量监测网络建设，在三省一市推进建设大气超级站、各自建成空气质量监测网络的基础上，2021 年 6 月三省一市联合制订实施《大气超级站质控质保体系技术规范》，统一了长三角区域大气超级站监测数据质量标准，填补了国内有关标准的空白；切实做好重大活动空气质量保障工作，通过区域环境监管合作有效保障了中国国际进口博览会、浙江乌镇互联网大会以及江苏国家公祭日等重大活动期间的空气质量。

（二）深化流域水环境区域监管合作

加快推进长江流域监测质控和应急平台建设，积极推动长江干流入河排污口监测；水利部太湖流域管理局牵头建立太湖流域水环境综合治理信息共享平台，实现太湖流域内 87 个自动监测站水位、流量、水质等 10 类信息的监测数据实时共享。

（三）加强危废固废监管应急管理协作

全面运行危险废物转移电子联单，建立健全固体废物信息化监管体系，有效打击危险废物非法跨界转移、倾倒等违法犯罪活动；不断深化环境风险应急管理协同工作，2019 年 12 月三省一市应急管理部门签署了《长三角一体化应急管理协同发展备忘录》，于 2020 年初又联合组建长三角应急管理专题合作组，又于 2020 年 11 月份构建了长三角区域应急联动协调八大机制。

第二节　构建绿色低碳、循环发展的生态环境保护体系

长三角深入践行"绿水青山就是金山银山"的理念，贯彻山水林田湖草是生命共同体的思想，推进生态环境共保联治，形成绿色低碳的生产生活方式，共同打造绿色发展本底，探索经济发展与生态环境保护相辅相成、相得益彰的新路子。

一、共同加强生态保护

严格保护跨省界重要生态空间，共筑生态廊道和生态屏障。推进长江生态廊道、淮河—洪泽湖生态廊道建设，加快构建江淮丘陵、大别山、黄山—天目山—武夷山、四明山—雁荡山，共筑皖西大别山生态屏障和皖南—皖西—浙南生态屏障。加快上海、合肥、金华等城市生态廊道项目建设，推动城市群内外生态建设联动。

上海加强对崇明东滩鸟类自然保护区、九段沙湿地自然保护区、长江口中华鲟自然保护区、金山海洋自然保护区的协同保护，规划建设长江口国家公园，推进崇明世界级生态岛建设。强化太浦河、淀山湖、长江口等重要共同饮用水源生态安全，建立全流域水源保护预警体系。

江苏积极推进沿海、沿江、淮河、京杭大运河、太湖、洪泽湖等江河湖岸防护林体系建设，实施黄河故道造林绿化工程，建设高标准农田林网，开展丘陵岗地森林植被恢复，实施重要水源地保护工程、水土保持生态清洁型小流域治理工程、长江流域露天矿山和尾矿复绿工程、淮河行蓄洪区安全建设工程，推进盐城国家级珍禽自然保护区等湿地生态恢复工程。

浙江以浙西、浙南山区为重点，共筑长三角绿色生态屏障，加强海岸线保护和修复整治，打造蓝色生态屏障，开展森林生态廊道建设，实施林相改

造工程，推进跨区域湿地景观和生态湖区建设。以大花园建设理念，深入推进衢州、丽水大花园核心区建设，推进美丽城镇和美丽乡村建设，积极建设美丽河湖、森林城市，不断提升城乡人居环境，打造"千万工程"升级版。

安徽强化生态红线区域保护和修复，重点打造长江、淮河、江淮运河、新安江等生态廊道建设，强化以农田林网和堤岸林为主的防护林体系建设；增强皖西大别山区、皖南山区水源涵养、水土保持等生态功能，实施环巢湖十大湿地生态系统保护与修复工程，高质量打造环巢湖湿地公园群；加强长江、淮河流域自然湿地保护，实施华阳湖、太平湖、升金湖、南漪湖、城西湖、瓦埠湖、女山湖、平天湖等湿地保护与恢复工程；实施重要水源地保护工程、两淮矿区沉陷区综合治理工程。

二、推进环境协同防治

（一）不断完善顶层设计和组织规划

"三级运作"协调机制不断深化运行。2019 年国务院成立推动长三角一体化发展领导小组，组建长三角区域合作办公室，三省一市抽调人员集中在上海办公。长三角区域合作办公室下设包含环保专题合作组在内的 15 个重点专题合作组，2021 年在长三角区域大气、水污染防治两个协作小组的基础上，成立长三角区域生态环境保护协作小组，定期召开会议、协商解决年度计划遇到的工作问题，负责协同推进环保领域长三角区域合作的各项工作。2021 年 5 月，长三角区域生态环境保护协作小组第一次会议在无锡召开，明确指出要进一步推动太湖流域生态系统修复提升，9 个聚焦太湖及水环境综合治理的重大项目集中开工，总投资达 134.42 亿元，为新一轮太湖流域综合治理注入新动能，开启了深化区域生态环境保护协作新征程。2021 年三省一市生态环境部门共同出台《长三角区域主要污染物总量协同控制合作备忘录》，持续推进主要污染物总量减排工作，加强环境质量和污染总量协同控制。

强化区域共同规划引领，形成区域生态环境保护合力。2019 年中共中央、国务院印发《长江三角洲区域一体化发展规划纲要》，明确要强化生态环境共保联治。2020 年生态环境部牵头编制出台《长江三角洲区域固废联防联控实施方案》《长三角生态环境保护标准一体化建设规划（2019—2022）》。2021 年推动长三角一体化发展领导小组办公室印发《长江三角洲区域生态环境共同保护规划》《长三角一体化发展规划"十四五"实施方案》《长江三角洲区域一体化发展水安全保障规划》。经长三角主要领导座谈会共同审议制定的长三角一体化发展三年行动计划（2018—2020 年，2021—2023 年），也都有单独章节明确共建美丽长三角的具体实施路径。

（二）深入推进长江"十年禁渔"攻坚战和长江岸线生态环境综合治理，长江经济带生态环境质量发生转折性变化

目前沿线及太湖、巢湖等水系湖泊的渔船渔民退捕基本完成，水系生态系统持续改善。

安徽组织开展长江安徽段生态环境大保护大治理大修复专项攻坚行动，实施长江经济带生态环境新一轮提升工程，严格落实"1515"岸线分级管控措施，深化"禁新建、减存量、关污源、进园区、建新绿、纳统管、强机制"7 项举措，深入推进生态环境污染治理"4+1"工程，实现突出环境问题整改率达 96%，切实推进长江入河排污口排查整治和在线监控，基本实现长江干流入河排污口水质监测监控。全面实施长江禁捕退捕，增殖放流水生生物 24247 万尾。

江苏积极推进长江岸线生态环境综合治理，进行长江干流违法违规岸线利用项目清理整治行动，累计腾退长江岸线 60.3 千米，岸线利用强度下降至 37.9%，生态型岸线占比上升至 62.1%，纳入国家考核的长江干流及保护区渔船全部完成退捕。完成太湖沿岸 3 千米范围内的 9.5 万亩渔业养殖整治，太湖 4.5 万亩和滆湖 2.3 万亩网围养殖实现清零。大力推进"重化围江"治理，累计依法关闭退出低端落后化工生产企业 4454 家，化工园区定位由 54 个减少到 29 个，沿江特色示范段建设成果显现。大力实施长江两岸造林绿化行动，沿江 8 市全域新增造林 35.1 万亩。

上海积极推进崇明世界级生态岛建设，加强长兴岛生态环境整治，连续

开展人工增殖放流活动，共放流各类水生生物苗种累计约650万尾，底栖生物50余吨，切实做好长江大保护的"守门员"角色。

三、推动生态环境协同监管

在各地不断完善区域环境监测网络基础上，持续加强各省市在重污染天气、水污染、危化品运输、废弃油脂等领域的监管联动，不断提高突发事件处理能力和重大活动保障能力。

（一）不断完善区域环境监测网络

推进长三角区域预测预报平台二期建设，对现有各级空气质量监测站点、超级站、重点源在线监测、污染源清单等环保大数据进行整合，完善数据共享机制。各省市按照国家要求，统一布局、规划建设覆盖环境质量、重点污染源、生态状况的生态环境监测网络，建立流域水质监测预警系统，加快实现流域水质变化趋势分析和风险预警。

（二）持续加强各类环境污染监管合作

完善重污染天气联合预测预报机制，联合推动区域空气重污染应急联动工作方案修订实施。建立区域互查执法工作机制，重点开展跨界水源地保护、大气和水污染防治专项检查。不断完善太浦河水资源保护省际协作机制，深化流域与区域、省市县多级联防联治体系。完善危化品运输和船舶污染事故信息通报制度，加强危化品道路运输风险管控及运输过程安全监管。建立健全生活垃圾、工业废物、危险废物一体化监管体系和跨区域非法倾倒监管联动机制，完善废物跨区域非法倾倒的快速响应处置机制。加快建立餐厨废弃油脂收、运、处全过程资源化利用体系，完善全过程闭环监管和信息共享，鼓励推广使用生物柴油。

（三）强化环境突发事件应急管理和重大活动协同保障能力

建立健全共同防范、互通信息、联合监测、协同处置的应急指挥体系，开展跨界突发环境事件应急演练，完善跨区域环境应急联动体系。联合制定专项环境保障方案，建立预测预报联合会商常态化机制，成功为中国国际进口博览会、世界互联网大会、国家公祭日等重大活动提供保障。

（四）加快推动地方环境标准和技术规范体系衔接

在完善地方环境标准和技术政策体系的基础上，建立区域标准研究和制定协调推进机制，率先在医药制造行业大气污染物排放标准和挥发性有机化合物（VOCs）控制技术规范等方面形成区域协同的标准和技术规范工作成果。

四、创新生态共治体制机制

共推长三角一体化示范区生态环境制度创新。两省一市生态环境部门与示范区执委会重点在统一饮用水水源保护和主要跨界水体生态管控制度、多元化生态补偿机制、跨区域生态治理市场化平台、跨区域生态项目共同投入机制、企业环境风险评级制度和信用评价制度等方面先行先试，深化生态环境领域改革措施系统集成，大力推进生态环境一体化监管。

协同统一重点水体功能和管控要求。推动沪苏浙联合建立一体化示范区"一河三湖"（太浦河、淀山湖、汾湖、元荡）环境要素功能目标、污染防治机制及评估考核制度，在梳理太湖流域及两省一市对"一河三湖"的功能定位及其差异基础上，结合各地规划管控政策方案及《示范区总体方案》要求，协调明确了"一河三湖"主要功能和目标，建立健全水环境污染协同防治机制和水环境共同跟踪评估机制。

建立全国首个跨省域的生态环境标准、监测、执法"三统一"生态环境管理制度，探索以"一把尺"实施严格监管。联合印发实施《长三角生态绿色一体化发展示范区生态环境管理"三统一"制度建设总体方案》，明确推进任务清单和路线目标，建立生态环境保护、环境监测监控体系、环境监督执法"三统一"制度。统一标准管理，研究发布一批统一的环境管理技术规范和污染物排放标准；统一监测体系，进一步加强环境质量、污染源、生态状况等信息数据统一发布和共享机制，加快推动生态环境一体化智慧精准管理；统一生态环境行政处罚裁量基准，实现生态环境执法协作互认，共同组建生态环境联合执法队伍，打破行政壁垒开展联合执法检查。

联合推出《环境空气质量预报技术规范》《挥发性有机物走航监测技术规范》《固定污染源废气现场监测技术规范》等 3 项技术规范，牵头制订示范区生态环境监测设施共建共享工作方案。统一空气质量预报流程和技术方法，发布《长三角生态绿色一体化发展示范区环境空气质量预报技术规范》，在我国首次实现打破行政区划的区县尺度联合预报。

推动一体化示范区环评制度改革集成工作走在全国前列。系统集成和推行两省一市环评已有改革举措，充分发挥环评制度源头防控作用，持续提升环评制度效能，联合出台《关于深化长三角生态绿色一体化发展示范区环评制度改革的指导意见（试行）》，围绕强化规划环评与项目环评联动、实施项目环评管理"正面清单"制度、加强事中事后环境监管、做好相关制度衔接等重点环节，突出改革集成、示范引领、跨域协同，在进一步筑牢示范区生态环境安全底线、助推环境质量持续改善的同时，形成可复制、可推广的引领性制度范例。

第三节　建立健全生态环境共保联治机制

长三角三省一市始终坚持问题目标导向和共同协商决策原则，不断深化完善跨区域生态环境领域一体化共保联治机制，夯实生态环境管理体制机制的"四梁八柱"，提升区域生态环境治理现代化水平，助推长三角实现高质量一体化发展。

一、合力加强大气、水、土壤防治攻坚战

联动实施长三角三大污染防治攻坚战，协同推进区域环境污染防治。

（一）推进江河湖海水环境协同治理

以持续改善区域水质为中心，扎实推进水污染治理、水生态修复、水资源保护、水安全保障"四水共治"。协同保护区域饮用水安全，全面落实《长

江经济带沿江取水口、排污口和应急水源布局规划》，持续改善长江水质；落实太湖流域水量分配方案和长江口咸潮应对工作预案，探索建立太湖水资源共享机制。加快推进重点水利工程建设，加强长江干流治理与保护，推进长江安庆、铜陵、芜湖等重点河段治理，加快推进太浦河后续工程建设。

加强湖库富营养化防治，制定实施洪泽湖、石臼湖、高邮湖、太平湖等46个湖库生态环境保护方案，在重要湖库汇水区、新安江上游实施氮排放控制，太湖流域上游地区实施污水处理厂全面脱氮除磷改造，强化太湖蓝藻水华联防联治，深化流域省际边界地区水葫芦防控工作协作机制。

持续推进蓝色海湾整治行动，加大长江口、杭州湾等重点近海海域污染整治力度，全面完成非法或设置不合理的入海排污口清理整顿，推进湾长制试点。

上海强化太浦河、淀山湖、长江口等区域重要水源地保护，加快实施青草沙—陈行原水系统连通方案，推进吴淞江（上海段）工程、太浦河后续工程建设，共同推进淀山湖岸线达标贯通工程，加强骨干河湖水系和排涝泵站建设，提高流域防控和水资源调控能力。联合制定实施太浦河等重要跨界河道联保专项治理方案、淀山湖联保专项治理方案，深化落实跨界河（湖）一河（湖）一策方案。

江苏大力推进太湖治理攻坚行动，实施新一轮太湖流域水环境综合治理，共同推进长江、京杭大运河、太湖、太浦河、淀山湖等重点跨界水体联保专项治理，开展废水循环利用和污染集中处理，建立长江、淮河等干流跨省联防联控联治机制，推进洪泽湖协同治理，加强港口船舶污染物接收、转运及处置设施的统筹规划建设，持续加强长江口和重点饮用水源地、重点流域水资源、农业灌溉用水保护，严格控制陆域入海污染。

浙江持续推进"五水共治"，共同加强新安江—千岛湖、太湖等流域水污染综合治理，提升城乡环保基础设施建设和运行水平，深入实施湖州南太湖流域水环境综合治理与可持续发展试点。

安徽纵深推进"三大一强"专项行动，打好重点流域水污染治理攻坚战，构建"1、5、15"分级管控体系，持续推进长江、淮河流域"七大行动"，制定实施长江、淮河、新安江—千岛湖、巢湖等重点跨界水体联保专项治理方案，全面落实最严格的水资源管理制度，大力实施节水行动。

（二）推进区域大气污染协同防治

以改善区域大气环境质量为核心，切实推进长三角区域大气污染防治协作各项重点任务，加强源头防控和末端治理，推动大气主要污染物排放总量持续下降，切实改善空气质量。大力实施区域能源和煤炭消费总量双控，禁止新建燃煤自备电厂，全面实施耗煤项目等量或减量替代行动。强化移动源排放污染治理，推进实施机动车国六排放标准，加强燃料乙醇等清洁能源推广应用。

上海继续深化燃煤污染防治，深化钢铁行业污染治理，控制全市钢铁行业铁水产能规模；落实 VOCs 总量控制，在汽车制造及汽修等七大重点行业全面推广低 VOCs 含量产品替代；实施进入排放控制区船舶换烧 0.1% 低硫油措施；实施外环线以内区域使用的机械排放满足国三标准要求；全面完成"散乱污"涉气企业整治，落实精细化排放清单管理制度。

江苏强化能源消费总量和强度双控，持续优化能源结构，实施煤炭减量替代，推进煤炭清洁高效利用，提高清洁能源在终端能源消费中的比例；联合制定控制高耗能、高排放行业标准，推动钢铁、水泥行业和燃煤锅炉超低排放改造；推进实施 PM2.5 和臭氧浓度双控双减；建立固定源、移动源、面源精细化排放清单管理制度；加强涉气散乱污和低小散企业整治，实施国四排放标准和相应油品标准。

浙江持续开展大气污染防治行动，调整优化产业结构、能源结构、运输结构、用地结构，加快 VOCs 和柴油货车污染治理。

安徽深入推进大气污染防治，坚持能源和煤炭消费总量双控，推动华东电网公司、沪苏浙共同做好皖电东送机组的煤炭消费总量控制；推进重点行业超低排放改造，完善秋冬季大气污染治理攻坚行动机制和重污染天气应急减排机制，加快实施国六排放标准和相应油品标准。

（三）强化固废危废污染联防联治

推动执行统一固废危废防治标准，完善危废产生申报、安全储存、转移处置的一体化标准和管理制度，严防工业企业搬迁关停中的二次污染和次生环境风险；统筹规划建设固体废物资源回收基地和危废资源处置中心，探索跨区域固废危废处置合作机制和补偿机制；建立健全区域危废、医废全过程信息化管理体系；严厉打击危废非法跨界转移、倾倒等违法行为；鼓励支持"无废城市"建设。

二、统筹共同推进生态保护和高质量发展

（一）深入践行"两山理念"，建立健全生态产品价值实现机制，有力推动生态优势向经济优势转化

积极推进碳达峰碳中和行动。全国碳排放权交易市场于2021年7月正式在上海上线；浙江、安徽开展用能权、绿色电力交易试点。

不断创新生态产品价值实现机制。浙江余姚市梁弄镇、江苏徐州潘安湖、江苏苏州金庭镇、江苏江阴、浙江杭州余杭区等一批生态产品价值实现案例成功入选自然资源部发布的生态产品价值实现典型案例。江苏溧阳建立以水生态容量、碳排放权为重点的生态产品交易机制；浙江安吉建立全国首个"两山银行"实现对全县生态资源进行统一规划、统一收储、统一开发；浙江丽水率先推进全国首个生态产品价值实现机制试点城市建设，率先建立起以生态系统总值（GEP）核算为切入点，发布全国首份《生态产品价值核算指南》地方标准，组建"两山公司"成为公共生态产品的供给主体和市场化交易主体，形成了一系列生态产品价值核算以及交易制度体系。浙江省排污权有偿使用开创全国先河，率先探索排污权交易机制；义乌、东阳不断深化跨地区水权交易机制。

深化长三角区域生态产品价值实现机制试点工作。总结推广浙江"经济产出价值＋生态环境增值"的土地开发出让等实践经验，探索生态环境资产变现新途径。健全区域排污权交易机制，探索地区之间水资源交易机制，

推进长三角碳市场能力建设工作，推动建立全国碳排放交易市场。健全长三角跨区域生态补偿、污染赔偿、环境资源交易、生态产品市场交易协同推进机制。

（二）率先探索开展"生态＋"保护性开发模式，加快形成保护和开发的良性循环

统筹水、路、港、岸、产、城等要素，建设更加统一高效融合的长江经济带，协同推进宁杭生态经济带、淮河生态经济带建设，完善区域新经济走廊架构；实施大运河重要河道沿线景观及环境整治工程，共同建设运河文化生态保护实验区；开展环太湖、环淀山湖等生态湖区规划建设，完善跨省市界湖泊治理和开发利用协作机制和配套政策。合力建设长三角生态文化旅游圈，开展浙皖闽赣生态旅游协作，着力打造杭黄世界级自然生态和文化旅游廊道，共同打造环太湖生态文化旅游圈，共同推进大运河文化带建设，着力打造特色旅游精品线路。

三、建立健全区域环境治理联动机制

（一）健全生态环境领域一体化工作推进机制

统筹构建长三角区域生态环境保护协作机制，共同研究解决跨区域跨流域生态环境保护重大问题，推动重大政策实施、区域合作平台与合作机制建设，强化对一体化示范区生态环境保护和建设的指导。成立长三角区域生态环境保护专家委员会，强化绿色长三角论坛作用，完善健全社会公众和利益相关方参与决策机制。

（二）探索多元生态补偿机制

深化跨省流域生态补偿机制。进一步完善新安江流域生态补偿机制，推动建设新安江—千岛湖生态补偿试验区，推进流域水生态环境保护与发展合作，扩大应用新安江生态补偿试点经验，推动长三角区域建立以地方补偿为主、中央财政给予支持的省际间流域上下游补偿机制，开展太湖流域跨省市生态补偿机制和污染赔偿机制研究工作。

建立跨地区污染赔偿和生态受益补偿双向补偿机制。推动长三角开发地区、受益地区与保护地区健全横向补偿机制，持续通过重点生态功能区转移支付对相关地区予以支持。积极开展重要湿地生态补偿，推进建立湿地生态效益补偿制度，率先在沿江、沿海和环湖湿地主要分布地区开展湿地补偿试点。

（三）强化利用市场化手段推进生态环境保护和治理

更多用市场交易手段，逐步扩展水权、林权、排污权、碳排放权、用能权等权属交易领域与区域范围，建立健全市场化交易平台机制。健全资源环境价格机制，充分发挥市场发现价格功能，还原资源环境的商品属性，调整优化资源环境产品、生态产品市场交易机制。建立健全多元化投融资机制，充分运用政府和社会资本合作模式，推进跨区域生态环境治理；研究利用国家绿色发展基金，支持重点污染协同治理项目；积极争取中央预算内投资、地方政府专项债券对符合条件的长三角生态环境共同保护项目予以支持。

第八章

以便利共享为导向，
加快推动长三角公共服务一体化

第一节　公共服务的重点领域基本实现全覆盖

一、公共服务均等化水平不断提升

长三角公共服务供给总量和人均保有量不断增加。基础教育专任教师数量不断增加，同时随着区域内学生数量的不断减少，教师与学生之比不断下降。2000—2020 年间，普通小学和中学专任教师数分别增加了 11.8 万名和 26.9 万名，普通小学生师比从 2000 年的 23∶1 降低为 2020 年的 17∶1，而普通中学生师比由 2000 年的 19∶1 降低为 2020 年的 12∶1。公共医疗资源配给有较大提升，2000—2020 年间，长三角区域医院床位数增长了 100 多万张，执业医师数量增加了近 46 万名，同时，千人医院床位数和医师和数也从 2000 年的 2.3 张和 1.4 名，增加到 2020 年的 6.2 张和 3.1 名。（图 8-1-1a）

长三角公共服务供给差异不断缩小。通过计算长三角 41 个城市 2000 年、2010 年和 2020 年三年的人均公共服务变异系数，测度长三角区域内部公共服务 41 城市空间均等化水平。可以得出如下结论：2000—2020 年间，长三角公共服务人均享有差异不断缩小，空间均等化水平不断增加。其中，基础教育区域均等化程度不断增加，普通小学和中学的师均学生数量变异系数分别从 2000 年的 0.14 和 0.20 降低为 2020 年的 0.12 和 0.17；公共医疗区域均等化程度有极大改善，千人医院床位数和千人医师数变异系数分别从 2000 年的 0.35 和 0.36，均降低为 2020 年的 0.13，显示出较小的区域差异程度。（图 8-1-1b）

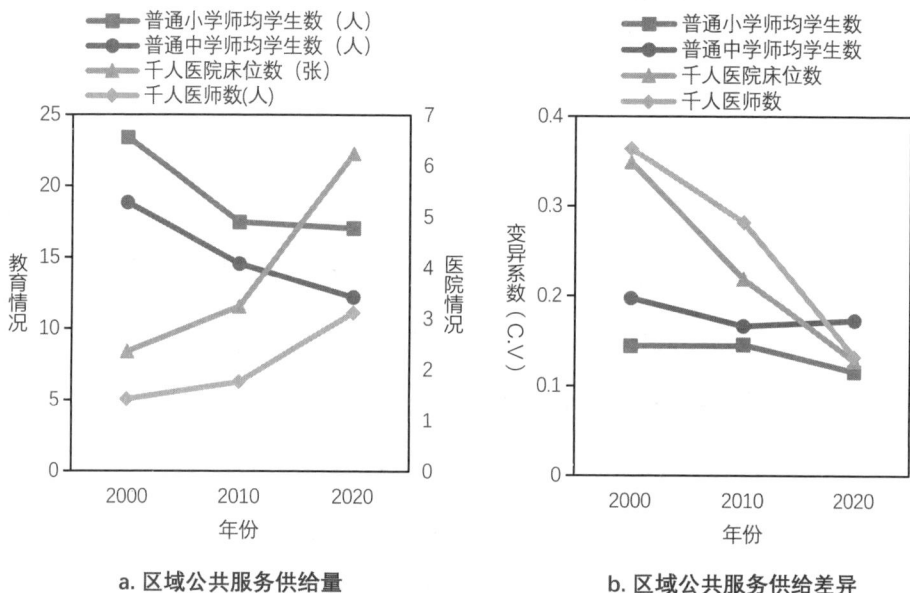

a. 区域公共服务供给量

b. 区域公共服务供给差异

图 8-1-1　长三角基础教育和医疗供给量和差异变化

二、教育医疗卫生资源共享机制逐步完善

长三角教育和医疗资源经历了长期的区域合作过程。陆续于 2003 年发布《江浙沪三省市教育合作协议》、2019 年发布《长三角教育一体化发展近期工作要点（2019—2020 年）》、2020 年发布《长三角一体化教育协同发展三年行动计划（2021—2023 年）》等文件。在"决策层—协调层—执行层"三级运作平台下，2018 年长三角区域合作办公室成立，并设置了城市合作、社保等重点合作专题组，签订专题协议。

在区域政策的指导下，长三角城市间进行了广泛的学校间、医院间的交流合作，主要内容包括科室合作，教师、专家、管理等人员交流，数据资源交流共享等。长三角区域三省一市在基础教育、职业教育、高等教育等方面进行了广泛的教育合作实践。基础教育合作主要包括教育资源共享、学校管理、教师培训、教学教研、青少年交流等专题合作，组织形式主要有城市间签订教师培训协议、校地合作开办分校、多城市间成立基础教育联盟、自发校际结对等（表8-1-1）。教师培训合作是基于每个城市教育部门对本地教师发展提升这一职责，由城市间签订教师培训协议，由教师培训中心组织开展，如南京和马鞍山组建师资交流培训和职教互动平台等。教学教研合作，包括跨城市教育系统中的教科研部门间基础教育科研合作、学校间的一些教师课程研讨等。青少年交流包括区域间学生研学旅行等，如宁马两市开展"课本上的马鞍山"研学活动，近年来数千名南京市中小学生亲临李白文化园、褒禅山、千字文博物馆等国学景点，增进了两市青少年友好交流。校地合作开办分校主要为基础教育集团在市场利益或行政命令推动下，优质基础教育集团以直属分校或挂牌分校的形式与地方政府签订合作协议进行合作办学。基础教育联盟指多所学校组织的校际交流合作，如江苏省溧阳市与安徽省郎溪县中小学组建的跨省"胥河情"教育联盟，上海普陀、江苏苏州、浙江嘉兴、安徽芜湖四地组建长三角一体化四地教育联盟，联盟学校通过开展教育论坛、跟岗学习、挂职培训、共同教研、课程开发等形式的合作，不断提升教育现代化水平，促进地域教育优质均衡快速地发展。职业教育和高等教育合作主要包括教学交流、干部教师互访、学分互认、升学就业、校外实习、产学研合作等。长三角三省一市联合推动职业教育校际、校企间区域合作发展，组建涵盖行业企业的职教联盟和职教集团，如旅游职业教育联盟、财经商贸类职教联盟、"长三角地区联合职业教育集团"等。苏锡常都市圈已全面推行"1+X"证书制度并同步实质性推进"学分银行"建设。长三角生态绿色一体化发展示范区内，中职教育2021年推出6所中职学校、19个专业、395名跨省域招生计划，正式开启中高职衔接教育跨省招生，率先实现了中职学校教学标准、招生录取、学籍管理"三个统一"。高等教育方面，长三角三省一市相继组建了长三角高校合作联盟（简称"E8"）、长三角医学教育联盟、长三角高校工程教育联盟、应用型本科高校教学联盟、新工科高校联盟等，在地区间学生交换、学分互认、课程互选、制定统一专业教育标准体系、专业教育与科研协同平台的开放共享等方面进行了广泛探索。

表 8-1-1　基础教育学校间合作类型

合作类型	合作内容	学校关系	合作主体	合作形式
直属分校	教师共享、直接管理等	部分人财物的统一	教育集团、资源输入区县政府、区县开发国企单位	校地合作
挂名分校	管理输出、教育培训、教师学生交流等	教育集团资源输出的市场化行为	教育集团、资源输入学校、资源输入区县	校地合作
		区域合作协议中的政府行为	两地发展改革委、教育局、市委市政府	校地合作、校校合作
校际结对	教师学生交流、校园文化建设等	友好学校	两合作学校、两地教育局	校校合作

医疗合作主要有两个方面，一是医院间合作，二是异地就医直接结算（医保合作）。医院间合作包括专家坐诊、科室共建、数据共享、远程医疗等形式。长三角医疗专家异地坐诊已常态化，形成了以上海、南京、杭州、湖州、芜湖等具有优质医疗资源的城市为中心到周边县市医院的广泛专家坐诊的制度。同时，医院间科室共建不断增长，如苏州市相城区人民医院通过引进复旦大学附属中山医院专家团队，就医院管理、医疗技术、教学科研、人才培养等展开多方面合作，助力苏州市相城区人民医院快速成长为三甲医院。数据共享平台不断发挥作用，如2011年南京都市圈预约挂号服务平台和医检查询服务平台上线运行，实现了城市间号源共享、医检报告共享调阅。长三角异地就医直接结算起步较早，早在2008年杭州和上海便进行了尝试，

2009 年长三角 16 个城市便启动了医保异地结算工作，2020 年 8 月长三角地区全面实现三省一市之间门诊直接结算的互联互通。异地医保服务不断推进，截至 2020 年底，三省一市医疗机构联网已达 8100 余家，异地门诊累计结算超过 278 万人次，涉及医疗总费用超过 7 亿元。远程诊疗包括医院的远程诊疗中心和智慧互联网医院，如 2020 年 10 月一体化示范区内成立长三角（上海）智慧互联网医院，医院对接了上海中山医院、浙江嘉善医院、江苏吴江医院以及青浦区等长三角示范区内各医疗机构，相应地区居民能因此获得相同条件的诊疗服务，各诊疗机构间也可共享患者信息。截至 2021 年 4 月 30 日，通过信息平台推送长三角居民互认信息（上海就诊）共涉及 5339 人次，133192 互认项目数，人次互认率达到 79.07%，有效降低了对患者的重复检查检验率，减轻了就医负担。

教育和医疗卫生资源共享的较快发展，得益于逐步建构起来的长三角一体化合作机制。一是完备的政府间交流合作工作机制，完善了领导统筹机制，成立长三角教育一体化发展领导小组及其办公室、总秘书处以及长三角教育一体化发展研究院等机构，健全了领导小组统一领导、领导小组办公室统筹协调、总秘书处督促落实的工作机制。协调沟通机制，由政府牵头定期举办教育合作交流活动，在一年一度的三省一市教育行政部门主要负责人年度会商机制基础上，逐步扩展形成由各地教育行政部门业务处室深层对接、协同发力的沟通机制，有助于在常态化的交流和信息沟通中凝聚共识、提升动力。完善了项目发展机制。每年一届的长三角教育发展会议，通过前期对接、相互协调、密切配合，每年重点签署合作协议，形成年度重点合作项目。二是政府主导、学校和医院为主体的自愿参与。形成政府主导和基层自发相结合的推进机制，鼓励各相关高校、市区教育局等有关单位，立足特色和实际需要，主动凝聚共识，加强自主联动，开展人员交流、教师联训、学生联培等多种形式的合作。基于完善的保障机制，长三角教育协同发展形成了向更大范围拓展的良好局面，向更深层次探索的发展态势。三是构建多尺度合作体系。通过合作示范区、毗邻地区、合作飞地、都市圈等不同空间合作层级，医疗教育合作以系列合作协议中的一个部分得以推进。如南京都市圈"江宁—博望"毗邻区的南京百家湖小学博望分校、"顶山—汊河"毗邻区南医大附院滁州分院，上海市宝山区依托其农场飞地而携手苏、皖成立的"上海宝山长三角联合教育集团"飞地合作，如各种形式的教育联盟和教师培训协议等的城市间合作。

三、文化旅游合作深入开展

长三角文旅合作起步较早。1992 年沪苏浙三省市旅游局共同举办了"江浙沪旅游年"活动后，长三角旅游合作快速发展。1997 年首次长江三角洲城市经济协调会议召开，确定了旅游专题为长三角区域合作的突破口，旅游市场和产品的联合开发的合作重点。2003 年"非典"重创旅游业，为快速恢复，沪苏浙三地成立省级层面的"沪苏浙旅游市场工作联席会议"机制，由长三角 15 个城市和黄山市共同签署《长江三角洲地区旅游城市（杭州）合作宣言》，长三角旅游合作在城市层面正式合作机制建立。自 2007 年开始，长三角各省市携手在旅游公共服务设施、服务质量、旅游产品设计及推广等领域展开深度合作。2008 年长三角首个区域性标准《旅游景区（点）道路交通指引标志设置规范》实施、2011 年联合推出长三角世博主题体验之旅 10 组推荐系列产品、2011 年三省一市共同签署《苏浙皖沪旅游一体化合作框架协议》，加快了长三角旅游一体化步伐。2018 年长三角上升为国家战略以后，长三角文旅迎来新一轮发展，其中区域文化合作受到更多重视。2018 年 7 月三省一市旅游部门签署《长三角地区共建高品质世界著名旅游目的地战略合作协议》。2018 年 10 月，首届长三角地区公共文化服务发展论坛举行，启动长三角地区国家公共文化服务体系示范区（项目）合作机制建设，组织开展区域馆际交流、改革试点探索、资源共建共享、城市文化品牌等方面的合作。2019 年杭州衢州黄山三地签订《联合推广世界遗产精品游线合作项目协议》，2020 年浙江和安徽签订共建杭黄世界级自然生态和文化旅游廊道战略合作框架协议。

文旅合作内容主要集中在旅游市场统一、产品线路设计、品牌和目的地营销、文化交流等方面。旅游市场一体化，包括旅游资源共享、旅游产品联合，如旅行社、景区、饭店等旅游企业间的自发的市场性合作，通过整合不同地区旅游资源，打造更合理的旅游产品线路，宁镇扬三地旅游实现一卡通，进行游客市场分享，打造长三角无障碍旅游圈等。2018 年长三角联合推出 60 条"高铁+"旅游线路，2019 年长三角发行 299 元可以游玩沪杭宁 71 个景区的旅游年卡，长三角联合推出国际文旅精品路线。旅游区域品牌塑造与营销，区域旅游目的地形象塑造，如江南水乡古镇、2005 年提出打造"中国长江三角洲旅游城市圈"品牌，并组织进行了多种城市旅游联合营销；旅游市场监管，如苏浙沪三地旅游消费维权合作。文化交流主要有博物馆、美术馆等文化场馆间合作，如 2018 年成立南京都市圈公共博物馆合作联盟、2021 年成立长三角红色博物馆合作联盟等。

四、信用合作不断取得新进展

长三角地区作为我国开放程度最高的区域之一，各类市场主体数量庞大且较为活跃，对区域性信用合作需求较高。2004 年，长三角 16 市签署《共建信用长三角宣言》，设立区域信用体系建设专题组，开启长三角信用合作历程。2008 年，沪苏浙共同签署《长三角地区信用服务机构备案互认协议书》，推出区域信用共享平台"信用长三角"，开启信用服务机构的备案互认。经过十多年的经验积累，2016 年长三角获批全国首个区域信用合作示范区，2018 年印发《长三角地区深化推进国家社会信用体系建设区域合作示范区建设行动方案（2018—2020 年）》，长三角信用合作进入全方位实质性操作阶段。

长三角三省一市围绕文化旅游、生态环境、产品质量、食品药品安全等重点领域广泛开展信用合作。旅游和生态环境信用合作启动较早，2002 年沪苏浙三省市共同开展打击"黑导游"、旅游欺诈等行为的"曙光行动"，共同举办"诚信的旅行社为您服务"活动，四省市共同制定印发《长三角地区环境保护领域实施信用联合奖惩合作备忘录》《长三角地区产品质量领域守信联合激励和失信联合惩戒合作备忘录》《长三角区域食品安全领域严重违法生产经营者黑名单互认合作协议》等。近年来信用合作逐渐扩展到海事、金融、城管等方面。2020年6月，长三角征信机构联盟成立，缓解银企信息不对称问题，提升长三角整体金融服务水平；2020年7月，长三角一体化城市管理综合行政执法合作信用互通；2020年11月，长三角地区的交通运输和海事主管部门联合签署《长三角海事监管领域信用管理合作备忘录》，推动海事行业信用监管信息化、构建信用记录管理制度和信用对象认定合作。

三省一市在长三角一体化三级工作机制和中央层面信用政策推动下，通过召开长三角区域信用体系专题组例会，每年联合印发信用合作工作计划，签署信用体系建设合作备忘录，重点领域联合奖惩合作备忘录等方式推动区域信用合作。经过近20年的发展，长三角信用一体化在探索建立跨地区跨部门的信用区域性规划、信用数据共享、信用互认、信用标准统一、守信联合激励和失信联合惩戒等层面取得明显突破。一是联合发布区域信用合作规划，2010年长三角三省一市发布国内首个区域性信用体系专项规划《长三角区域社会信用体系合作与发展规划纲要（2010—2020）》，成为长三角区域社会信用体系合作与发展的中长期指导性、纲领性文件。二是不断统一信用标准，制定长三角地区旅游、环保等重点领域市场主体及其有关人员守信行为认定标准，三省一市统一了旅游城市"红黑名单"标准，编制《长三角区域政府机构、自然人和行业信用评价参考指引》，2020年编制出台长三角区域统一的第三方信用服务机构信用报告标准，有力推动形成长三角区域信用服务市场一体化。三是在联合监管方面，签订生态环境、旅游、食品药品、产品质量四大重点领域信用联动奖惩合作备忘录，旅游和环保方面的红黑名单互认，构建失信行为标准互认、惩戒措施路径互通的区域信用联动监管机制，开展区域信用服务市场监管体系专题研究。四是数据共享方面，2006年正式开通"信用长三角"平台，2018年纳入"中国长三角"平台框架并改版升级，设有信息发布、信用服务等功能栏目模块，成为集中展示一市三省信用工作动态并提供信用信息查询服务的总窗口。2020年底，信用长三角平台归集三省一市生态环境、旅游、疫情防控等重点领域近70万条信用信息，其中，信用长三角平台下的联合惩戒子平台由三省一市环保部门每月上传行政处罚企业名单，2019年子平台归集区域内204家环保严重失信企业黑名单，对涉及环保处罚的1万多家失信企业进行了信息披露，并集合了6955家旅行社的基础数据和行政处罚信息。五是开展不同空间层级信用合作，2019年11月杭州都市圈内城市合作推动个人诚信分互查互认，2019年12月长三角省际毗邻区嘉昆太签署环保失信主体联合惩戒合作协议，2020年12月皖江六市信用联盟成立，2020年11月苏锡常三市签订《苏锡常信用应用一体化战略合作协议》，提出打造苏锡常"信用城市群"，2019年10月长三角绿色一体化示范区三地签订信用联合备忘录，先行归集国家层面标准已统一的司法判决、行政许可、行政处罚等领域信用数据。六是品牌共铸，截至2021年，长三角13市获评国家社会信用体系建设示范城市，4人当选全国"诚信之星"，分别占全国总数的46%、20%。制作"信用长三角"宣传片，依托媒体、信用网站等广泛加强区域信用宣传。长三角区域信用合作协议见表8-1-2。

表8-1-2　长三角区域信用合作协议

合作区域	合作协议	合作内容
沪苏浙一市两省	《共建信用长三角宣言》（2004）、《长三角地区信用服务机构备案互认协议书》（2008）	初步建立信用合作机制，推动构建数据共享平台
沪苏浙皖一市三省	总体协议：《长三角区域社会信用体系合作与发展规划纲要（2010—2020）》（2010）、《长三角区域社会信用体系建设"十三五"重点工作方案》（2016）、《长三角地区深化推进国家社会信用体系建设区域合作示范区建设行动方案（2018—2020年）》（2018）、《2020年长三角区域信用合作重点工作计划》（2020）、《2021年长三角区域信用合作工作计划》（2021）	对平台建设、生态环境合作、文旅合作、专题会议举办、合作机制等9个方面工作提出具体安排

合作区域	合作协议	合作内容
沪苏浙皖一市三省	重点领域协议:《长三角区域生态环境领域实施信用联合奖惩合作备忘录(2020年版)》(2020)、《长三角区域生态环境领域严重失信名单认定标准》(2020);《长三角旅行社综合信用评价指引(2021版)》(2021);《长三角区域食品安全领域严重违法生产经营者黑名单互认合作协议》(2020)、《长三角药品安全领域信用联动奖惩合作备忘录》(2021)、《长三角区域药品安全领域信用监管合作备忘录》(2021);《家政服务机构信用等级划分与评价》(2019)、《长江三角洲区域一体化城市管理综合行政执法协作机制》(2020)、《长三角海事监管领域信用管理合作备忘录》(2020)、《长三角地区法院执行工作一体化备忘录》(2020)	生态环境、食品药品、旅游业联合监管以及其他领域信用合作
嘉昆太	《嘉昆太三地生态环境领域社会信用体系建设合作协议》(2019)、《嘉昆太三地市场监管领域社会信用体系建设合作协议》(2020)	环保和市场监管
杭州都市圈	《杭州都市圈信用建设合作机制框架协议》(2019)	个人诚信分互查互认
皖江六市	《皖江六市信用合作框架协议》(2020)	成立皖江六市信用联盟
苏锡常	《苏锡常信用应用一体化战略合作协议》(2020)	打造苏锡常"信用城市群"
上海市黄浦区—无锡市	《加强信用联动推动长三角信用一体化战略合作备忘录》(2019)	信用数据一体化
上海市黄浦区—南通市	《加强信用联动推动长三角信用一体化战略合作备忘录》(2020)	信用数据一体化
上海市黄浦区—常州高新区	信用一体化战略合作备忘录(2020)	信息共享互认、守信联合激励失信联合约束场景应用、跨区域信用宣传协调联动等领域深入开展务实合作

第二节 构建人人享有、全民覆盖的公共服务体系

一、建立基本公共服务标准化便利化

构建区域公共服务标准体系。协同各地公共服务政策，加强与国家基本公共服务标准和制度衔接，综合考虑省份和城市公共服务标准差异，尝试构建突破省市行政边界的区域公共服务建设标准均衡化的制度创新。研究编制区内基本公共服务项目清单，建立部分基本公共服务项目财政支出跨区域结转机制，合理调整各地方公共服务支出责任和支付转移比例，构建区域公共服务标准统一责任协调机制，用来支撑促进在地公共服务水平趋同。统筹考虑经济社会发展水平、城乡居民收入增长等因素，逐步提升基本公共服务保障水平，增加保障项目，提高保障标准。逐步对接养老保险、医疗保险、失业保险等社会保险筹资标准和保障水平，加快推进医保报销"三大目录"和报销比例的统一。

建立公共服务跨区域协作制度，推进区内公共服务便捷共享。通过建立居民服务一卡通，构建区域社会保险综合查询平台，重点推进互认继续教育学分、互认职业技能培训证书，互认工伤、医疗事故、医疗损害异地专家鉴定，推进养老、失业、医疗等社会保险关系高效、便捷转移接续。通过构建医疗信息共享平台，建立区域居民电子健康档案，推进各医疗机构使用通用病历，推行医疗卫生机构间检验检查结果互认。建立跨区域劳动争议解决机制、建立社会治安协作机制，开展跨区域联合执法等。探索组建跨区域居民就医绿色通道，完善医保异地结算机制，逐步实现异地住院、急诊、门诊直接结算。统筹学区资源，逐步实现教育均等化。鼓励老人异地养老，实现市民卡及老人卡互认互用。鼓励知名品牌养老服务机构在区内布局设点或托管经营，建立跨区域养老服务补贴制度。

二、优化提升教育和医疗品牌品质

打造国内外长三角知名教育品牌。依托长三角产业优势，不断优化地方职业教育，推进区域职教联动发展，建设高职院校与国外职业院校、机构或企业共同组建国际合作平台，建立职业教育国际枢纽，为职业教育引入与输出提供服务基地与平台，构建区域性职业教育高地。在各高校的差异化发展和特色化发展基础上，加大高等教育学生教师交流、学分互认、科研创新等方面合作，推动打造长三角区域性创新和人才培养高地。加强基础教育素质教育，打造长三角素质教育品牌。

推进医疗高质量引领工程。推进国家医学中心、区域医疗中心建设，培养和扩大领军和骨干人才队伍，提升重大疾病的科研和服务能力，建成一批国际性和区域性高端医疗机构项目，扩大覆盖范围，增强区域影响力。推动高端优质医疗卫生资源统筹布局，采取合作办院、设立分院、组建医联体和专科联盟等形式，支持推进优势医疗资源品牌和管理向外输出。依托长三角生态、交通、医疗、市场优势，建设一批国际知名的健康医疗服务、养生养老基地。

构建本地化公共服务人才培育机制。公共服务的人才培育需要一个较长的时间过程，核心城市具有较好的高校资源，可以形成稳定的技术提升和人才培育动力来源，并长期服务于当地公共服务体系；边缘城市长期以来缺少优质高校资源，在技术和人才上缺少本地来源，而又因为城市能级，人才引进较为困难。增设本地医学院、师范院校等院校，大力发展护理等职业教育，不断增加城市内生性人才培育能力。如常州市全力支持常州大学筹建医学院和师范学院，并引进南京医学教育资源，建设常州医学院（南京医科大学常州校区），旨在通过本地化人才培育，提升当地医疗服务能力。另一方面，在公共服务合作中，增强人才培育方面的合作，如在专家坐诊的同时，构建本院年轻医师学徒制等实践教学机制，培训提升本院医师诊疗水平。

三、塑造全球文化发展的品牌

充分挖掘地域历史文化，打造长三角特色文化品牌。大运河江浙段、江南水乡联合申遗、黄杭世界级自然生态和文化旅游廊道、环太湖生态文化旅游圈等区域特色文旅品牌，共建世界知名文旅目的地。充分挖掘、建构及运用建筑、美食、民俗、文学、商贸等方面长三角统一文化符号，通过节庆活动、文体赛事等，通过现代文化创意手段和表现技巧呈现出的文化资源的象征意义和精神价值，构建长三角文化整体形象，推进长三角区域文化认同，在潜移默化中打造家喻户晓的长三角文化品牌。

做大文化品牌产业基础。依托长三角国际文化产业博览会、大运河文化旅游博览会等平台，推进文化产业交流、激发文化创新、举办文化赛事，构建长三角地区建立健全现代文化产业和市场体系。打造文化产业合理地域分工，形成长三角电竞、文博、影视、动漫、数字出版等区域文化产业集群，做大区域发展规模。构建长三角文化产业服务支撑体系，打造长三角文化金融合作平台、文化产业服务平台，不断提升长三角在丰富金融服务、扩大消费市场等方面文化产业服务能力，激发长三角文化产业活力。

增强长三角文化品牌对外营销。加强长三角文化品牌在城市、区域、国家、国际各空间尺度的宣传推广工作，积极推进文化活动区域内外交流。充分发挥长三角文化场馆联盟平台综合协调功能，不断推进长三角内部各类文化场馆与国内、国际文化场馆联合办展，丰富区域内外合作办展的领域、内容以及方式。不断争取国家层面的长三角文化品牌宣传推广，引领长三角文化品牌走向世界。

四、促进公平公正的市场环境

加强市场准入标准统一、市场监管执法协同联动和信用评价检测统一。推动实行统一的市场准入制度，优化办理流程，简化登记材料。建立长三角标准化联合组织，制定区域协同标准编号规则，在农产品冷链物流、基本公共服务、环境联防联治等领域开展统一标准试点。推动实施统一的境内自然人与境外投资者合资、合作设立企业登记办法。制定长三角区域公共资源交易领域信用管理办法和信用评价标准，金融领域信用体系。以垄断、不正当竞争、价格违法、广告违法、假冒伪劣、侵犯知识产权等行为以及食品质量、食品药品安全等领域为重点，加强监管协同，强化执法联动。协同开展"满意消费长三角"行动，建设安全满意消费环境。制定食品安全信息追溯统一技术标准，建设统一的食品安全追溯体系。

建设完善信用长三角平台，加大对行业协会商会、信用服务机构、金融机构、大数据企业的市场信用信息采集力度，建设区域检验检测认证信息服务平台，推动信用信息按需共享、深度加工、动态更新和广泛应用，推进信息共享、结果互认，与全国信用信息共享平台实现信息交换共享。

第三节　加快推进公共服务一体化发展的政策举措

一、探索推进医保目录、医保服务一体化

由于当前我国基本医保制度的"属地管理"原则，医保筹资待遇水平要求与当地经济发展和医疗消费水平相适应，带来各地基本医保的药品、医疗服务项目、医用耗材三大目录不统一，医保基金的起付标准、支付比例、最高支付限额也不尽相同。异地就医目前实行"就医地医保目录，参保地报销政策"的直接结算办法。一般来说，就医流出地的医疗消费水平相对较低，而就医地的医疗消费水平较高。另一方面，就医高流入地一般为大城市，其医疗消费水平价格相对偏高，以就医地医保目录为标准会带来就医消费的增加。因此，需要建立全国统一的异地就医医保目录和异地就医补偿标准，目前部分省内已经实现医保三大目录的统一，积极协调和推动不同城市间医保基金的统筹，加快推进提升医保基金的统筹层级。

构建中央和省级纵向双重医保协调机制。居民医保享有水平与其缴费标准直接相关，以相同的医保收缴标准为基础来确定医保享有标准的统一是医保目录统一的基础，而推进医保统筹层级是解决医保享有差异最彻底的方式。但由于不同地区经济发展水平和居民消费能力的差异，提高医保统筹层级在短期内难以实现。因此，在缴费标准不同的情况下，实现医保目录统一下医保享有标准的一致，可能为落后地区带来医保基金压力，因此，需要构建中央和省级转移支付等调控机制，针对缴费标准低的城市，提高其居民医保享有水平带来的差值进行补偿。

建立更加完善的跨省间沟通协同机制。高效的跨省协同机制，有赖于各级、各层机构和人员共同协作。尽快推进区域内医保稽核联动落地，多方面规范参保地、就医地经办机构各自职责，划清职责界限防止相互推诿，在效率配合、行为表现、医疗机构管理等方面起到应有作用，由上级医保部门定时监督考核、沟通通报等。除依托统一有效的国家沟通协同平台外，也应加强地区间的联合协作，探索建立地区间基金监管办法、异地协作方式等。

推进医保合作信息化进程。平台共建和数据共享，推进区域城市不断接入国家医保平台。优化定点医院异地就医直接结算终端，提高终端的患者服务便捷性及医院与医保部门的数据信息的流通性。优化医保资金城际、省际结算程序，构建区域内各地区间医保精准结算程序方法，建立区域医疗费用结算系统。

二、推动教育资源服务一体化

深入推进教育合作。建立基础教育等改革重大问题协商共进机制，依托城市优质学前教育、中小学资源，鼓励学校跨区域牵手帮扶，深化校长和教师交流合作机制。探索"双一流"大学在区域内开展教育合作，推动大学大院大所全面合作、协同创新，联手打造具有国际影响力的一流大学和一流学科。鼓励沪苏浙一流大学、科研院所到安徽设立分支机构，鼓励"优带弱"。高等院校、职业院校间在课程共享、学分互认、考试招生等方面的结对合作。推动高校联合发展，加强与国际知名高校合作办学，打造浙江大学国际联合学院、昆山杜克大学等一批国际合作教育样板区。共同发展职业教育，搭建职业教育一体化协同发展平台，做大做强上海电子信息、江苏软件、浙江智能制造、安徽国际商务等联合职业教育集团，培养高技能人才。

协同扩大优质教育供给。研究发布统一的教育现代化指标体系，协同开展监测评估，引导各级各类学校高质量发展，促进教育均衡发展，率先实现区域教育现代化。推进区域教育信息化建设。加快建设教育信息区域共享平台，推进统一的长三角继续教育网络平台、长三角高校慕课、长三角图书馆数据库共享等建设，提高资源配置效率和精准度。大力支持各级各类学校建设智慧校园，综合利用互联网、大数据、人工智能和虚拟现实技术探索未来教育教学新模式，做好长三角教育资源和信息共享软硬件保障。

构建教育合作协调和激励保障机制。目前合作多以行政命令推动的基础教育分校建设，缺少成本补偿机制，以核心城市输出为主，缺少成本补偿和教师管理人员派遣的保障机制。教育一体化发展涉及中央与地方、地方与地方、政府与学校、学校与市场以及政府内部不同部门间，各阶层、各部门、各行业等不同主体间错综复杂的利益关系。教育合作中利益分配不清、政府介入过多、公立医院人事调动的非市场化等原因，其并未探索出一套完全符合市场化的合作机制。因此需引入市场管理机制，探索实现合作双方在资源、管理、人事和资金等方面一体化机制。在促进教育公平的同时，遵循客观市场规律，确保各方利益获得的长期可持续，使得教育进行实质性、可持续的合作。

三、积极开展多元互动的人文交流

密切加强青年、妇女儿童、伤健人等群体交流。青年学生、学者等思想文化交流，举办青年夏令营、青年大联欢、青年创业论坛、大学生运动队互访等。积极开展地方、区域、全国以及国际妇女事务机构合作，联合开展反家庭暴力、反校园霸凌宣传，开展儿童剧院互访等文化交流。推进伤残人专业康复恢复、教育、就业等权益保障合作交流。推动地方工会、共青团、妇联等人民团体和老龄协会等社会组织合作，开展红十字会、慈善会、残疾人福利基金会等慈善组织区域交流合作。

开展教育、科学、文化、体育、旅游、考古、媒体等各领域人文合作。积极开展文化遗产对话，加强革命文物保护利用，推动非物质文化遗产项目"走出去"、优秀艺术剧目地方巡演，举办传统文化创作大赛、朗诵大赛、摄影大赛、江南服饰大赛、长三角美食烹饪大赛等，以长三角名城、名村、水乡、古镇的对话活动，在各个区市的社区中推出以"长三角"为主题的各种文化娱乐活动。推进长三角省市地方电台、报刊、网络媒体、新媒体等合作共办地方专栏，促进地方文化相互宣传展示，增加地方间相互了解和经验互鉴，不断消除地域歧视，构建长三角一家亲"民心相通"。

丰富政府和民间双向推动的交流区域性组织和机制。政府搭建人文交流平台，构建官方双边或多边人文交流定期政府沟通或协商机制，通过开展高层及政府协商会议、签订人文交流合作协议、执行计划等，强化人文合作交流制度层保障。鼓励社会组织建构交流平台，定期组织开展交流会、交流营、文化论坛、智库和学术论坛、艺术节等活动，传递友谊，增进互信。增强人文交流资金保障，成立长三角人文交流合作基金，构建不同层级、不同地域政府和社会多元筹资渠道，推动各地区间的文化交流合作。

四、推动文化旅游体育合作发展

推进文体旅产业一体化。持续推动区域内旅游资源整合和旅游市场共建共享机制。依托长江、沿海、域内知名河流、名湖、名山、名城等特色资源，共同打造一批具有高品质的休闲度假旅游区和世界闻名的东方度假胜地，联合开展旅游主题推广活动，推出杭黄国际黄金旅游线等精品线路和特色产品。依托高铁网络和站点，推出"高铁＋景区门票""高铁＋酒店"等快捷旅游线路和产品。整合区域内红色旅游资源，开发互联互通的红色旅游线路。探索推出"畅游长三角""旅游护照"等产品，改善游客旅游体验。联通地方旅游大数据平台，构建长三角区域性旅游信息库，统筹区域旅游监测、信息发布、出游预定等功能。依托长三角国际文化产业博览会、文旅创客大会等平台，长三角各省市优势互补，协同创新，增强区域文化产业合作，推动动漫、数字出版等区域文旅产业发展生态圈，打造长三角文化产业高地。推进文体旅消费市场共建共享，长三角文旅采购节、消费券等。

加强公共文体旅服务供给合作。探索推出"惠民一卡通"，实现城市阅读一卡通、公共文化服务一网通、公共文化联展一站通、公共文化培训一体化，推进居民在交通出行、旅游观光、文化体验等同城化。不断扩大区域剧院、博物馆、美术馆等文化场馆馆际联动，推动演艺、展览、讲座等文艺互动交流和展示，加强重点文艺项目的合作创作。推进长三角区域体育设施统筹建设、体育赛事联合申办，共同举办系列体育交流活动。

第九章

以互利共赢为目标，
加快推进长三角更高水平协同开放

第一节　开放合作水平迈上新台阶

一、开放合作深度和广度不断深入

长三角地区开放新高地初步建立，通过推动区域市场融合与扩大开放相互促进、联动发展。积极探索形成新发展格局的路径。以改革举措率先突破、集中落实、系统集成为重点的更高起点深化开放合作全面推进，要素自由流动的开放市场加快形成，以共建"一带一路"为统领的全方位对外开放格局初步形成。

虹桥国际开放枢纽建设提速，成为国内大循环的一个关键节点、国内国际双循环的一个枢纽链接。2019年5月，中共中央、国务院印发《长江三角洲区域一体化发展规划纲要》，明确提出打造虹桥国际开放枢纽。2021年2月，国务院批复《虹桥国际开放枢纽建设总体方案》（以下简称《总体方案》），标志着虹桥国际开放枢纽建设项目正式落地。虹桥国际开放枢纽从苏南长江口经上海市域延伸至杭州湾北岸，总面积7000平方千米，包括上海虹桥商务区及所在的长宁区、嘉定区、闵行区的其他区域和松江区、金山区，江苏省苏州市的昆山市、太仓市、相城区和苏州工业园区，浙江省嘉兴市的南湖区、平湖市、海盐县和海宁市。《总体方案》中明确虹桥国际开放枢纽建设主体为长三角三省一市共建，合力打造高规格、高便利度、低成本的综合性国际交通枢纽，着力提升服务长三角和联通国际的能力。截至 2021 年 11 月，方案明确的 29 项政策措施中，国际互联网专用通道、进博会支撑政策常态化、开立自由贸易账户等 23 项支持政策已经落地，政策落实率达 80%，有力推动虹桥从上海的虹桥提升为长三角的虹桥、世界的虹桥。

伴随虹桥开放国际枢纽的建设，虹桥服务范围大大扩展，形成以上海为中心、以上海和长三角其他城市密切合作为基础服务全国乃至世界的巨型城市群。创造"总部＋生产基地"的新虹桥模式，借助长三角区域一体化发展国家战略的强力支持，实现了虹桥总部与长三角其他城市生产基地的高效连接，推动了虹桥国际开放枢纽内部各城市之间的互利合作。提升了虹桥总部经济的能级和水平，从全球总部经济"链条"上的低端"末梢"，逐渐发展成为拥有长三角先进制造支撑、在全国乃至全球范围内布局其分支机构的高端"环节"。随着虹桥进口商品展示交易中心、虹桥海外贸易中心等功能性平台不断完善，虹桥总部经济成为能充分利用长三角强大的制造业优势，以"买全球""卖全球""服务全球"为特征，拥有更强价值获取能力、更强辐射能力的新型总部经济。虹桥国际开放枢纽立足于流动经济和合作经济，已从交通中心扩展为人流、信息流、资本流、技术流、物质流等多流融合的国际开放互动新平台。嘉昆太协同创新圈等依托毗邻区、聚焦产业链的合作平台，加快整合资源，强化协同效应，正在成为区域合作的重要抓手。与此同时，一批推动总部经济集聚升级、深化服务业扩大开放、促进金融与贸易深度融合等方面的政策措施加快释放了政策红利，为区域开放发展注入强大动力。

依托中国国际进口博览会，推动对外贸易创新发展。举办中国国际进口博览会是我国推进新一轮高水平对外开放的一项重大决策，也是我国主动向世界开放市场的重大举措。作为世界上首个以进口为主题的国家级展会，进口博览会由商务部和上海市人民政府主办，中国国际进口博览局、国家会展中心（上海）承办，已连续成功举办四届。从早期以商品交易为主，到中期以洽谈基于展品生产的投资合作为主，再到后期以探寻基于展品的技术合作为主，中国国际进口博览会已成为世界上顶级的新品发布、新技术展示、新思想交流的大平台。经过四年发展，中国国际进口博览会让展品变商品、让展商变投资商，通过创意和理念交流联通世界，成为国际采购、投资促进、人文交流、开放合作的大平台，以及全球共享的国际公共产品。为推动平台建设，苏浙皖三省全力协助上海，加强综合服务、专业贸易等线下展示交易平台建设，促进长三角地区各类品牌展会和相关贸易投资活动协调联动，强化进口商品通关便利化协同等，将中国国际进口博览会打造成规模更大、质量更优、创新更强、层次更高、成效更好的世界一流进口博览会，塑造中国"负责任大国、进口大国、消费大国"的新形象，为保障全球产业链供应链稳定、推动世界经济复苏做出了重要贡献。

二、贸易便利化水平持续提升

区域大通关一体化和"三互大通关"进程加快。在当前国际贸易关税壁垒高企的特殊背景下，降低企业跨国贸易的通关成本显得尤为重要。长三角三省一市通过加强通关口岸的协调对接合作，提升通关一体化水平，降低企业的通关成本。自2016年6月起，海关总署在上海率先启动全国通关一体化改革试点，设立风险防控中心对口岸进口的全部商品开展安全准入风险防控，为无纸化通关设置许可证、原产地证、"3C"认证、商检报告等安全准入参数并维护税收征管参数。设置税收征管中心，按照商品和行业分工，对所有口岸进口的商品针对涉税申报要素的准确性进行验证和处置，重点防控涉及归类、价格、原产地等税收征管要素的税收风险。通过以上措施，长三角海关实现风险防控、税收征管等关键业务集中、统一、智能处置，为企业提供稳定、透明、可预期的通关便利。在制度管理方面，实施"一次申报、分步处置""税收征管方式改革""协同监管"三项制度，保障海关统一执法，大大提升通关便利化水平。同时，长三角地区推动"三互大通关"，即推动口岸监管部门的信息互换、监管互认和执法互助；推进"双随机"，即随机抽取被检查对象和随机派员查验等各项重点改革情况，全面提升海关执法效能，提高贸易便利化水平。

具有国际先进水平的国际贸易"单一窗口"建设释放更多红利。一点接入、一站式办理，从"串联式"申报，到一次性、同步化"并联式"流程再造，作为一项发端于自贸试验区、颇具代表性的制度创新，国际贸易"单一窗口"不仅成为自贸区建设的"标配"之一，还有力助推了长三角地区国际贸易监管体系与国际接轨，成为提高贸易便利化水平的突破口和重要抓手。2014年6月，国际贸易"单一窗口"试点在上海洋山保税港区正式启动。该试点围绕打造可复制可推广"制度高地"的任务先行先试，彻底摒弃了"政策洼地"的传统思维，为全国自贸区建设及新一轮全面深化改革提供制度示范。国际贸易"单一窗口"采用互联网接入，通过开展申报数据协调与简化工作，形成统一的数据元目录，减少了重复录入工作和企业成本，大幅提升了通关效率。通过"单一窗口"建设，极大提高了国际贸易供应链各参与方系统间的互联互通，进一步促进政府职能转变，优化口岸管理和服务机制，释放更大的改革红利。来自上海自贸试验区的"先进区、后报关""自行运输""批次进出、集中申报"等多项海关监管创新制度已率先对接世贸组织《贸易便利化协定》，其中"先进区、后报关"制度被企业评为最重要、受益最广、影响力最大的自贸试验区改革之一。至此，以对标国际为核心的自贸区海关监管制度基本确立，贸易便利化水平进一步提高。

现代物流运作体系不断成熟，平台主体建设成效显著。枢纽建设取得新突破，"通道＋枢纽＋网络"模式日趋完善。成功创建南京港口型（生产服务型）国家物流枢纽、苏州港口型国家物流枢纽、金华（义乌）商贸服务型国家物流枢纽、芜湖港口型国家物流枢纽、上海商贸服务型国家物流枢纽。以国家物流枢纽为核心载体，串接不同地区、不同城市、不同类型的物流枢纽，有效联结物流园区、货运场站、配送中心、仓储基地等物流设施，加快推进物流枢纽间开行"钟摆式""点对点"直达货运专线、班列班轮、卡车航班。重点吸引企业总部和研发、销售、物流、结算、营运中心等功能性机构落户，培育引进一批全球领先的平台型供应链企业，区域分销分拨、大宗物资交易、跨境贸易、保税通关、产业金融、创新协同等平台服务功能不断强化。2021 年，长三角港口集装箱吞吐量已突破 1 亿标箱，标志着长三角世界级港口群建设取得重要阶段性成果，上海国际航运中心服务能级进一步提升，有力支撑了国内国际双循环的新发展开放格局。通过港航物流信息接入，实现物流和监管等信息的全流程采集。统筹区域内中欧班列资源，提高班列双向常态化运行质量效益，中欧班列成为长三角参与"一带一路"建设的重要贸易畅通载体。在现代电子信息技术和大数据监控分析技术的加持下，开发信息化电子标签，整合生产、监测、航运、通关数据共享和业务协同，建立进出口商品全流程质量安全溯源管理平台，实施全链条监管，提升区域内通关物流效率。海关特殊监管区域的整合优化改革进程加快，通过进一步清理和规范进出口环节涉及企业的收费，优化外贸发展环境，提高贸易便利化。信息共享共用机制基本建立，口岸单位数据共享和使用管理办法日臻完善，跨部门联网综合应用项目上线运行。

三、国际一流营商环境水平显著提高

共同构建数字化贸易平台。跨境电子商务是未来国际贸易发展的主流趋势，长三角地区汇集了一大批知名跨境电商企业，在发展数字化贸易平台方面有得天独厚的优势。苏浙皖沪三省一市积极对接全球电子商务新模式、新规则、新标准，加强跨境电商国际合作，推动国际贸易制度创新、管理创新、服务创新，联合加强数字化贸易平台建设。

跨境电子商务综合试验区建设提速，合力打造全球数字贸易高地。在"一带一路"引领和数字技术广泛应用下，长三角地区跨境电商业务发展步入快车道，有力地推动外循环和增强我国整体外贸竞争力。跨境电商在海关通关、税收征收、跨境支付等方面政策不断完善，进一步提高商检、清关、物流效率，降低跨境电商运营成本。税收政策方面，实行跨境电商零售出口"无票免税"政策，出口免征增值税和消费税以及跨境电商零售出口企业所得税核定征收政策。金融服务体系不断完善，推动金融机构、支付机构、电商平台和外贸综合服务企业之间加强规范合作，为跨境电商企业提供在线融资、在线购买保险、在线支付和本币跨境结算和结售汇等"一站式"金融服务。运用金融科技提高跨境电商支付结算效率，利用大数据分析、数据挖掘、人工智能等技术，对跨境电商交易数据、市场数据进行分析、预测，充分了解外贸企业的金融需求，为外贸企业提供及时、精准的金融服务。出口信用保险对海外仓等新业态、新模式的支持力度加强，跨境电商可持续发展水平有效提升。充分发挥跨境电商综合试验区的带动作用，推动人民币国际化，不断提高跨境支付结算便利化。监管方式取得创新，完善体制机制建设，在放宽市场准入的同时，加强对跨境电商事中事后监管。2015 年 3 月国务院首次批准设立中国（杭州）跨境电子商务综合试验区，通过集聚服务资源，为企业解决人才、物流、通关以及软件服务等一系列痛点。截至 2022 年 3 月，长三角三省一市共有上海、合肥、南京、苏州、宁波、义乌等 24 市获批设立跨境电商综合试验区，形成了跨境电商综试区产业集群，依托自身产业基础和资源禀赋形成了发展特色。

对标高标准国际经贸规则，持续促进贸易和投资自由化便利化。围绕投资自由、贸易自由、资金自由、国际运输自由、人员从业自由，大力推进自由贸易试验区高质量发展，对标国际一流标准改善营商环境。2013 年 9 月，我国首个自贸试验区——中国（上海）自由贸易试验区在浦东正式挂牌成立；2020 年 9 月，中国（安徽）自由贸易试验区在合肥揭牌，我国自贸试验区在长三角地区实现了全覆盖。长三角地区正努力对标国际一流改善营商环境，推动贸易和投资便利化，加速成为联通国际市场和国内市场的重要桥梁。以自贸试验区为引领，推进投资贸易自由化便利化，实现区内与境外之间的投资经营便利、货物自由进出、资金流动便利、运输高度开放、人员自由执业、信息快捷联通，打造更具国际市场影响力和竞争力的特殊经济功能区。依托重大制度创新充分联动和衔接配套，放大改革综合效应，打造市场化、法治化、国际化的一流营商环境。国际贸易综合改革试验区建设不断加快。2011 年，全国第十个综合改革试点——国际贸易综合改革试点花落义乌，是我国首个经国务院批准、在县级市实施的国家级综合改革试点。随后，义乌在国际贸易重点领域、环节取得一系列改革突破，为促进全省全国外贸发展方式转变、构建开放型经济体系提供了有益经验。其中市场采购贸易方式这一符合小商品特征的贸易便利化体制机制已在全国多地推广复制，成为外贸稳增长重要举措。2020 年 1 月，浙江省委、省政府印发《义乌国际贸易综合改革试验区框架方案》，推动义乌国际贸易综合改革试点向试验区转化和深化。聚焦大众贸易自由化便利化这一核心，出口、进口转口、科创、产业共建四大板块，实施空间区域、管理体制和开发模式、规划布局、资源要素配置、政策等五大创新，重点推进创新发展进口出口转口、探索数字贸易发展、高端制造发展、跨境金融贸易发展、区域合作发展等八大领域的突破。积极推动外贸业务流程改造和各环节数据共享，促进贸易监管数字化转型、便利化发展，在更大范围、更深领域进行现代商贸流通体系和国际贸易机制的改革探索和突破。

第二节　在开放发展格局中提升全球影响力和竞争力

一、在协同开放合作发展中全面增强全球竞争力

大区域大市场体系不断完善。长三角聚焦打造一体化市场体系，着力打破行政壁垒，推动各类要素在更大范围畅通流动，发挥示范引领作用。建立标准统一管理制度，加强长三角标准领域合作，加快推进标准互认，按照建设全国统一大市场要求探索建立区域一体化标准体系。通过标准化推动产业协同发展和转型升级，坚持标准化与科技创新互动融合，科技成果转化为标准的比例显著提高。深化商品、服务、资金等要素流动型开放，加快营造市

场化、法治化、国际化的营商环境，推动建设更高水平开放型经济新体制，塑造长三角参与国际合作和竞争新优势。一方面，政府调控方式转变，地方产业保护政策不断破除，推动要素市场定价、市场竞争机制，建立平等和开放的市场体系，长三角经济发展的良好生态初步形成。另一方面，发挥市场对要素的配置作用，打造一体化产业市场，以《中共中央　国务院关于构建更加完善的要素市场化配置体制机制的意见》为指导，强调"市场决定，有序流动"，使生产要素依据市场规则流向真正有需求的地方。完善多层次资本市场体系，以上海为核心做强长三角资本市场服务基地，支持依法合规发起设立产业投资基金、股权投资基金。充分发挥上海在完善多层次资本市场中的纽带作用，形成大小企业、长三角地区协同发展的格局，服务金融、科技、经济等多领域全方面的发展。推动区域内公共资源交易平台互联共享，建设长三角产权交易共同市场。加快建设信用长三角，强化长三角公共信用信息共享，建立重点领域行业分级分类监管机制，打造一批区域性信用服务产业基地。推进更高水平协同开放，推动长三角自由贸易试验区联动发展。推动市场监管一体化发展，统一市场准入规范，加强协同监管，完善跨区域执法协作联动机制。

人才一体化发展加速推进。进入新发展阶段，长三角地区依托我国超大规模市场，吸引和集聚全球优质人才资源，在更高层次的合作与竞争中增强区域经济竞争力与影响力。长三角人才"磁力场"效应显著，对人才有较强吸引力，其中上海、苏州、杭州、宁波、南京等中心城市均位列 2020 中国城市人才吸引力排名前十。2016—2020 年间，长三角人才净流入占比从 4.7% 提升至 6.4%，逐年稳步增加且始终高于其他城市群。从人才载体平台看，长三角地区集聚了大量的高能级人才载体，拥有上海张江、安徽合肥 2 个综合性国家科学中心，全国约 1/4 的"双一流"高校、国家重点实验室、国家工程研究中心；集成电路和软件信息服务产业规模分别约占全国的 1/2、1/3；三省一市共有本科层次高校 221 所，其中"双一流"高校 35 所，为长三角人才发展奠定了坚实基础。人才一体化雏形逐渐形成，区域内人才互认机制不断优化。2020 年 9 月，《长三角生态绿色一体化发展示范区专业技术人才资格和继续教育学时互认暂行办法》发布，针对示范区专业技术人才职业资格、职称和继续教育学时互认制定了 6 个方面 18 项创新举措，为长三角地区之间人才互认迈出了第一步。充分利用政策为人才自由流动创造条件，区域内人才要素自由流动的雏形逐渐形成，人才制度创新成果正在"长三角人才一体化发展城市联盟"的 24 个城市间复制推广，包括共认外国高端人才工作许可、设置外国人工作居留"单一窗口"、共认专业技术人才职业资格、共认专业技术人才职称和共认专业技术人才继续教育学时等 5 项主要内容。共建长三角统一开放的人力资源市场，积极引进优质人力资源服务机构在长三角各省市设立分支机构，加强区域内人力资源服务产业园合作交流。

二、在重点领域开放合作中提升开放合作的能力

在开放共赢和成果共享中塑造国际竞争合作新优势。立足长三角地区创新特色，在更高水平、更广领域开展国际科技创新合作，以全球视野谋划和推动科技创新，集聚配置国际创新资源，塑造国际竞争合作新优势。推动优质科技资源和科技成果普惠共享，完善区域一体化技术转移体系，促进科技与经济社会深度融合，支撑长三角高质量一体化发展。充分发挥长三角对外开放整体优势，共享共建上海中俄创新中心（莫斯科、圣彼得堡）、以色列江苏创新中心、安徽哥斯达黎加科技园等一批长三角海外孵化（创新）中心；结合区域产业链创新链布局需求，共建一批国际联合实验室（国际联合研究中心）；共同吸引世界 500 强外资企业、国际知名高校、科研机构、国际科技组织等来长三角地区设立研发中心、实验室和分支机构。促进国际技术转移。与欧盟创新驿站等国际机构的合作加深，中以上海创新园、中新南京生态科技岛、中日（苏州）地区合作示范园、中新苏州工业园区、中欧（无锡）生命科技创新产业园、中以常州创新园、杭州万向国际聚能城、中荷（嘉善）产业合作园、合肥国家中德智能制造国际创新园等合作园区建设推进，共享与国外技术转移机构的合作关系，开展国际技术转移服务，促进国际先进科

技成果在长三角转化落地。充分发挥浦江创新论坛、世界顶尖科学家论坛、世界互联网大会、世界制造业大会、世界青年科学家峰会、全球技术转移大会、中国·江苏国际产学研合作论坛暨跨国技术转移大会、中国（安徽）科技创新成果转化交易会等品牌活动的区域辐射带动与国际化效应，探索区域内三省一市共同参与、共享成果的新机制等。加快聚集国际高端人才，加强各类创新平台建设，充分发挥浦江创新论坛、世界顶尖科学家论坛、世界互联网大会、世界制造业大会、世界青年科学家峰会的国际化效应，打造全球高端科技人才集聚、交流与合作平台。加大国际人才招引政策支持力度，共享海外引才渠道，加强"二次引进"，推动国际人才认定互认、服务监管部门信息互换，提高国际人才综合服务水平，吸引和集聚全球高层次科技创新人才。

主动融入全球创新网络，构建区域创新共同体。面向世界科技前沿和国家重大需求，依托国家重大科技创新基地和区域创新载体，推动科技、产业、金融等方面要素的集聚融合支撑形成强劲增长极，构筑有全球影响力的创新高地。高水平共建长三角国家技术创新中心等重大科技基础平台，推动重大科技基础设施集群化发展。围绕重点领域和关键环节，联合开展国家重大科技、关键核心技术攻关。聚焦电子信息、生物医药、航空航天等领域，强化优势产业协作，加快传统产业升级，推进工业设计赋能长三角制造，打造世界级制造业集群。发挥区域中心城市科技创新资源集聚优势，健全共享合作机制，联合开展重大科学问题研究和关键核心技术攻关，共建科技创新平台，提升原始创新能力。其中，上海创新能级和国际化水平不断提升，国际科技创新中心建设步伐不断加快。南京、杭州、合肥等区域中心城市创新能力增强，提升苏浙皖区域创新发展水平，与上海共同打造长三角科创圈，构筑形成优势互补、协同联动的科技创新圈和创新城市群。张江综合性国家科学中心、合肥综合性国家科学中心科技创新策源地的重要作用不断强化，国家实验室、重大科技基础设施和科技创新基地建设正在统筹推进。发挥长三角双创示范基地联盟作用，加强跨区域"双创"合作，联合共建国家级科技成果孵化基地和双创示范基地。充分发挥上海张江、苏南、杭州、宁波温州和合芜蚌等国家自主创新示范区集群在重大创新政策先行先试、创新型产业集群发展方面的示范带动效应，依托国家高新技术产业开发区，推动科技、产业等各方面创新要素汇聚融合、体系化发展，共同打造长三角高质量发展主引擎。

三、在优化区域营商环境上经济发展迈上新台阶

以跨域合作构建协同开放的营商新高地，不断激发市场主体的创新活力。成立长三角主要城市中心城区高质量发展联盟，首批联盟成员包括上海市黄浦区、南京市鼓楼区、苏州市姑苏区、杭州市上城区、宁波市鄞州区、合肥市庐阳区和合肥市蜀山区，由各区政府作为主体，建立实体化运作机制。依托该联盟探索合作共建、资源共享、互利共赢的一体化发展新路径，围绕强化营商环境、楼宇经济、消费商圈、特色产业重点领域合作，推动数字化转型，协调谋划重大活动，联合开展宣传推介和共同争取政策支持等工作开展务实合作，区域营商环境领域合作不断走深。依托"跨省通办"等工作平台，强化长三角地区相关部门互联互通，营造高效便捷的市场准入氛围，通过政府服务互鉴、统一和标准互认，支持各类企业在长三角地区市场化配置资源和布局，促进市场经济要素在长三角城市间自由流动。激发企业作为市场主体的创新活力，支持大中小企业和相关主体融通创新，发挥好大中小企业和科研院所、金融机构、应用方和需求方等各人才主体作用，形成各得其所、相互协同、相互支撑的良好创新生态系统。2021 年 9 月，国务院常务会议审议通过《关于开展营商环境创新试点工作的意见》，长三角地区上海、杭州入选 6 个营商环境创新试点城市之一，坚持助企纾困与激发活力并举，将优化营商环境向纵深推进。通过对标国际一流水平，聚焦市场，以制度创新为核心，加快转变政府职能，一体推进简政放权、放管结合、优化服务改革，推进全链条优化审批、全过程公正监管、全周期提升服务，推动有效市场和有为政府更好结合，更大激发市场活力和社会创造力，综合经济实力持续提升。

激发经济发展新动能，增创竞争合作新优势。三省一市着力强化区域科技战略布局与优势协同，扎实推进长三角科技创新共同体建设。2018年以来，长三角协同创新指数提高了22.4%，创新合作、资源共享、成果共用等方面取得长足发展。三年来，跨区域专利转移量增长超过一倍，2020年三省一市相互间技术合同输出1.4万余项，技术交易金额544亿元。通过协同提升自主创新能力，共同打造国家战略科技力量，推动张江、合肥综合性国家科学中心"两心共创"，启动建设长三角国家技术创新中心。2020年长三角承担的国家重点研发计划中，长三角协同开展攻关的项目数和金额占比均超过80%。在产业链协同方面，中芯、华虹、格科微等龙头企业在南京、无锡、绍兴、宁波、嘉兴等地实现跨域布局。长三角企业家联盟推动组建了9个产业链联盟，联合开展长三角重点产业链协同研究，积极推进跨区域产业链供需对接、标准统一和政策协同。其中，长三角G60科创走廊聚焦集成电路、人工智能、生物医药等先进制造业产业集群，建立了"1+7+N"产业联盟体系，现已发展为14个产业联盟和11个产业合作示范园区共建共享的大家庭，共集聚头部企业1470家，2020年产值超过3.2万亿元。2021年，长三角区域内上海、苏州、杭州、南京、宁波、无锡、合肥和南通8个城市地区生产总值突破万亿元，世界级城市群的"聚合效应"越发显现。

第三节　全面提高开放水平的政策举措

一、推进更高层次双向开放，构筑开放发展新格局

支持浦东新区高水平改革开放，打造社会主义现代化建设引领区。利用国内国际两个市场两种资源提供重要通道，构建国内大循环的中心节点和国内国际双循环的战略链接，在长三角一体化发展中更好发挥龙头辐射作用，打造全面建设社会主义现代化国家窗口。坚持高水平改革开放，从要素开放

向制度开放全面拓展，率先建立与国际通行规则相互衔接的开放型经济新体制。在浦东全域打造特殊经济功能区，加大开放型经济的风险压力测试。充分发挥新型举国体制的制度优势和超大规模市场优势，找准政府和市场在推动科技创新、提升产业链水平中的着力点，建设国际科技创新中心核心区，增强自主创新能力，强化高端产业引领功能，带动全国产业链升级，提升全球影响力。打造全球资源配置的功能高地，以服务共建"一带一路"为切入点和突破口，积极配置全球资金、信息、技术、人才等要素资源，打造上海国际金融中心、贸易中心、航运中心核心区，强化服务实体经济能力，率先构建高标准国际化经贸规则体系，打造我国深度融入全球经济发展和治理的功能高地。着力创造高品质产品和服务供给，不断提升专业化、品牌化、国际化水平，培育消费新模式新业态，引领带动国内消费升级需求，打造面向全球市场的新品首发地、引领消费潮流的风向标，建设国际消费中心。

深入推进高水平制度型开放，增创国际合作和竞争新优势。着力推动规则、规制、管理、标准等制度型开放，提供高水平制度供给、高质量产品供给、高效率资金供给，更好参与国际合作和竞争。推进中国（上海）自由贸易试验区及临港新片区先行先试。更好发挥中国（上海）自由贸易试验区及临港新片区"试验田"作用，对标最高标准、最高水平，实行更大程度的压力测试，在若干重点领域率先实现突破，相关成果具备条件后率先在浦东全域推广实施。在浦东开展制度型开放试点，为全国推进制度型开放探索经验。围绕战略性新兴产业领域并根据企业实际需要，探索创新监管安排，推进通关便利化相关政策实施。吸引更多国际经济组织和企业总部在长三角地区落户。加快共建辐射全球的航运枢纽，提升整体竞争力和影响力。强化上海港、浦东国际机场与长三角港口群、机场群一体化发展，加强江海陆空铁紧密衔接，探索创新一体化管理体制机制。建立全球高端人才引进"直通车"制度，实行更加开放更加便利的人才引进政策，为引进的"高精尖缺"海外人才提供入出境和停居留便利。逐步放开专业领域境外人才从业限制，建立国际职业资格证书认可清单制度。推进开放平台建设，打造高效运行的多元化平台体系，鼓励长三角地区建设更多"一带一路"国家经贸合作示范区与境内外国际合作园区，赋予示范区与园区更多的开放政策。

二、打造虹桥国际开放枢纽建设，打造协同开放的新引擎

建设高标准的国际化中央商务区。依托虹桥商务区推动高端商务、会展、交通功能深度融合，深化"放管服"改革，加快打造法治化市场化国际化营商环境，加快发展现代化服务业，持续深化长三角协同开放，引领长三角更好参与国际合作与竞争。构建国际会展之都的重要承载区，推动会展经济国际化、专业化、品牌化发展，大力引进国际知名会展企业总部、境内外专业组展机构、国际品牌重要展会及其上下游配套企业，支持打造具有国际竞争力的会展集团。建设富有特色的现代服务业集聚区，积极吸引管理、会计、法律等咨询服务机构入驻，推动专业服务业集聚发展。允许在上海自由贸易试验区临港新片区设立的境外知名仲裁及争议解决机构在虹桥商务区设立分支机构，就国际商事、投资等领域发生的民商事争议开展仲裁业务。依托虹桥临空经济示范区发展航空服务业及配套产业，建设全球航空企业总部基地和高端临空服务业集聚区。构筑总部经济集聚升级新高地，支持符合条件的跨国公司开展跨境资金集中运营管理，鼓励跨国公司设立全球或区域资金管理中心，大力吸引跨国公司地区总部集聚发展。设立长三角企业商标受理窗口，推动企业办理事项跨区域"一网通办"。推动总部机构拓展研发、销售、贸易、结算、数据等功能向价值链、产业链高端发展。厚植国际人才优势，创设虹桥国际商务人才港，在虹桥商务区开展国际人才管理改革试点，大力吸引专业性、国际化、创新型人才。

构建高端资源配置国际贸易中心新平台。充分发挥中国国际进口博览会和虹桥国际经济论坛平台作用，打造联动长三角、服务全国、辐射亚太的要素出入境集散地，促进物流、信息流、资金流等更加高效便捷流动，全面提升全球资源配置能力。办好中国国际进口博览会，持续放大进口博览会外溢带动效应，将进口博览会期间的展品税收支持、通关监管、资金结算、投资

便利、人员出入境等创新政策依法上升为常态化制度安排。加快常年展示交易服务平台建设，完善虹桥进口商品展示交易中心保税货物展示、价格形成、信息发布等功能。完善进口博览会跨区域协同服务保障机制，强化安保、口岸通关、环保、水域、航空、知识产权保护等重点领域协作。高水平打造虹桥国际经济论坛，坚持高层次国际论坛定位，对标世界一流，巩固和放大虹桥国际经济论坛品牌效应，扩大国际影响力，打造世界级高水平论坛和国际公共产品。创新发展新型国际贸易，支持虹桥临空经济示范区探索建立国家数字服务出口基地，支持虹桥商务区内贸易真实且信誉度高的企业通过自由贸易账户开展新型国际贸易。集聚高能级贸易平台和主体，加强虹桥海外贸易中心建设，优化提升服务功能，吸引集聚国际经贸仲裁机构、贸易促进协会商会等组织。高水平建设一批面向"一带一路"国家和地区的专业贸易平台和国别商品交易中心，在电子商务、数字贸易、供应链管理等领域培育引进一批独角兽企业和行业龙头企业。

显著提升服务长三角和联通国际能力。加强服务长三角的功能平台建设，推动要素交互融通，促进公共资源普惠共享，为长三角走向国际提供商务、贸易、交通等领域的高端服务。强化服务长三角的功能，依托虹桥商务区高端商务设施，服务长三角开展招商引资、人才招聘、广告营销等商业合作，为长三角地区企业、协会商会等设立研发中心、营销公司、外事联络处等功能性机构预留空间、创造条件。依托虹桥国际贸易新平台，鼓励专业贸易、跨境电商等交易平台为长三角省市设立专区，推动国际贸易企业、机构到长三角省市设立加工、仓储基地。鼓励长三角其他地区各类主体在虹桥国际开放枢纽内布局设点，利用政策优势进一步提高对外开放的层次水平。扩大联通国际的服务效能，拓展虹桥国际开放枢纽联通国际的领域和渠道，建设长三角区域城市展示中心，在虹桥商务区共同打造长三角各城市"虹桥国际会客厅"。依托全球数字合作城市联盟，促进长三角内外国际数字经济领域重点城市交流联通。推进虹桥国际机场在苏州、嘉兴等地建设虚拟航站楼，"一站式"提前办理出关、乘机手续，提高交通出港便利度。依托苏州（太仓）

港、嘉兴港江海河联运平台，加快建设通州湾长江集装箱新出海口码头航道、芜湖马鞍山江海联运枢纽，为长三角货运客运出港提供出关检查、航班信息、仓储中转、中介代办等优质服务。

三、推进重点领域开放深度合作，注入协同开放的新动力

全力做强创新引擎，打造自主创新新高地。面向世界科技前沿、面向经济主战场、面向国家重大需求、面向人民生命健康，加强基础研究和应用基础研究，打好关键核心技术攻坚战，加速科技成果向现实生产力转化，提升产业链水平，为确保全国产业链供应链稳定多作新贡献。加大基础研究投入与合作，构建长三角科技创新战略联盟，整合区域内的科技创新优质资源，打造区域创新共同体，推动长三角产业合作、科技创新领域一体化进程。发挥长三角企业云集、机制灵活、创新活跃的优势，充分调动企业在技术创新中的生力军作用，支持一批中小微科技型企业创新发展，提高产业链、供应链的质量和水平。强化科技创新人才资源的共享及联合培养，合作推动应用技术研发和科技成果产业化转化，围绕突破一批"卡脖子"的关键核心技术重点发力。瞄准数字经济、信息安全，推进5G、云计算、物联网等新一代信息基础设施建设，构建安全便利的国际互联网数据通道，培育发展互联网服务、金融科技、人工智能等数字经济产业，探索数据确权、评估、交易、跨境流动、网络安全等数字经济制度创新突破。高水平打造国际总部经济聚集区，全面提升经济技术开发区、高新技术产业开发区等开放合作水平，打造一批高水平国际研究机构和海外产业创新服务综合体，促进国际产业双向合作。

协同建设一体化综合交通体系。以轨道交通为骨干，公路网络为基础，水运、民航为支撑，以上海、南京、杭州、合肥、苏锡常、宁波等为主要节点，构建对外高效联通、内部有机衔接的多层次综合交通网络。打造多向立体、内联外通的大能力快速运输通道，构建快捷高效的城际交通网，建设一体衔接的都市圈通勤交通网。主动适应新一轮国际经贸格局调整和全球产业链分工，强化国际枢纽机场与周边干线、支线机场协调联动，优化提升港口

国际供应链位势和价值链协作水平，打造具有国际竞争力的世界级机场群和港口群。提升航空枢纽综合服务功能，统筹长三角地区航空运输市场需求和机场功能定位，优化配置各类资源；统筹优化航线网络结构，加强与"一带一路"国家（地区）航空联系，建设全向辐射、连通性好、直达性高的空中大通道。提升机场集疏运能力，推进机场与轨道交通等交通方式高效衔接，建设一批以空铁联程联运为核心的现代航空枢纽。促进航空产业发展，积极发展现代临空经济，加快上海、南京、杭州、宁波国家临空经济示范区建设，培育长三角地区航空经济产业群。优化区域港口功能布局，推动港航资源整合，健全一体化发展机制，推动港口群更高质量协同发展。发挥商贸物流业优势，建设高效的现代流通体系。优化完善综合运输通道布局，提升以智能绿色为导向的交通科技创新水平，加强高铁货运和国际航空货运能力建设，形成内外联通、安全高效的物流网络，全面建成供需能力精准匹配、服务品质国际一流、资源集约高效利用的长三角地区现代化综合交通运输体系，形成统一开放的交通运输市场。完善现代商贸流通体系，培育一批具有全球竞争力的现代流通企业，运用新科技手段推进数字化、智能化改造和跨界融合。完善社会信用体系，尽快建设重要产品追溯体系，建立健全以信用为基础的新型监管机制。深化重点领域和关键环节改革，打破行政分割和市场壁垒，深度融合新技术新业态，推动各类要素高效配置和便捷流动。

四、优化区域营商环境水平，努力培育协同开放的新动能

坚持"一体化"发展导向，破除阻碍生产要素自由流动的壁垒和体制机制障碍。贯彻实施国家《市场准入负面清单（2020年版）》，持续破除市场准入的隐性壁垒；围绕工程建设、教育、医疗、体育等领域，集中清理有关部门和地方在市场准入方面设置的不合理条件或规章。健全市场主体准入和退出机制，健全市场准入评估制度，定期排查清理对市场主体资质、资金、股比、人员、场所等设置的不合理条件。完善市场主体退出机制，深化企业注销便利化改革，探索建立市场主体除名制度，鼓励运用破产预重整制度。建

立健全法治保障服务体系，贯彻落实《优化营商环境条例》，建立健全市场主体全生命周期法治保障服务体系，特别要重视保护民营及中小投资者。鼓励各地方政府开展协作，建立协调合作机制。支持企业扩大经营规模，在不直接涉及公共安全和人民群众生命健康的领域，深化"一照多址"改革，扩大适用主体和区域范围；对部分高频经营许可事项，探索实施"一证多址"改革，便利企业在一定区域内开设经营项目相同的分支机构。持续优化企业跨区迁移政策，实现管理规范有序的跨区域迁移。全面清理没有法律法规依据的要求企业在特定区域注册的规定。着力破除政府采购、招投标等领域针对外地企业设置的隐性门槛和壁垒，防止滥用行政权力排除和限制竞争的行为。推动企业生产经营高频办理的许可证件、资质资格等跨区域互认通用。

持续提升投资和建设便利度，打造开放包容的涉外营商环境。优化规划用地审批管理，深化区域综合评估，推行投资项目"用地清单制"改革。优化项目建设审批管理，提升工程建设项目审批管理系统功能，实行立项、用地、规划、施工、竣工验收等各审批阶段"一表申请、一口受理、一网通办、限时完成、一次发证"。提升建设项目管理质效，深化推进"多测合一"，分阶段整合相关测绘测量事项，实现同一阶段"一次委托、成果共享"。深化全领域全流程改革，持续提升工程建设项目审批效能，推进涉审中介服务事项改革，清理审批中存在的"体外循环""隐性审批"等行为。提升跨境贸易便利化水平，提高进出口通关效率，探索建立长三角一体化海关跨关区风险布控协同处置配合机制。推动"单一窗口"服务功能由口岸通关向口岸物流、贸易服务等全链条拓展，实现全流程作业无纸化。推动与部分贸易伙伴和经济体口岸逐步实现口岸数据对接以及相关贸易凭证的联网核查。打破制约多式联运发展的信息壁垒，推进铁路、公路、水路、航空等运输环节信息对接共享，实现运力信息可查、货物全程实时追踪等，促进多种运输方式协同联动。优化外资企业和国际人才管理服务，加强涉外商事法律服务，建设涉外商事"一站式"解纷中心，为国际商事纠纷提供多元、高效、便捷解纷渠道。维护公平竞争秩序，强化公平竞争审查制度刚性约束，建立完善公平竞争审查举报处理和回应机制。营造公开透明招投标和政府采购市场，推进招投标全流程电子化改革，实现全行业、全类型、全流程电子招投标全覆盖，清理取消企业在资质资格获取、招投标、政府采购、权益保护等方面存在的差别化待遇和限制竞争行为。加强和改进反垄断与反不正当竞争执法，维护公平有序的市场经济秩序。

第十章

以顶层设计为梁柱，加快健全长三角一体化制度体系

　　长三角是我国经济社会最发达的地区之一，这得益于其丰厚的自然禀赋，宋代以来就成为我国的经济中心，明清时期，手工业、商业空前繁荣，形成一批以经济功能为主的工商城市集聚，这为长三角城市群一体化协调发展奠定了历史基础。鸦片战争后，长三角地区上海和宁波等地被迫开埠，中国外贸中心由广州北移至上海，上海迅速崛起为中国最大的贸易中心和区域性港口，加之长江航运的联动功能，商品经济由形成迅速走向成熟，带动了长三角整个地区，尤其是苏锡常、杭嘉湖等城市半殖民经济的发展。新中国成立至1978年，由于国内环境所致，长三角地区处于缺乏效率的平衡发展阶段，区域内各个城市的功能趋同。1978年改革开放以来，长三角地区由计划经济快速转向市场经济，改革由农村扩展至城市，乡镇企业异军突起，带动了众多小城镇的发展，20世纪八九十年代形成了"苏南模式"和"温州模式"。由此，长三角地区的一体化发展进入快车道。

　　理论上，完全的市场机制并不会自主演变为区域的协调发展，而有赖于制度机制的规范和引导。区域协调发展的制度机制的目的在于协同政府和市场两种力量，将激励、约束或惩罚制度条文化和法规化，加强区域各地的合作和良性竞争，提高区域各地参与区域一体化的积极性，进而在提升区域经济效率的同时，实现区域发展的均衡化。长三角地区一体化进程先后经历了

全面启动阶段（1992—2000 年）、深化拓展阶段（2001—2007 年）、强化提升阶段（2008—2017 年）与更高质量一体化发展阶段（2018 年至今）。经过40 余年的发展，长三角地区逐渐形成了包括政府"三级运作"协商机制、经贸合作机制、区域协同治理机制以及资源共享机制等多种区域合作机制。所以，长三角地区一体化的长足发展，离不开顶层设计和制度安排。

第一节 一体化发展体制逐步健全

改革开放以来，尤其是进入 21 世纪，长三角区域经历了快速的一体化发展历程，在这个过程中一体化机制逐步建立起来，为长三角一体化发展提供了体制保障。当前，长三角一体化发展中体制构建呈现出逐步建立、规划实施逐步完善、政策效果显著等特征。2019 年末新冠肺炎疫情发生以来，长三角地区更是构筑了疫情联防联控和社会经济工作协同的保障机制，充分发挥一体化优势，合力夺取疫情防控和实现经济社会发展目标双胜利。

一、组织构建逐步建立 [①]

当前，长三角一体化组织构建是由上海经济区到城市经济协调会，再到长三角区域合作办公室的常设机构。

（一）组织构建的雏形：上海经济区

长三角地区政府协商始于 1982 年，以国务院提出"上海经济区"为标志性事件，这是长三角地区一体化的雏形。其目的如下：一是解决条块矛盾，解放生产力。因为在改革开放初期，当时的经济管理体制按条条块块管理，经济工作中常常碰到条条块块的矛盾需要解决。二是依靠中心城市发展。上海是面向全国的经济中心城市，苏浙两地的一批中小城市是上海的卫星城，

---

① 张学良，林永然，孟美侠.长三角区域一体化发展机制演进：经验总结与发展趋向［J］.安徽大学学报（哲学社会科学版），2019（1）.

但又不能在行政上把这些城市划归上海。三是进行探索试验。中央希望通过这一区域的探索，在全国逐步形成以大城市为依托的网络型经济区。1983年3月22日，上海经济区规划办公室正式成立。当时上海经济区的范围是：以上海为中心，包括长江三角洲的苏州、无锡、常州、南通和杭州、嘉兴、湖州、宁波、绍兴等10个城市。①

1983年8月18日，上海经济区规划工作第一次会议在上海召开，参加会议的有国家计委、经委、体改委、科委和中央有关16个部委的负责人以及10个城市的负责人，安徽省派了观察员。这次会议确定了上海经济区规划重点：交通、能源、外贸、技术改造和长江口、黄浦江、太湖的综合治理。经济区要支持和促进各市、各企业间的经济联系和合作，要在协调、调整、开发、转移上发挥作用。建立了两省一市的"首脑"会议制度、10个城市市长联席会议制度，并召开了第一次两省一市"首脑"会议。商定自1983年9月1日起，由当时的上海市市长任第一任执行主席，为期半年，"轮流担当"。1984年12月6日，上海经济区省市长会议在上海召开，安徽省首次作为经济区成员与会。1986年7月10日，上海经济区省市长会议在杭州召开，基本同意《上海经济区发展战略纲要》，通过《上海经济区章程》。

在此期间，沪宁—沪杭甬高速公路的规划建设，以及长三角综合运输规划研究开始实施，并在长三角核心区域形成了"Z"字形高速公路网络格局。后来的发展事实证明，沪宁—沪杭甬高速公路的建设大大加速和推动了区域经济的发展。由于高速公路的先导带动作用，加速了沿路产业带的形成及长三角城市群的发展。1988年6月1日，国家计划委员会发出通知，撤销上海经济区规划办公室。1988年7月上海经济区最后一次省市长会议在上海召开，处理各项善后工作。

上海经济区依托当时国家计划委员会的部委权力而设立，协调各省市的地方利益。尽管以一个部委的权威性来协调各地方利益的方式是难以实现

---

① "长三角"背景资料［J］.中共合肥市委党校学报，2006（1）.

的，但对打破区内各省市各自为政的局面，促进经济协作、产业合理布局等都起过积极的协调作用。上海经济区的设立是长三角一体化的早期尝试，为后续的组织建设提供了经验借鉴。

（二）组织的全面拓展：城市经济协调会

1992 年，上海浦东开发开放，为长三角一体化进程提供了历史机遇。上海、南京、杭州、宁波、无锡、苏州等 14 个经济横向联系较为紧密的城市于 1992 年召开长三角城市经济协作办主任联席会议，就如何打破行政分割、更好地促进城市合作进行集中讨论，并交流发展经验，一致认为应当加强经济协作中的组织协调工作。此次会议标志着长三角地区政府协商机制开始全面启动。1997 年，为更好地发挥联席会议制度的作用，长三角城市经济协作办主任联席会议升格为由各市市长参加的长江三角洲城市经济协调会（以下简称"经济协调会"），成员包括最初的 14 个城市以及新成立的泰州市，经济协调会每两年举办一次市长会议。在该次会议上通过了《长江三角洲城市经济协调会章程》，对长三角城市经济协调会的基本宗旨、基本原则、基本任务、组织结构、活动形式等进行了系统的阐述和具体的规定，构建了长三角城市合作的基本框架。

为更好地解决长三角区域合作中跨省域的问题，长三角区域协作机制层级不断提升。2001 年沪苏浙两省一市常务副省（市）长参加的"沪苏浙经济合作与发展座谈会"的召开，以及 2004 年两省一市"长三角地区主要领导座谈会"的召开标志着长三角区域一体化发展机制上升到省级层面。省级层面的一体化发展机制主要包括两个层次：一是沪苏浙两省一市由常务副省（市）长主持，各地发展改革委、专题合作组负责人等相关人员参加的"沪苏浙经济合作与发展座谈会"制度；二是两省一市主要领导参加的"长三角地区主要领导座谈会"定期磋商机制，这一磋商机制由时任浙江省委书记习近平提议设立，旨在就长三角地区一体化发展中的重大问题进行集中磋商解决，并对未来的一体化发展提出总的方向和要求。

2003 年，经济协调会接纳台州市进入长三角城市经济协调会，并在之后的会议上多次邀请长三角地区其他城市参会，扩大了长三角城市经济协调会的影响力。2004 年将两年一次的正式会议改为一年一次，反映出长三角城市合作步伐的加快。2006 年经济协调会通过了经济协调会办公室工作会议制度、城市合作专题制度、财务管理制度以及经济协调会办公室新闻发布制度等，标志着长三角经济协调会在制度建设方面逐渐完善。

长三角在空间范围上不断扩大。2008 年国务院发布的《关于进一步推进长江三角洲地区改革开放和经济社会发展的指导意见》中并未包括安徽省，2010 年实施的《长江三角洲地区区域规划》将安徽省定位在泛长三角地区。然而，在省级层面上 2008 年安徽省出席长三角地区主要领导座谈会，标志着长三角区域合作范围拓展至安徽省；2016 年国务院批复的《长江三角洲城市群发展规划》则明确指出"长三角城市群在上海市、江苏省、浙江省、安徽省范围内"。地级市层面上，长三角空间范围不断扩大，自 2010 年长三角城市经济协调会第十次市长联席会议同意吸收合肥、马鞍山、盐城、淮安、金华、衢州 6 个城市加入协调会后，芜湖、丽水、徐州、宿迁等 8 个城市以及安庆、池州、铜陵、宣城 4 个城市也先后加入长三角城市经济协调会，2018 年长三角城市经济协调会成员单位增加到34 个。

长三角协调机制在组织架构上形成了以长三角地区主要领导座谈会为决策层，以长三角地区合作与发展联席会议为协调层，以联席会议办公室、重点合作专题组、城市经济合作组为执行层的"三级运作"机制。长三角合作范围的扩大带来了利益主体的增多，因此对长三角一体化发展机制建设提出了新的要求，使得制度建设在长三角合作中的作用更加重要。

（三）组织的高质量深化：长三角区域合作办公室

2018 年 4 月，习近平总书记对长三角实现更高质量一体化发展做出重要批示，为长三角区域一体化发展指明了方向。2018 年 11 月，习近平总书记在首届中国国际进口博览会开幕式上宣布"支持长江三角洲区域一体化发展并上升为国家战略"，这标志着长三角一体化发展进入新的历史时期，也意味着长三角一体化发展要站在国家发展的高度，进一步服务国家和地区发展。习近平总书记的重要批示和重要讲话对当前及今后长三角更高质量一体化发展提出了新的要求。

2018年以来，长三角区域一体化发展机制建设进行了更深一步的实质推进。3月，长三角区域合作办公室正式成立，标志着长三角地区在突破行政区划限制、实现一体化发展方面迈出重要一步，有利于推动长三角区域合作项目的不断落实。2018年6月，长三角地区主要领导座谈会在上海召开，审议通过了《长三角地区一体化发展三年行动计划（2018—2020年）》，明确了长三角一体化发展的时间表和路线图，从机制层面保障了一体化发展的协调性和一致性。2018年11月，长三角三省一市人大常委会开展立法对接，在法律层面上共同支撑和保障长三角区域一体化发展，进一步补充和完善了长三角区域一体化发展机制。在长三角更高质量一体化发展阶段，一体化机制建设开始逐步朝着深层次发展迈进。

二、长三角一体化规划实施机制逐步完善

在长三角地区区域一体化推进过程中，相继推出了系列规划，包括2007年住房城乡建设部编制但未获批复的《长江三角洲城镇群规划（2007—2020年）》，2010年国家发展改革委编制、国务院发布的《长江三角洲地区区域规划》，2016年5月国家发展改革委与住房城乡建设部共同编制、国务院审议通过的《长江三角洲城市群发展规划（2016—2020年）》。2018年1月，上海联合江浙皖三省成立长三角区域合作办公室，并同月启动编制了《长三角地区一体化发展三年行动计划（2018—2020年）》。2018年，长三角地区更高质量一体化发展与京津冀协同发展、粤港澳大湾区建设、长江经济带发展共同上升为国家战略。在此背景下，国家发展改革委启动编制《长江三角洲区域一体化发展规划纲要》，并于2019年12月由中共中央、国务院印发。还有其他一体化规划相继实施，涉及长三角次区域合作、科创发展和生态环境保护等领域。上述规划的实施，离不开长三角地区政府间协调机制、逐步完善的体制机制。

（一）央地共同编制规划的机制

中央政府规划方案的出台和实施。《中华人民共和国城乡规划法》第十三条规定："省、自治区人民政府组织编制省域城镇体系规划，报国务院审批。"第十四条规定："城市人民政府组织编制城市总体规划。直辖市的城市总体规划由直辖市人民政府报国务院审批。省、自治区人民政府所在地的城市以及国务院确定的城市的总体规划，由省、自治区人民政府审查同意后，报国务院审批。其他城市的总体规划，由城市人民政府报省、自治区人民政府审批。"第十五条规定："县人民政府组织编制县人民政府所在地镇的总体规划，报上一级人民政府审批。"在长三角地区规划编制的实践中，长三角地区整体规划文本大多数由中央政府编制。这些规划文本的内容均涉及区域经济和社会发展的各个方面，既有综合性、全局性的规划，如前文提到的诸多规划法案，内容涉及经济、社会、生态文明等社会生活的各个方面，也有涉及某一领域的专项规划，如《长江三角洲环境保护规划》涉及环保领域。

在实践中，长三角地区存在一部分由区域内的各个地方政府自己编制的规划。这类规划一般是由区域内具有平等地位的同级政府间经协商共同制定，规划内容涉及该区域内社会事务的各个方面，比如上海、江苏、浙江两省一市的发展改革委共同组织编制的《长三角地区城市空间综合交通规划方案》，以及上海、江苏、浙江和安徽共同编制的《长三角地区一体化发展三年行动计划（2018—2020 年）》。

（二）政府协调与市场机制的并重

长三角一体化规划的顺利实施首先离不开政府间的协调机制，主要体现在长三角区域"三级运作"协调机制，特别是在长三角城市经济协调会框架下的长三角区域合作方面。一方面，制定并完善了《长江三角洲城市经济协调会章程》，对长三角城市经济协调会框架下城市的权利与义务、主要工作内容、准入机制等进行了规定，明确了协调会的主要工作机制，保障了协调会的规范运行；另一方面，在《长江三角洲城市经济协调会章程》的基础上出台了包括市长联席会议制度、办公室工作会议制度等分类别的规章制度，对协调会的具体运作和日常管理进行进一步的完善，保障了协调会各项工作的有序进行。[①]

事务性合作与机制建设并重。在长三角一体化进程中，催生了涉及领域广泛的区域事务性合作，包括经贸、文旅、生态环境、科技创新、基础设施建设等众多方面。部分区域发展问题往往超越单一城市的管理，因此进一步催生了一体化发展机制的建设和完善，对区域协调发展当中的具体事务进行规范化操作，为区域协调发展创造有利条件；反过来，一体化发展机制的完善也有利于长三角各地区在区域合作当中树立和强化规则意识，更好地引导和保障有关规划的顺利实施。

还需要指出的是，长三角地区规划的实施也离不开相对完善的市场机制。在政府协商机制以及区域环境治理、安全管理、规划对接等机制建设之外，以市场化机制为主要内容的经贸合作、科技资源共享、知识产权保护、生产标准统一、园区平台建设等是长三角一体化机制建设的重要内容，政府协调和市场机制的有效配合有助于长三角地区规划的实施。

（三）法律协同的保障机制

当前，长三角区域一体化发展涉及四个不同行政区，不同的地方法规，不同标准的行政管理、行政审批及行政执法等问题。在一体化推进过程中，逐渐探索并形成了系列的法律保障体制，为一体化规划的实施保驾护航。

长三角地区很早就通过三省一市的人大等相关部门的立法协作协议来推进区域法治建设。2007 年，上海、江苏、浙江就开始探索通过立法协作推动区域协调发展。2014 年，围绕长三角大气污染联防联控，长三角三省一市携手立法，实现我国区域立法协作"零的突破"。2018 年 5 月，沪苏浙皖四地检察机关共同签署了《关于建立长三角区域生态环境保护司法协作机制的意见》，明确建立五项司法协作机制，为实现生态环境司法保护合力、共同打击生态环境犯罪构建统一的司法平台。2018 年 7 月，沪苏浙皖四地的

[①] 长江三角洲城市经济协调会办公室 . 共建世界级城市群——长江三角洲城市经济协调会二十年发展历程（1997—2017）[M]. 上海：东方出版中心，2017.

人大常委会主任在杭州共同签署了《关于深化长三角地区人大工作协作机制的协议》和《关于深化长三角地区人大常委会地方立法工作协同的协议》。2019 年，随着长三角区域一体化发展上升为国家战略，四地人大签署立法工作协同协议，开展重点领域专题研究，确定相互征求意见的具体法规项目。目前，由上海牵头，长三角聚焦区域联防联控，强化联合行动，深入推进流域协同治理、生态环境信息共享、临界市县区生态环境协作互联互通等各项工作，已充分发挥地方人大在长三角区域一体化合作中的立法监督和法治保障作用。

三、"1+N+X"规划政策效果逐步显现

自 2018 年长三角更高质量一体化发展上升为国家战略以来，长三角一体化发展由协商会议转型规划政策，由虚向实，相继实施的规划逐渐形成了在规划纲要指导下的各类空间规划、转向规划的"1+N+X"政策体系，其政策效果也逐步显现。

（一）强劲活跃增长极基本形成

随着一体化进程的推进，科技创新共同体建设扎实推进，创新链产业链统筹布局融合发展，资源集约利用水平和整体经济效率显著提高，新经济、新业态、新模式不断涌现，全球资源配置和竞争能力进一步增强，基本建成以科技创新为引领的现代化产业体系，特别是在应对新冠肺炎疫情和中美经贸摩擦中经受住考验、显示出强大韧性。[①]2021 年，长三角地区三省一市地区生产总值为 27.61 万亿元，占全国比重的 24.14%，呈现出明显的强劲活跃增长特征。长三角地区对全国经济影响力带动力不断增强，对全国经济贡献率持续提高。

（二）区域一体化发展示范区建设取得实效

种好一体化制度创新"试验田"，高水平建设长三角生态绿色一体化发

---

① 张守营. 紧扣两个关键聚焦三大使命有力有序有效推进 长三角一体化发展强劲活跃增长极基本形成 [N/OL]. 中国经济导报，2001-11-05.

展示范区，已推出两批八大类 73 项一体化制度创新成果。虹桥国际开放枢纽、G60 科创走廊、皖北承接产业转移集聚区、宁马宁滁等一批跨界区域率先突破。科创产业融合发展、基础设施互联互通、生态环境共保联治、公共服务便利共享等重点领域建成一批高显示度标志性工程。政策协同、要素市场、多层次多领域合作等一体化体制机制加快探索完善，区域一体化发展已从项目协同走向一体化制度创新，为全国其他区域一体化发展做出示范。

（三）高质量发展样板区建设结出硕果

贯彻新发展理念深入人心，推动质量变革、动力变革、效率变革取得积极进展。厚植绿色发展本底推进生态优势转变为经济社会发展优势成效显著，数字经济新优势正在为加快动力转换提供重要牵引，要素自由畅快流动推动资源配置效率有效提升。浙江被赋予高质量发展建设共同富裕示范区的新使命，在全国发展版图上带动其他地区不断增添高质量发展板块。

（四）现代化引领区建设成效初显

现代化经济体系基本构建，统筹城乡融合发展取得明显成效，资源节约型、环境友好型社会基本建成。红色文化、江南文化互融共进，系统集成 16 大领域 120 项政务服务事项实现"一网通办"，人民群众高品质生活正在变为现实。上海浦东新区被赋予高水平改革开放、打造社会主义现代化建设引领区的重大任务，长三角正大步走在全国现代化建设前列。

（五）新时代改革开放新高地初步建立

以改革举措率先突破、集中落实、系统集成为重点的更高起点深化改革全面推进，"不破行政隶属、打破行政边界"的改革创新取得突破，在"碳达峰、碳中和"行动中集中落实绿色低碳改革举措。以制度型开放、全方位为特征的更高层次对外开放加快推进，上海自贸试验区临港新片区"五自由一便利"制度型开放体系基本建立，以共建"一带一路"为统领的全方位对外开放格局初步形成，打造国际一流营商环境成效明显，长三角国际竞争合作新优势不断增强。

四、疫情联防联控成效显著

自新冠肺炎疫情发生以来，其对社会经济的影响面预计将大大超过 2003 年的"非典"，此次疫情从很多方面反映了我国应对重大疫情的应急管理能力仍有较大提升空间。因此，如何构建整体协同、快速响应及精准施策的跨区域联防联控机制，在复杂人口流动背景下有效应对和控制疫情的区域快速蔓延，提高针对重大疫情事件的应急响应和管理能力，成为重要而紧迫的研究课题。

长三角地区是我国人口和经济高度集聚、要素往来极为频繁的地区，城市间的紧密联系也带来了较大的疫情传播风险。在此次新冠肺炎疫情发生期间，长三角城市群均较为及时地建立了相应的跨区域联防联控机制，联防联控成效显著。

（一）网络联合会议，防控信息和资源实现共享

疫情以来，长三角地区召开多次联合视频会议，分阶段、分重点建立协同联动工作机制。在疫情形势严峻时期，长三角地区于 2020 年 2 月 7 日召开第一次联合视频会议，明确了近期联防联控合作事项，确定由三省一市常务副省（市）长牵头负责常态沟通协调，建立起"确诊和疑似病例密切接触者信息快速沟通、健康观察解除告知单互认、重大防疫管控举措相互通报和省际协调事项交办单、重要防疫物资互济互帮、供应保障和恢复生产人员物资通行便利""医疗诊治方案共享和危重病人会诊、应对长三角公共安全事件和应急管理工作"等"5+2"协同联动工作机制。① 随着疫情形势逐渐好转，于 2 月 27 日又召开第二次联合视频会议，围绕统筹疫情防控和经济社会发展，进一步合作建立了 5 项工作机制，具体是"健康码互认通用、产业链复工复产协同互助、企业复工复产复市就业招工协调合作、跨区域交通等基础设施加

---

① 姜超.遭遇黑天鹅，应对比预测重要. https：//www.gelonghui.com/p/345541，2020-02-06.

快落地协同会商、疫情防控特殊时期区域经济政策协调通报"。[①]

信息实时共享、物资互济互帮、医疗救治合作，多措并举携手抗疫。首先，依托大数据等新科技手段及时掌握人员流动及健康信息，实现地区间的疫情数据互通与信息共享，联合筑牢线下"防疫墙"和线上"防疫网"；其次，制定长三角联防联控重要防疫物资互济互帮工作方案，建立三省一市情况通报机制，编制长三角重要防疫物资产能清单；最后，通过地区间的医疗诊治方案共享、跨区域远程会诊和救治工作制度交流等方式，共同提高治愈率。

（二）数字化联防联控，经济稳定发展得以保障

利用数字技术实现不同地区防疫和复工的差异化管控。浙江省推出了"一图一码一指数"的策略，管理各区县的疫情。其中，"一图"即疫情图，对各区县的疫情风险状况进行分级评价，作为是否复工复产的决策依据；"一码"即健康码，分为红、黄、绿3种二维码，作为个人健康凭证，仅绿码持有者能自由流动；"一指数"即精密智控指数，由管控指数和畅通指数构成，对各设区市进行评价。

协调复工复岗、异地接工返岗、保障人车通行，共同推进经济社会稳定发展。首先，由长三角区域合作办发函至各地政府，或者由各地工业和信息化部门之间直接发函，协调跨区域产业链上下游企业复工复产。其次，积极对接重点劳务输出地区，通过向铁路部门申请开通外地复工人员专列，组织专车、专机等方式，接回外地员工返岗复工；同时，由政府部门主导、相关企业参与及中介公司配合，派出外出招工队伍，前往疫情低风险地区定向招聘。最后，联合实行人员车辆互认通行机制，如发放"长三角疫情防控交通运输一体化货运车辆通行证""工作通勤证"和人员车辆互认通行"两书一证"等，有效解决省界人员和车辆道口的通行问题。

（三）充分发挥区域医疗比较优势，疫情联防联控不断强化

充分发挥上海区域中心辐射作用。在卫生应急一体化建设上，上海具有

---

① 沪苏浙皖主要领导视频会议 . 长三角合作建立统筹疫情防控和经济社会发展工作机制 . https://baijiahao.baidu.com/s?id=16597799952882615064&wfr=spider&for=pc，2020-03-05.

丰富的医疗资源，在长三角区域发挥着医疗中心的领头羊作用。利用上海优质医疗资源丰富等优势，通过医联体、健联体等形式，加强对其他地区医疗专业人才的培养，打通特需与普通、顶层与社区之间的通道，促进地区间医疗资源多向流动，带动区域疾病防控与急危重症救治能力提升。

充分发挥江苏医疗救援先锋作用。疫情发生以来，江苏防控成绩优异，同时，作为支援湖北的第一梯队，江苏派出 13 批 22 支医疗队 3000 余名医疗队员驰援湖北，援武汉医疗队抢救重型、危重型病例 1161 人。江苏省在 2003 年实施《突发公共卫生事件应急条例》办法，为切实做好突发公共卫生事件的预防、控制和应急处理工作提供了制度保障和充分的准备，长期以来江苏医疗能力建设取得的长足进步也在本次疫情期间予以展现。江苏省要持续加强公共卫生与医疗救治领域能力建设，充分发挥公卫与医疗救援先锋作用，带动提升长三角区域卫生应急整体水平。

充分彰显浙江互联网 + 公共卫生优势。智能手术机器人、图像辅助诊断、语音电子病历、远程会诊、电子档案管理等创新就医模式，促进了医疗资源的区域共享与有效流通，为打造"智慧医院"提供助力，同时也转化了全民的健康理念。集约资源、共享技术、分流服务是浙江省"互联网 + 医疗健康"建设的突出亮点，推动了医疗资源的共享以及医疗服务质量的同质化，促进了医疗卫生信息化与一体化的发展。在长三角卫生应急一体化建设中，浙江要发挥"互联网 + 医疗健康"的先进优势，助力推进区域卫生应急信息一体化发展，以信息技术为手段推动区域卫生应急水平提升。

积极发挥安徽中医中药临床作用。面对疫情，安徽中医药战线全员发动，为提高治愈率、降低病死率、打赢疫情防高空阻击战贡献了自己的力量。例如，《安徽省新型冠状病毒性肺炎中医药治疗专家共识》为新冠肺炎中医临床系统救治提供依据。作为中医药资源大省，安徽在促进中医药传承创新发展上有基础、有责任，在长三角区域卫生应急一体化协同管理过程中要充分利用本土优势，发挥中医药防病治病的独特作用。

第二节　构建更加有效的一体化发展体制机制

随着新时代的到来，我国经济社会全面迈进高质量发展，区域合作和区域协调发展成为主要发展趋势。国家层面更是把区域协调发展提高至战略高度，党的十九大报告提出区域协调发展战略，是对"两个一百年"奋斗目标历史交汇期中国区域发展的新部署，是今后一个时期推进区域协调发展的行动指南。长三角地区是我国发展基础最好和区域协调程度最高的区域，要创新一体化发展路径，构建更加有效的一体化发展体制机制，通过更好地推进一体化引领我国区域的协调发展，应对新时期区域发展变革。

一、建立健全长三角区域合作机制

新时期，长三角一体化要明确建立健全合作机制的发展新方位，找准发展新路径，探索新路径、构建新格局、推出新举措、形成新机制。

（一）明确长三角合作机制的发展新方位

我国经济已由高速增长阶段转向高质量发展阶段，正处在转变发展方式、优化经济结构、转换增长动力的攻关期，建设现代化经济体系是跨越关口的迫切要求和战略目标。其中，统筹区域协调发展，解决区域发展不平衡、不充分问题，将成为建立我国现代化经济体系的重要基础之一。面对新时代新态势，长三角一体化发展必须确立新的历史方位：首先，在"十四五"末，即2025年建设成为"一带一路"对内对外双向开放的枢纽平台。充分发挥长三角处于"一带一路"倡议和长江经济带战略交汇处的区位优势，发挥率先引领、创新示范作用。其次，在"十六五"末，即2035年全面建成世界级城市群，在我国现代化经济体系建立方面有所建树，在创新驱动发展、自由贸易港建设、海洋强国战略实施等领域有所突破，真正成为我国两阶段发展的领头羊和改革开放的排头兵。最后，成为新理念引领示范区，以创新、协调、绿色、开放、共享发展为引领，寻求长三角一体化发展的新路径与新机制，引领建设社会主义现代化国家新征程。

在明确发展新方位的同时，长三角也需在新时期确立一体化的发展新目标。通过大力发展和完善长三角一体化制度体系，充分发挥区域一体化市场在协调国内区域经济发展、形成要素自由流动的统一市场、促进资本形成、优化资源配置、推动产业结构调整等方面的作用，促进长三角一体化实现趋同、协同、充分和平衡的高质量发展。

（二）找准长三角合作机制的发展新路径

新时期，找准长三角合作机制的发展新路径是深入推进一体化的关键。

首先，坚持由上至下与由下至上的有效结合。政府部门作为规划的设计者和引领者，在该区域配合呼应全国现代化发展战略而打造增长极的过程中，以顶层规划方式统筹推动经济社会发展。相关顶层规划实现供给优化的路径，并非一蹴而就，而是沿着动态优化的上升路径一轮一轮推进。与之同时，充分发挥市场对资源的配置的力量，充分激发社会组织的参与。由上至下与由下至上的有效结合，才能促进长三角内部资源要素的充分流动，推进一体化向纵深发展。

其次，多轮顶层规划动态实现一体化供给优化。长三角先后经历了以工业化推动经济社会增长与发展、以工业化带动城镇化、在城镇化水平不断提升过程中引领城市群的发展，推动整体区域呈现一体化发展态势。新时期，长三角应大力推进"都市圈"建设，通过"以面带动全域"的顶层规划逻辑，持续深化一体化发展。

再次，以联席制度形成公权力协调中心。长三角已经建立了较为广泛的"三省一市"柔性横向合作、四方协调的机制。各行政区决策层多种形式的信息交流、决策与政策协调，已积累了不少经验，形成了不断提升协作效率的态势。一方面是长三角通过多轮顶层规划所建立的协调配合供给优化机制成长的表现，另一方面又是进一步推动长三角区域一体化进程所需顶层规划内容的动态丰富与引领形式，与行政区划基础上的公权力作用相互协调、互为补充，形成弱化乃至消除区域壁垒因素、共同推进区域一体化发展进程的强大作用力。

最后，以区域利益协调为核心。跨区域利益协调机制是跨区域合作的重要保障，也是当前长三角一体化发展亟待解决的重大命题。一方面积极完善跨区域生态补偿机制建设。由长三角各地区出资共同建立长三角生态保护基金，就区域生态保护和环境治理提供专项资助和奖励，深入研究并进一步完善跨区域生态补偿机制，加强经验总结，适时出台长江、黄浦江等跨界河流生态补偿机制。另一方面构建产业跨区域转移利益分成机制建设。

（三）深化完善长三角合作机制的新内容

新形势下，长三角一体化的发展目标是要对标甚至超越现有的世界级大湾区和自由贸易港，到2030年成长为具有全球影响力的世界级城市群。实现这一目标首先要进一步深化和完善长三角合作机制的新内容。其中，制度创新与协调机制创新则是重中之重。

长三角一体化发展的制度创新。区域一体化在制度上存在的约束主要是地方割裂，即作为理性经济人的地方政府，也会从自身角度出发，在利益驱动下展开政府间的无序竞争。要整合长三角资源，提高长三角一体化协同效率，防止低水平重复建设和无序竞争，尤其需要形成制度约束力，而这一点已成为广泛共识。因此，一体化制度的顶层设计就成为长三角一体化制度创新的首要选择。应通过率先实现跨省的体制机制突破，重点解决各项一体化政策措施"最后一公里"落实问题，开创性落实推进一体化政策。

长三角一体化发展的协调机制创新。新时代推进长三角一体化发展，作为贯彻新发展理念的新标杆，必须体现高质量发展要求，通过构建中国特色现代化市场经济体系，创新发展模式和动力机制，形成更高起点、更高层次的改革开放格局。所有的政策方案和决策考量都应建立在长三角协调机制基础上，并将利益共享作为区域合作的基石，从而建立起有效的利益共享机制和合作创新发展模式。作为实施一体化发展国家战略的重要实践创新平台，长三角一体化发展示范区以高质量发展为目标，将提升政策灵活性作为推动一体化协调机制创新的重要手段。加强低碳绿色生态宜居环境建设，通过推动绿色发展、联合整治和生态补偿等一体化政策措施的落实，实现长三角更高质量的生态绿色一体化发展，实现生态环境一体化目标。从全球视野与国家战略高度，利用市场一体化机制优化配置各类要素资源，促进经济效率提升和产业一体化发展。通过基础设施一体化和社会保障一体化，促进公共服务一体化，实现共享高质量生活。

二、加快人才、资本、土地等要素流动

习近平总书记曾指出，实施长三角一体化发展战略要紧扣一体化和高质量两个关键词，以一体化的思路和举措打破行政壁垒、提高政策协同，让要素在更大范围畅通流动，有利于发挥各地区比较优势，实现更合理分工，凝聚更强大的合力，促进高质量发展。

（一）进一步破除行政障碍，构建统一的要素市场

打破资源行政区块状分割现象，促进要素资源跨省区有序自由流动，为新时期长三角区域要素自由流动消除制度性障碍，促进长三角资源共享和优化资源的空间配置。打破省际行政壁垒和制度障碍，最大限度地降低人力、物流、资本等经济要素的跨区域流动成本，营造市场化配置要素资源的环境，以极富活力的区域内循环引领国内经济大循环。

人力要素。首先，长三角地区应率先推动户籍制度改革，既要完善大城市之间的落户积分转换机制，又要完善农村居民的落户政策，推动农村人口对城市劳动力的稳定供给，保证人力资源的自由流动；其次，建立并完善长三角人力资源共享市场，进一步发挥市场在人力资源配置过程中的决定作用，搭建长三角区域统一开放的人才交流和供需平台，加强人力资源协作，整合人力资源实现共赢。

资本要素。上海应发挥金融中心的辐射力，鼓励金融改革和金融创新，通过建立统一的绿色融资平台等方式，保障资本的跨区域有序自由流动和合理配置。完善长三角的跨区域产权交易市场，实现区域内产权交易"一网通

办"，统一业务办理标准和程序，形成长三角产权交易共同市场。

土地要素。考虑到其社会属性和资产属性，土地资源的高效流通无疑会进一步释放经济活力。一方面，要建立长三角区域统一土地市场，灵活运用跨省补充耕地国家统筹机制，完善长三角区域土地指标统筹制度，推动土地要素的跨区域资源有效整合与利用；另一方面，要深化土地要素市场改革，逐步放开农村集体建设用地入市流转，建立起灵活的土地交易市场。

（二）充分发挥市场机制、改革要素市场，为一体化注入活力

《中共中央 国务院关于构建更加完善的要素市场化配置体制机制的意见》指出："完善要素市场化配置是建设统一开放、竞争有序市场体系的内在要求。"要素市场是市场经济的血液，是市场机制发挥作用的前提，要素市场的改革将为经济的长期持续增长注入活力。

要素市场化配置将提升各类资源使用效率。发挥价格机制的作用是要素市场化改革的关键，根据市场供需配置资源的跨部门流通，使得资源自动流向边际回报率高的领域，从而实现要素资源的最优配置。改革开放以来，长三角一体化取得耀眼的经济成就，这主要受益于不断开放与市场化，政府主导的资源配置越来越少，而市场自发性的资源配置逐渐增多。激发全社会创造力和市场活力的关键，是深化要素配置市场化改革，有助于推动经济发展质量变革、效率变革和动力变革，更有助于疏通生产、分配、消费等环节的堵点。

要素配置市场化对经济结构的优化至关重要。事实上，我国经济出现结构性问题的根源之一在于部分要素的市场化发育落后，要素的自由流动受到各种阻力，诸如基础设施以及行政壁垒等，导致了要素并没有流向先进生产力集聚的领域，这一点在土地、资本等领域尤为突出。因此，只有保证要素资源的流动自由化，才能调整和释放错配的资源，才能打破长期以来的经济扭曲发展，实现经济的高质量发展。

（三）创新利益共享机制，为要素自由流动创造环境

推动长三角区域重点领域合作机制，加强地方立法、政务服务等政府职

能领域的顶层合作，优化顶层设计，突破原有的功能性制度障碍，全面提升区域间合作水平，为长三角高质量一体化发展提供法规支撑和保障。建立长三角"大财税"利益分配机制，须注重两个方面：一是规范税收优惠政策，发挥税收优惠政策的引导作用，加快区域税收优惠向产业税收优惠的思路转变，实现产业升级转型和创新经济的发展；二是理清利益分配关系，探索建立跨区域利益共享的财税分享制度，通过财政预算一体化，为区域税收补偿、跨区域合作创新、医疗资源共享、异地养老等项目提供支持，推动跨区域深度融合。

同时，还应激发市场机制，建立多元市场主体协同联动机制。通过市场化方式推进国资国企深化改革，激发民营企业的发展活力，既要发挥政府的统筹作用，又要在具体事项上鼓励商会、行业组织、产学研联盟等开展跨区域多领域的合作，进一步释放市场主体活力和创造力。持续推进长三角内部的跨区域产业转移和产业园区的"飞地"模式，探索互利共赢的跨区域投资、税收和征管协调机制，为经济要素自由流动和高效配置打造一个良好的环境。

三、深化在地方立法、政务合作、市场主体协同等重点领域的务实合作

务实是长三角一体化进程走向深入的一个明显标志。务实是让长三角各城市的领导和有关部门"说实话，干实事，求实效"。长三角只有深化不同领域不同层面的务实合作，才能进一步深入推进一体化的发展。

（一）深入推进长三角区域立法的务实合作

长三角规划纲要提出要健全政策制定协同机制，建立地方立法工作协同常态化机制，为长三角一体化发展提供法规支撑和保障。应布局长远，协同打造地方立法共同体。首先，长三角要加强行政立法协作，建立健全三省一市协同立法机制，紧扣长三角一体化发展规划，加强营商环境、生态环境、城乡治理等重要领域立法协作，推动形成与区域协调发展相适应的地方性法

规和政府规章体系，防止标准不同造成经济融合发展壁垒。与之同时，长三角还应建立健全三省一市行政执法联动响应和协作机制，实现违法线索互联、监管标准互通、处理结果互认。围绕市场监管、生态环境、道路交通等领域联合开展行政执法监督检查，在文化旅游等领域探索建立轻微违法违规行为免罚清单制度。

强化要素融通，构建区域法律服务共同体。重点在于强化长三角重大战略项目服务协同，联合组建专业法律服务团队，为长三角支撑性重大引领项目提供一站式法律服务。协同打造长三角法律服务产业聚集群，探索建立针对长三角区域的商事仲裁、调解中心，共同培育一批综合性旗舰品牌法律服务机构，共同推进区域间分支机构的互补设立。加强法律服务供给一体化，推动三省一市法网并网运行，共建法律服务案例库，实现公共法律服务数据共享共用，不断提高长三角整个区域的社会治理法治化水平。

资源共享，打造法治人才共同体。服务长三角区域一体化发展，提供优质高效决策咨询服务，需要法治人才为长三角区域一体化发展法治建设提供理论支撑和智力支持。三省一市应强化资源共享，协同打造法治人才共同体。建立健全法治人才培养机制，制定实施法治人才联合培养培训项目计划，整合教育培训资源，共建共用培训基地和师资库。充分利用长三角区域司法高等院校资源，探索建立以高端法律服务培训为主的"律师学院"。建立健全法治人才交流机制，加强法治人才跨省市学习交流，推动异地互派优秀司法行政干警交流挂职，推进高层次法治人才共享共用，实现专业优势互补。

（二）深入推进长三角区域政务的务实合作

长三角一体化发展上升为国家战略以来，政府间政务合作不断深化并取得显著成效，如长三角三省一市政务服务"一网通办"开通上线，民众与企业通过"一网通办"电子化平台，即可享受到30项企业事项和21项个人事项异地就近办理以及9类电子证照共享互认，包括新生儿查重名、身份证和居住证预约办理、交通违法查询等热门服务。新发展阶段下，长三角的政务务实合作需从平台建设、建设需求平台、整合区域民生信息、建立区域设施整合方案等方面深入推进。为实现政府与社会间的数据共享功能，长三角各级地方政府应充分利用网络平台协同打造统一的数据平台接口，通过调用企业数据库信息，从而全方位地掌控区域社会的信息资源。

建设供需匹配平台。在长三角城市群加强智能制造业、大数据等高新产业的布局，打造智慧产业集群式发展。通过对电子商务与跨境电商管理平台、长三角区域人民币清算平台的搭建，提高本地区国际要素资源的配置效能。在区域内建立科创公共服务平台，为长三角地区企业与大众打造一个良好的创业创新环境。

整合区域内民生信息。通过对长三角城市群内居民日常生活出行、医疗、教育、居住、消费等领域的信息资源进行整理和分析，建立完善的生活信息智能化管理平台，覆盖智慧医疗、智慧出行、智慧社区、手机一卡通等多个服务模块，提升居民的生活品质和幸福指数。

建立区域设施整合方案。通过与智慧城市有关的感知技术和云处理技术，从基础设施的建设、安全监测、运行体系、灾难管理等方面着手，整合电力、环保、气象、交通、燃气等基础设施，从而实现长三角城市群内、各类基础设施之间的协调掌控及储量调控，根据灾难预警机制制定相应的快速响应预案。

（三）深入推进市场主体协同的务实合作

深入推进长三角市场主体协同务实合作，要提倡和鼓励地方政府间的合作协调发展。地方政府间的竞争是中国过去经济发展的重要动力，但它却是导致市场行政分割和市场碎片化问题的关键因素。解决行政区划分割的关键在于：改革对地方政府官员的业绩考核评价体系；限制地方政府参与市场活动、干预市场的权力边界；根据一些具体的一体化发展协议，通过各地政府协商方式，让渡某些公共权力给相应的长三角一体化机构，把竞争转化为合作。

推动市场主体的协同发展。要从区域内的具体项目做起，学习欧盟一体化过程中形成的务实精神，避免在范围广泛的领域中进行抽象的议论，避免议而不决。长三角地区市场一体化需要协调的领域非常广泛，可以本着先易后难的原则，从破除政府公共项目的合作障碍开始，如消除"断头路"，区域轻轨建设，港口码头的委托管理或股权一体化，逐步往消除户籍障碍、教育等民生一体化这些难点方面努力。注重发挥企业尤其是企业集团的主体作用。一是要鼓励区域内企业的收购兼并活动。微观层面的收购兼并活动，把区域间企业的市场协调方式转化为企业内部的协调方式，会产生显著的一体化效应，因而是长三角区域市场一体化的最有效的工具。二是要发挥大企业或企业集团在建设产业集群中的一体化作用。产业集群模糊了行政区域的界限，是市场一体化的空间载体。产业集群也可以实现按经济区域"极化—扩散"增长的现代生产力配置方式。三是要依据国内企业之间的产品内分工，构建链接各区域的一体化的价值链。如基于市场公平交易的价值链，半紧密型的价值链以及紧密型纵向一体化的企业集团。

第三节　建立健全长三角体制一体化的政策举措

《长江三角洲区域一体化发展规划纲要》要求，到 2025 年，长三角一体化发展取得实质性进展。跨界区域、城市乡村等区域板块一体化发展达到较高水平，在科创产业、基础设施、生态环境、公共服务等领域基本实现一体化发展，全面建立一体化发展的体制机制。长三角上升为国家区域发展战略以来，在产业一体化、交通一体化、信息一体化方面取得一定成效，但是长三角城市在推进制度一体化方面收效不大。制度一体化是区域一体化发展的基本保障，不同地区行政主体的政策和制度存在很大差异，如果分散的行政权力没有协调发展的制度机制作支撑，那么必然会产生各种或明或暗的冲突或矛盾。因而，新发展阶段下深化长三角一体化发展的关键在持续推出政策举措，建立健全一体化体制机制。

一、成立推动长三角一体化发展领导小组

2020 年 9 月 24 日，推动长三角一体化发展领导小组全体会议召开，深入学习贯彻习近平总书记在扎实推进长三角一体化发展座谈会上的重要讲话精神，总结长三角一体化发展工作进展，研究部署下一步重点工作。这标志着推动长三角一体化发展领导小组的成立。2008 年以来，长三角在地方政府层面已经形成了"三级运作"的区域合作机制，即决策层（长三角地区主要领导座谈会）、协调层（长三角地区合作与发展联席会议）和执行层（联席会议办公室和重点合作专题组）三个层面同时运行的政府运作机制。当前，长三角已经形成"国家—区域"的协同的一体化推进框架，如图 10-3-1 所示。

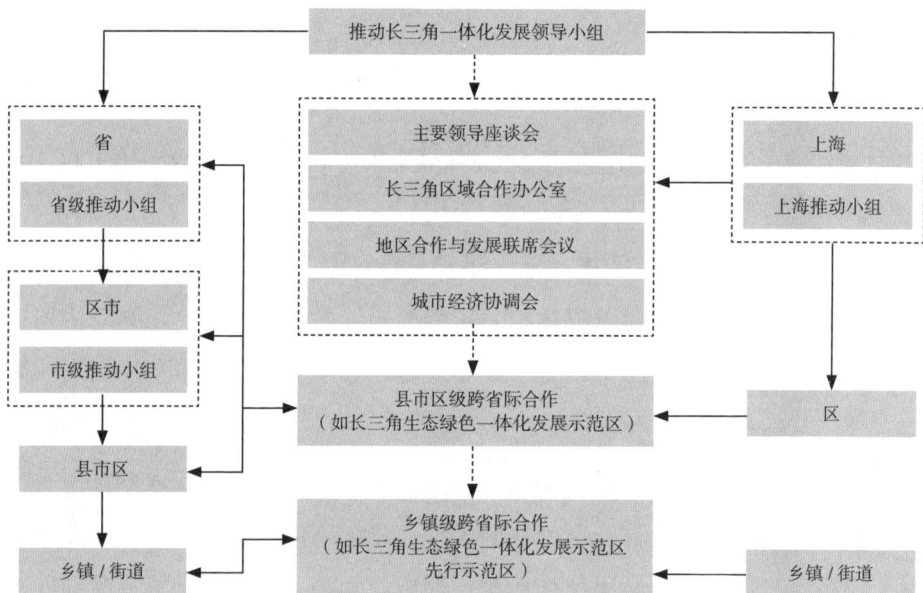

图 10-3-1　推进长三角一体化发展领导小组组织框架

资料来源：胡剑双、孙经纬：《国家—区域尺度重组视角下的长三角区域治理新框架探析》，《城市规划学刊》2020 年第 5 期。

注：实线为强联系，虚线为弱联系。

（一）强化中央领导，推进多政府层级的治理体系

当前，长三角地区"国家—区域"一体化推进框架，对于一体化过程中形成的制度依赖具有很好的冲击作用，打破了区域协调的制度壁垒，重构了区域治理主体架构。在国家战略的执行层面，在原有区域合作组织的基础上，增加了长三角区域合作办公室（以下简称办公室）。办公室名义上是三省一市联动成立，但实则是国家意图的"代言人"。办公室由三省一市抽调人员组成，有效建立了省级政府之间利益和事权协调平台。同时，办公室受领导小组指导，被赋予了更多管理职权，主要包括拟定协同发展的战略规划，协调推进区域合作中的重要事项和重大项目，统筹管理合作基金等。所以，办公室介于柔性合作组织和刚性行政管理主体两者之间，同时具备柔性治理和刚性治理两者优势。

在国家力量干预下，地市级政府也相应成立了领导小组，形成了一个自上而下的区域治理行政架构。同时，针对具体地区、专项事项的不同层级的沟通协商对话机制不断涌现。特别是包括上海青浦、江苏吴江、浙江嘉善在内的长三角生态绿色一体化发展示范区（以下简称示范区），成为跨省界区域治理的制度和空间创新，为基层的跨界协调提供了具有一定管理权限的对话平台。示范区和办公室"一把手"相同，意味着示范区成为落实国家意志的抓手。

各类多元主体同样纳入区域治理中。如办公室的成员中有来自机构的专家学者，也经常邀请相关学者参与讨论。在2019年长三角主要领导座谈会中，召开了第一届长三角一体化发展高层论坛，诸多研究机构和智库专家、沪苏浙皖企业代表加入到了治理主体的协商当中。另外，在各项激励政策的支持下，各类国资平台、市场主体、金融机构也在积极加大对长三角区域一体化项目的投资。作为主导长三角一体化发展和示范区建设的长三角投资（上海）有限公司于2020年6月宣布成立。由此可见，由政府机构为主体，包含了社会资本、社会精英、地方市民等多元主体共同参与的区域主体架构正在形成。

（二）关注多空间尺度的区域问题，多领域协同推进

长三角区域治理的内容发生了变化，对于区域层面的治理事务的范畴更加广泛，而且也从更高层次的尺度开始关注地方基层事务以及跨边界地区的具体板块协调事务。

在区域事务治理方面，更加关注区域公共服务等事务。例如，《长三角地区一体化发展三年行动计划（2018—2020年）》设立了交通、能源、信息、科技、环保、信用、社保、金融、涉外服务、城市合作、产业、食品安全12个重点合作专题。协商事务的深度开始触及利益协调的事务。在区域轨道交通对接等方面，原来各地更加关注自身的需求，对轨道交通网的考虑不够周全，但在办公室的协调下，在先做好城际交通网的整体规划后，具体的线路才能得以推进。上海与苏州的S1线全面对接，并于2019年开工建设，成为长三角一体化基础设施互联互通的示范工程。

在基层事务治理方面，在《长三角地区一体化发展三年行动计划（2018—2020年）》的框架下，以跨界"断头路"为重点，涵盖地方取水口和排污口协调、太浦河和吴淞江的环境治理等以前"上不了台面"的地方事务得到重视。2018年6月，沪苏浙皖共同签署《长三角地区打通省际断头路合作框架协议》，第一批重点推进17个省际"断头路"项目已陆续开通建设。

更加关注跨区域的一体化短板。2020年6月《长三角生态绿色一体化发展示范区国土空间总体规划》成为国内首个省级行政主体共同编制的跨省域国土空间规划，将产业、生态、土地、交通等实质性内容纳入法定规划体系。另外，在南京都市圈、江浙一岭六县等地区也逐步开展了跨界示范区的建设。

（三）强调落实和可操作性，切实推进一体化

在"国家—区域"一体化推进的框架下，逐渐实现考核机制的转变和激励机制的落实等。在规划体系方面，以《长江三角洲区域一体化发展规划纲要》为引领、三省一市出台实施方案为配套的区域发展规划纲要，国家各部

门陆续编制的专项事务规划，再到跨边界地区共同编制的国土空间规划（以长三角生态绿色一体化发展示范区国土空间总体规划为代表），形成了长三角区域治理一整套、多层级、多元参与区域规划体系，对解决涉及跨界协调的事项难以落实在国土空间规划体系中的问题做出了很好的回应。在具体操作上，形成四地官方共同认可和遵循的行动路线图和任务时间表，每年在长三角主要领导座谈会上讨论通过年度任务分工，以各级政府联合探索的合作框架和协议等来落实各项区域治理事务。

为有效监督和管理一系列的区域规划的实施，国家和地方各级政府对于区域治理事务的考核和激励机制，也悄然发生了变化。在考核机制方面，一方面，随着"一体化""高质量""生态绿色发展"等逐渐成为区域一体化中的重要目标，地方政府应更加关注区域治理事务，逐步摆脱"唯GDP"论框框。另一方面，对于具体行动计划的实施考核，也明确要求纳入到省（市）党委政府的目标管理和绩效考核当中，各有牵头部门负责，以确保各项治理事务得以有效推进。在激励机制方面，长三角可陆续推出各项激励政策和措施，一些跨区域的重点项目都可以通过该基金来支持，如基础设施、环境保护、科技创新等项目。

二、三省一市出台推进长三角一体化的实施方案

继《长江三角洲区域一体化发展规划纲要》（以下简称《规划纲要》）之后，2021年7月推动长三角一体化发展领导小组办公室印发《长三角一体化发展规划"十四五"实施方案》（以下简称《实施方案》）。当前，长三角区域一体化发展已经按下"快进键"，进入了密集实施、加快推进的新阶段，三省一市需各自贡献自身"长板"和"优势"，按照《规划纲要》和《实施方案》要求落实好、推进好各项目标任务是重中之重。

（一）提升区域整体意识，贡献各自"长板"

三省一市共同出台一体化实施方案，目的在于促进区域一体化、实现区域整体利益最大化，而且要树立整体意识，突破固守的行政区划分割，以整

体利益为出发点"算大账""算整体账"。当前，从各地接轨上海的规划、计划或各类行动方案中可以看出，各地均抓住了产业、创新、公共服务、交通、环境治理、城市与社会治理等领域，很多地方都提出了"全市域、全方位"融入的思路。大部分城市的接轨思路都是希望通过接轨上海、融入长三角，努力弥补城市发展的短板，着眼于吸引上海的项目、资源到当地投资布局，在产业合作中强调承接上海产业转移，在科技合作中强调承接上海科技成果转移转化，在公共服务资源共享中强调吸引上海的高校、医院资源到当地设立分部等。

这样的地方实施方案从单个城市的角度来看具有其合理性，实施内容也覆盖了实施方案中的主要领域，符合《规划纲要》和《实施方案》的导向要求，体现出各地推进一体化的积极性和担当。但是，个体城市的合理行为放到整个区域，却未必是最优的解决方案。以产业为例，长三角各城市产业结构类似，产业升级的方向趋同，在此基础上提出的相对接近的接轨融入思路，可能会进一步加剧各个城市产业的同质化和产业资源的分散化，从而可能淡化每个城市的自身特色、个性发展，差异化发展趋于弱化。

因而，各个城市在接轨融入长三角的过程中，需要从"弥补短板"向"做长长板""贡献长板"的思维转变。做长长板，目的是凸显城市在长三角一体化发展格局中的地位，不会在极力弥补发展短板中失去城市发展的优势地位，短板要补，但是重心放在"做长长板"上，凸显每个城市的个性化、差异化发展。这样的思维也有利于长三角形成区域发展合力，提升区域整体的竞争力，也就是说，每个城市都把"最卓越的自己"贡献给长三角，那么就会在彰显城市地位的同时把长三角地位抬高到一个新的量级。

同时，长三角一体化发展还需跳出长三角来思考，应着眼于长三角"一极三区一高地"的定位，秉持"视野向外"的思维，力争在彰显强劲活跃增长极、经济高质量发展样板区、率先基本实现现代化引领区、区域一体化发展示范区、新时代改革开放新高地中做出"地方样板"，在全国发挥引领和示范带动作用，共同把长三角的引领作用发挥出来。

（二）各级政府加强自我革命，优化顶层规划的供给体系

回望长三角一体化进程，充分体现出了习近平总书记关于改革是现代化"关键一招"的基本判断；同时应强调，发展至当下阶段，改革深水区的步履维艰，又成为横亘于前的"硬骨头"、攻坚克难的挑战与考验。在供给侧改革主线上推进现代治理、进一步解放生产力，迫切需要"思想再解放、改革再深化、开放高水平、工作更抓实"，顶层规划贯彻中，必须实现实质性制度创新，由此激发科技创新、管理创新，来实现打破区域壁垒、城乡壁垒、要素流动壁垒的更高水平、更深层次的一体化。既完善国内的社会主义市场经济统一市场，又更好对接打造人类命运共同体的全球化市场。

新发展阶段下，长三角推进实施方案中各级政府需加强自我革命、优化顶层规划的供给体系：一方面，在以制度创新打开管理创新潜力空间的层面，需要积极考虑构造好在长江三角洲一体化进程中具有跨行政区划性质的公权力协调机制，"政府自我革命"和非政府组织更多发挥积极作用的局面，为推动一体化进程以及一体化逐渐形成之后的有效现代化治理奠定基础；另一方面，必须充分注重信息革命时代的"互联网＋"，积极运用移动互联、万物互联方面结合大数据、云计算、区块链、人工智能等日新月异的进步所提供的创新成果，充分依靠不断涌现的最新科技手段和成果，在已有的移动商务、移动金融等基础上进一步对接产业互联网、人工智能、移动文化、移动社会生活，实现方方面面的更高水平的服务。

（三）创新评估考核机制，完善法律保障机制

作为区域利益的分解，地方利益是客观存在的。在我国现行的绩效考核制度下，省级及以下政府更多考虑任期内的区域经济发展利益，因而短期目标与长期目标、整体利益与个体利益存在矛盾，阻碍了区域一体化进程。长三角实施方案的落实推进中由于缺乏区域一体化绩效的横向绩效考核，对三省一市主要领导层面确立的平台建设和合作专题缺乏评估、激励与监督机制，容易造成方案难以落实推进或方案效果不佳。

长三角一体化是一个中长期进程，方案实施是一个涉及跨区域、多部

门、多领域的工作，这一过程中会遇到各种新的问题。需加强对长三角区域规划方案实施的监督，创设专门的监督机构、监督办法和奖惩机制。还须定期对规划的实施进行综合或者专项评估，研究制定相应的评估指标体系和标准，建立评估后及时的反馈调整机制，保持对规划方案实施的有效监控。针对监督和评估结果，制定有针对性的奖惩措施，提高惩罚成本，必要时将评估结果纳入政绩考核和干部选拔考核体系。与此同时，为了实现有法可依地推进长三角一体化、顺利推进项目方案，必须创新地建立并完善有关的法律和法规，为项目方案提供长期有效的法律保障。首先，根据轻重缓急选择重点领域，率先出台专门的实施方案和条例，如地区生态环境保护、社会居民保障和改善等领域。其次，选取以生态绿色示范区，或者自贸区等园区为样板，率先制定相应的管理办法或实施条例，作为长三角区域法律法规的有机组成部分。最后，随着规划方案的有序推进和时机的成熟，酝酿出台长三角区域法规条例或一体化发展条例，从长远和整体上保障实施方案的顺利推进和实施效果，加快推进长三角区域一体化。

三、密集出台长三角一体化的重点领域的规划和政策

规划是"牛鼻子"，规划协同了，发展就能协调。习近平总书记指出，"长三角一体化发展新局面正在形成"。为加快长三角一体化新发展格局的形成，需要突出重点领域，如生态环境、科技创新和公共服务等领域，密集出台系列的规划和政策，整体全面推进长三角一体化向纵深发展。

（一）强化联防联治，突出解决跨界生态环境问题

随着长三角一体化进程的深入推进，尤其是跨区域生态环境问题日益凸显，生态环境保护和治理有待进一步解决。三省一市须借鉴《长三角生态绿色一体化发展示范区生态环境管理"三统一"制度建设行动方案》的经验，加快制定长三角全域生态环境的相关规划和政策，着力打破行政区划壁垒，构建生态环境管理跨区域统筹协调的制度。

在生态环境规划的指导下，实现生态环境标准统一、环境监测统一和环

境监管执法统一，这意味着打通了跨区域生态环境管理体系，形成统一的生态环境监管尺度和生态环境行为准则，为有效解决跨区域环境问题提供了重要制度性保障。更为重要的是，三省一市联合设立生态环境治理和保护的常设部门，可由三省一市环境部门抽调业务骨干组成，负责及时互通区域环境政策、执法差异带来的问题。坚持定期召开会议，就解决区域生态环境污染防治、水源地联合保护、边界管辖衔接等问题进行沟通协商，区域环境问题早发现、早报告、早解决。同时，探索关联化的考核机制。以水污染为例，域界出现污染，相邻行政区域均需问责，域界环境优良和改善显著，相邻行政区域均考核优秀，充分调动各地积极性，达到"1+1+1+1>4"的效果。

区域环境问题难以解决的最大矛盾点就是政策不一致。在推进生态环境规划和政策的过程中，要始终坚持政策、监测、执法一体化。政策方面统一标准，制定一致的行业准入清单，让污染行业在整个区域内无法生存。推行联合监测，共同协商确定选择监测标准，实现主要环境质量数据共享。探索区域联合执法、跨界生态环境执法、行政处罚自由裁量统一等多项制度创新任务，并加强三地执法信息互通，杜绝污染企业"打一枪换一个地方"的游击战。

（二）加快推进科创协同发展，打造长三角科创共同体

改革开放至今，长三角区域科技创新合作经历了长足发展。长三角要当好我国科技和产业创新的开路先锋，一是要将一体化发展的文章做好，让三省一市把各自优势变为整体优势，使长三角地区真正成为紧密协同的区域共同体、发展共同体、创新共同体。在推进长三角科技创新共同体建设过程中，既少不了上海等创新高地的引领，也离不开苏浙皖广大腹地的转化。

上海作为具有全球影响力的科技创新中心，集聚了一流的科研机构、一流的科技设施、一流的科技领军人才和创新团队，不仅要加强自身科创建设，还应发挥平台作用服务长三角。

江苏省应发挥丰富高等教育的资源优势。江苏省有高等院校167所，其中"双一流"建设高校16所；研发人员超过91万人，其中两院院士118位，

两院院士数量居全国省份第一；高新技术产业产值占比达47.5%，制造业规模约占全国的1/8。在此基础上，与其他省市统筹协作，强化战略、规划、政策的有机衔接，实现互利共赢、共同发展。二是找准定位、各展所长，只有将沪苏浙皖各自的长板拉长，合作的空间才能变得更大。三是注重试点先行，支持一些地区先行探索、积累经验，为全面推开提供更多的经验和借鉴。①

浙江省在科技创新这项综合性系统工程具有独特优势，尤其是在创新成果的应用领域方面。浙江省是市场化改革前列的省份之一，市场最懂得科技资源的优化配置，科技创新资源可以在此实现配置最优化，这是浙江的市场优势。

安徽省应坚持"科创＋产业"的引领模式。重点布局重大创新平台和载体，加快打造长三角科技创新共同体。聚焦集成电路、人工智能等领域，进一步打造科创产业协作大平台，深入推进合肥、上海张江两大综合性国家科学中心"两心共创"②，共建长三角国家技术创新中心，开展科技资源共享。并充分利用区位优势，积极推进与武汉光谷等重要平台的开放合作，加快规划建设"科大硅谷"，汇聚长三角和中部地区创新资源③。

（三）积极推进公共服务一体化，构建包容性区域公共服务体系

当下，长三角区域一体化已经上升为国家战略，公共服务一体化供给也已从区域化倡导转向国家级行动，增加了包容性协同的层次。整体而言，尽管长三角公共服务一体化依托长三角一体化发展规划先后出台了很多高层次的制度文件，但仍然没有形成一体化融合的制度格局。现阶段，长三角公共服务一体化除了以平台建设为基础，打通从决策到执行的渠道之外，还需有标准化的制度性约束，防止出现"各自为政"的现象。

首先要解决由谁制定规范性法律的问题。中共中央和国务院需要依托类

① 宋薇萍，黄坤，仲茜等.长三角　御风而行向未来　一体化发展开启新征程［N］.上海证券报，2022-03-11.

② 都芃.长三角一体化发展战略实施三周年　科技创新成果丰硕［N］.科技日报，2021-11-05.

③ 马艳.创新策源能力增强　长三角探索未来发展模式［N］.中国工业报，2021-11-18.

似的国家级长三角区域一体化平台制定长三角公共服务一体化推进的具体制度，明确具体的推进条款与目标，为公共服务一体化进程中的相关方进行指导与约束。对服务中遇到资源分配不均、制度不畅通、标准不明确、规划不清晰等问题要及时组织力量开展实地调研，协同各方主体，形成成本共担与利益资源共享的服务机制，为国家级长三角一体化服务平台提供决策支持。同时，要以长三角区域合作办公室为执行机构，积极统筹落实。

长三角公共服务一体化涉及教育、医疗、社会保障、就业、文化、体育等各个方面，长三角合作办公室要以领域为基础，积极地将具体内容融入现有的政府考核过程。区域内各层级地方政府相关部门根据规划要求与自身实际制订落实方案与责任部门，在分工明确、优势互补、包融合作的基础上逐步推进公共服务一体化不断发展。最终形成一种以国家级长三角一体化平台立法为决策层，区域领导联席会为协调层，长三角合作办公室为执行层的治理机制。

（四）大力推进都市圈建设，优化长三角空间布局

在区域一体化的空间结构中，都市圈处于核心地位，是科技创新策源，新兴产业集聚，公共政策协同，生态和社会治理以及公共服务均等化的基本载体。随着城市化水平的日益提高，长三角的城市群和都市圈都将在演化中形成新的组合，城市群和都市圈的数量都有可能增加。都市圈是现代经济社会功能区，通常是跨行政区划、跨都市圈，甚至跨城市群的，其边界是弹性的，"你中有我，我中有你"是常态。现阶段，上海都市圈同城化的第二个层面，即上海与周边城市同城化，主要是上海与苏州、南通和嘉兴的同城化。①

当前，长三角多中心格局进一步发展，上海的核心地位也进一步增强。除上海、南京、杭州、苏州、宁波等传统中心城市外，边缘地区的中心城市崛起，边缘城市也正在积极融入区域网络，逐步形成了以都市圈发展为空间形态的空间格局。

交通互联是同城化的基础。在区域一体化和都市圈同城化的背景下，从

---

① 陈宪. 都市圈同城化正推进　三角一体化发展［N］. 每日经济新闻，2021-07-13.

区域统筹协调的角度，解决交通基础设施建设矛盾，合理配置跨界地区的交通基础设施，是长三角推进都市圈发展的重要内容，要加快推进都市圈交通规划编制；要构建多层次、一体化的交通网络；要推进信息互联互通及新技术创新应用；要探索建立都市圈群交通运输一体化协调机制。同时，着力构建应急管理合作系统，畅通都市圈内突发事件信息共享渠道，建立应急队伍和应急资源的联合响应机制，切实推进共建共治。同时，进一步完善体制机制，建立健全都市圈社会治理一体化联动机制，协同强化流动人口管理和服务、公共安全治理等。

第十一章

以重大平台为依托，
加快推进长三角一体化先行先试

第一节　高水平建设长三角生态绿色一体化发展示范区

一、长三角生态绿色一体化发展示范区建设背景

长三角城市群作为经济最具活力、开放程度高、创新能力强、吸纳外来人口最多的区域之一，在中国现代化建设大局和全方位开放格局中具有举足轻重的战略地位。长三角推动区域协调发展起步较早，从1992年召开长三角15个城市经济协作办主任联席会议，到正式印发《长江三角洲区域一体化发展规划纲要》，已经形成了以完善市场主导的资源要素配置机制，构建了以实现区域内各城市间互联互通、共治共享为目标的发展战略思路。在新的历史背景下，面对世界百年未有之大变局及国内社会经济发展新常态，一体化发展亟待破除更深层次的体制机制障碍，破解行政壁垒、地理阻碍、政策各异等问题，推动治理模式的转型升级，实现区域协同创新。由此，在2018年的首届中国国际进口博览会上，习近平总书记明确支持长江三角洲区域一体化发展并将其上升为国家战略，着力落实新发展理念，推进更高起点的深化改革和更高层次的对外开放。2019年，《长江三角洲区域一体化发展规划纲要》正式印发，提出建设长三角生态

绿色一体化发展示范区，在不打破行政区划的基础上，打造生态友好型一体化发展样板、创新重点领域一体化发展制度、强化改革集成创新，引领长三角一体化发展。同年11月，经国务院审批，《长三角生态绿色一体化发展示范区总体方案》正式发布，选择在沪苏浙三省市交界处建设一体化示范区，为全国省际交界地区的发展探索有益经验。示范区范围包括上海市青浦区、江苏省苏州市吴江区和浙江省嘉兴市嘉善县（以下简称"两区一县"），面积约2300平方千米（含水域面积约350平方千米），"两区一县"位于太湖流域蝶形洼地，具有特殊的自然人文地理特点，该区域水网密布，由于地势低洼平坦，水体流动性、通达性较差，水环境容量小，生态敏感性仅次于太湖上游丘陵集水区。示范区发展任务主要有两个方面：一方面通过跨越行政边界的制度创新，集聚优势资源建成新兴功能区域与周边地区融合发展；另一方面明确比较优势，探索新发展理念的可行模式与有效途径。

二、长三角生态绿色一体化发展示范区建设现状

（一）一体化示范区运行的顶层设计

在管理体制方面，一体化示范区采用"理事会＋执委会＋发展公司"三层管理架构，构建全新工作机制，保障各项工作有效实施。理事会由两省一市发展改革、自然资源、生态环境、农业农村、教育、医疗等部门以及苏州市（包括吴江区）、嘉兴市（包括嘉善县）、青浦区组成，突出政府作用和属地责任。理事长由两省一市常务副省（市）长轮值，通过定期召开工作会议进行统一决策。从2019年11月至今，相继召开五次会议，明确了各阶段工作重点及具体项目。执委会作为理事会的执行机构，工作人员由两省一市通过广泛遴选和竞争选拔产生，拥有省级项目管理权限，负责一体化示范区发展规划、制度创新、改革事项、重大项目、支持政策的研究制定和推进实施，已经推出《长三角生态绿色一体化发展示范区重大建设项目三年行动计划（2021—2023年）》等。除此之外，在执委会统筹

指导下，2020 年 8 月成立了长三角生态绿色一体化发展示范区开发者联盟，以市场和社会专业机构为主体，以业界共治形式，搭建市场与政府之间对话的新平台，推动示范区建设能量场，构建新机制、传播新理念、整合新资源。中国长江三峡有限公司、阿里巴巴集团、华为技术有限公司、普华永道会计师事务所、复旦大学、上海交通大学等 12 家单位为联盟创始成员，中国移动通信集团有限公司、上海投资咨询公司、同济大学、长三角投资发展（江苏）有限公司等 13 家单位为第一批加盟成员，浙江大学、亨通集团有限公司等 16 家单位为第二批加盟成员。截至 2022 年，开发者联盟成员累计 43 家，涉及绿色基建、高端制造、能源环保、绿色金融等行业，涵盖央企、民企、合资企业、研究机构、高校、媒体等类型，在"一厅三片"互联互通、生态环保、科技创新、公共服务等重点项目建设及重大战略研究中贡献了重要力量。发展公司作为示范区开发建设主体，是市场化的投资运作平台，2021 年相继成立长三角一体化示范区新发展建设有限公司和长三角一体化示范区水乡客厅开发建设有限公司，参与各类建设工程项目。

在政策措施方面，2019 年出台了《长三角生态绿色一体化发展示范区总体方案》，明确要探索一体化发展新机制，打造"多中心、组团式、网格化、集约型"的空间格局；强调要将生态优势转化为经济社会发展优势，在坚持生态绿色的同时实现经济社会高质量发展。2020 年，公示了《长三角生态绿色一体化发展示范区国土空间总体规划》，提出"世界级滨水人居文明典范"的总体发展愿景，打造"一心、两廊、三链、四区"的生态格局，突出绿色生态特征。在绿色发展方面，规划草案强调探索区域生态补偿、生态用地储备、绿色金融等领域创新，同时坚持生态筑底、理水为要，通过优化各类空间，形成人水相依、城水相融的生态绿色示范区。在经济建设方面，规划草案以创新链与产业链共进为目标，强调依托长三角科研资源优势和产业基础，深化研学产高效互动，打通"原始创新—技术创新—产业创新—服务创新"链条，构建区域创新共同体。同年，上海市、江苏省、浙江省联合出台《关于支持长三角生态绿色一体化发展示范区高质量发展的若干政策措施》，聚焦规划管理、生态保护、土地管理、项目管理、要素流动、财税分享、公共服务和公共信用等重点领域，通过赋能赋权，鼓励大胆试、大胆闯、自主改，加快推进一体化制度创新和重大改革集成，实现共商、共建、共管、共享、共赢，打造服务引领长三角更高质量一体化发展的重要引擎。

（二）一体化示范区生态建设的主要成效

一体化示范区作为生态资源富集地区，肩负着双重使命，既要合力保护好绿水青山，更要探索转化为金山银山。首先，针对跨区域环境治理的关键难点，执委会与两省一市环保部门出台了《生态环境管理"三统一"制度建设行动方案》，明确对区域内的生态环境标准、环境监测监控体系与环境监管执法标准进行统一。2021年5月，印发《长三角生态绿色一体化发展示范区"一河三湖"环境要素功能目标、污染防治机制及评估考核制度总体方案》，首次针对太浦河、淀山湖、元荡、汾湖等跨界水体及其周边重点区域的不同功能要求，统一建立精细化管控机制，进一步改善示范区水生态品质、增强污染物防治水平，为提升示范区流域一体化治理水平、夯实生态优势转化的生态基底提供制度支撑。同年，发布首批生态环境统一标准，涉及固定污染源废气现场监测技术规范、环境空气质量预报技术规范和挥发性有机物走航监测技术规范，在标准编制过程中，两省一市统一立项、统一公开征求意见、统一专家技术审查，各扬所长、通力合作完成示范区工作特色。其次，聚焦跨区域空间治理难题，完善规划及管理设计。一体化示范区结合"一网通办""一网统管""城市大脑"等建设，谋划建立统一的基于地理信息系统（GIS）数据库的规划管理信息平台，推进各级各类规划成果统筹衔接、管理信息互通共享。水乡客厅的规划充分践行"五个一"（一张蓝图管全域、一个平台管实施、一个主体管开发、一套标准管品质、一体化制度管治理）的共建模式。最后，一体化示范区积极探索生态价值转化的多元路径。以共建共享、受益者补偿和损害者赔偿为原则，探索建立多元化生态补偿机制，在太浦河率先建立水质保险项目，引入商业保险保障水质安全；探索建立碳排放权、排污权、用能权、水权等区域交易合作机制，吴江区成功发放了全省首笔超千万元的排污权抵押组合贷款。与此同时，示范区将绿色生态产业作为重点发展方向，相继签约了长三角清洁能源产业示范、碳中和及生态环保研究中心集群等项目，青浦、嘉善正着力打造绿色金融产业园，吴江将进行绿色科技创新债权融资计划。

（三）一体化示范区协同创新的主要成效

一体化示范区以构建区域创新共同体为目标，朝区域协同创新最佳实践区和区域高质量发展"创新增长极"迈出坚定步伐。在协同创新政策体系方面，一是，建立"1+3"的科技联合攻关机制，由上海市科技行政管理部门牵头，联合示范区内两区一县的科技管理部门，创新科技合作机制；二是，相继出台《长三角生态绿色一体化发展示范区先行启动区产业项目准入标准（试行）》和《长三角生态绿色一体化发展示范区产业发展指导目录（2020 年版）》，将其作为三地统一投资管理、合理配置资源的重要依据。在营造协同创新氛围方面，示范区积极推动行政审批和民生服务互联互通，逐步破解企业、人才、资金等要素自由流动的"瓶颈"。在此期间，嘉善和青浦联合办理了全国第一张跨区通办的营业执照，两区一县都办理了企业住所冠"长三角生态绿色一体化发展示范区"营业证照，吴江和青浦联合办理了全国首张跨区域"上海市海外人才居住证"。通过统一相关职业资格考试合格标准和职称评审标准，推进专业技术任职资格和职业技能等级互认等，促进三地人才流动。与此同时，积极开展长三角科技创新券的通用通兑工作，推动示范区内的企业更加便利地享受长三角的科技服务和科技资源，现在已有 104 家企业申领科技创新券，总金额达 3000 万元。几年来，示范区吸引集聚了一批重大产业、技术创新项目和创新平台，上海西岑科创中心、青西金融产业园、国家技术转移东部中心汾湖分中心、长三角数字经济创新基地嘉善国际创新中心、北斗长三角综合集成应用服务示范工程等建成，为示范区加快建设协同创新最佳实践区奠定了坚实基础。此外，示范区正在积极推进具有创新策源意义和成果转化功能的重大载体落户，复旦大学拟建设青浦校区，创建计算与智能、集成电路与微纳电子、生物技术与生物医药工程等三大创新学院，复旦—华为新工科融合创新中心等产教产研联合研究机构；苏州大学在吴江建设未来校区，设置未来科学与工程学院、未来技术研究院、中意国际学院和新药创新国际学院，打造交叉学科平台，实现人才培育、科学研究和产业孵化三位一体功能；嘉善围绕打造具有国际影响力和竞争力的世界级湖区科技创新策源地，探索引入中科院、清华大学等一流科研院校，争取布局建设国家（重点）实验室，实现更多"从0到1"的原创性成果。

（四）一体化示范区公共服务的主要成效

一体化示范区为传统意义上的郊区，在公共服务资源方面相对欠缺，通过制度与技术的双重推动，正在促进优质资源共享。一方面，积极对接两省一市的优质资源，例如青浦区先后引进了复旦兰生学校、复旦大学附属妇产科医院、上海儿童医院、澳大利亚联实养老院等优质公共资源；吴江区引进了京东方（苏州）数字医院、国家儿童医学中心、复旦大学附属儿科医院等优质医院；嘉善建成了浙师大附校、上师大附校等优质学校。另一方面，依托技术完善资源共享机制，例如通过长三角互联互通平台，建成"长三角一体化示范区"试点医院间检验检查结果的互认平台；推出以社保卡为载体的"一卡通"服务管理机制，实现示范区内图书馆通借通还、旅游景点入园优惠、跨省公交刷卡乘车等便民服务；构建示范区"跨省通办"综合受理服务机制，在两区一县同步启用示范区"跨省通办"综合受理服务窗口，纳入三地所有权限内全部民生事项。与此同时，一体化示范区着眼于公共交通、生态空间、历史文化等公共产品，加快完善产品供给。在跨省交通方面，积极推进青浦与吴江的元荡路、上海轨道交通17号线西延伸工程、沪苏湖和通苏嘉甬高速铁路等建设；在生态空间方面，已经贯通元荡生态岸线、青浦新城环城水系，正在推进环淀山湖高品质贯通工程，为市民提供了休闲娱乐空间；在历史文化方面，青浦朱家角、吴江同里、嘉善西塘等历史文化名镇积极参与江南古镇联合申遗，共同提升区域文化软实力。

第二节 高水平建设上海自由贸易试验区新片区

2019 年 8 月 20 日，上海自贸试验区临港新片区正式揭牌。这不是区域的简单扩大和现有政策的简单平移，而是更深层次更宽领域更大力度的全方位高水平开放。上海自贸试验区临港新片区在适用自贸试验区各项开放创新措施的基础上，支持新片区以投资自由、贸易自由、资金自由、运输自由、人员从业自由等为重点，推进高水平建设。

一、公平竞争的投资经营便利

（一）加大重点领域开放

为贯彻 2020 年 1 月 1 日施行的《外商投资法》，2019 年 9 月 18 日上海发布了《关于本市进一步促进外商投资的若干意见》（以下简称《若干意见》），以进一步扩大对外开放，积极促进外商投资，保护外商投资合法权益，推动形成上海全方位高水平开放新格局。《若干意见》明确，推进上海自贸试验区及临港新片区投资自由化便利化，进一步在电信、保险、证券、科研和技术服务、教育、卫生等重点领域加大对外开放力度，放宽注册资本、投资方式等限制，打造全方位开放的前沿窗口。

1. 加大开放压力测试

离岸贸易是新片区要发展的新型国际贸易服务产业之一。企业开展离岸贸易、转口贸易，包括转卖业务，会遇到一些具体的政策障碍。政府部门也在积极地解决这些企业的难点和痛点，希望利用新片区的政策去突破这些障碍，帮助企业扩大这类业务的规模。2019 年 8 月 30 日发布的《关于促进中国

（上海）自由贸易试验区临港新片区高质量发展实施特殊支持政策的若干意见》也提出，支持新片区内企业开展真实、合法的离岸转手买卖业务，金融机构可按照国际惯例，为新片区内企业开展离岸转手买卖业务提供高效便利的跨境金融服务。

除了在上述重点领域加大对外开放力度，《若干意见》还提出，鼓励和支持外商投资新一代信息技术、智能制造装备、生物医药与高性能医疗器械、新能源与智能网联汽车、航空航天、海洋工程装备、高端能源装备、新材料、节能环保等战略性新兴产业和研发设计、总集成总承包、检验检测认证、供应链管理、电子商务等生产性服务业重点领域，鼓励外商投资企业实施产业转型升级和技术改造。同时实施更开放的总部政策，支持地区总部和研发中心等功能性机构率先实施本市各项扩大开放试点措施，打造高水平总部经济平台，吸引全球优质企业总部落户。

《若干意见》还提出，落实国家关于扩大金融业对外开放部署，放宽或取消金融机构外资股权比例等准入条件，争取金融业开放措施项目率先落地。

作为金融资源的集聚地，上海在我国金融业对外开放方面一直走在全国前列，外资金融机构占上海所有持牌金融机构总数近30%。目前上海已经向金融监管部门上报了五批共48个金融业开放项目。

临港新片区之所以称为"新"，体现之一就是更注重探索开放风险压力测试区。过去自贸试验区以制造业开放为主，未来要转向以服务业开放为主，而一些关键性服务行业开放存在风险问题。如何既开放又平衡好风险，就需要有一个地区进行开放带来的压力测试，而这对政府监管也带来了更高要求。设立新片区的实质是在更深层次、更宽领域、以更大力度推进全方位高水平开放，是全方位、深层次、根本性的制度创新变革。

2. 准入后国民待遇

从2017年4月的"外资33条"，到2018年7月的"扩大开放100条"，再到2019年8月的《上海市新一轮服务业扩大开放若干措施》，近年来，上海针对外资的扩大开放举措持续且密集地推出。上海近年来的对外开放呈现了务实和纵深推进的特点，推动了上海外向型经济取得有力进展，对外贸易稳中有升，利用外资企稳回升，金融开放稳步推进，国际营商环境整体优化取得新的突破。

当前，上海正全力推进自贸试验区临港新片区建设，这为包括外资企业在内的所有企业提供巨大发展舞台。特别是《外商投资法》的出台，将为进一步扩大开放，保护外商投资合法权益给予强有力的法律保障。为了进一步吸引外资，《若干意见》提出，全面实施准入前国民待遇加负面清单管理制度，负面清单之外的领域，任何部门和单位不得对外商投资准入进行限制。加大对外商投资企业享有准入后国民待遇的保障力度。

同时，发挥中国国际进口博览会招商引资促进效应，对接中国国际进口博览会高级别经贸团组和境外参展企业，每年举办"上海投资推介大会"，推出"投资上海地图"和特色经贸考察路线，推动高能级外资项目落地。为了主动对接中国国际进口博览会资源，上海将推出 50 条特色经贸考察路线，在全市范围推出 50 多场投资促进活动，开展精准有效的招商引资。此外，《若干意见》也提出，支持外商投资企业依法依规通过在主板、科创板、中小企业板上市，在新三板挂牌以及发行公司债券等方式拓展融资渠道。

《若干意见》也提出，要进一步保护外商合法权益。积极营造内外资公平竞争的市场环境，外商投资企业依法平等适用上海市支持企业发展的各项政策。保障外商投资企业依法平等获取人力资源、资金、土地使用权和自然资源等生产要素，公平参与市场竞争。依法保护外国投资者的投资、收益和其他合法权益，外国投资者的出资、利润、资本收益、资产处置所得、知识产权许可使用费、依法获得的补偿或者赔偿、清算所得等，可以依法以人民币或者外汇自由汇入、汇出。

（二）试行商事主体登记确认制

2020 年 9 月 7 日，上海自贸试验区临港新片区管委会、上海市市场监管局发布《中国（上海）自由贸易试验区临港新片区商事主体登记确认制实施办法（试行）》，商事主体登记确认制正式在临港新片区产城融合区内施行。

商事主体登记确认制即以申请人信用承诺为基础，推行材料清单标准化、办理流程电子化、登记审查智能化，通过登记确认商事主体和一般经营资格，签发营业执照，并予以公示的制度。除法律、法规另有规定外，登记机关对申请人提交的申请实行行政确认。

以商事主体经营范围为例，按照实施办法，商事主体经营范围实行自主申报，申请人可在线自主勾选经营范围。登记机关不再对自主勾选的经营范围进行审查。

商事主体登记确认制的施行是临港新片区落实《中国（上海）自由贸易试验区临港新片区总体方案》中关于投资贸易自由化改革任务的重要措施，将最终实现接轨国际商事通行规则，大幅降低市场主体准入的制度性成本，还企业以生产经营和投资自主权，加快商事主体进入市场开展商事活动的速度。截至 2020 年 9 月，上海自贸试验区临港新片区揭牌以来，新增注册企业 15115 户，同比增长 70%，注册资本金超过 2000 亿元，同比增长 313%。

（三）健全争议解决方式

2019 年 12 月 30 日，上海市高级人民法院（以下简称上海高院）召开新闻发布会，对外发布《上海法院服务保障中国（上海）自由贸易试验区临港新片区建设的实施意见》（以下简称《实施意见》）和《上海法院涉外商事纠纷诉讼、调解、仲裁多元化解决一站式工作机制的指引（试行）》（以下简称《指引》）。

1. 纠纷的发展趋势

据统计，自 2019 年 9 月 1 日至 12 月 25 日，上海高院共受理涉新片区案件 2487 件，审（执）结 2104 件。其中，知识产权、金融、涉外商事纠纷等类型案件收案量上升幅度明显，分别同比上升 133%、16.67%、11.76%。这表明，新片区设立后商事交易活跃度快速提升，商事纠纷提交司法解决的需求日益凸显。来自上海高院的调研显示，新片区的纠纷在未来呈现三个发展趋势。

第一，案件数量将出现递增趋势。新片区先行启动区域119.5平方千米，与"老片区"面积相当。同时，按照发展规划，力争到2035年新片区生产总值将与2021年的浦东新区相同。可以预见，新片区设立后相关纠纷案件将出现逐年递增趋势。

第二，案件类型结构将发生新变化。由于新片区高度开放的制度设计和建设开放型产业体系的规划目标，新片区已经并将持续涌现一批新产业、新业态和新型交易模式。与此相适应，一大批新型的跨境货物贸易、国际投资、国际航运、离岸服务贸易、离岸金融交易等纠纷类型将不断出现。总体上，涉新片区案件的"国际性"将显著增强。

第三，案件审理所涉法律制度和规则的特殊性对司法提出新要求。新片区将实施具有较强国际市场竞争力的差异化开放政策和制度，将会有很多涉外诉讼纠纷需要对接国际通行规则来解决，在这方面与区外其他地方案件审理存在显著区别，给法院司法带来许多新的课题。

2. 创新商事审判体制机制

《实施意见》的五大创新亮点，分别是：推进国际商事审判体制机制的创新完善、强化我国法院对国际商事纠纷的司法管辖、强化涉新片区司法政策的开放性和包容度、深化国际商事诉讼机制改革、完善国际商事诉讼便民机制。

此次发布的《实施意见》上海高院将探索受理没有连接点的国际商事案件，即外国当事人对与我国司法辖区没有连接点的国际商事案件，约定由上海国际商事审判专门组织管辖的，可由上海国际商事审判专门组织进行管辖，但应当遵守我国法律或者司法解释关于级别管辖的规定。这一规定有利于强化我国法院对与新片区相关的离岸交易、跨境交易等国际商事交易的司法管辖权，依法维护中外企业在国际商事交易中的合法权益，促进我国企业更好防范化解相关法律风险。

关于强化涉新片区司法政策的开放性和包容度，《实施意见》明确了具体的实践路径，提出与符合条件的国际商事调解机构、仲裁机构加强沟通，共同构建"一站式"纠纷解决平台，完善国际商事纠纷多元化解决机制。

关于涉外商事纠纷解决一站式工作机制，该项机制的目标就是充分发挥诉讼、调解、仲裁等不同纠纷解决方式的优势，引导当事人选择适宜的途径解决涉外商事纠纷，根据不同类型纠纷的实际情况，在诉讼、调解、仲裁程序之间顺畅转换，并为当事人及时获得域外法查明、涉外翻译、涉外公证等法律服务提供指引，推动涉外商事纠纷的实质化解决。

此次《实施意见》的发布，是服务保障扩大开放国家战略实施，加快建设开放型经济新体制的重要举措；是贯彻落实《新片区总体方案》，构建新片区投资贸易自由化便利化特殊制度体系的具体措施；是服务保障新片区高质量发展，促进上海加快建设"五个中心"、打造国际一流营商环境的重要举措；是推进国际商事审判专业化建设，提升中国司法在全球商贸规则体系中制度性话语权和影响力的重要举措。

二、高标准的贸易自由化

（一）建立洋山特殊综合保税区

2019 年 8 月国务院公布《中国（上海）自由贸易试验区临港新片区总体方案》（以下简称《方案》）提出，新片区将建立洋山特殊综合保税区，实施更高水平的贸易自由化便利化政策和制度。2019 年 11 月 4 日，中华人民共和国海关总署发布了《中华人民共和国海关对洋山特殊综合保税区监管办法》，以贯彻落实《方案》要求，高标准推进中国（上海）自由贸易试验区临港新片区贸易自由化，充分发挥洋山特殊综合保税区作为对标国际公认、竞争力最强自由贸易园区的重要载体作用。

1. 主要内容

洋山特殊综合保税区是指经国务院批准，设立在临港新片区内，具有物流、加工、制造、贸易等功能的海关特殊监管区域。与一般的综合保税区相比，洋山特殊综合保税区货物、物品及区内企业的主要监管措施特点见表 11-2-1。

表 11-2-1 洋山特殊综合保税区与综合保税区监管的比较

监督范围	综合保税区	洋山特殊综合保税区
与境外之间进出货物	综合保税区与境外之间进出的货物应当按照规定向海关办理相关手续	依法需要检疫的进出境货物原则上在口岸监管区内监管作业场所（场地）实施检疫，经海关批准，可在洋山特殊综合保税区内实施检疫； 对属于法定检验的大宗资源性商品、可用作原料的固体废物等的进境检验，需在口岸监管区内作业场所（场地）实施； 对法律、法规等有明确规定的，涉及我国缔结或者参加的国际条约、协定的，涉及安全准入管理的进出境货物，除必须在进出境环节验核相关监管证件外，其他的在进出区环节验核； 属于上述规定范围的，企业应向海关办理申报手续；不属于的，海关应予放行
与区外之间进出货物	区内企业和区外收发货人分别按照规定向海关办理相关手续；海关对于综合保税区与其他海关特殊监管区域或者保税监管场所之间往来的货物，实行保税监管	货物从洋山特殊综合保税区进入境内区外的，由进口企业向海关办理进口申报手续。货物从境内外进入洋山特殊综合保税区的，由出口企业向海关办理出口申报手续； 除另有规定外，对其他海关特殊监管区域、保税监管场所与洋山特殊综合保税区之间进出的货物，由其他海关特殊监管区域、保税监管场所内企业申报进出境备案清单
区内企业	区内企业单独设立海关电子账册	海关不要求区内企业单独设立海关账册，但区内企业所设置、编制的会计账簿、会计凭证、会计报表和其他会计资料，应当真实、准确、完整地记录和反映有关业务情况，能够通过计算机正确、完整地记账、核算的，其计算机储存和输出的会计记录视频同会计资料

资料来源：作者自行整理而得。

2. 亮点特色

作为海关特殊监管区域的一种新的类型，洋山特殊综合保税区在贸易自由化、特殊经济功能区建设、监管制度创新等方面进行了大胆的尝试和积极探索。

（1）实现高标准贸易自由化

洋山特殊综合保税区在全面实施综合保税区政策的基础上，进一步取消了不必要的贸易监管、许可和程序要求，实施了更高水平的贸易自由化便利化政策和制度。例如一线进出境环节进一步放开，二线进出区环节比照进出口监管；取消区内企业单独设立海关账册的要求等，更加凸显其"境内关外"的概念，对标国际自由贸易港建设，积极推进新型业务和新型模式的发展。

（2）发力国际中转业务

首先，一线进出境监管放松，可以极大程度推动国际中转业务的开展。海外运输至口岸的货物无需报关报检，简化了企业手续，最大程度提高了口岸效率，节省了物流时间和成本，强化港口的国际枢纽作用。同时，放开中转集拼业务的货物种类。目前，海关规定对于检疫风险高的进口肉类、水产品等食品，不允许开展中转集拼业务。而在洋山特殊综合保税区内，除国家禁止进出境货物外，其他货物均可进行中转集拼。这对于完善口岸集装箱吞吐结构，吸引国际采购、分拨等高附加值物流增值服务，提升港口在全球物流产业链和价值链的地位，都具有极大的推动作用。

3. 实施风险管理措施

在监管制度方面，围绕着安全监管为主的理念，引入了风险管理措施。对相关进出境货物及物品、进出口货物及物品和国际中转货物以及涉及国家进出境限制性管理、口岸公共卫生安全、生物安全、食品安全、商品质量安全、知识产权等的安全准入，根据风险情况，实施必要的监管和查验，进一步促进便利化监管，有效提高了口岸监管服务效率，增强口岸贸易活力，为临港片区创新业务和举措的有效落实提供了政策支持。

（二）发展新型贸易

充分发挥临港新片区制度创新优势，积极支持新片区开展离岸贸易、保税维修、数字贸易等新型国际贸易业态的发展。离岸业务内容非常广泛，也非常多，离岸贸易的发展已经深刻融入到国际业务当中，也是培育本土跨国公司的重要方面。现在所讲的离岸业务已经不是过去讲的避税、免税，而是指把企业的决策、运营管理、结算、服务放在上海临港新片区，业务是离岸的。这对提升五个中心能级和上海在全球价值链中的竞争力都具有重要的意义。离岸贸易包括转口贸易的发展，主要有这四方面。

1. 创新相关的试点模式

把原有上海自贸试验区的制度复制到临港新片区。2018 年发布了《关于明确自由贸易账户支持上海发展货物转手买卖贸易有关事项的通知》。临港新片区成立之后，市商务委和临港新片区共同发布了关于支持在临港新片区发展离岸和转口贸易的相应的工作方案，主要就是允许在白名单内的企业基于自由贸易账户来开展离岸贸易，利用国际通行规则为其提供跨境金融服务。企业通过自由贸易账户进行的离岸业务无需逐笔提交单证，实现和国际规则的对接。

2. 优化金融服务

通过优化金融服务支持真实合规的离岸贸易业务发展。为了解决企业基于离岸转手买卖的真实合理业务诉求，市商务委和国家外汇管理局上海市分局联手，积极鼓励银行采取多渠道金融服务的创新方式。如果银行的真实性审核有困难，可以向外汇管理局反馈，外汇管理局会大力支持。临港新片区运作一年来，已经有数十家企业进入了白名单，在外汇管理局指导下，已有14 家银行、50 多家集团开展了外汇离岸业务。

3. 争取中央支持

解决离岸业务发展中的一些税收政策问题，进一步降低企业的交易成本，提高交易的效率。此外，如利用临港新片区的制度优势，推进保税维修业务的发展。上海的加工贸易进出口占比在逐渐下降，但是加工贸易制造业的附加值在逐步上升，主要原因是加工制造等环节向服务环节、维修环节延伸，促成上海加工贸易转型升级。2020 年 5 月，商务部、生态环境部、海关总署发布了《关于支持综合保税区内企业开展维修业务的公告》，联合上海海关、市生态环境局起草关于支持在综合保税区内开展维修业务的实施办法，在临港新片区原有拓展全球维修业务的基础上，进一步提升临港新片区在国际船舶和飞机检测维修、发动机组装及维修等方面的优势，将洋山特殊综合保税区打造成综合型全球检测维修与再制造基地。此外，还通过服务业对外开放促进服务贸易发展。如大力发展高端航运服务，在航运咨询、海事教育培训等方面推动保险结算等高能级服务业态的离岸和在岸业务发展。利用临港新片区的政策优势，促进总部集聚发展，提升临港新片区在供应链、价值链配置方面的地位，包括引进贸易中心、研发中心等功能平台，吸引这类主体、企业集聚。

4. 发展数字贸易

数字贸易方面，临港新片区的数字贸易促进平台已经开通，已有65家企业登陆平台开展对接，下一步将继续围绕数字服务、数字内容、云服务等方面，进一步发展数字贸易。希望能利用临港新片区制度创新的优势，在数字创新、数字引领以及数字开放方面有所突破，进一步打造临港新片区在数字贸易方面的引领作用。

（三）促进服务贸易

临港新片区将加快服务贸易集聚发展，推动服务贸易示范基地建设，加快文化服务、技术产品、生物医药、软件信息、研发设计、检测维修、建筑服务、信息通信、检验认证等资本技术密集型服务贸易发展。

1. 国家外贸转型升级基地（汽车及零部件基地）

为推动上海国际贸易与产业的有机结合，加快培育外贸在技术、品牌、质量等方面的竞争新优势，在国家商务部指导下，上海市已先后获批了7个国家级外贸转型升级基地。临港新片区的汽车及零部件基地已吸纳成员单位19家，初步形成了以上汽集团乘用车、特斯拉整车制造为龙头，沃尔沃遍达发动机、喷达汽车精密部件等全球知名汽车零部件企业加快集聚的发展态势。2019年，基地出口额实现160%以上的增长，成为外贸稳规模、提质量、优结构的重要示范载体。临港新片区以获批国家级基地为契机，加快服务贸易发展，具体体现在以下几个方面。

（1）进一步加强内部机制建设

聚焦新片区汽车产业发展定位，完善基地管理架构和运行机制，加强对基地中长期发展的总体规划，发挥产业对贸易的支撑作用，推动出口产品提升质量、档次和技术含量。

（2）进一步提升企业服务能力

以优化公共配套服务为重点，为基地企业在检验检测、信息提供、培训服务、展览展示等方面加大公共服务供给，支持企业在专业细分领域做精做优，提升对基地企业的向心力。

（3）进一步发挥制度创新作用

以自贸试验区临港新片区为平台，用足用好现有新片区各项贸易投资支持政策，积极探索新型贸易方式发展，研提合理化建议和需求，为全市外贸转型发展积累经验。

2. 上海国际服务贸易示范基地

上海市商务委授予新片区"上海国际服务贸易示范基地"称号，是为了突出新片区信息、要素和资源集聚的优势，在数字贸易、技术贸易和服务外包等领域加快推进新片区服务贸易发展。新片区将发挥自身优势，率先探索，大胆突破，从大力推动服务贸易领域的改革和开放、加快数字贸易领域创新发展、推动服务外包业务向价值链中高端转型升级这三个方面进行探索，全力推进服务贸易重点领域的发展。

三、资金便利收付的跨境金融管理制度

2020年5月8日，上海自贸区临港新片区管委会会同人民银行上海总部、上海银保监局、上海证监局、市金融工作局共同发布《全面推进中国（上海）自由贸易试验区临港新片区金融开放与创新发展的若干措施》，在落实对外开放、强化制度创新、培育金融体系、服务实体经济、加强服务保障五方面提出了50条创新举措，着力解决当前我国金融开放与创新发展过程中遇到的"瓶颈"和难题，为全面推进临港新片区金融开放与创新发展提供有效路径。

（一）扩大金融开放

1. 加强与国际接轨的制度建设

新片区将健全金融法治环境，推动临港新片区国际商事审判组织建设，

加快国际仲裁机构的业务机构集聚，打造调解、仲裁与诉讼相互衔接的多元化纠纷解决机制。支持资本市场法律服务中心等专业机构的发展。实施具有国际竞争力的跨境金融税收政策，扩大临港新片区服务出口增值税政策适用范围，研究适应境外投资和离岸业务发展的临港新片区税收政策。探索试点自由贸易账户的境外投资收益递延纳税等税收政策安排。实施国际互联网数据跨境安全有序流动，探索金融交易数据跨境流动，畅通金融机构获取境外经济金融信息的渠道。

2. 吸引外资设立各类机构

新片区将支持外资机构与中资银行或保险公司的子公司在临港新片区合资设立由外方控股的理财公司，支持境外金融机构参与设立、投资入股商业银行理财子公司。支持外资在临港新片区设立由外资控股或全资持有的证券公司、基金管理公司和期货公司。支持在临港新片区设立由外资控股或全资持有的人身险公司。支持境外金融机构在临港新片区投资设立、参股养老金管理公司。支持跨国公司在临港新片区设立全球或区域资金管理中心等总部型机构，经批准可参与银行间外汇市场交易，使临港新片区成为亚太地区跨境资金流动和调配中心。支持境外投资机构在临港新片区内发起设立私募基金，深化外商投资股权投资企业（QFLP）试点和合格境内有限合伙人（QDLP）试点。

3. 大力引进海外优秀金融人才

新片区将对在临港新片区工作的境外高端、紧缺人才，给予个人所得税税负差额补贴。对符合条件的境外高端人才，在外国人来华工作许可、外国人才签证加分、外籍高层次人才永居申请等方面给予支持。支持符合条件的具有境外职业资格的金融人才经备案后，在临港新片区内提供服务，其在境外的从业经历可视同国内从业经历。

（二）开展跨境金融服务

1. 实施资金便利收付的跨境金融管理制度

新片区将探索建立本外币一体化账户体系，实施更加便利的跨境资金管理制度。拓展自由贸易账户功能，推进临港新片区内资本自由流入流出和自由兑换。探索取消外商直接投资人民币资本金专用账户，探索开展本外币合一跨境资金池试点。支持符合条件的跨国企业集团在境内外成员之间集中开展本外币资金余缺调剂和归集业务，资金按实需兑换。探索外汇管理转型升级，推动低成本、高效率、有标准的经常项目可兑换，率先实现非金融部门资本项目可兑换，建设跨境投融资便利设施和跨境资金流动监测分析中心，形成国际收支及汇兑全新管理体系。

2. 实施高水平贸易投资自由化便利化措施

新片区将支持和推荐更多临港新片区企业纳入优质企业名单，享受跨境人民币结算便利化等政策先行先试。支持临港新片区内企业参照国际通行规则依法合规开展跨境金融活动，支持金融机构在依法合规、风险可控、商业可持续的前提下为临港新片区内企业和非居民提供跨境发债、跨境投资并购和跨境资金集中运营等跨境金融服务。支持金融机构按照国际惯例为临港新片区内企业开展离岸转手买卖、跨境电商等新型国际贸易提供高效便利的跨境金融服务，完善新型国际贸易与国际市场投融资服务的系统性制度支撑体系，打造供应链金融管理中心。临港新片区内企业从境外募集的资金、符合条件的金融机构从境外募集的资金及其提供跨境服务取得的收入，可自主用于临港新片区内及境外的经营投资活动。

3. 提升跨境金融供给能力

新片区将支持临港新片区开展境内贸易融资资产跨境转让业务。支持上海票据交易所及相关数字科技研发支持机构建立平台，办理贸易融资资产跨境转让业务，促进人民币跨境贸易融资业务发展。支持符合条件的临港新片区内金融机构开展跨境证券投资、跨境保险资产管理等业务。探索设立国际金融资产交易平台，适应境内外投资者需求。

4. 依托产业优势促进跨境业务和离岸业务发展

新片区将支持融资租赁产业依托洋山特殊综合保税区建设做大做强，加快发展租赁资产证券化等业务，打造融资租赁产业高地。大力促进单机、单船、单套设备融资租赁业务集聚和创新发展，支持母子公司共享外债额度、海关异地委托监管等便利政策。推进"中国洋山港"保税船舶登记，大力发展航运融资、航运保险、航运结算、航材租赁、船舶交易和航运指数衍生品等业务，提升高端航运服务功能。积极对接在沪金融要素市场，在洋山特殊综合保税区大力开展国际大宗商品交易，深入推进期货保税交割业务，推动期货市场与现货市场的联动发展。支持保险机构与境外机构合作开发跨境医疗保险产品、开展国际医疗保险结算试点，加快建设国际医疗服务集聚区。

（三）推进资本项目开放

1. 支持设立各类总部型或功能性机构

新片区将支持银行、证券、保险等各类金融机构为临港新片区进行高端专业金融赋能，打造总部级别的专业化、功能性平台，包括但不限于跨境业务中心、跨境资管中心、跨境托管中心、跨境银团中心、跨境票据中心、金融创新实验室、金融市场业务中心，进一步提升临港新片区金融服务的能级。支持符合条件的非金融企业集团在临港新片区设立金融控股公司，加强对各金融业务板块的股权管理和风险管控，并参照金融机构享受相关扶持政策。

2. 集聚发展各类资产管理机构

新片区将支持符合条件的商业银行理财子公司在临港新片区设立专业子公司。支持符合条件的商业银行在临港新片区设立金融资产投资公司，支持符合条件的金融资产投资公司在临港新片区设立专业投资子公司。支持证券公司在临港新片区设立专业子公司。支持保险资产管理公司设立专业资产管理子公司。为各类社会资本在临港新片区设立投资类公司提供高效便利服务。

3. 加快建设金融科技生态圈

新片区将把握金融业数字化转型机遇，支持金融机构运用金融科技赋能创新金融产品和服务模式，包括但不限于数字银行、智能投顾、保险科技、数字支付等。发挥临港新片区先行先试优势，积极探索金融科技监管创新，试点开展"监管沙盒"机制，探索人工智能、大数据、云计算、区块链等新技术在金融领域应用，打造具有国际影响力的金融科技创新试验港。支持金融要素市场、持牌类金融机构和大型科技企业在临港新片区设立金融科技公司、金融科技实验室、企业技术研究院等，对具有重大示范引领作用的，参照金融机构享受相关扶持政策。积极配合国家金融管理部门加强金融基础设施建设，争取交易报告库、基础征信系统等设施及其运营机构在临港新片区落地。

4. 加大对重点产业的信贷支持力度

新片区将综合运用融资担保、贷款贴息、风险补偿等财政政策工具，支持开发性金融机构、政策性金融机构和商业性金融机构为临港新片区内高新技术产业、航运业等重点领域发展提供长期信贷资金，并积极支持保险公司创新金融产品和服务。鼓励开发性、政策性银行运用抵押补充贷款（PSL）资金支持临港新片区内重大科技创新及研发项目。鼓励金融机构运用再贷款、再贴现资金，扩大对临港新片区内科创类企业、高端制造业企业、小微企业和民营企业等信贷投放。鼓励金融机构发行双创金融债券，募集资金用于临港新片区内科技创新企业贷款。

5. 拓宽科创企业直接融资渠道

新片区将支持商业银行理财子公司建立的专业子公司、金融资产投资公司及其专业投资子公司、证券公司专业子公司、保险资产管理公司专业子公司机构发展，投资临港新片区的重点建设项目股权和未上市企业股权，参与企业重组、直接投资等。支持商业银行和银行理财子公司与临港新片区内的资产管理机构开展业务合作。更好发挥保险资金支持实体经济功能，引导保险资金积极开展价值投资、长期投资，支持保险机构投资与临港新片区建设相关的科创类投资基金或直接投资于临港新片区内科创企业。设立临港新片区引导基金，积极吸引各类社会资本在重点产业领域组建产业发展基金群，不断拓宽临港新片区科创企业的股权直接融资渠道。深化与上海证券交易所、上海股权托管交易中心等合作，建立临港新片区资本市场服务联动工作机制，加大对科创企业挂牌、上市的培育辅导和财政奖励，加快培育一批创新能力强、成长速度快、能够引领和支撑产业发展的创新龙头企业上市科创板。

6. 加快金融集聚区建设

新片区将优化现代服务业开放区功能空间布局，全力吸引各类持牌类金融机构、新型金融机构、投资类企业和金融功能性机构入驻。加快会计审计、法律服务、信用评级、投资咨询、财经资讯、人力资源等金融专业服务业发展。对于在临港新片区新设的机构，给予相应的落户奖励，最高不超过6000万元。对金融机构因业务发展需要增加实缴资本金的，给予一定的增资奖励。根据机构（包括融资租赁 SPV 公司）形成的管委会财力贡献，给予一定的综合贡献奖励。支持新设机构在临港新片区新建、购置或租赁自用办公用房，对于购地建设自用办公用房，且建筑面积自用率达到 70% 的，对项目建设费用给予一定的奖励；对于租赁自用办公用房的，根据实际租赁面积，按年租金最高 100% 的比例给予补贴，年限不超过 3 年。对在临港新片区工作的金融人才支持享受人员落户、人才公寓或限价商品房、子女教育、医疗保障等方面的优惠政策。对于符合条件的高管人员和特殊高端人才，给予个人贡献奖励，并给予落户支持，紧缺急需的特殊人才符合条件的可直接落户。

7. 支持金融业务创新发展

新片区将建立重大项目服务专员机制，为金融机构注册设立、牌照申请、业务对接、金融创新提供全生命周期的定制化服务。建立金融创新协调推进机制，根据金融机构业务发展和创新需求，为金融机构与国家金融管理部门对话搭建桥梁、为金融产品和服务创新提供平台，争取更多首创性金融政策在临港新片区先行先试。建立产融合作长效工作机制，定期举办专业路演、行业沙龙、产融对接会等活动，为金融机构和企业提供有效的对接服务。设立临港新片区金融业务创新发展资金，每年评选十大金融创新企业、金融业十强企业和十大杰出金融创新人才，并给予一定的奖励，鼓励开展跨境金融、离岸金融等产品和服务创新。

四、高度开放的国际运输管理

（一）国际运输便利相关政策

1. 国际船舶登记

上海自贸试验区临港新片区实行更加便利的"中国洋山港"籍船舶登记管理制度，逐步放开船舶法定检验。在确保有效监管、风险可控前提下，对境内制造船舶在"中国洋山港"登记从事国际运输的，视同出口，按照国家规定给予出口退税。

2. 国际航运服务

上海自贸试验区临港新片区支持内外资企业和相关机构开展航运融资、航运保险、航运结算、航材租赁、船舶交易和航运仲裁等服务；建设国际航运补给服务体系；推动发展航运指数衍生品业务。

3. 启运港退税

上海自贸试验区临港新片区进一步完善启运港退税相关政策，对符合条件的出口企业经洋山港离境的集装箱货物，实行更加便利高效的监管和服务。

4. 多式联运

上海自贸试验区临港新片区以洋山深水港、浦东国际机场和芦潮港铁路集装箱中心站为载体，推动海运、空运、铁路运输信息共享，提高多式联运的运行效率。

5. 国际航空业务

支持浦东国际机场开展航空中转集拼业务，实行更加便利的海关监管制度。支持浦东国际机场建设具有物流、分拣和监管集成功能的航空货站，实行更加便利的航空货运监管模式和货机机组人员出入境边防检查管理模式。对国际中转旅客及其行李实行通程联运，进一步缩短中转衔接时间。

（二）国际船舶新政的制度设计

1. 监管理念的颠覆性创新

从对早期的特案免税登记政策、国际航运发展综合试验区政策（国务院

2009 年 19 号文对 2007 年的特案免税登记政策延期）、中国洋山保税船舶登记政策（2014 年被国家财政部明文禁止叫停）以及中国自贸区国际船舶登记政策（2013 年上海作为中国第一个自贸区正式成立时设计的此项政策）长期跟踪研究来看，虽不能说特案免税政策是一个失败的政策，但可以非常明确地指出特案免税政策绝非成功之例。因为特案免税登记政策从来没有对登记的船舶的监管理念和性质作任何创新，后来的自贸区国际船舶登记政策也是如此。

过去的所有政策只是要求实施特案免税政策或者国际船舶登记政策，至于在所谓的特案免税登记政策或者国际船舶登记政策下登记的船舶如何进行监管、以什么理念进行监管以及如何界定船舶性质等问题却没有明确规定。这就造成后来相关登记政策在实施过程中争议不断，引发各种问题。在以往没有明确规定船舶监管模式的情况下，登记船舶往往按照国内船舶或者进口二手船来处理，整个政策就陷入死胡同——把问题的焦点长期聚焦在船舶税收问题上。特案免税登记政策和之前的国际船舶登记政策也就是在这种背景下产生和不断变革的。正是由于过去这种理念的长期束缚，特案免税登记政策一直陷入屡试屡败、屡败屡试、不断延期的怪圈，之前的国际船舶登记政策也受理念制约当然是实施效果不佳。应该说，这次国际船舶登记新政在船舶监管理念上有了巨大的颠覆性创新突破。给予国际船舶登记更明确的内容：在"中国洋山港"登记从事国际运输的，视同出口。新片区国际船舶登记政策下的船舶这一监管理念的创新突破，从本质上解决了新政登记下的船舶的监管属性问题，也更好地解决了长期以来纠结不清的船舶税收问题。可以说，这项新政如果成功实施必将是对中国长期以来实施特案免税登记政策的终结。也正是有了这种理念的突破，其他阻碍国际船舶登记政策实施的相关制约也有了相应的改革空间。

2. 配套政策的完美结合

在监管理念上，将在未来临港新片区国际船舶登记新政下登记的船舶作为出口船舶进行监管，并配以出口退税政策，这是对这项新政有效实施的完美补充和重要支撑。从以往特案免税和之前的自贸区国际船舶登记制度实施情况看，没有这项配套政策，船舶登记政策实施也是举步维艰。如前文所述，受监管理念的束缚，登记的船舶按国内船舶或者进口二手船来监管处理，自然谈不上出口退税的问题。这就导致前期所有船舶登记政策在实施过程中受到造船工业界的质疑，一直饱受一种完全不必要的争议，即中国推行的国际船舶登记政策将会减少海运企业在中国造船的订单、削弱中国造船的竞争力。而这次临港新片区船舶登记监管理念的创新加上这项配套政策的结合，有效地解决了长期遗留的症结问题，这是新政的成功之处。

五、自由便利的国际人才流动管理

2019 年 8 月上海市政府发布了《关于促进中国（上海）自由贸易试验区临港新片区高质量发展实施特殊支持政策若干意见》（以下简称《临港 50 条》）。《临港 50 条》的第 4 条到第 15 条，都是围绕吸引人才展开，共 12 条政策，其中国内、国际人才政策各 6 条。国内人才方面侧重于支持人才引进落户和人才的培养激励，国际人才方面侧重于吸引境外专业人才来新片区工作的各项便利。上海市将在临港新片区实行更加积极、更加开放、更加有效的人才政策，为新片区集聚海内外人才提供坚强有力的保障，让各类人才在新片区各展其才、各尽其用，打造创新活力迸发的海内外人才高地。

（一）优化户籍和居住证办理

优化新片区人才直接落户政策。赋予新片区管理机构人才引进重点机构推荐权、新片区特殊人才直接申报权、国内人才引进直接落户和留学回国人员落户审批权。对新片区内教育、卫生等公益事业单位录用非上海生源应届普通高校毕业生直接落户打分时加 3 分。

（二）加强技能人才引进

1. 缩短新片区"居转户"年限

对符合一定工作年限并承诺落户后继续在新片区工作 2 年以上的人才，"居转户"年限由 7 年缩短为 5 年。其中，对符合新片区重点产业布局的用人单位的核心人才，"居转户"年限由 7 年缩短为 3 年。

2. 实行居住证专项加分政策

对上海市居住证持证人在新片区工作并居住的，可予以专项加分，即每满 1 年积 2 分，满 3 年后开始计入总积分，最高分值为 20 分。

3. 拓宽技能人才引进通道

在国家职业资格和技能等级认定范围内，聚焦新片区重点产业布局，制定技能人才引进目录。对该目录以外的紧缺技能岗位核心业务骨干，探索经新片区行业代表性企业自主评定和推荐后，纳入引进范围。对获得中华技能大奖、全国技术能手称号、国务院政府特殊津贴、世界技能大赛奖项等的人员以及获得省部级高技能人才最高表彰资助的人员，可不受该目录限制，直接引进落户。

（三）放宽从业资格限制

1. 加大人才培养培训扶持力度

支持高层次人才申报相关人才计划项目。围绕"高、精、尖、缺"人才，支持在新片区引进国际化专业技术职业培训项目，实施高级研修和急需紧缺人才培训项目。支持新片区建设产教融合示范区，对符合条件的企业优先认定全市产教融合示范型企业，推进校企共建产教融合实训基地、科研成果转化平台。对新片区重点领域的高技能人才培养基地，在资助额度上予以倾斜。率先试点技能等级认定、新技能培训评价，建立工程技术领域的高技能人才与工程技术人才发展贯通机制。

2. 实行更加灵活的用人机制

对紧缺急需、专业性强的公务员职位采用聘任制，实行协议年薪，一职一薪，并进一步探索更大力度的激励措施。对新片区公务员在遴选、交流、学习、培训、表彰等方面予以优先考虑。创新人才激励方式，对新片区内所有事业单位在编在册工作人员，每人每年增加专项补贴，并纳入单位绩效工资总量。对为新片区建设和发展作出重大成绩、突出贡献人员，给予表彰奖励。

3. 放宽现代服务业从业限制

允许具有境外职业资格的金融、建筑、规划、设计等领域符合条件的专业人才经备案后，在新片区提供服务，其在境外的从业经历可视同国内从业经历。允许在新片区工作的境外人才参加房地产估价师、注册城乡规划师等专业技术人才职业资格考试。

（四）提供出入境便利

1.大力集聚海外青年人才

在国（境）外高水平大学取得本科及以上学历的优秀外籍毕业生，可直接在新片区工作。上海高校在读外籍留学生可在新片区兼职创业。在新片区设立留学人员创业园，对拟在创业园创办企业的外籍留学人员，直接给予工作许可，并视同工作经历。对新片区管理机构推荐的紧缺急需留学类项目，实施"直通车"制度，给予专项资金优先支持。鼓励新片区企业按照有关规定，招收外籍实习生。

2.进一步提高入外籍留学人员工作生活便利

在新片区工作的入外籍留学人员可直接办理长期（最长有效期10年）海外人才居住证B证，免办工作许可。

3.加大力度引进高科技人才和技能型人才

对拟在新片区长期工作的高科技领域外籍人才、外国技能型人才和符合新片区产业发展方向的单位聘雇的外籍人才，放宽年龄、学历和工作经历的限制，经许可，一次性给予2年以上的工作许可。

4.赋予新片区管理机构外籍人才加分权及上海科技创新职业清单推荐权

经新片区管理机构认定的外籍人才，可享受外国人来华工作许可和外国人才签证计点积分鼓励性加分。新片区管理机构可根据重点产业布局，直接推荐新片区内的重点企事业单位进入上海科技创新职业清单。清单内单位聘雇的管理或技术职务的外籍人员，可享受相关便利政策。

（五）提供就业和创业便利

建立境外人才工作和创业绿色通道。在新片区试点实行外国人来华工作许可差异化流程，对新片区管理机构认定的信用企业实行"告知承诺""容缺受理"等制度。对拥有重大创新技术的外籍高层次人才以技术入股方式在新片区注册企业的，进一步简化办理程序和申请材料。

六、国际互联网数据跨境安全有序流动

随着世界经济的数字化，贸易也更加趋于数字化。数据跨境流动被视为数据贸易，即数据"进出口"，成为企业、个人和政府无法避免的一环。《中国（上海）自由贸易试验区临港新片区总体方案》（以下简称临港新片区方案）明确提出，实施国际互联网数据跨境安全有序流动。建设完备的国际通信设施，加快5G、IPv6、云计算、物联网、车联网等新一代信息基础设施建设，提升新片区内宽带接入能力、网络服务质量和应用水平，构建安全便利的国际互联网数据专用通道。

（一）加强基础设施建设

临港新片区方案首次提出"构建国际互联网数据专用通道"，这被视作是真正引领未来的举措，也体现了上海适应新科技革命和产业变革趋势，打造新动能的开拓性思路。上海临港承载这样的功能使命具有得天独厚的条件，上海模式的试验也是在为全球数字经济探索新路径、新机制，显示了自贸区新片区主动参与引领全球数字经济和新治理模式合作的决心。

临港新片区将以建设"国际数据港"为载体，打造辐射全球的跨境综合数据枢纽。临港新片区将拿出100公顷土地，建设100多万平方米的全球数字经济主题示范区"信息飞鱼"。目前已引进近百家头部企业，2021年内将完成国内首个"跨境数字新型关口"试验站。

（二）保障跨境数据安全流动

世界各国都在积极地制定数据跨境规则。其中受到最多关注的国家和地区分别是美国、欧盟和中国。美国因为发达的IT产业而具有先发优势，它致力于制定让这种优势最大化的数据跨境规则；欧盟已经通过了《通用数据保护条例》，作为其新的市场数据战略的一部分，扩大了域外适用范围，有望在数据跨境监管方面夺回领先地位；中国也在2017年实施了《网络安全法》，对数据跨境作出了规定。但各国规则的差异性可能导致贸易壁垒，跨境数据

流动背后也体现了各个国家的利益考量，比如有的国家要求数据本地化是出于国家安全考虑，有的则将数据当成重要资产，还有的是为了保护消费者隐私。在这样的背景之下，数据跨境流动不仅应受到传统的国际经济法与网络安全、数据保护相关法律的共同规制，还应实现趋同和融合。不能只用传统的国际经济法来规制，而是需要一种一体化或整合性的途径，覆盖数据保护、网络安全等非贸易政策的议题，把传统的国际经济法和网络安全、数据保护的国际法结合在一起，反映网络空间的共性。数字经济正在成为全球经济的主导力量之一，推动新型全球化的到来。但数字经济发展也面临数据安全亟待提升、国际规则多样等问题。临港片区实施数据跨境有序流动正是符合数字经济发展大势的功能设置，对推动以人工智能为代表的数字经济新一轮发展具有重大意义，是中国推动全球合作、深化改革开放的重大举措，也是中国为全球提供中国智慧和新治理模式的重要体现。

（三）强化数据保护

临港新片区已经聚集了高端芯片、智能制造、生物医药等领域的"硬产业"，但是如果对比美国，真正的巨头科技公司还都是硅谷的软件公司。在数字经济越来越占据主导的背景下，软件已经成为经济发展的"火车头"。根据工业和信息化部的官方数据，2018 年我国数字经济规模已达 31.3 万亿元，占生产总值的 34.8%。软件产业的创新发展，激发了我国数字经济的发展壮大。我国软件产业近五年来年均增长 15.5%；重点企业研发投入强度达到 10.4%，软件著作权登记数量突破 110 万件。大数据逐渐成为战略资源，数据驱动必须有准确的数据，才能做出正确的决策。但大数据驱动的管理和决策是一个迭代和递进的过程，数据的准确性与数据完备性、相关性等相关联。如果能有效借助工业物联网平台，从需求端到设计端、制造端，形成完整的数据收集系统和分析系统，中小型企业、小微企业也能实现数据驱动。临港新片区方案中重点提出，支持新片区聚焦集成电路、人工智能、生物医药、总部经济等关键领域，试点开展数据跨境流动的安全评估，建立数据保护能力认证、数据流通备份审查、跨境数据流通和交易风险评估等数据安全管理机制。开展国际合作规则试点，加大对专利、版权、企业商业秘密等权利及数据的保护力度，主动参与引领全球数字经济交流合作。这也凸显了数据处理技术对于实体经济的推动作用。

七、具有国际竞争力的税收制度和政策

税负高低是各国自由贸易区（港）国际竞争力的重要指标。自由贸易区（港）制订和实施优于国内常规税制的特殊安排，以吸引国际商业活动和资本。这充分体现了自由贸易区（港）"境内关外"属性和"经济自由"特征，有利于其发挥作为贸易促进和经济发展政策工具的作用，有助于扩大国家税基，增加财税收入。在当前国际经济竞争态势下，探索实施竞争性税制对我国自贸试验区的发展具有重要意义。2008年"税改"以来我国严格适用统一税制，保税（港）区等海关特殊监管区域仅保留了"保税"功能所要求的关税和增值税等优惠措施。国内税方面，上海自贸试验区临港新片区获准实施15%企业所得税，此前只有深圳前海等少数自贸片区实施这一税负水平。

（一）国际高标准自由贸易区税制特点

笼统地看，自由贸易区包括散布在各国或地区的自由港、自由区以及美英等国对外贸易区等。其中，新加坡、迪拜、爱尔兰、美国等地的自由贸易区十分成功且各具特色。就税收竞争力而言，它们的特殊税制打破了其国内常规税制，纷纷以低税负加持国际竞争力。

1. 税收竞争是惯例

豁免关税及各种贸易附加税费。豁免关税（个别商品除外）、贸易环节税以及免配额等限制而节省的贸易费用等。一些国家还允许商品可以在不同自由贸易港之间自由转移，只要不进入国内消费市场就视同在境内关外。

豁免大部分国内税，主要保留企业所得税、个人所得税和少数辅助税

种。阿联酋迪拜的自由区几乎零税；新加坡自由区没有地方税；美国对外贸易区主要保留联邦税，免征州和地方从量税，如消费税、不动产税、仓储税等。

税率低。新加坡企业所得税率为17%，爱尔兰香农自由区12.5%，美国21%；迪拜零税，通过较高的办公楼租金变相"收税"。

2. 对规划产业提供更多税收优惠，企业得以较长时期享受极低甚至零所得税

新加坡自由区对贸易出口商、贸易服务、航运业、金融服务、国际总部等的奖励计划，覆盖面广、优惠力度大、期限长；美国对外贸易区强调依赖进口的制造业和出口贸易，涉及航空航天、农业、汽车、能源、渔业、林业、医药、矿业和纺织业等多个产业；爱尔兰香农自由区围绕航空业制订政策，依靠早年10%的低税率成功集聚了大量产业和资本；迪拜自由区众多，侧重商贸服务、高科技和金融等。

3. 税收优惠力度与所在国常规税负水平有关

所在国税负低，自由贸易区所能提高的税收优惠空间有限；反之，自由贸易区税收优惠力度较大。新加坡等实施自由港政策，综合税负水平低，又是规模较小的国家（地区），以转口和离岸业务为主，其自由区无需较多优惠。美国税制复杂，很多对外贸易区又旨在振兴制造业和出口，因此制订了关税倒置、延迟纳税等优惠措施，保证区内制造关税最低。

4. 离岸业务税收优惠，即只对属地收入征税

离岸业务是自由港重要业务形态。大部分国家税制没有明确定义离岸业务收入，而是笼统地纳入境外收入。新加坡对汇回境外收入正常征税，不汇回不征税；美国新税制对汇回境外收入不征税，对未汇回境外利润（超过资产10%部分）按照10.5%（2026年起升至13.15%）征税。优惠政策对境外收入同样有效。

5. 税收中性，维护自由竞争

一方面遵循国民待遇原则和无差别待遇原则，对区内所有企业一视同

仁，不存在内外资企业、国有或私营企业等的差别对待。另一方面，向小企业提供更加优惠政策。美国税制允许小企业股东申请个人所得税并打八折征收，无公司所得税；在新加坡，利润在 30 万新元以内的企业所得税率减半。

（二）临港新片区税收新政

国务院公布的《中国（上海）自由贸易试验区临港新片区总体方案》（以下简称《方案》）提出，对新片区内符合条件的从事集成电路、人工智能、生物医药、民用航空等关键领域核心环节生产研发的企业，自设立之日起 5 年内减按 15% 的税率征收企业所得税。

《方案》提出，实施具有国际竞争力的税收制度和政策。对境外进入物理围网区域内的货物、物理围网区域内企业之间的货物交易和服务实行特殊的税收政策。《方案》提出，扩大新片区服务出口增值税政策适用范围，研究适应境外投资和离岸业务发展的新片区税收政策。对新片区内符合条件的从事集成电路、人工智能、生物医药、民用航空等关键领域核心环节生产研发的企业，自设立之日起 5 年内减按 15% 的税率征收企业所得税。研究实施境外人才个人所得税税负差额补贴政策。在不导致税基侵蚀和利润转移的前提下，探索试点自由贸易账户的税收政策安排。

（三）打造具有国际竞争力的税收制度

总体方案显示，临港新片区实质超越了上海自由贸易试验区既有的开放度和制度创新试验功能。上海自由贸易试验区临港新片区是全方位、深层次、根本性的制度创新变革。总体方案赋予临港新片区高度开放的贸易、外资、金融和产业功能，并首次正式地突破 25% 的常规企业所得税。这些表明临港新片区应对标"国际高标准自由贸易区"。就税收竞争力而言，临港新片区需要在现行税制基础上结合"国际经验、经济发展和国际税收政策变化趋势"三个因素面向国际市场设计税制。税收政策首先要服务本国经济发展，经济发展模式决定了与之配合的税制。美国目前正在实施自 1986 年以来重大税制改革，其大力度减税举措已经在商业活动回流和国际资本流动等方面显现效果，已经产生了明显的示范效应，欧洲和日本等主要国家纷纷跟进竞相采取减税。临港新片区未来需要"减少税种，降低税负，离岸优惠，完善税制"，直面国际市场来构建具有国际竞争力的税收安排。

1. 减少税种

主要保留企业所得税和个人所得税，设立在新片区的企业，其经营活动、产品和服务只要不进入内销市场（二线），即豁免关税、贸易环节税、增值税、产品税等税种。

2. 扩大出口退税税种和课税对象范围

出口货物无间接税是 WTO 的一项基本原则。根据 WTO《补贴与反补贴措施协定》的规定，临港新片区有理由将企业出口退税税种扩大到除直接税和社会福利费用之外的所有间接税。

3. 基准企业所得税率 15%，根据产业规划给予更大优惠

临港新片区已经合法获得 15% 企业所得税政策。从国际竞争和产业功能看，还可以向贸易服务、金融服务、航运服务、小企业及其他重点目标产业提供更低税率。

4. 离岸业务税收优惠

离岸业务有三种情况。一是完全未使用属地资源的离岸收入，不征税；二是使用属地资源的境外收入汇回，可减半征收所得税；三是使用了属地资源的境外收入未汇回，按基准税率征税，还可享受其他优惠政策。

5. 简化税制

简化税制指的是建立简化、透明、高效的税制。这要求简化税赋计算方法，提高税收的可预见性，进一步改善营商环境，构建透明稳健的税收系统，严格纳税事后监管和加大事后违法处罚力度，开展国际税收信息交流。最终，自由贸易区应考虑在专门立法中体现其特殊税制及内容。

第三节　浦东新区高水平改革开放打造社会主义现代化建设引领区

2020 年 11 月 12 日，习近平总书记出席浦东开发开放 30 周年庆祝大会并发表重要讲话，宣布中共中央正在制定《关于支持浦东新区高水平改革开放、打造社会主义现代化建设引领区的意见》（以下简称《引领区意见》）。2021 年 7 月 15 日，中共中央、国务院正式公开发布《引领区意见》，为浦东未来发展擘画宏伟蓝图、指明前进方向、吹响冲锋号角。

一、浦东引领区的建设意义

"十四五"时期，我国进入全面建设社会主义现代化国家的新发展阶段，面临的形势复杂多变，许多新情况、新任务都没有先例可循，也没有现成的经验可以照搬，需要有优势的地区走在前列、形成引领。国家支持浦东打造社会主义现代化建设引领区，其引领作用至少体现在以下四方面。

（一）高质量发展的动力源

上海是我国最大的经济中心城市，国家赋予上海建设国际经济、金融、贸易、航运和科技创新中心的重要任务。浦东承载了上海"五个中心"建设的重要功能，支持浦东打造社会主义现代化建设引领区，就是要浦东完整、准确、全面贯彻新发展理念，探索将新发展理念创造性转化为发展实践的方式路径，构筑区域发展的强大势能，带动上海更好发挥长三角一体化发展龙头作用，进而提升我国经济总体效率。

（二）实现高水平自立自强和经济循环畅通

核心技术受制于人是我们最大的隐患，关键核心技术是要不来、买不来、讨不来的，只有靠自力更生。浦东在科技创新策源上具有得天独厚的优势，要发挥关键核心技术攻坚"尖刀兵""国家队"作用，成为科技创新的开拓者和领跑者，瞄准脑科学、量子科技等前沿领域勇攀高峰，特别是破解高端集成电路元器件、基础软硬件等关键领域"卡脖子"难题。在消除这些"瓶颈"制约、穿透循环堵点的基础上，进一步发挥浦东在畅通经济循环中的关键节点作用，为更好利用国内国际两个市场两种资源提供重要通道，打造全球产业链供应链价值链的重要枢纽。

（三）提供高水平制度供给

我国改革已进入"深水区"，一些深层次体制机制障碍仍未破除。浦东要紧盯重要领域和关键环节持续深化改革，探索形成的好经验好做法，适时以法规规章等形式固化下来，提供更多高水平制度创新成果。比如，建立开放型经济新体制方面，研究具有较强国际市场竞争力的开放政策与制度安排，支持浦东在人才、技术、资金、数据跨境流通等领域实现突破。金融方面，支持浦东发展人民币离岸交易、跨境贸易结算和海外融资服务，探索完善相关制度安排。航运方面，支持浦东加强江海陆空铁紧密衔接，探索一体化管理体制机制，试点实施与国际惯例接轨的船舶登记管理制度。

（四）践行以人民为中心的发展思想

浦东要率先践行"人民城市人民建、人民城市为人民"理念，打造系统完善、科学规范、运行有效的城市治理体系，构建和谐优美生态环境，把城市建设成为人与人、人与自然和谐共生的美丽家园，探索出一条具有中国特色、体现时代特征、彰显我国社会主义制度优势的超大城市发展之路。要不断提高公共服务均衡化、优质化水平，把最好的资源留给人民，不断提升人民群众获得感、幸福感、安全感。

二、浦东引领区的引领定位

《引领区意见》要求浦东成为更高水平改革开放的开路先锋、自主创新发展的时代标杆、全球资源配置的功能高地、扩大国内需求的典范引领、现代城市治理的示范样板。浦东将紧盯五方面战略定位，对标最高标准、最高水平，加快提升引领力。

1. 领先度

在更高水平改革开放上提升"领先度"。更加注重改革系统集成和制度型开放，从事物发展的全过程、产业发展的全链条、企业发展的全生命周期出发谋划设计改革，围绕"办成一件事""做强一个产业"深化探索，在自贸试验区和临港新区实行更大程度的压力测试。

2. 加速度

在自主创新发展上跑出"加速度"。加快推进张江科学城扩区提质，布局和建设一批国家科技创新基地，吸引更多国家科研机构、高水平研究型大学在浦东布局科研力量，集聚更多科技领军企业，进一步优化创新孵化、科技公共服务、知识产权保护、人才服务等综合环境。

3. 辐射度

在全球资源配置上拓展"辐射度"。完善更加开放、更具国际竞争力的金融市场体系、产品体系、机构体系、基础设施体系，发展更高能级的总部经济，建设国际数据港和数据交易所，建立全球高端人才引进"直通车"制度，提高对资金、信息、技术、人才、货物等要素配置的全球影响力。

4. 标识度

在国际消费中心建设上增强"标识度"。重点聚焦"高品质、新时尚、新体验"三个关键词下功夫，大力引进国际国内知名商业主体和消费品牌，大力发展首店、首发、首秀、首演，支持各类新消费、新商业在浦东诞生、成长、成熟、走向全国，加快把小陆家嘴等打造成世界级地标商圈。

5. 有效度

在城市治理创新上提高"有效度"。广泛运用数字技术为治理赋能增效，深化整合三大治理平台，在推进城市数字化转型上持续发力、深度拓展，打造宜居宜业的城市治理样板。

三、浦东引领区的核心功能

从打造大平台、构建大通道、当好大跳板等方面下功夫，做强做优核心功能，推出功能引领六大行动计划。

1. 全球营运商计划

助推跨国公司在浦东的机构将运营范围从中国区向亚太区和全球拓展，培育一批真正意义上的全球营运"头部"企业。这项工作 2020 年底启动，首批 41 家培育企业上半年业务规模同比增长超过 40%，已形成第二批 52 家培育企业名单。

2. 大企业开放创新中心计划

发挥大企业的内部创新资源和全球创新网络优势，集聚、培育、孵化创新链上的中小科技企业，开展协同创新。

3. 全球机构投资者集聚计划

抓住金融市场开放、产品创新的机遇，吸引全球知名机构投资者的资金和项目落地，支持已有机构投资者进一步提升能级。

4. 产业数字化跃升计划

利用现代信息技术对制造业和服务业进行全方位、全角度、全链条的改造，推动企业加快数字化、智能化转型。

5. 全球消费品牌集聚计划

吸引国际国内知名商业主体和消费品牌集聚浦东，实现在浦东"买全球、卖全球"。

6. 国际经济组织集聚计划

吸引培育与浦东功能优势和产业特色相关的国际商会、行业协会、同业公会等高能级国际经济组织，积极参与全球经济治理，扩大国际经济合作。

四、浦东引领区的五大任务

（一）打造自主创新新高地

浦东引领区要在基础科技领域作出大的创新，在关键核心技术领域取得大的突破，更好发挥科技创新策源功能。要优化创新创业生态环境，疏通基础研究、应用研究和产业化双向链接的"快车道"。要聚焦关键领域发展创新型产业，加快在集成电路、生物医药、人工智能等领域打造世界级产业集群。要深化科技创新体制改革，发挥企业在技术创新中的主体作用，同长三角地区产业集群加强分工协作，突破一批核心部件、推出一批高端产品、形成一批中国标准。要积极参与、牵头组织国际大科学计划和大科学工程，开展全球科技协同创新。

如果说浦东过去30年的发展是以基础设施建设、城市建设、功能性发展为主，那么未来30年就是要抓住"基础"二字的初心，在基础科学、基础应用、基础产业等方面着重发力、加大投入。要抓住人才这一关键，吸引更多的科学家、科技工作者、创新创业者到浦东来。同时要全力建设张江综合性国家科学中心和科创中心建设的核心承载区，建设世界一流的张江科学城。

张江已形成全球规模最大、种类最全、综合能力最强的光子大科学设施集群，要面向"十四五"，继续提前谋划，瞄准世界前沿加快布局，把大科学设施集聚优势转化为基础科学领域研究的创新优势，转化为关键核心领域突破的技术优势。

张江集团是张江科学城建设的主力军，张江集团要进一步做好基础研究和产业化的双向链接，主动对接科研院校的创新资源，探索与中科院药物所联合打造创新药转化中心，强化与仁济医院、瑞金医院的战略合作助推新药临床转化，加快张江创新药产业基地和医疗器械产业基地建设，推动更多生命健康领域的科技创新成果在张江转化落地。

在前瞻布局战略性新兴产业的同时，张江也将进一步优化创新创业生态。推动更多的龙头企业开放创新资源赋能中小企业，强化与更多头部创投机构的深度合作助推张江企业融资上市，全力以赴营造大中小企业融通发展的良好格局。

（二）加强改革系统集成，激活高质量发展新动力

要在改革系统集成协同高效上率先试、出经验。要探索开展综合性改革试点，统筹推进重要领域和关键环节改革，从事物发展的全过程、产业发展的全链条、企业发展的全生命周期出发来谋划设计改革，加强重大制度创新充分联动和衔接配套，放大改革综合效应，打造市场化、法治化、国际化的一流营商环境。

浦东推动审批前置加快预审，在项目签约后，将原本要等项目"拿地"后才开展的建设用地规划许可证、施工许可证等审批环节，前置到"拿地"前预审；浦东还首先提出"五票协同"机制，大大提高了重大项目的落地速度。下一步，要把制度创新作为核心任务，形成更多具有首创性、引领性的制度创新成果，为改革创新探索路径、积累经验。

以老百姓的感受作为改革成效的第一评价标准，进一步深化"一网通办"，通过人工智能的赋能，实现从"能办"向"好办、愿办"转变，推动政务服务全方位、全领域、零距离服务，提高改革的实效性。打造市场化、法制化、国际化的一流营商环境，这些都是下一步要重点研究、重点突破的关键领域。要努力探索具有浦东特色的"首创性""引领性"改革举措，切切实实地瞄准企业痛点、难点，攻坚突破。同时多开发智慧型、普惠型的服务手段和方式，有效提高企业的感受度、获得感。

（三）深入推进高水平制度型开放，增创国际合作与竞争新优势

要着力推动规则、规制、管理、标准等制度型开放，提供高水平制度供给、高质量产品供给、高效率资金供给，更好参与国际合作和竞争。要更好发挥中国（上海）自由贸易试验区临港新片区作用，对标最高标准、最高水平，实行更大程度的压力测试，在若干重点领域率先实现突破。要加快同长三角共建辐射全球的航运枢纽，提升整体竞争力和影响力。要率先实行更加开放更加便利的人才引进政策，积极引进高层次人才、拔尖人才和团队，特别是青年人才。

以自贸试验区建设为重点推动高水平制度供给，进一步对标国际最高标准、最好水平，推动规则、规制、管理、标准等制度型开放，率先建设更高水平开放型经济新体制，加快提升参与全球经济治理的能力和水平。

浦东将以国际金融中心建设为依托推动高效率资金供给，深入推进人民币国际化，不断拓展金融市场的广度和深度，更好服务和引领实体经济发

展。新片区将打好"特殊经济功能区"和"特殊综合保税区"两张王牌，大胆闯、大胆试、自主改，在强化全球资源配置、高端产业引领、科技创新策源、开放枢纽门户四大功能上，加强改革系统集成，发挥好制度型创新的引领作用，为浦东更高层次的开发开放做出贡献。

要利用自贸区先行先试的政策优势，引进文物拍卖企业、演艺经纪机构和数字娱乐企业，并通过外高桥国家对外文化贸易基地，实现文化走出去，讲好中国故事，更好地向世界展示中国理念、中国精神。外高桥要进一步打造开放枢纽门户，在与215个国家和地区有贸易往来的基础上，让国际贸易通达五洲四海更多国家地区。同时，要进一步提升贸易能级，除了把传统进出口贸易和转口贸易做专做优做大，还要加快发展包括离岸贸易、数字贸易、跨境电商和市场采购等新型国际贸易，丰富贸易形态。把外高桥这个"离世界最近的地方"打造成既对标国际最高标准又具有中国特色的世界一流自由贸易园区，筑牢国内国际双循环的战略链接。

（四）要增强全球资源配置能力，服务构建新发展格局

要努力成为国内大循环的中心节点和国内国际双循环的战略链接，在长三角一体化发展中更好发挥龙头辐射作用。浦东要完善金融市场体系、产品体系、机构体系、基础设施体系，支持浦东发展人民币离岸交易、跨境贸易结算和海外融资服务，建设国际金融资产交易平台，提升重要大宗商品的价格影响力，更好服务和引领实体经济发展。要发展更高能级的总部经济，统筹发展在岸业务和离岸业务，成为全球产业链供应链价值链的重要枢纽。

当前，陆家嘴金融城已经成为全球金融要素市场最丰富、金融机构最集聚、金融交易最活跃的地区之一，对标纽约华尔街、伦敦金融城，加快迈进国际一流金融城行列。要将陆家嘴金融城建设成为具有更强全球资源配置力的国际一流金融城、全球金融产业链重要支撑、世界级总部功能集聚高地和国际化营商环境最优示范区，加快完善金融市场体系、产品体系、机构体系、基础设施体系，更好地服务国际金融资产交易平台和更高能级的总部经济建设，更好鼓励和吸引各类人才参与金融城建设。

2018 年上海期货交易所子公司上海国际能源交易中心推出原油期货后，期货市场的对外开放迈上了新台阶，其后又陆续推出了 20 号胶、低硫燃料油等对外开放品种，我国期货市场在全球大宗商品的价格影响力逐步提升。

新冠肺炎疫情下，大宗商品尤其是原油、白银等价格大幅波动，期货市场为实体企业规避价格风险提供了有效服务。接下来，将发挥期货功能，提升重要大宗商品的价格影响力，更好服务和引领实体经济发展。

（五）提高城市治理现代化水平，开创人民城市建设新局面

要着力解决人民群众最关心、最直接、最现实的利益问题，不断提高公共服务均衡化、优质化水平。要构建和谐优美生态环境，把城市建设成为人与人、人与自然和谐共生的美丽家园。要把全生命周期管理理念贯穿城市规划、建设、管理全过程各环节，把健全公共卫生应急管理体系作为提升治理能力的重要一环，着力完善重大疫情防控体制机制，毫不放松抓好常态化疫情防控，全方位全周期保障人民健康。将大力推进"家门口"服务体系、"15分钟服务圈"、美丽家园、"三口一视界"建设，在社区治理上跑出新速度，在群众服务上增添新活力，在城市建设上打造新亮点，不断满足人民群众对城市高品质生活的向往与追求。

在浦东发展新征程中，要高度关注两个指数。一是高度关注居民生活的幸福指数，关心和解决好老百姓最关心、最直接、最现实的利益问题，比如旧城改造、加装电梯、幼托服务、老年助餐、慢行步道等，让广大老百姓有更多、更直接、更实在的获得感、幸福感和安全感。二是地区发展的进步指数，要夯实做大产业发展新底板，实质性地明显提升"小上海"的发展实力；同时挖掘放大东部乡村区域毗邻迪士尼和主城区的独特优势，推动乡村文旅特色的新产业新业态落地，加快实现乡村的全面振兴。

在"十四五"规划中，尤为重要的一点是做实做细家庭医生签约服务。全科医生既要加强应对突发公共卫生事件的应急处置能力，更要不断提升服务技能和优化服务模式，让浦东的居民得到全方位、全周期的卫生保健。

五、浦东引领区的建设实施

推动总书记重要讲话精神和中央《引领区意见》落实落地，是浦东当前和今后一个时期全部工作的主轴主线。浦东研究制定了《实施方案》作为主要抓手，将着重抓好"四个重大"。

1.一批重大改革开放任务

浦东将围绕中央交给浦东的一系列新的改革开放任务，和市政府相关部门一起，研究制定好改革方案，明确改革路径，争取这些改革任务早日落地实施。如"一业一证"改革。在31个行业全部落地的基础上，进一步深化告知承诺等浦东"自主改"举措。同时，着力打通"营业执照""行业经营许可证"联办路径，将营业执照和"一业一证"合并办理，实现"一个窗口"一次性提交申请和材料，一次性办理企业注册、经营有关事项，进一步便利企业准入准营。

2.一批重大支持政策

中央在税收、金融、人才等方面给予浦东一批高含金量的政策，浦东将配合好国家和市级部门研究制定实施细则和配套方案，加快推动落实，让市场和企业尽快享受到政策红利。比如在人才政策上，重点在"人才引进一件事""人才创业一件事"等方面强化系统集成。目前正在研究制定若干重点举措，将在实施永久居留推荐新机制、逐步放开专业领域境外人才从业限制、强化国际人才港功能等方面推出一批创新举措。

3.一批重大功能平台

将争取尽早启动建设、落地运行一批高能级功能性平台。科创上，重点是推动李政道研究所、交大张江高等研究院等高能级研究机构建成运行，加快推进长三角国家技术创新中心、上海临床研究中心等一批科技创新基地建设。金融上，重点是推动国际金融资产交易平台、全国性大宗商品仓单注册登记中心、私募股权和创业投资股权份额转让平台等重要项目。数据上，重点是积极推动建立数据交易所，探索建立分类分层的新型大数据综合交易机制。

4. 一批重大工程项目

重点是围绕品质城区、绿色城区、智慧城区等加大投入，不断增强城市软实力，更好践行人民城市重要理念。在区域开发上，将推动科学之城、金色中环、五彩滨江、浦东枢纽等重点区域建设，形成精彩频现、亮点纷呈的时代城市特色风貌。张江科学城"五个一批"，2021 年将实现第二轮项目一半完工，第三轮项目三分之二开工。金色中环推进沿线重点项目控详规划修编，2021 年共推进项目 164 个，总投资 2460 亿元，年度投资 280 亿元。五彩滨江将加快滨江南延伸段贯通。浦东枢纽坚持"站城一体、功能复合"，2021 年核心区将启动建设。在民生保障上，坚持财力有一分增长、民生有一分改善。2021 年将持续做优做强"家门口"服务体系，织密"15 分钟服务圈"，扎实推进 18 个民心工程和 10 类 35 项民生实事，新开工开办学校 25 所，加快一批市级医院重大项目建设，"东西南北中" 7 个大型养老机构年内竣工 4 个，推动上海图书馆东馆、浦东足球场、浦东青少年活动中心建成开放，推进陆家嘴和世博"双水环"建设，推动世博文化公园北部区域、滨江森林公园二期年底开园。通过这一系列的民生工程、民心工程，不断提升人民城市的民生温度。

第四节　浙江高质量发展建设共同富裕示范区

一、共同富裕示范区建设背景

随着中国特色社会主义进入新时代，我国社会主要矛盾已经转化为人民日益增长的美好生活需要和不平衡不充分的发展之间的矛盾，"扎实推动共同富裕"成为国家在新时代发展的重要主题。习近平总书记在《关于〈中共中央关于制定国民经济和社会发展第十四个五年规划和二〇三五年远景目标的建议〉的说明》中指出："共同富裕是社会主义的本质要求，是人民群众的共同期盼。安徽推动经济社会发展，归根结底是要实现全体人民共同富裕。"中共十九届五中全会将全体人民共同富裕取得更为明显的实质性进展列为基本实现社会主义现代化的远景目标之一并做出重大战略部署。实现共同富裕既是长期任务，也是现实任务，要对生产力和生产关系、经济基础和上层建筑进行深层变革，是在实践—认识—实践过程中螺旋上升的矛盾运动。共同富裕要解决的不仅是地区、城乡、阶层收入分配过于悬殊问题，还要丰富人民精神生活需求，实现物质、精神、文化全方位的"富裕"。因此，共同富裕并非"重切蛋糕"，而是在"做大蛋糕"的基础上"分好蛋糕"。一方面，目前我国各方面的积累总体上还赶不上人民对美好生活的期待，这决定了要在发展中逐步实现共同富裕；另一方面，要让全体人民有能力、有机会共享高质量经济社会发展的成果，就必须在分配过程中充分体现"共同""公平""平等"元素。与此同时，要形成可持续的共同富裕，不仅要让发展与人口、资源和环境的承载能力相协调，还要构建持续的共享机制应对老龄化冲击等。

实现共同富裕要分阶段、分区域稳步推进，"先试点、再推广"是更好实现共同富裕的有效方案。2021年，国务院正式发布《关于支持浙江高质量发展建设共同富裕示范区的意见》，明确了示范区要打造高质量发展高品质生活先行区、城乡区域协调发展引领区、收入分配制度改革试验区和文明和谐美丽家园展示区，为全国推动共同富裕提供省域范例。浙江省具备开展示范区建设的代表性条件，主要有以下几点原因：一是浙江具有一定的发展规模，陆地面积约10万平方千米，内海面积约3万平方千米，素有"七山一水二分田"之说；2020年有常住人口6400余万人，位居全国各省第8名，现有2个副省级城市、9个地级市和53个县（市）。二是浙江富裕程度较高，2020年浙江生产总值为6.46万亿元，人均生产总值超过10万元，居民人均可支配收入仅次于上海和北京，是全国平均水平的1.63倍；城、乡居民收入分别连续20年和36年居全国各省区第1位。三是浙江发展均衡性较好，通过这些年不断深化"山""海"协作、城乡融合等，城乡居民收入倍差为1.96，远低于全国的2.56，是全国唯一一个所有设区市居民收入都超过全国平均水平的省份。

四是浙江改革创新成效突出，率先推出"最多跑一次"改革和政府数字化转型，创造并持续发展了"依靠群众就地化解矛盾"的"枫桥经验"，在市场经济、现代法治、富民惠民、绿色发展等多个领域取得了一些显著成果。整体来看，建设浙江共同富裕示范区，是在践行"根据现有条件把能做的事情尽量做起来"，探索在高质量发展中实现共同富裕的有效方法。

二、共同富裕示范区建设做法

（一）共同富裕示范区运行的顶层设计

2020 年，浙江省委、省政府正式印发《浙江高质量发展建设共同富裕示范区实施方案（2021—2025 年）》（以下简称《实施方案》），全面细化落实了发展目标及示范区建设"第一程"的主要任务。围绕《实施方案》，编制了重点任务清单、突破性抓手清单、重大改革清单与典型案例清单，以清单化管理的方式推进《实施方案》逐一落地。与此同时，成立了由省委书记担任组长，省长任第一副组长，省委副书记、常务副省长和省委秘书长等 3 人任副组长的最高规格的领导小组，相继召开第一次会议、推进大会等，总结盘点前一阶段工作的进展，积极部署下一阶段的重点任务。

2021 年，中共浙江省委社会建设委员会正式揭牌，由浙江省委派出机构，和省发展改革委合署办公，省委副书记兼任主任，省委常委、常务副省长兼任第一副主任，是浙江推进共同富裕示范区的一项重大体制机制创新，通过建设变革性组织推动实现社会形态的变迁。省委社会建设委员会作为新兴事物，主要负责全省社会建设工作的统筹协调、督促指导、整体推进，在高质量发展做大"蛋糕"的基础上，精准识别特殊区域、特殊人群、特殊家庭，着力解决地区差距、城乡差距、收入差距问题。建设委员会强调的是"统"的职能，重点是抓好跨部门跨地区跨系统的多跨事项、单个领域的重大事项等，在实践中发挥党政合署、整体智治、精简易行的机构优势。同年，正式成立省委高质量发展建设共同富裕示范区咨询委员会，作为共同富裕示范区的首席智囊团和"最强大脑"，咨询委员会将集结全国相关领域的顶尖专家学者，推动共同富裕理论探索，以理论创新引领实践创新、制度创新、文化创新，更好地为全国推动共同富裕探路。

（二）打造高质量发展高品质生活先行区

浙江省积极探索实现高质量发展的有效路径，构建产业升级和消费升级协调共进、经济结构和社会结构优化互促的良性循环。首先，浙江省着力建设以"产业大脑＋未来工厂"为核心的数字经济系统，大力建设"数字高地"，实现产业数字化和数字产业化。目前，已经启动实施36个产业集群新智造和33家"未来工厂"试点，一批传统企业加快转型升级，一批互联网平台公司更加规范健康发展，一批数字技术公司应运而生，数字产业集群快速成长。其次，浙江省加快建设具有国际竞争力的现代产业体系，发展产业集群及传统产业改造2.0。相继印发了《全球先进制造业基地建设"十四五"规划》和《浙江省新一轮制造业"腾笼换鸟、凤凰涅槃"攻坚行动方案（2021—2023年）》，将持续深化"亩均论英雄"改革，在确保每年"省市县长项目工程"中制造业项目数不低于三分之一的基础上，实施淘汰落后、创新强工、招大引强、质量提升四大攻坚行动。最后，浙江省围绕企业全生命周期需求，全省域、全方位展开营商环境优化，推出《2021年度全省营商环境改革创新十佳案例》，总结并推广杭州、宁波、义乌等优秀案例，营造"比学赶超"氛围。

（三）打造城乡区域协调发展引领区

在缩小地区差距方面，浙江省的重点是推动山区县的发展。首先，立足每个县的发展基础、禀赋优势和主导产业，围绕平台共建、产业发展、要素保障、基础设施、公共服务等方面，量身打造"一县一策"。其次，采取用地指标奖励、建筑石料采矿权指标保障、农村集体经营性建设用地与国有土地同等入市同权同价等方法助力山区产业发展，支持山区县重大项目建设，对列入省发展改革委立项的基础设施、民生项目、优质文旅项目给予40%的新增建设用地计划指标。最后深化50个经济强县结对帮扶山区26县，推动山区26县对接省级大湾区、能级较高的开发区，支持山区县到省内发达地区投资建设产业、科创、消薄（消除集体经济薄弱村）三类"飞地"。此外，还采取干部人才资源向山区县倾斜、组建教育专家团、省市级三甲医院下沉等方法加大对山区"输血"力度。在缩小城乡差距方面，浙江省相继印发了《农业农村领域高质量发展推进共同富裕行动计划（2021—2025年）》《高质量创建乡村振兴示范省推进共同富裕示范区建设行动方案（2021—2025年）》，在经济、社会、生态等多方面进行创新。一是发挥浙江县域经济比较发达的优势，以县域为基本单元推进城乡融合发展，强化县城综合服务能力和乡镇服务农民功能。健全城乡基础设施统一规划、统一建设、统一管护机制，推动市政公用设施向郊区乡村和规模较大中心镇延伸，推动实现城乡交通、供水、电网、通信、燃气等基础设施同规同网，推进城乡基本公共服务标准统一、制度并轨，增加农村教育、医疗、养老、文化等服务供给。二是推进以人为核心的新型城镇化，健全农业转移人口市民化长效机制，探索建立人地钱挂钩、以人定地、钱随人走制度，切实保障农民工随迁子女平等接受义务教育，逐步实现随迁子女入学待遇同城化，壮大高素质农民群体。提高农民科技文化素质，推动乡村人才振兴。三是以深化"千村示范、万村整治"工程牵引新时代乡村建设，不断美化农村人居环境，通过延伸乡村产业链条、拓展农业多种功能，发展绿色生态农业、强化农业科技创新、建设美丽宜居乡村、深化农村改革。四是组建乡村联盟，推动106个共同富裕先行村组建"共同富裕百村联盟"，开展平台共建、资源共享、产业共兴、品牌共塑，通过优势资源互通加强合作，建设富民强村，实现村财与村民"双增收"；通过探索"未来乡村"建设，共建美丽乡村；通过加强村际沟通交流，实现发展经验共享、先富带后富。

（四）打造收入分配制度改革试验区

浙江省从"扩中""提低"改革入手，深化收入分配制度改革，不断缩小收入差距。在拟出台的《浙江省"扩中""提低"行动方案（2021—2025年）》中，针对技术工人、科研人员、中小企业主和个体工商户、高校毕业生、高素质农民、新就业形态从业人员、进城农民工、低收入农户、困难群体等九类群体分类施策，推动率先基本形成以中等收入群体为主体的橄榄型社会结构。在"等收入群体规模倍增计划"方面，浙江省从人力资本、人才引进、公共资源提供等多个方面促进中等收入群体规模的扩大。同时，保障社会发展机会公平，依法规范收入分配秩序。在"居民收入十年倍增计划"方面，浙江省健全工资合理增长机制，创新事业单位收入分配制度；全面拓宽城乡居民财产性收入渠道，规范发展财富管理行业，支持企业实施灵活多样的股权激励和员工持股计划；实施农民致富增收行动，推进万户农家旅游致富计划，深入实施乡村百万屋顶光伏工程，引导农户自愿以土地经营权、林权等入股企业，带动农民就近就地创业就业；完善创新要素参与分配机制，加快探索知识、技术、管理、数据等要素价值的实现形式，坚持按劳分配为主体、多种分配方式并存的收入分配方式，着重保护劳动所得，完善要素参与分配政策制度，在不断提高城乡居民收入水平的同时，缩小收入分配差距，率先在优化收入分配格局上取得积极进展。

（五）打造文明和谐美丽家园展示区

浙江省提出"人的全生命周期公共服务优质共享"概念，并着力打造民生"七优享"金名片。在育儿方面，打造"浙有善育"名片，多渠道降低生育、养育、教育成本，构建育儿友好型社会；在教育方面，打造"浙里优学"名片，推行"教育大脑+智慧学校"，破解教育内卷困境；在职业技能提升方面，打造"浙派工匠"名片，实施新时代浙江工匠培育工程、"金蓝领"职业技能提升行动和技工教育提质增量计划，全面提升劳动者创业就业致富本领；在健康服务方面，构建"浙里健康"名片，打造"健康大脑+智慧医疗"，牵引"三医联动""六医统筹"改革实现重大突破；在养老服务方面，打造"浙里长寿"名片，实施"养老机构跟着老人走"行动；在住房保障方面，打造"浙里安居"名片，多途径解决新市民、低收入困难群众等重点群体住房问题，进一步提高住房建设品质；在扶贫扶弱方面，打造"浙有众扶"名片，构建智慧大救助模式，推进分层分类精准救助。

第十二章

推进长三角一体化发展的
历史性成就与创新

推动长三角一体化发展，是习近平总书记亲自谋划、亲自部署、亲自推动的重大战略，是新时代引领全国高质量发展、完善我国改革开放空间布局、打造我国发展强劲活跃增长极的重大举措。2018年11月5日，习近平总书记在首届中国国际进口博览会开幕式上发表主旨演讲时指出，支持长江三角洲区域一体化发展并上升为国家战略，掀开了长三角全新的发展篇章、赋予了重大的历史使命、注入了强大的前进动能。大江奔流千帆竞，近几年来，长三角牢牢把握这一历史性机遇，以"一体化"意识和"一盘棋"思想奏响改革开放创新三部曲，处处激荡着高质量发展的澎湃动力，百舸争流的生动局面加速形成，一切有利于一体化发展的活力和源泉竞相迸发。

第一节　长三角一体化发展迈上新台阶

2018年以来，长三角三省一市认真学习习近平总书记的指示批示和重要讲话精神，深刻领会中共中央战略意图，紧扣"一极三区一高地"的战略定位，立足思想统一、立足顶层设计、立足合作机制，坚持创新推进方式工作方法。几年来，从基础设施到绿色生态、从科技创新到产业合作、从到协同开放到公共服务，长三角区域合作的热情不断升温、机制不断深化、措施不断完善，一体化发展呈现了各项工作全面提速，各项任务全面提质，各方主体全面参与的良好局面。

一、思想认识不断统一

实现一体化发展必须树立一体化意识。三省一市注重把思想认识转化为内生发展动力，以更高的站位、更大的格局、更广的视野进一步把思想认识统一到中央的战略部署上来，在弘扬"共同体"意识中不断提升推动长三角一体化发展的工作能力和水平。"一盘棋"的思想凝聚起了最强大合力。长三角一体化是"团体赛"而不是"个人秀"，攥指成拳才能形成合力。围绕分工合作，三省一市按照"谁有条件谁牵头、谁先创新谁来做、谁能做成谁负责"的原则推进各项工作，在错位发展中把各自优势变为整体优势，提升区域发展的整体能效和核心竞争力。围绕各扬所长，三省一市充分利用上海综合服务功能齐全、江苏实体经济基础好、浙江民营经济活跃、安徽科技创新后发优势明显且人力资源丰富等特点，发挥比较优势，竞相拉长长板、贡献长板，为国家办更多更大的事。"共同体"的意识凝聚起了最磅礴力量，三省一市努力打破"一亩三分地"和地方保护主义，使长三角真正成为休戚与共的区域共同体、发展共同体、命运共同体。特别是面对新冠肺炎疫情"大考"，三省一市率先建立了"7+5+6"工作机制，迅速筑起联防联控共同防线，搭起复工复产协同平台，积极努力克服疫情不利影响，最终顺利夺取疫情联防联控和复工复产"两战赢"，为全国发展大局做出了积极贡献。"一体化"的思维聚起了最广泛的参与。落实好长三角一体化发展国家战略，还必须携手市场主体、社会组织形成最广泛的统一战线。从企业到高校，从智库到媒体，三省一市搭平台、建舞台、摆擂台，把"朋友圈"越扩越广，把"同心圆"越画越大，在社会各界点燃传播一体化、参与一体化、融入一体化的星星之火，形成全社会共同推进长三角一体化发展的良好氛围。

二、顶层设计持续擘画

规划是发展的"牛鼻子"，推动区域一体化必须坚持规划先行。三省一市注重发挥规划引领作用，不断加强对接，通过形成"纲要、规划、计划"的制度体系，国家战略的"四梁八柱"不断丰富完善。规划纲要绘就蓝图。通过全面体现总书记和中共中央战略意图、全面把握"一体化"和"高质量"两个关键、全面应用"聚众力"和"集众智"的工作方法，《长三角洲区域一体化规划纲要》（以下简称《规划纲要》）明确了长三角一体化发展的战略定位、推进格局、发展目标和任务举措，明确了长三角一体化发展的顶层设计，立意高远、纲举目张，为长三角地区当前和今后一段时期工作提供了方向指引。专项规划架梁搭柱。通过结合"十四五"时期长三角一体化发展特点，明确重大政策、重大事项、重大项目，《长三角一体化发展规划"十四五"实施方案》对《规划纲要》在"十四五"期间的工作进行深化。通过聚焦各领域长三角一体化发展重点，《长三角科技创新共同体建设发展规划》《长江三角洲区域生态环境共同保护规划》《长江三角洲区域公共服务便利共享规划》等专项规划对《规划纲要》在具体领域的工作进行了细化。围绕《规划纲要》这个"1"，专项规划撑起了"1+N"的制度体系，为长三角一体化发展作出了重要部署。工作计划"丰骨填肉"。聚焦交通、能源、科技、产业、环保、公共服务等重点领域，三省一市自行合作编制了两轮三年行动计划，印发年度工作计划、若干重点研究事项、14项重点协同事项和24项重点协同深化事项，建立了完善的工作任务分解和贯彻落实体系，为长三角一体化发展明确了任务书、路线图和时间表。

三、标志成果不断显现

三省一市聚焦重点领域、重点区域、重大项目、重大平台发力，坚持清单式、项目化、责任制推进机制，破解了许多跨区域难点痛点问题，让一体化发展带来满满获得感。重点领域工作更具感受度。国家战略推动下，共建共享不再是"零星行动"，而是基于全局谋划的"广域合作"。异地门诊直接结算实现全域互联互通，覆盖长三角全部41个地级以上城市。长三角地区政务服务"一网通办"已实现119项政务服务事项或服务跨省通办。这些举措都为企业和百姓带来了切切实实的便利，是长三角一体化发展增进民生福祉的生动体现。重大工程项目更具显示度。国家战略协调下，互联互通不再是"接通血管"，而是基于全局战略的"打通经脉"。"打通断头路"行动实现了毗邻地区交通"毛细血管"的规模化畅通，长三角世界级港口群一体化治理探索迈出重要一步，将有利于长三角港口群发展的合力。这些工作都将对长三角一体化发展的格局产生深远影响。重点区域建设更具集中度。国家战略统筹下，联动联治不再是"各自为政"，而是基于全局考虑的"统合治理"。设立一体化示范区就是要打破行政区的限制，率先探索从项目协同走向区域一体化制度创新的具体办法，加快形成可复制可推广经验。设立自贸试验区新片区主要是考虑通过更高起点的扩大对外开放，打造与国际通行规则相衔接、更具国际市场影响力和竞争力的特殊经济功能区，带动长三角其他地区开放开发。打造虹桥国际开放枢纽，主要是彰显开放优势，着力提升服务长三角和联通国际的能力，形成全球高端资源要素配置新高地。

四、合作机制不断健全

随着长三角一体化发展往深处推进，"上下联动、三级运作、统分结合、各负其责"的新三级运作机制焕发生机，区域合作网络越织越密，一体化发展的底座越打越实。国家层面自上而下确立了强力领导机制。国家和三省一市层面都成立了推动长三角一体化发展领导小组及办公室，在不同层面形成了统筹推进长三角一体化发展的领导力量。长三角区域大气、水污染防治协作全面升级为长三角生态环境保护协作机制，科技部与三省一市建立"4+1"工作机制，组建长三角科技创新共同体建设办公室，部分重点领域建立的国家部委挂帅牵头的领导机制，让一体化工作推进更加联动顺畅、运转有序、落实有力，把重点领域长三角工作提高到新水平。区域层面由内而外完善了三级运作机制。长三角区域合作办公室，进一步加强跨区域部门间信息沟通、工作联动和资源统筹，增强了执行层的综合协调能力。探索实行专题合作组实行"固定＋轮值"的灵活模式，按需将城市组工作职能划归长三角办统筹管理，并根据需要新设应急管理、公共卫生和宣传3个专题合作组，进一步完善专题合作组的设置与轮值机制。纪检、组织、统战、人大政协、公检法司、群团组织以及教育、民政、国资、统计等专题合作组以外的各领域纷纷建立长三角合作机制，形成"15+N"的拓展网路。地方层面由点到面形成了空间联动机制。区域协调发展不仅是中心区全域的双层结构，更是要在点上毗邻合作、线上廊带合作、面上组团合作的紧密互动中激发区域合作活力，加快形成若干发展的核中核。金山平湖毗邻党建引领区域联动发展，南京与安徽共建江宁—博望、顶山—汊河、浦口—南谯跨界一体化发展示范区，点上毗邻合作做出样板。G60科创走廊整合九城市力量，沪宁产业创新带、沪杭产业创新带加快研究，线上廊带合作汇聚功能。南京都市圈发展规划获国家发展改革委批复，苏锡常都市圈召开第二届联席会议，面上圈层合作形成组团。

　　总体来看，在中共中央的正确决策部署和三省一市共同努力下，几年来，国家战略的规划政策体系"四梁八柱"初步构建，多层次的工作机制发挥了作用，一体化的意识深入人心、一体化的步履越发稳健、一体化的进程持续加快，长三角一体化发展不断取得新进展、不断结出新成果、不断涌现新亮点，长三角一体化发展新局面正在加速形成，应对内外挑战再度突出重围的"先手棋"作用逐步凸显。

第二节　推动长三角一体化发展的做法及成效

一、以三个坚持深入推动长三角区域合作往深里走、往实处落

长三角三省一市深入贯彻以习近平同志为核心的党中央决策部署，坚持服务大局、分工合作、改革创新，携手推动长三角实现更高质量一体化发展。

坚持服务大局，勇担战略使命。三省一市深入学习领会习近平总书记关于长三角一体化发展的一系列重要讲话和指示批示精神，按照中央统一部署，立足新发展阶段，完整、准确、全面贯彻新发展理念，牢牢把握"先手棋"的战略使命、"一体化"的核心内涵和"一盘棋"的实践要求，把自身的发展放在长三角一体化发展国家战略下谋划部署和行动，着眼算国家账、整体账、长远账，加强共商、共建、共管、共享、共赢，在应对中美经贸摩擦、新冠肺炎疫情防控等国内外挑战中增强政策协同、深化分工合作、凝聚强大合力，着力当好经济压舱石、发展动力源、改革试验田，加快打造国内大循环的中心节点、国内国际双循环的战略链接，努力服务构建新发展格局，引领带动长江经济带发展，服务全国改革发展大局。

坚持分工合作，发挥整体优势。习近平总书记要求"上海要发挥龙头带动作用、苏浙皖要各扬所长"。三省一市坚决贯彻落实，坚持"一盘棋"谋划部署，深化分工合作，积极扬长避短，推动优势互补，努力实现推动共性与个性相得益彰、竞争与合作辩证统一、集聚与辐射相辅相成的一体化发展新格局。上海市以强化"四大功能"为主攻方向，全面构筑"五个中心"的核心功能优势；江苏省按照"六个一体化"的思路，不断放大制造业发达、科教资源丰富、开放程度高的优势；浙江省忠实践行"八八战略"，持续强化民营经济活力强、数字经济规模大的优势；安徽省紧紧围绕"两地一区"战略定位，聚焦"五个区块链接"，积极发挥"创新活力强、制造特色鲜明、内陆

腹地广阔、生态资源良好"的优势，竞相锻造长板，积极贡献长板，强化优势对接，实现强强联合，相互赋能提速，把各自的优势变成整体优势，提升区域发展的整体效能和核心竞争力，努力实现"1+1+1+1>4"。

坚持改革创新，着力攻坚突破。三省一市紧扣国家区域协调发展战略的需求，牢牢把握突出重围"先手棋"、改革创新"试验田"的战略使命，聚焦重点区域，突出制度创新，强化攻坚突破，高起点谋划、高水平实施、高标准推进建设长三角生态绿色一体化发展示范区、自由贸易试验区，进行集中化、集成化、高强度的改革试验，着力打破一亩三分地和地方保护主义，加快探索将生态优势转化为经济社会发展优势、从区域项目协同走向一体化制度创新，形成了促进资源要素自由流动等方面行之有效的一体化制度成果，着力在贸易监管、跨港协作、金融开放、科技创新、市场监管等领域开展广泛合作，共同探索具有较强竞争力的开放政策和制度，通过做实一小片、协调一大片、引领一整片，有序有力有效推动制度创新成果复制推广，为全国区域协调发展和构建中国特色的开放型经济体制总结经验、探索路径、提供示范。

二、"协同创新长三角"快马加鞭

面对全球新一轮科技革命和产业变革加速演变，长三角三省一市聚焦创新策源能力提升、转移转化能力提质、创新产业双链对接、产业协同分工合作、创新生态环境建设发力，积极推动科创产业融合发展。三年来，区域科技创新共同体建设步伐加快，跨区域产业协同发展态势趋深，"协同创新长三角"建设策马扬鞭。

（一）区域创新策源能力不断提升

提供高水平科技供给，支撑全国高质量发展是习近平总书记交办给长三角地区的重大任务，三省一市紧抓大科学装置、大科技攻关和大科学计划，不断强化重大科研任务布局，联手厚植有利于自主创新能力提升的土壤。一是大科学设施群建设有序推进。上海光源二期新建4条线站调束并开展用户试验，建成国内首台 X 射线自由电子激光试验装置、世界首台 10 拍瓦超强超短激光系统，活细胞结构与功能成像等线站工程进入离线调试阶段，转化医学国家重大科技基础设施（上海）转化医学瑞金大楼开放试运行，高效低碳燃气轮机试验装置完成审批并启动建设，长三角高分遥感数据应用服务中心揭牌，长三角地区已建和在建的国家重大科技基础设施 21 个，区域重大科技基础设施集群化发展态势愈加明显。二是持续开展科技联合攻关。自 2004 年起，上海实施长三角区域创新共同体专项计划，聚焦民生保障、公共安全等领域共性技术需求，推动区域产学研联合攻关与示范应用。累计支持项目 151 项，财政投入超 1.3 亿元，长三角合作单位超 400 家。特别是新冠肺炎疫情期间，三省一市聚焦疫情联防联控科技需求，探索科技攻关"揭榜制"模式，吸引长三角企业及医院 37 家参与，凝练并发布需求 188 条，在坚持科学性、确保安全性的基础上加快研发进度，尽快攻克疫情防控的重点难点问题。三是积极开展多层次国际科技合作。上海在全基因组蛋白标签、灵长类全脑介观神经联结图谱等领域参与和发起国际大科学计划，G60 脑智科创基地成为全脑介观图谱国际大科学计划、全脑神经联结图谱与克隆猴模型研发计划市级重大专项的重要科研承载区。江苏省也积极推进数字地球国际大科学计划。

（二）科技成果跨区域转移转化工作取得明显成效

科技成果转移转化是科技策源形成高水平供给的关键环节。三省一市牢牢把握转移转化平台、转移转化市场和新型研发组织三个关键，促进科技与经济紧密结合，推动不断形成新的生产力。一是国家技术转移东部中心平台作用日益凸显。国家技术转移东部中心深化长三角地区的合作模式，已在长三角地区设立了 19 个分中心网络（2018—2020 年，服务长三角区域共计 1953 家企业，汇聚创新需求 5000 项，累计意向投入 171.7 亿元，征集解决方案 1622 项，对接解决长三角区域所有企业需求 1841 项，最终撮合达成长三角区域技术交易 22.5 亿元）。二是长三角地区技术交易市场网络不断完善。上海闵行、浙江、苏南、宁波等国家科技成果转移转化示范区协同联动机制正式建立，上海国际技术市场、浙江科技大市场、江苏省技术产权交易市场和安徽省科技研究开发中心共同加快长三角技术交易市场联盟建设，区域技术市场要素资源协同进一步增强，2020 年三省一市相互间技术合同输出 1.4 万余项，技术交易金额 544 亿元，同比增长 26.5%。同时，举行首届长三角科技成果联合竞价（拍卖）会，共有 109 家企业参与，共计 60 项科技成果项目完成交易，交易额突破 1.34 亿元。三是新型研发机构不断涌现。长三角国家技术创新中心获得科技部批复，并于 6 月 3 日在浦江创新论坛开幕式上揭牌，目前已在上海张江启动实体化运作。上海微技术工业研究院、江苏产业技术研究院、阿里达摩院、中科院合肥技术创新工程院等一批新型技术研发转化主体不断涌现，对于盘活创新资源，实现创新链条的有机重组，提升创新体系整体效能产生积极影响。

（三）区域产业链创新链有效对接持续深化

充分发挥长三角创新资源和重大产业化平台作用，连接"产学研资用"，打造产业创新共同体。创新平台方面，成立国家集成电路创新中心（长三角集成电路设计与制造协同创新中心）、国家智能传感器创新中心（首期发起方 1/3 为苏浙皖企业），聚焦关键技术及器件结构、工艺连通等协同研发突破；国家智能传感器创新中心与无锡国家集成电路特色工艺及封装测试创新中心、杭州新型存储研发开发平台、合肥高性能计算国家级创新平台共建"感存算一体化"超级中试中心。创新攻关方面，围绕高端数控机床及新一代核电等战略领域，共同承担国家重大专项，联合推进关键设备国产化、自主化。如，介质刻蚀机进入全球领先的 5 纳米工艺线和 3D NAND 芯片制造、第三代半导体材料核心设备实现自主化等；新一代人工智能计算与赋能平台、基于异构运算处理器芯片组的通用融合计算云平台、上海处理器技术创新中心三大项目落地；中科院上海微系统所联合苏州大学、苏州慧闻纳米科技有限公司、科大讯飞股份有限公司等长三角单位共同承担"面向新一代人工智能的新型感知器件和芯片技术"研究。创新生态方面，设立长三角协同优势产业基金（总规模 1000 亿、首轮封闭规模超 70 亿）、"G60 科创走廊人工智能产业基金"等，以"硬科技"为主线，着力培育以人工智能、物联网、生物技术为核心驱动力的战略性新兴产业，促进产融对接。

（四）分工合作协同有序的产业链体系加快构建

为打造世界级产业集群，进一步强化分工协作、错位竞争，三省一市立足产业链条、产业项目、产业园区三方面发力，重点产业在集聚发展的同时，分工协作持续深化细化趋势显现。一是产业链条深化跨区域融合。三省一市建立长三角产业链协同工作机制，联合开展产业链补链固链强链行动，梳理了长三角机器人、新型电力装备、节能与新能源汽车、新型显示等4条产业链总体发展情况和产业链图谱，分析产业链断链风险点，形成补链固链强链措施清单，并加快协同落实。同时，还推动成立长三角集成电路、生物医药、人工智能、新能源汽车产业链联盟，探索协同创新稳定产业链的长三角路径。经共同努力，集成电路产业方面，长三角形成了设计—制造—封测—设备—材料等较为完整的产业链，其中上海侧重发展芯片设计、晶圆制造和装备环节，江苏侧重发展封测环节，浙江宁波、衢州侧重发展材料环节，安徽侧重发展存储芯片、驱动芯片、家电芯片等特色芯片产品。同时，从产品线看，主要企业也各有侧重和分工，如中芯、台积电重点发展逻辑电路，华虹、闻泰科技、士兰微重点发展功率器件，合肥长鑫重点发展存储器等。二是产业项目加快跨区域合作。依托长三角制造业基础雄厚、战略性新兴产业集聚优势，三省一市龙头企业加快区域布局，延伸产业链和创新链资源配置，一批重大产业项目落地见效。如在高端装备、集成电路、新能源汽车等领域，中国商飞、上海赛飞将客户服务、航空线缆等C919大型客机项目落地浙江，加强长三角供应商合作。特斯拉国产Model3，计划零部件本地化率2020年将从30%提高到接近100%，供应商将主要来自长三角地区。中芯、华虹、格科微等在绍兴、宁波、无锡、嘉善等地开展重大项目建设，长鑫电子与沪苏浙相关企业达成总投资2200亿元晶圆制造合作基地，合肥市与中电海康等沪苏浙龙头企业协同建设长三角"感存算"一体化超级中试中心。阿里、科大讯飞分别与上海签署战略合作协议，将平头哥公司、人工智能研究院等创新业务主体落户上海，浙江大学成立上海高等研究院，上海交大也在苏州等地设立了人工智能研究院。蔚来汽车将整车制造、创新中心、电池、电机、电控"三电"生产布局合肥、上海、南京等地。目前，长三角地区已初步形成若干优势领域的产业集群。三是产业园区加快跨区域联动。建设张江长三角科技城，吸引长三角新松总部基地等一批项目签约落地。宁波杭州湾新区浙沪合作示范区实施全方位接轨上海三年行动计划。上海自贸区嘉善项目协作区、中新嘉善现代产业园、中新苏滁现代产业园等载体建设取得阶段性成果。嘉定与温州共建科技创新、产业发展示范园。沪苏大丰产业联动集聚区快步进入基建和产业同步发展期，基础设施陆续启用，正泰光伏新能源项目等一批项目落户，打造"北上海"临港生态智造城。上海临港集团与慈溪市合作建设新能源汽车供应链产业园。苏皖合作示范区形成《苏皖合作示范区规划》并获国家发展改革委批复。此外，长三角产业合作区建设基本达成共识，正抓紧研究工作方案和推进机制。

（五）开放融合的创新生态环境加快形成

生命力旺盛、根植力强大的创新生态系统是创新活力充分迸发的土壤，三省一市聚焦制度、要素、平台携手营造开放融合的创新生态。一是加强创新一体化制度框架建设。由科技部会同三省一市共同编制的《长三角科技创新共同体建设发展规划》于2020年12月正式印发。同时，创新"1+4"工作机制，科技部与四省市共同组建了长三角科技创新共同体建设办公室，实行"双主任"制，共同对区域性创新目标、重点任务、资源布局等进行协商和统筹。二是做深创新资源要素共享共用。"长三角科技资源共享服务平台"2019年4月26日正式开通运行，并设立长三角"科技114"服务热线（4006005114）。目前，平台已集聚重大科研基础设施22个，大型科学仪器36326台（套），国家级科研基地315家，科技人才20余万，2429家服务机构，15700余条服务项目，国内外标准160余万条。开通至今，平台访问量已达135万人次，收到各类创新需求352条，需求匹配率达60%，有效推动了科技资源与服务的跨区域共享，有效提升科创资源的共享程度与使用效率。

三是做实创新载体通道平台功能。组织长三角国际创新挑战赛等区域性创新创业活动，共同举办长三角一体化创新成果展、上海浦江论坛、长三角科技成果交易会等品牌活动。目前，长三角国际创新挑战赛已经成为带动区域技术要素互联互通的重要活动。同时，三省一市25家国家级双创示范基地成立长三角双创示范基地联盟，有序推进产业创新大平台建设，跨区域"双创"合作不断加强。三省一市孵化协会、科技情报院所等社会主体加快形成创新社群。

三、"开放活力长三角"奋楫扬帆

三省一市积极推动区域市场融合与扩大对外开放相互促进、联动发展，增强辐射带动能力，切实发挥金融服务实体经济效能，打造充满活力、运行有序的市场环境。

（一）协同开放水平进一步提升

长三角区域一直是我国改革开放前沿。几年来，三省一市以更大力度协同推进对外开放，开放型经济新体制逐步健全，国际竞争合作新优势不断增强。一是高水平协同办好中国国际进口博览会。制定实施《长三角地区服务保障办好中国国际进口博览会协同工作方案》，共同做好安保、大气、环境、水域、航空等联防联控、协同保障。绿地全球贸易港、虹桥品汇等中国国际进口博览会"6天+365天"交易服务平台积极拓展长三角地区展示渠道，放大中国国际进口博览会溢出带动效应。二是全面启动虹桥国际开放枢纽建设。在国务院批复《虹桥国际开放枢纽建设总体方案》（以下简称《总体方案》）的基础上，三省一市建立了虹桥国际开放枢纽建设协调推进机制，形成了《总体方案》重点任务分工和工作规则。目前，《总体方案》分解的29个事项已落地16项，虹桥商务区国际互联网专用通道发布、支持符合条件企业开设自由贸易账户等重点工作相继落地落实。三是推进长三角自贸试验区联动发展。成立长三角自由贸易试验区联盟，覆盖沪苏浙皖四地自贸试验区，总面积705.34平方千米，涉及城市11个，分别约占长三角区域总面积和涉及城市总数的 1/500 和 1/4，承载长三角区域核心经济功能，已形成并发布国际贸易"单一窗口"服务长三角贸易通关一体化等十大制度创新案例，加速放大复制推广效应，联盟引领作用逐渐凸显。四是对外投资促进服务持续优化。共同深入推进"一带一路"伙伴关系计划，加强长三角区域经贸外事协作，完善贸易投资促进网络，成立长三角外资协会联盟，为长三角外资企业更好对接国际市场提供渠道和服务。扩大"走出去"综合服务平台的辐射半径，为长三角地区在内的企业提供重点国别行业投资指南、产业政策和安全形势等动态信息，发布"一带一路"经贸指数报告等。签订《长三角中欧班列合作框架协议》，开通区域首条跨境电商中欧班列。五是长三角大通关建设取得显著成果。三省一市口岸办签署《长三角国际贸易单一窗口合作共建协议》，进一步加快推动港航物流信息接入，实现物流和监管等信息的全流程采集。上海海关推动洋山港与太仓港、芜湖港实现长三角区域港口一体化"联动接卸"海关监管模式，各港口货物进出口实现一次申报、一次查验、一次放行，各港集装箱量呈现增长局面。2021 年上半年，洋山港集装箱吞吐量达 1115.5 万标箱，同比增长 20%，创历史新高。同期，太仓港集装箱吞吐量同比增长 42.61%，芜湖港还首次进阶中国江河港口集装箱吞吐量排名第四位置。

（二）统一大市场建设稳步推进

建设要素自由流动的统一开放市场，能够为更高质量一体化发展提供强劲内生动力。三省一市围绕共促消费、标准一体化、营商环境优化、市场监管执法联动和信用体系建设等方面，共同推动长三角地区统一大市场建设。一是共同激发消费增长新动能。发挥三省一市促消费联动机制，协同办好"五五购物节"等消费节庆活动，联合举办具有国际国内重大影响力的品牌首发活动，共同开展长三角本土制造品牌、老字号、商旅文联动等活动。协同推进"满意消费长三角"行动，全面推行普通商品线下无理由退货、异地异店退换货，累计培育"放心消费单位"达 50 余万家、发展异地异店无理由退货承诺企业 400 余家。二是共同推进长三角标准一体化建设。搭建长三角国际标准化协作平台，"310"号段的长三角标准一体化编号正式启用，制定

《船舶水污染物内河接收设施配置规范》等 10 项长三角区域统一地方标准。发布全国首个《直播电子商务服务规范》团体标准和全国首份电商平台服务标准合同，联手推进网络治理体系建设。推进长三角区域物流标准化，推广跨区域"带托（筐）运输"模式，提高了行业运输效率，降低了企业物流成本。三是共同优化区域营商环境。制定出台《关于简化登记材料开展外国投资者主体资格证明文件互认的试点办法》等文件，进一步降低企业商务成本。推进长三角地区政务服务"一网通办"，建立长三角数据共享交换平台，加快推进 30 类电子证照共享互认，推动 119 项政务服务事项跨省通办。试点推进长三角市场主体登记"一网通办"，签订《长三角地区统一应用电子营业执照合作协议》，加强信息和数据互联互通，实现跨区域全程网上办理。进一步压缩企业注销办理时间，长三角地区企业简易注销登记公告时限由 45 日缩短至 20 日。四是共同加强区域监管和执法联动。印发《长三角地区市场监管联动执法实施办法》，加强区域联合执法，累计完成异地案件（线索）协查20 余万件，查处假冒"博世 BOSCH"商标电池、生产伪劣口罩等一批大要案件。深化长三角食品安全信息追溯平台试点，建立长三角食品安全信息追溯团体标准，累计追溯数据达 13.5 亿条。推动药品跨区域监管，建立统一的药品检查和服务协同机制，发布全国首个医疗器械跨区域监管文件。强化产品质量安全协同监管，推进长三角产品质量监督抽查数据信息化平台建设，联合开展产品抽查 800 余批次。五是信用长三角建设初具成效。联合签署生态环境、食品药品、产品质量和旅游等领域跨区域信用联合奖惩合作备忘录，加快探索区域范围内文化旅游、生态环境等领域的信用信息共享、公示和查询。截至 2021 年 6 月底，累计共享严重失信主体名单近 200 个，集中公示"行政许可、行政处罚"信息约 5 万条。跨区域信用信息共享共用平台——"信用长三角"网站投入使用，并与全国信用信息共享平台建立连接，加强区域信用信息的共享共用和集中公示。印发《长三角旅行社综合信用评价指引（2021 版）》，以旅行社为突破口，探索统一信用评价标准，不断提升区域旅游领域信用监管合作水平。此外，加强区域旅游资源的信用惠民合作，如上海市黄浦区与浙江省丽水市通过信用码互认，为符合信用标准的市民提供住宿、旅游观光等30个应用场景的优惠便利。

（三）区域金融协调发展持续推进

金融是实体经济的血脉。为实体经济服务是金融的天职，是金融的宗旨，也是防范金融风险的根本举措。近年来，三省一市积极推动国家重大战略和金融改革联动，进一步深化长三角地区金融合作，服务长三角一体化发展。一是共享金融改革创新成果，推动金融资源跨区域有序流动。三省一市地方金融监管局共同签署《长三角科创板企业金融服务一体化合作协议》，上海证券交易所在长三角区域布局31个上市服务基地及工作站，科创板和试点注册制顺利落地。截至2021年7月底，长三角三省一市已挂牌上市企业147家，占全国比重46.1%。上海期货交易所战略入股浙江国际油气交易中心，共建长三角期现一体化油气交易市场，发布首个以国内期货市场价格为定价基础的保税燃料油人民币报价机制——中国舟山低硫燃料油保税船供报价。沪苏浙皖大型企业联合发起设立长三角协同优势产业基金，投向长三角优质实体企业。二是支持各类金融机构持续创新优化服务。交银科创基金、中银长三角科创基金、建银长三角新兴产业基金、中金上海长三角科创发展大基金等相继设立，助力长三角区域内科创企业发展。上海票据交易所在长三角地区推广应收账款票据化，牵头建设供应链票据平台。"贴现通"业务服务长三角企业超3100家，票面金额超320亿元。"票付通"接入11家金融机构、38家B2B电商，累计签约长三角企业近900家，合计发起票据支付笔数7500笔，支付金额超90亿元。跨区域联合授信取得积极进展，浦发银行落地首单长三角一体化专项授权授信业务。三是加强跨区域金融监管与风险防范联动。三省一市地方金融监管局在金融风险监测、预警、评估等方面加强联合协作，牢牢守住不发生区域性系统性金融风险的底线。三省一市人民银行编制长三角金融稳定季度指数，建立长三角地区金融消费纠纷非诉解决机制；完成绿色金融信息管理系统的上线运行、互联互通和数据共享，初步实现长三角区域绿色金融评价标准的基本统一。城银清算、中国银联等推动长三角个人银行账户开户验证服务互联互通，防控银行账户风险。截至 2021 年 6 月末，长三角区域内共发生互验业务 6 万余笔。长三角征信链已实现 8 个城市 11 个节点互联互通。

四、"联通便捷长三角"日新月异

建立互联互通、管理协同的基础设施体系，是增强一体化发展的支撑保障。三省一市深化合作，统筹推进跨区域交通、能源、信息化基础设施建设，取得显著成效。

（一）现代化综合交通运输体系基本建成

作为区域间资源要素流动的重要载体，交通基础设施能够有效地改变节点网络，促进城市之间的联系与交流，对推动长三角区域经济高质量发展、增进长三角区域民生福祉具有重要意义。

一是高品质快速轨道交通网日益完善。国家铁路方面，截至 2020 年底，长三角高铁营业里程超 6000 千米。杭黄高铁、商合杭高铁、沪苏通铁路一期、郑合高铁、徐宿淮盐铁路、连淮扬镇铁路等项目已建成通车。沪苏通铁路二期、沪苏湖铁路、宁淮铁路、合新高铁、铁路上海东站等项目开工建设。城际市域铁路方面，宁淮、宁马城际铁路先行工程，滁宁城际铁路、苏南沿江城际铁路、嘉闵线等项目均已开工建设。通苏湖城际铁路苏州段、苏州至淀山湖至上海城际铁路、宁扬宁马城际铁路、江南水乡旅游线、上海示范区线（原沪苏嘉城际线上海段）等项目前期工作有序推进。

二是区域省际公路通达能力大幅提升。国省干线方面，G320、G228、G310、G15 公路等项目有序推进，宁杭高速浙江段改扩建工程已完成。G50、G318 公路拓宽改建和 S16 蕴川高速已启动专项规划和项建书编制。2019 年全面取消高速公路省界收费站。省际衔接道路方面，截至 2021 年 6 月，长三角第一批 17 条道路省际"断头路"中，7 条已建成通车，其余 10 条正在积极推进建设过程中。毗邻地区公交方面，三省一市交通运输主管部门联合成立长三角毗邻地区公交客运衔接线路试点工作小组，共同制定毗邻公交年度开通计划。目前，长三角地区累计开通省际毗邻公交客运线路71条。上海市交通委牵头起草并正抓紧完善《关于促进长三角毗邻地区公交客运更高质量一体化发展的指导意见》。

三是合力打造世界级机场群卓有成效。上海多机场体系初步建成，亚太大型国际航空枢纽地位基本确立，航空枢纽品质稳步提高，全球货运枢纽地位逐步稳固。战略协同方面，民航局与三省一市建立"1+4"工作机制，签订《关于共同推进长三角地区民航协同发展努力打造长三角世界级机场群合作协议》，共同推进长三角地区机场群协同发展。民航局与沪苏签订《共同推进"两场"同步建设合作协议》和《南通新机场合作共建协议》，进一步推进"两场"规划建设落地。项目建设方面，芜宣机场2021年正式投运，浦东国际机场三期扩建工程已基本完成，浦东国际机场四期工程建设前期工作已启动。

四是区域港航一体化发展稳步推进。以洋山深水港区、外高桥港区为核心，杭州湾、崇明三岛等港区为补充的上海港港口总体格局基本形成；"连接江浙、对接海港"的高等级内河航道网基本建成。机制协同方面，在上海组合港管委会的统筹协调下，三省一市强化港口群联动协作，上港集团、江苏省港口集团、浙江省海港集团、安徽省港航集团等港口龙头企业深化合作，加快共商共建共享。积极落实长三角港航一体化发展六大行动方案中各项任务，上海、浙江、江苏对接合作，积极推进小洋山北侧、通州湾新出海口等开发建设工作。内河航道建设方面，京杭运河浙江段"四改三"、杭平申线一期、长湖申线、杭申线（上海段）、芜申运河（安徽段）等航道项目均已建成，积极推进苏申内港线、苏申外港线、京杭运河二通道、长湖申线（江苏段）、浙北高等级航道网集装箱疏通工程等在建项目。江海运输对接方面，开通苏州至洋山、大丰港至上海港定期班轮航线，长三角地区芜湖、南京、江阴、常熟、苏州等主要港口均已实现至洋山深水港的集装箱江海直达运输。继续深入实施上海港"长江战略"，推进江海联运深度合作；以洋山港为国际中转港的外贸集装箱沿海捎带业务正在履行有关调法和向国务院报批程序。

五是智慧交通运输管理高效便利。利用智慧化、信息化手段，强化长三角地区交通运输监管与协同共治，开展联合整治行动，推进联动执法、信息传递、案件协查、异地查处等工作。浙江省完成升级危险货物道路运输电子运单填报系统，与上海市、江苏省电子运单数据实现互联。启动上海市智慧高速公路示范建设，组织实施洋山港自动驾驶集卡示范运营项目，2021 年已完成超 2 万标箱运输量。多式联运多部门协同联动机制、设施设备及信息化建设不断完善，海铁线路及箱量增长迅速。"长三角车生活平台"于 2021 年 1 月 1 日在长三角生态绿色一体化发展示范区启动试运行，市民可通过手机 APP 享受"学车、买车、用车、卖车"等相关服务。

（二）能源基础设施建设取得积极成效

能源是经济社会发展的基础和保障，统筹长三角区域能源一体化布局，推进能源基础设施互联互通，强化区域能源安全保障，对三省一市实现更大范围能源资源优化配置，加快构建清洁低碳、安全高效的能源体系具有重要意义。

加快重大油气基础设施建设，天然气产供储销体系逐步完善。三省一市系统规划区域能源发展，稳步提升沪苏浙油气进口能力，通过西气东输、川气东送等长输干线与西北、西南天然气生产基地加强联通，强化区域内部天然气管线互联互通，不断完善区域天然气产供储销体系。一是完成《长三角天然气供应能力规划》编制。二是加强天然气管道联通。浙沪联络线一期、如东—崇明天然气过江管道、苏浙川气联络线、青宁联络线干线等重点项目建成。中俄东线天然气管道工程（永清—上海）长江盾构穿越工程建设 2020 年 7 月启动。浙沪联络线二期工程加快推进。三是加快 LNG 接收站建设。上海 LNG 接收站一期储罐扩建项目已投运。上海 LNG 站线扩建项目加快推进前期工作。江苏中海油滨海 LNG 接收站加快建设。舟山（新奥）LNG 接收及加注站二期建成投运，芜湖 LNG 内河接收（转运）站开工建设。

加快区域电力基础设施建设，电网互联互通能力进一步加强。长三角地区对电力能源需求，一直保持刚性增长态势。三省一市不断强化区域电网互联互通水平，提升区域电力供给，助力区域能源消费电气化水平提升。一是完善区域电网主干网架结构。淮南—南京—上海 1000 千伏特高压交流输电工程过江通道、淮沪特高压等重大能源基础设施项目建成并投入运营，江苏南通—上海崇明 500 千伏联网工程等项目加快建设。二是提升区域电力供给能力。申能淮北平山电厂二期建成，浙江长龙山抽水蓄能电站首台机组成功并网发电，安徽绩溪抽水蓄能电站 6 台机组全部投入商业运行，安徽金寨等抽水蓄能电站加快建设。

因地制宜推进新能源设施建设，能源发展进入调结构新阶段。为积极践行能源安全新战略，三省一市不断推动能源供给布局多元化发展，加快推进风电、光伏、核电等新能源设施建设。上海加大本地风电、光伏的推进力度，"阳光水厂"示范项目稳步推进，崇明陈家镇渔光互补发电示范项目已建成，奉贤海上风电项目已完成核准并实现开工、东海大桥海上风电扩建项目完成竞争性配置，南汇海上风电前期测风工作稳步推进。此外，根据洋山 LNG 项目特点和产业布局，已开展冷能利用研究，不断提高非化石能源和清洁能源占比。浙江省非化石能源占比提高至约 20%，三门核电一期投产，加快建设嘉兴 1#，竞争性配置并开工象山 1# 一期等一批海上风电项目，分布式光伏装机超过 1000 万千瓦，连续 7 年居全国首位。安徽省建成中电建华东院天长二期渔光互补光伏发电、上海电力东至县木塔风电场、江苏远景能源濉溪县南沱河风电场、上海电气五河县农林生物质等一批新能源发电项目。

（三）数字长三角取得新进展

以 5G 为引领的"数字新基建"加快布局。"数字新基建"是赋能新时代经济发展的结构性力量，围绕超前规划、规模部署，三省一市按下"快进键"。推进 5G 网络长三角率先布局和先行先试，累计建成 5G 基站 22.1 万个（占全国总量的 26.9%），在工业互联网、车联网、智能制造、智慧城市等重点领域创新应用示范超 1000 个。标识解析国家顶级节点（上海）建成并正式上线，跨地区、跨行业工业万物互联互通的神经枢纽辐射效应日趋显著，为区域工业互联网做深做实提供有力支撑。试点协同布局 IDC 存算资源，探索加快规划布局全国一体化算力网络长三角国家枢纽节点。推进 IPv6 和物联传感"神经元"规模化部署。联合推动城市群量子保密通信干线网建设，实现与国家广域量子保密通信骨干网络的无缝衔接，努力推动长三角城市群具备全球信息枢纽地位。

重点领域智慧应用不断融合创新。实现数字化赋能，创新应用是关键。三省一市坚持以场景为牵引、以应用为导向，不断探索提升数字服务经济社会发展能力。经济发展领域，加快长三角工业互联网一体化发展示范区建设，上海华峰、江苏徐工、浙江迈迪、安徽长江数据等 58 个二级节点上线、标识注册量超 100 亿。工业互联网创新中心（上海）落地并持续提供综合解决方案服务，成为全国首个工业互联网创新中心，支持基于工业互联网平台的工业 APP 和微服务资源池面向长三角区域进行应用推广，提供企业上云、研发设计、生产加工、经营管理和销售服务等智能制造系统解决方案，赋能产业数字化转型。共同推动区域内智能网联汽车道路测试规范、数据标准、基础设施建设等方面的互联互通互认互证，加快智能网联汽车一体化发展。民生服务领域，通过长三角各地血液管理信息平台实现三省一市采供血信息共享，探索居民电子健康档案、电子病历的互联互通。实现居民异地购房公积金提取零材料、网上秒办和 18 类高频民生档案查询事项跨省通办。社会治理领域，依托长三角地区数据共享交换平台，实现长三角地区 16 大领域 119 项政务服务事项或服务"一网通办"。印发《长三角交通运输信息资源共享管理办法》，形成长三角地区电子路单、高速公路运行、超限超载整治三个业务数据共享方案，强化区域交通运输业务协同治理。加快"城市大脑"建设应用，携手探索城市运行"一网统管"。同时，围绕数据权益、数据共享开放、要素市场培育、数据安全等方面携手启动数据管理规则探索。

五、"绿色美丽长三角"续展风采

几年来，三省一市认真践行"绿水青山就是金山银山"发展理念，绿色低碳发展理念深入人心，生态环境质量持续改善，绿色美丽长三角共建共享成效显著。2021 年上半年，长三角 41 个城市细颗粒物（PM2.5）平均浓度为 34 微克 / 立方米，同比下降 8.1%；地级及以上城市空气质量优良天数比率达到 84.5%，同比上升 0.6 个百分点；594 个地表水国考断面中水质 III 类及以上占 70.8%。

（一）绿色低碳发展取得积极进展

一是推动能源结构调整。三省一市合力挖掘能源结构优化和消费强度削减潜力，全面实施煤炭减量替代，加大清洁能源互济共保，加快用能绿色低碳调整。2020 年，沪苏浙清洁能源消费占比提升到 10% 以上，上海市煤炭消费总量降幅较 2018 年下降超 10%。二是加快传统产业转型。加强散乱污企业整治，淘汰钢铁、水泥、化工等行业落后产能，区域绿色产品、绿色工厂、绿色园区达标项目位居全国前列；推广使用城市公交清洁能源车，加快 LNG、电动船舶应用，上海、江苏的港口岸电设施覆盖率分别达到了 79%、91%。三是推进绿色低碳交通运输体系建设。优化交通运输结构，降低公路运输比例，推进水水中转和海铁中转联运，洋山港水水中转比例达 55%。大力推进多层次公共交通互联互通，提升区域绿色交通出行比例。四是坚持探索生态绿色发展路径。重点区域"生态 +"经济体系框架基本形成。苏浙联合上报《宁杭生态经济带发展规划》，沿线六市签署《共建宁杭生态经济带行动倡议》，苏皖共推淮河生态经济带建设，苏浙二省创新大运河非遗文化发展新业态，共建大运河文化生态保护试验区；依托区域著名古镇水乡，共同打造环太湖生态文化旅游带；浙皖两省共同启动杭黄世界级自然生态和文化旅游廊道建设。五是积极应对气候变化，协力推进"碳达峰碳中和"行动，举办"加速碳中和"长三角国际论坛，加快全国碳排放权交易市场建设，全国碳市场上线交易 2021 年 7 月 16 日在北京、上海、武汉三地同步启动；崇明第十届中国花博会园区成为中国首个碳中和园区，崇明生态岛绿色发展基础不断夯实。

（二）重要生态系统保护力度得到加强

一是共保重要生态系统。苏沪共推长江口北支湿地和崇明东滩鸟类自然保护区生态修复，加快推进黄（渤）海候鸟栖息地（二期）建设，有效维护生物多样性。三省一市联合做好长江"十年禁渔"工作，建立长江口禁捕管理工作协调机制，联合开展长江口非法捕捞专项整治行动，长江水生生物多样性保护力度不断加大。浙江加快推进钱江源—百山祖国家公园和淳安特别生态功能区建设，积极构建以国家公园为主体的自然保护地体系。二是共保区域重要生态空间，加强毗邻地区生态空间分区管控体系的互联互通，长江、淮河—洪泽湖、大运河、新安江等生态廊道建设加快推进，安徽强化林长制示范区建设，以皖西大别山区为重点的生态安全屏障得到有效保护和管理。长江、太湖流域重点饮用水源地保护得到加强，淮河出海口工程加快推进，防洪安全保障一体化协作水平不断提高。三是加快推进生态修复工程。沪苏浙共推太湖沿岸生态湿地修复，开展环淀山湖区域水环境综合治理，启动生态岸线贯通工程，推动黄浦江、苏州河上游与淀山湖流域绿色空间贯通融合，着力打造世界级生态湖区。安徽省深入实施巢湖综合治理及十大湿地等重大工程建设，全湖平均水质水生态逐步改善。

（三）共治跨界污染成效显著

协力打赢区域大气污染防治攻坚战。一是着力源头控制污染排放。连续三年全面完成秋冬季长三角区域大气污染综合治理攻坚行动，强化机动车、船舶等移动源污染协同治理，三省一市全面落实"三油并轨"，提前实施轻型机动车"国六"排放标准、换用国六汽柴油，长三角港口排放控制区提前全面使用 0.5% 以下低硫油。二是加强区域大气挥发性有机物和氮氧化物的协同防控。实现细颗粒物（PM2.5）和臭氧浓度"双控双减"，按地区产业特点差别化实施工业污染治理，上海市全面启动 VOCs 综合治理 2.0 版，2018 年以来累计完成上千家企业 VOCs 治理；江苏省大力推进钢铁等重点行业超低排放改造，浙江省实施 PM2.5 和 O_3 "双控双减"，有序推进低（无）VOCs 原辅材料源头替代，安徽省强化控煤、控气、控车、控尘、控烧"五控"措施。三是实现区域空气质量数据共建共享。长三角 41 个地级城市 400 多个站点空气质量常规监测数据、17 个超级站和 2000 多家重点污染源在线数据得到共享，省控监测站点数据完成归集。加快完成空气质量预测预报平台建设，准确预报长三角区域未来 5 天空气质量指数（AQI）及未来 7 天污染潜势。

协力推动"三水共治"实现新突破。一是深化推进水环境污染联防联治。加快流域水污染突出问题系统性治理，持续推进"蓝色海湾整治行动"，江苏连云港，浙江台州、温州入选国家"蓝色海湾整治行动"城市。开展跨界水环境治理上下游协作，制定实施重要跨界河道联保专项治理方案，落实"五个联合"工作机制。健全长三角船舶污染治理合作机制，推进船舶污染物接收、转运及收集处置设施共建共享，加强跨省突发水污染事件联防联控。二是共同加强供排水安全一体化保障。妥善保护重要饮用水水源地，水利部太湖局会同沪苏浙修订完善太浦河水质预警联动方案，全面落实《长江经济带沿江取水口、排污口和应急水源布局规划》，持续改善长江水质。江苏全面推进太湖流域城镇污水处理厂脱氮除磷达标改造工作，持续提高出水安全。安徽采用"无人机航测 + 人工核查"方式，对长江流域入河排污口逐一核查，分级管控。浙江全面推进"污水零直排区"建设，进一步开展入海污染源核查与监管，全省入海排污口在线监测实现全覆盖。上海全面完成城镇污水处理厂出水一级 A 及以上提标改造，污泥无害化处理率达到 100%；完成长江入河排污口排查、溯源，并同步开展问题排口整治工作。三是协力加强水生态共同保护。实施吴淞江整治、太浦河疏浚、淀山湖综合整治和环太湖生态湿地修复等治理工程，加快推进重大水利工程建设，沪苏完成环淀山湖大堤达标前期工程，完成元荡生态岸线贯通示范段工程，吴淞江工程（上海新川沙河段）顺利开工。四是太湖流域水环境综合治理。基本完成太湖流域水环境综合治理实施方案（2013 年修订）各项任务，强化源头治理和入湖河道水质监测，开展太湖生态清淤试点工作，太湖水质得到一定改善。加强太湖蓝藻水华的污染防治和省际边界地区水葫芦的联防联控，形成常态化工作机制。共同制定《太湖流域水环境综合治理总体方案（2021—2035 年）》。五是深化水环境治理合作机制，沪苏浙建成太湖流域水环境综合治理信息平台，实时共享水文、生态环境自动监测站数据；沪苏浙健全太湖淀山湖湖长协作机制，苏浙深化推进湾（滩）长制试点工作，实现湾（滩）长制建设全覆盖，助力流域水环境治理出成效。

协力促进固废异地利用处置规范合作。一是完善顶层设计，配合国家完成印发《长三角区域固体废物和危险废物联防联治实施方案》，联合制订区域固废危废污染防治合作框架协议，启动建立省级固废危废利用处置"白名单"，推动区域利用处置能力共建共享。二是不断提高废弃物资源综合利用水平，坚持"减量化、资源化、无害化"，长三角设区市全面推进生活垃圾分类措施，生活垃圾"无害化"利用处置率达到100%。嘉定再生能源利用中心处置来自昆山、太仓的生活垃圾，江苏统筹省内固废回收基地和危废资源处置中心的规划建设，浙江开展全域"无废城市"建设。三是严厉打击非法异地倾倒危险废物，推动危废收集、转运、处置信息跨行业互联互通，全面推行危险废物转移电子联单，建立跨区域运危车辆信息的互联互通和突发环境事故的应急联动响应机制；加强联合执法、异地联动执法，严格监管危险废物非法跨界转移、倾倒等违法犯罪活动。

（四）生态环境共保联治能力显著提升

一是构建多元化多层次联合工作机制。三省一市在国家相关部委的指导下，协同编制长三角区域生态环境共同保护规划，完善生态环境保护协作小组工作机制，联手完成中国国际进口博览会、世界互联网大会、国家公祭日等区域重大活动环境质量保障任务。深化多层次环境保护合作机制，加强省级以下毗邻地区生态环境治理协作机制的建设，共推一体化合作机制下沉，南京市和马鞍山市加强协同，共同实施对石臼湖的联管共治。二是稳步推进区域标准一体化。推进长三角生态环境标准一体化建设，创新长三角区域地方标准统一发布路径，实现区域环保信用联合奖惩和生态环境违法处罚裁量基准统一。推进重点行业领域试点区域协同的污染防治体系和标准体系，联合发布《大气超级站质控质保体系技术规范》《设备泄漏挥发性有机物排放控制技术规范》2项区域地方标准。率先在示范区开展生态环境标准、监测、执法"三统一"制度建设，印发统一的主要水体环境要素功能目标、污染防治机制及评估制度，发布挥发性有机物走航监测、固定污染源废气现场监测、空气质量预报等技术规范。三是加强联合执法。联合开展省际客运、危运、货运车辆治超整治行动，加强对危废异地违法倾倒的联合监管执法，开展区域大气和水源地执法互督互学。联合签署协同推进长三角区域生态环境行政处罚裁量基准一体化工作备忘录，同步印发生态环境行政处罚裁量基准规定，实现环境执法"一把尺"。建立重点流域水质监测风险预警系统，沪苏浙皖检察机构建立生态环境保护司法协作机制。四是探索生态补偿机制建设。浙皖实施第三轮新安江流域上下游横向生态环境补偿试点工作，苏皖开展滁河流域生态补偿机制的建设，沪苏浙启动太浦河流域多元化生态补偿和污染赔偿机制研究。生态产品价值实现机制的"丽水样板"加快建立。五是提高污染防治科技水平。建立长三角环境保护专家库，举办两届"绿色长三角"论坛，依托三省一市成立的长三角生态环境联合研究中心，以长三角细颗粒物和臭氧协同防控、示范区水污染联防联控为重点，启动工业源 VOCs2.0 治理联合科研攻关，分批开展工业涂装和包装印刷行业的源头替代示范。在科技部支持下，开展上海化工区工业废水近零排放及资源化利用示范工作，不断提高环境污染防治的科技含量。

六、"幸福和谐长三角"倍道而进

增进民生福祉是发展的根本目的，坚持实施长三角一体化发展国家战略，必须要坚持在发展中保障和改善民生。三省一市立足谋民生之利、解民生之忧，促进基本公共服务便利共享，共建共享高品质公共服务，打造更具公平包容的社会环境，让人民群众在一体化发展中有更多获得感、幸福感和安全感。

（一）公共服务更加便利共享

推动长三角地区公共服务便利共享是长三角一体化发展的必然要求。三省一市加快建设应用标准统一、互联互通的信息平台，不断提升公共服务便利化和共享水平，使一体化发展成果更好惠及全体人民。

破题"一卡通"，提升公共服务便利化水平。一是41个城市实现医保"一卡通"，率先在全国探索异地门诊费用直接结算，覆盖长三角全部 41 个地级以上城市和 9200 余家医疗机构。截至 2021 年 8 月底，长三角异地门诊直接结算超 551 万人次，涉及医疗费用 14.3 亿元。同时，已初步形成统一的"长三角医疗服务设施目录"，首批"长三角诊疗项目统一目录"也在抓紧制定。二是推动轨道交通"一码通行"，上海、杭州、宁波、合肥、温州、南京、苏州、无锡、常州、徐州等区域内已开通轨道交通的 10 个城市实现全覆盖，市民们可以刷二维码无障碍异地乘坐地铁。三是探索以社会保障卡为载体建立居民服务"一卡通"，已形成《长三角社会保障卡居民服务"一卡通"工作清单》《长三角居民服务"一卡通"专区导则》，逐步探索在交通、文化旅游场景进行应用。

依托"一网通办"，提升公共服务共享水平。一是档案和社保领域，深入实施民生档案跨区查档服务项目，实现 18 类高频民生档案查询事项跨省通办。推出社会保险个人权益记录、社会保障卡查询服务，实现跨区域用户可一次查询本人名下不同工作地点社保相关记录。三省一市还通过大数据比对方式开展养老资格认证工作，建立区域间点对点的信息互传机制，提升养老保险待遇资格协助认证效率。二是公安领域，推进跨省在线开具证明，围绕四地开具频率最高的"无（违法）犯罪记录证明"和"户籍事项证明"，统一证明式样和开具流程，方便群众线上开具，无须再回户籍地公安派出所办理。还推出"大中专学生毕业户口迁移"等跨省户口网上迁移，申请人只需在迁入地派出所办理。三是住房领域，推进长三角异地购房提取住房公积金，统一公积金购房提取业务标准，实现居民异地购房公积金提取零材料、网上秒办，2021 年 5 月上线以来，19 个试点城市办理购房提取住房公积金人数 2492 人，提取金额超 4000 万元，还开通长三角地区异贷证明在线开具服务。

（二）高品质公共服务供给更加优化

全面提升高品质公共服务供给能力和水平，能够让人民群众在一体化发展中具有更多获得感和幸福感。三省一市坚持优势互补，推动跨区域公共服务统筹协调，不断优化教育、卫生健康、文化旅游、养老服务等领域资源配置，提高有效供给。

协同推动区域教育现代化，共享高品质教育资源。一是协同扩大优质教育供给。联合研发长三角教育现代化指标体系，引导各级各类学校高质量发展。探索开展长三角基础教育环境质量评估。持续开展长三角地区中小学班主任基本功大赛，共同促进班主任队伍一体化建设。二是提升高等教育协同创新发展能力。推动建立长三角地区高校协同创新机制，探索形成产学研合作新模式。开展区域高校科技创新成果展示及双创活动，促进长三角高校科技成果转化。联合举办长三角研究生学术论坛、长三角科学道德和学风建设论坛等高校活动，共同活跃学术氛围，强化学风建设。推动组建长三角医学教育联盟、长三角高等工程教育联盟等特色教育联盟，成立长三角教育发展政策法治研究中心，共同推进教育协作发展。三是促进终身教育协同发展。推进长三角市民终身学习体验基地建设，首批挂牌53家。成立长三角地区开放教育学分银行，实现三省一市学分银行系统间的互联互通和资源共享。

加强区域公共卫生联防联控，共同打造健康"长三角"。一是推动医疗服务均质化。积极支持瑞金医院无锡分院、仁济医院杭州湾医院、安徽滁州第一人民医院等重点合作医院建设，按照国家区域医疗中心建设试点要求，推动复旦大学附属儿科医院与安徽省儿童医院开展合作。共同遴选11个专业的质控中心率先开展质控合作，探索制定区域内统一的质控标准。二是加强公共卫生一体化。推进公共卫生应急合作，成立长三角院前急救联盟，启用长三角区域转运信息共享平台，开展长三角公共卫生应急培训和演练。推进疫苗接种服务协作，开展跨省数据交互测试。推动职业健康合作，启动长三角化学中毒救治远程协作平台建设。上线长三角公共卫生（网络）电台，加大区域健康促进宣传力度。三是加快长三角健康数字化建设。上海与南通试点地区开展长三角地区跨域互联互通对接，已实现南通居民在沪的就诊数据从上海健康网整合入南通健康档案库。推动长三角（上海）智慧互联网医院建设，其长三角数据互联互通平台已对接青浦、嘉善、吴江三地人口健康信息平台，实现居民临床就诊记录、实验室检验、影像检查报告等数据互联互通。四是推动卫生健康行业管理协同。共同研究制定《长三角中医药一体化高质量发展指导意见》，推进中医药质控一体化建设。联合印发《长三角区域卫生监督联动执法实施办法（试行）》，实施线上移送、联合执法、执法互认、裁量基准制定等工作机制。积极推进血液管理一体化，目前上海已与江苏省试点开展献血者用血费用异地报销、献血者信息轮询、HIV 阳性献血者数据库共享等工作。五是共同促进体育联动发展，三省一市体育局联合印发《长三角地区体育一体化高质量发展的若干意见》，共同举办长三角半程马拉松赛、长三角超级足球赛等重大赛事，组织长三角国际体育休闲博览会、长三角运动休闲体验季等各类品牌活动。

深化区域养老合作联动，推进养老服务普惠便利化。一是完善养老服务区域合作机制。四地民政部门建立区域协商协作机制，省级行业协会搭建行业平台，成立上海长三角区域养老服务促进中心，构建立体工作网络。推动上海 15 个区与苏浙皖三省 34 个市（区县）签署区域养老服务协作备忘录。二是促进养老资源共享。发布首批 57 家长三角异地养老机构名单，提供更多异地养老新选择。上海试点养老机构长护险费用向长三角区域延伸结算于2021 年 1 月起启动实施，首批 3 家异地养老机构纳入了试点范围。发布《长三角养老政策汇编》《长三角养老服务发展报告》，全域全景发布养老发展概况。三是推动养老人才共建共享。举办首届长三角养老人才招聘会、首届长三角养老护理职业技能大赛、两届长三角养老行业人才培养与发展论坛等活动。建立上海（闵行）养老服务能力建设基地，通过实景实训方式，为长三角养老服务人才队伍培育赋能。四是推进养老产业协同发展。连续两年在上海老博会设立长三角养老服务一体化联合展区，强化养老行业供需对接。成立"长三角康复辅助器具产业千亿俱乐部平台"，助力行业发展。

深入推动文化旅游合作发展，共筑文化旅游发展新高地。一是共建世界知名旅游目的地。联手打造长三角地区统一旅游标识、宣传片，联合发布名城名山名湖名镇名村名园名馆的"七名"线路，发布长三角区域房车、养生、体育、会展四个专项旅游产品 40 个，长三角"高铁 +"旅游产品线路等 66 条。联合主办"东进之路"长三角红色旅游主题活动。开展上海旅游节长三角主题活动，在江苏南通、浙江温州、安徽黄山设立上海旅游节分会场。二是共同打造区域特色文化品牌。成立长三角博物馆文创联盟、公共图书馆智库服务联盟、非遗守护联盟等组织，共同举办长三角阅读马拉松大赛、长三角流行歌曲原创大赛、长三角文旅融合优秀原创群众文艺作品展演等系列文化活动。三是共同构建充满活力的旅游文化市场。共同成立"长三角旅游推广联盟"，策划以"东方山水韵自在长三角"为统一品牌形象，在境外联合开展中国长三角旅游主题推广活动，拓展境内外旅游市场。"长三角 PASS"旅游年卡等一卡通产品发行，"游上海"APP 推出上海、杭州、南京、丽水、湖州等 17 个长三角城市"99"特色优惠旅游年票产品。共同推进长三角区域旅游领域信用联动奖惩工作，统一四地"红黑名单"认定标准和联合奖惩措施，发布长三角旅游市场"红黑名单"。

（三）社会环境更加公平包容

只有加快形成公平包容的社会环境，才能让人民群众有安全感。三省一市不断深化就业创业合作，推进社会治理共建共治共享。

健全就业创业服务体系，合力营造良好就业创业环境。三省一市注重优化就业创业环境，为重点群体就业创业提供保障。一是实施高校毕业生就业促进计划。联合推进高校毕业生就业，建立高校毕业生就业去向信息共享机制，就毕业生的院校、专业、生源地等因素对就业行业、单位、薪酬的影响作分析研判，为高校毕业生就业工作作参考。连续举办长三角地区人才交流洽谈会暨高校毕业生择业招聘会、高校毕业生网络招聘活动。二是加强就业信息共享、创业合作平台建设。协同开展长三角创业服务，开发建设公共招聘长三角地区就业服务信息专栏，举办长三角创业孵化合作发展论坛、长三角创新创业大赛等一系列创新创业活动，共享长三角创新创业资源。联合开展长三角地区人力资源服务机构专业培训，共同举办长三角地区博士后学术论坛。加强人力资源服务产业园区建设，建成国家级人力资源服务产业园 5 家、省级产业园 22 家。三是协同加强劳动保障监察协作。积极落实劳动保障监察委托协查制度、劳动者工资支付异地救济等制度，进一步加强劳动保障监察联动和信息共享，互认拖欠农民工工资"黑名单"公布信息，共同治理拖欠农民工工资问题。

探索共建共治之路，长三角警务一体化提档升级。围绕加快覆盖全警种的规划目标，三省一市公安部门逐步探索出一条高效率、重落实的合作路径。一是规划引领，体制先行。先后出台了《长三角区域警务一体化三年行动计划（2018—2020 年）》及 2019 年、2020 年重点任务书，四地厅局成立由主要领导任组长的长三角区域警务一体化领导小组，下设长三角警务办，苏浙皖三地省厅先后成立推进区域警务一体化工作专班，推动各项工作落地落实。二是数据融合应用，做好智慧防控。依托长三角区域公安应急联动指挥机制，四地省级指挥中心不断完善联席会议制度及地市级指挥平台，建设了高清视频指挥终端和联网系统，细化应急响应等级预案，实现无线通信系统联网指挥调度，做到"一地提请、全网联查、快速反应、高效处置"。三是聚焦重点，合作创新。着力打造"一网通办"亮点品牌，推进长江"禁渔"专项行动。

七、探索示范区创新警务模式

夯实应急管理基础，长三角应急协作体系日渐完善。安全是发展的基本保障，三省一市不断完善区域应急协同机制，提升区域重大突发事件联动指挥应对能力，区域城市安全韧性逐步增强。一是应急协同机制基本形成。三省一市建立了省际边界区域协同响应和增援调度、危险化学品道路运输联合管控、安全生产执法联动、防汛防台抗旱合作、重特大关联事故灾害信息共享、应急物资共用共享和协调、应急管理数字化协同、应急救援暨防灾减灾博览会常态化运行等八大工作机制。二是区域应急管理能级有效提升。长三角区域应急管理视频会商平台初步建成，应急管理数据共享交互平台加快建设。2021 年 5 月成功联合举办首届长三角国际应急减灾和救援博览会。积极与高校开展联合共建，加强应急管理学科建设和人才培养，如成立上海交通大学应急管理学院，在浙江大学、南京大学等知名高校开设应急管理学科、组建应急管理研究院，组建"长三角区域一体化应急管理研究联盟"。三是重点领域联防联控持续深化。聚焦防汛抗旱防台管理领域的突出问题，协同开展自然灾害防控应对。上海化学工业区启动试点电子标签系统，在上海试点建设危险化学品流向追溯系统，协同加强危险化学品运输安全管控。聚焦重大活动安全保障、森林防灭火、危险化学品道路运输事故救援、水上综合救援等，多次组织跨区域应急演练。协同强化金山—平湖、青浦—吴江—嘉善等省界毗邻区域安全生产监管联动，加强对烟花爆竹、跨省油气管道、流动危险吊装作业、跨省危险化学品道路运输等跨区域危险源的协作管控和联合执法。四是区域应急支撑保障不断强化。三省一市加快建设应急物资储备保障基地、危险化学品重大事故防控技术支撑基地、危险化学品安全生产应急救援基地。

八、一体化示范区取得丰硕的制度创新成果

建设长三角生态绿色一体化发展示范区是实施长三角一体化发展国家战略的先手棋和突破口。习近平总书记对一体化示范区建设寄予厚望，指出示范区是一体化制度创新的"试验田"，要大胆试、大胆闯、自主改。示范区揭牌以来，两省一市、三级八方以"集团军作战"的方式，共同推进国家战略，持续提升了示范区制度创新度、项目显示度、民生感受度，示范区建设取得了重要阶段性成果，呈现出生机勃勃、欣欣向荣的景象。

示范区的建设成果可以概括为四个"新"：一是制度创新不断取得新成果。2020 年以来，示范区出台了 60 多项制度创新成果，形成了一批具有开创性的、去特殊化的、可复制可推广的制度成果，为打破行政壁垒和政策樊篱、促进更高质量一体化发展提供了制度新供给，多项制度成果在全国其他区域复制推广，取得了不错的效果。二是项目建设不断取得新进展。围绕"一厅三片"重点区域和互联互通、生态环保、科技创新、公共服务四个重点

领域，推进了华为研发中心、长三角可持续发展研究院、英诺赛科、科大亨芯、云顶新耀、长三角智慧绿洲等 100 多个重点项目。三是区域发展不断形成新亮点。在国家战略带动下，示范区一体化制度创新红利充分释放，两区一县发展势头强劲，地区生产总值都实现了两位数以上增长，2021 年上半年，青浦、吴江、嘉善分别增长 15.3%、12.5%、17.1%。四是体制机制不断产生新成效。示范区形成了"机构法定、业界共治、市场运作"的新型跨域治理模式，持续深化理事会—执委会工作机制，建立了开发者联盟，联盟成员单位已从成立时的 12 家扩围至 41 家，引入了一大批优秀企业和优质要素资源参与示范区建设。执委会作为示范区建设推进主体，自身建设也逐步做强做实。在各方通力合作下，示范区建设已经成为全国乃至全球创新创业的新热土、聚能聚力的强磁场，为长三角区域更高质量一体化发展贡献了示范区力量。

九、体制机制创新取得突破性进展

破除制约一体化发展的行政壁垒和体制机制障碍，能够为更高质量一体化发展提供强劲内生动力。在国家相关部门的大力支持和指导下，三省一市不断完善多层次的合作机制，形成全社会共同参与推动长三角一体化发展的强大合力。

（一）国家层面运筹帷幄强指导

长三角一体化发展是新时代中共中央、国务院确定的重大战略。国家层面高屋建瓴出台规划纲要后，进一步强化组织协调。一是成立了推动长三角一体化发展领导小组，小组负责统筹指导和综合协调长三角一体化发展战略实施，研究审议重大规划、重大政策、重大项目和年度工作安排，协调解决重大问题，督促落实重大事项。领导小组办公室设在国家发展改革委，承担领导小组日常工作。2019 年 6 月 3 日、2020 年 9 月 24 日、2021 年 6 月 1 日，三次召开推动长三角一体化发展领导小组会议，认真贯彻落实习近平总书记相关重要指示批示和重要讲话精神，审议相关重要文件，部署推进相关工作。二是围绕重点领域建立健全部市合作机制。如生态方面，三省一市政府和国家有关部委共同组建长三角区域生态环境保护协作小组（前身为长三角区域大气、水污染防治协作小组），由上海市委书记担任组长，强化区域污染联防联控和绿色发展。科技产业方面，科技部与三省一市形成"4+1"工作机制，建立了工作专班机制，共同推进长三角科技创新共同体建设。科技部还会同国家发展改革委等部门、沪苏浙皖科技委（厅）、G60科创走廊九城市政府，成立了国家推进G60科创走廊建设专责小组，共同推进建设科技和制度创新双轮驱动、产业和城市一体化发展的先行先试走廊。

（二）地方层面同力协契深推进

三省一市作为推进长三角一体化发展的责任主体，不断探索创新，做深做实、优化完善合作机制，积极推进各项任务落实落地。

优化完善长三角区域合作机制。随着长三角一体化发展上升为国家战略，合作机制由过去强调的"三级运作、统分结合"逐步转变为"上下联动、三级运作、统分结合、各负其责"。一是三省一市都成立了省（市）推动长三角一体化发展领导小组，在国家推动长三角一体化发展领导小组统一领导下，上下"一盘棋"，落实工作责任，确保落实到位。三省一市还分别在发展改革委中增设了长三角一体化发展处，作为长三角联席办的承担机构。二是三省一市共同组建长三角区域合作办公室，在上海实现联合集中办公。长三角区域合作办是长三角高质量一体化发展的服务平台和推进机构，是对接中央层面领导小组办公室的综合平台和三省一市推进工作落实的联系枢纽。成立以来，切实推动跨省市信息沟通、工作联动和资源统筹，积极开展议事协调，做出了积极贡献。三是优化专题合作组设置和机制。结合形势变化，增设应急管理、宣传、公共卫生等三个专题合作组。部分专题合作组探索开展三年固定轮值试点，其中，环保、科技专题合作组由上海市牵头，交通专题合作组由江苏省牵头，信息化专题合作组由浙江省牵头，能源专题合作组由安徽省牵头。此外，政务服务、教育、医保、民政、文化旅游等部门虽未成立专题合作组，也逐步形成了较为成熟的合作机制。

积极发挥三省一市人大、政协、公检法司等党政机关单位的支撑作用。

如三省一市人大、政协加强合作，人大建立了长三角地区人大常委会主任座谈会制度，分别通过《关于支持和保障长三角地区更高质量一体化发展的决定》，联合开展立法研究；政协建立了长三角地区政协主席联席会议制度，推动联合调研走访、联动民主监督。纪检监察机关共同签署协议，以监督执纪问责、监督调查处置倒逼各项工作任务务实推进，上海市纪委积极开展与长三角区域合作办公室和长三角生态绿色一体化发展示范区执委会的纪检监察工作沟通协作。党委组织部积极探索干部管理工作制度创新，深化长三角跨区域干部交流工作，已选派17名苏浙皖干部和17名上海干部开展跨区域挂职。党委宣传部组建了宣传合作专题组，围绕加强江南文化研究交流、共同举办长三角国际文化产业博览会、共同做好长三角一体化宣传等开展合作。统战部积极开展沪苏浙皖统战工作研讨会、长三角工商峰会、长三角党外知识分子主题论坛、海外华侨华人高层次人才相聚长三角等活动，组织党外人士为长三角一体化积极建言献策。公安、法院、检察院等部门也深化合作，设立区域警务一体化领导小组办公室、检察协作办公室等机构，推进区域法治建设。工商联、贸促会等单位也积极投入到一体化工作中。

建立健全跨区域城市合作机制，城市经济协调会机制更加完善。2019年，城市经济协调会办公室工作职能由上海市政府合作交流办公室划转至长三角区域合作办公室进行统筹管理。2019年10月15日，长三角城市经济协调会第十九次会议在芜湖市成功召开，一次性吸纳了蚌埠等7个城市加入城市经济协调会，实现对长三角地区41个地级市全覆盖，促进长三角城市间多方式、多层次的合作。都市圈一体化加快推进，上海大都市圈成立了都市圈空间规划协同工作领导小组，推动大都市圈规划及临沪地区规划。合肥都市圈建立了都市圈党政领导高层会商、部门对接和社会联动制度，推动各项重点工作落实。毗邻区域深入务实合作，如金山区与嘉善县建立毗邻地区界河保洁合作机制，进一步完善交界河湖一体化协同治理体系。南京与安徽共建江宁—博望、顶山—汊河、浦口—南谯跨界一体化发展示范区，以规划编制、基础设施、生态环保、产业协作、公共服务和社会治理的一体化实现毗邻区域跨界融合发展。为推进"一地六县"合作区建设，各相关地市形成了地方层面的工作推进机制。产业园区联动合作，中新苏滁现代产业园、中新嘉善现代产业园、上海漕河泾开发区海宁分区等产业合作园区机制逐步健全。

（三）社会层面全面参与添光彩

近年来，社会各界主体都积极参与一体化发展中来。如学界方面，复旦大学、上海交通大学、南京大学、浙江大学、中国科学技术大学发起成立大学联盟，共建一流学科联合体，共享优质高等教育资源，共创重大科技创新载体，共引高层次创新人才，共织国际高校合作网络。上海社会科学院长三角与长江经济带研究中心、上海市发展改革研究院、江苏省战略与发展研究中心、中科院南京地理与湖泊研究所区域发展与规划研究中心、清华大学区域发展研究院、浙江清华长三角研究院、浙江省发展规划研究院、安徽省经济研究院等八家智库机构联合发起成立长三角高端智库联盟，形成助力长三角一体化高质量发展的智库合力。业界方面，围绕长三角地区鼓励发展的重点产业，成立了长三角企业家联盟，把三省一市相同或相近的行业协会商会、行业龙头企业等联合起来，共同推动长三角产业协同发展。三峡集团、阿里巴巴集团、华为集团、普华永道等机构共同成立长三角生态绿色一体化发展示范区开发者联盟，并继续做大"朋友圈"，共同为示范区建设持续赋能。长三角投资（上海）公司、江苏高科技投资集团、浙江省海港集团、安徽国元金融控股集团联合发起成立了长三角一体化发展国资百企合作联盟，积极发挥长三角国有经济发展优势，更好服务区域经济社会发展大局。

第三节　未来发展路径与工作方式规划

几年来，长三角一体化发展主攻方向越来越明确，战略路径越来越清晰，体制机制越来越完善，长三角一体化发展进入了前所未有的加速期。在当今世界正经历百年未有之大变局的新形势下，长三角一体化发展正处于重要战略机遇期，机遇和挑战都发生了深刻复杂变化。新一轮科技革命和产业变革的加速演变同我国经济优化升级交汇融合，国际力量对比深刻调整，人类命运共同体理念深入人心，为长三角一体化发展提供了良好的外部环境。中国特色社会主义进入新时代，开启全面建设社会主义现代化新征程，我国经济转向高质量发展阶段，构筑新发展格局战略对长三角一体化发展提出了新的历史使命和更高要求，为长三角一体化发展带来新机遇。同时，国际环境日趋复杂，不稳定性不确定性明显增加，新冠肺炎疫情影响广泛深远，经济全球化遭遇逆流，国际形势复杂严峻。经济恢复基础尚不牢固。区域发展不平衡不充分问题仍然存在，阻碍经济社会高质量发展的行政壁垒仍未完全打破，统一开放的市场体系尚未形成；全面深化改革还没有形成系统集成效应，与国际通行规则相衔接的制度体系尚未建立。

面对严峻复杂的形势，总书记在扎实推进长三角一体化发展座谈会上提出了"三大使命、七项任务"的更高要求，长三角在全国发展大局中的战略地位更加凸显，为国家攻坚突围的任务更加艰巨。要深入贯彻落实总书记关于长三角一体化发展的重要论述，紧扣"一体化"和"高质量"两个关键词，紧扣"一极三区一高地"的战略定位，紧扣"三大使命、七项任务、一个保障"的战略要求，以更坚定的决心、更务实的行动、更强大的合力，扎实推进各项战略任务落地落实，加快探索服务全国构建新发展格局的有效路径。核心是要发挥好三个方面作用。

一是当好经济"压舱石"，成为我国发展强劲活跃的增长极，扮演好"国家队"角色，提高贡献度、增强影响力，带动全国经济高质量发展。二是当好发展"动力源"，勇当我国科技和产业创新的开路先锋，提供高水平科技供给，为国际科技自立自强多做贡献，为国内大循环提供强劲动能。三是当好改革"试验田"，率先建设更高水平制度型经济新体制，更好参与国际合作和竞争、引领世界治理体系变革。重点是要以推动实施长三角一体化发展24个重点协同深化事项为发力点，加快攻坚突破和示范引领，努力当好应对国内外风险挑战突出重围的"先手棋"。具体做好以下四方面工作：一是扎实推动科技产业领域攻坚突破。聚焦国家亟待突破的战略性领域，充分发挥长三角优势，整合力量，各扬所长，联合攻坚突破。建设长三角科技创新共同体，推进重大科技基础设施集群建设和国家实验室协同布局，共同实施长三角科技联合攻关计划，推行"揭榜挂帅"方式联合开展技术攻关，解决一批"卡脖子"的重大技术难题，加快长三角国家技术创新中心建设，协同强化科技成果转移转化，为国家提供高水平科技供给。持续深入开展长三角产业链补链固链强链，充分发挥产业链联盟和龙头企业作用，推动产业链上下游协同开展技术攻关和供应链合作，加强技术应用、资金支持、国产替代等方面政府支持政策跨区域统筹和协同。积极推动集成电路、生物医药、人工智能等重点领域产业合作，建设国家级区域数据中心集群，推动数字化转型和赋能，加快打造世界级产业集群。

二是着力推动绿色低碳转型发展。加强跨区域协同，系统推进环境协同治理，全面推进绿色低碳转型，努力建设人与自然和谐共生的美丽长三角。加强太湖流域综合治理，推动太浦河、淀山湖等重点跨界水体治理，深化上下游联动合作机制，建设环太湖地区城乡有机废弃物处理利用示范区。深化大气污染协同治理，协同开展船舶、集卡及非道路移动机械等移动污染源治理，加强环杭州湾地区石化化工行业臭氧污染的防治协作。统筹调整能源、产业、运输、用地等结构，完善绿色低碳政策和市场体系，共建全国碳排放权交易市场，共同推进碳达峰碳中和。

三是不断提升互联互通和便利共享水平。针对基础设施、公共服务、社会治理等领域存在的短板，三省一市同向发力，共同拉长板补短板，夯实一体化发展基础。重点推进通苏嘉甬、沪乍杭、扬镇宁马、沪渝蓉高铁等重大铁路项目开工建设。持续完善都市圈通勤交通圈，加快跨区域城际铁路和市域（郊）铁路规划建设，促进多层次轨道网络的融合。尽快打通、加密、提升欠发达地区对外通道，推进综合交通网络向欠发达地区延伸。加强区域内省际间电网互联互通，加强区域电力安全互济互助。持续推进医保一体化、居民一卡通、政务服务"一网通办"等便民服务，进一步提升人民获得感幸福感。协同实施消费升级行动计划，深入开展"满意消费长三角行动"，共同优化消费环境。完善应急协同管理体系，提升区域防灾减灾救灾和应急联合处置能力。加快"一地六县"产业合作区、长三角康养基地等产业载体和功能性平台建设，不断增强欠发达区域高质量发展动能。

四是加快推动重点区域制度创新。长三角生态绿色一体化发展示范区建设将坚持制度＋项目双轮驱动，探索更深层次、更高水平的制度创新与系统集成改革，着力推进水乡客厅等一批重大项目建设。推进浦东高水平改革开放，在改革系统集成协同高效、高水平制度型开放、增强配置全球资源能力、提升城市现代化治理水平等方面先行先试。推动临港新片区实行更大程度的开放压力测试，努力打造更具国际竞争力的特殊经济功能区。建设虹桥国际开放枢纽，落实好总体方案明确的政策措施、功能平台和重大项目，打造长三角强劲活跃增长极的"极中极"、联通国际国内市场的"彩虹桥"。加强长三角自贸试验区联动发展，对标国际高标准经贸规则，加强改革经验互学互鉴和复制推广。

参考文献

［1］陈池.区域智慧交通发展水平评价研究——以长三角地区为例［D］.南京：南京大学，2020.

［2］陈珺，张弛，张涛.绘就交通蓝图 点燃长三角发展引擎［J］.中国水运，2019（9）.

［3］陈思，尤珍，魏晓雯.为长三角一体化高质量发展提供现代化水安全保障［N］.中国水利报，2021-07-15（005）.

［4］冯利华.推进新型基础设施建设高质量发展［J］.环渤海经济瞭望，2021（7）.

［5］傅卿娜.世界级城市群体系下的长三角机场群协同发展初探［J］.民航管理，2018（11）.

［6］高山，靳宇恒.长三角地区能源消费与经济增长关系的实证研究［J］.现代农业科技，2012（4）.

［7］郭聪聪，彭瑛，吴茂裕，等.长三角机场群运行相关性分析［J］.中国民航大学学报，2020，38（6）.

［8］郭向阳，穆学青，明庆忠，等.旅游地快速交通优势度与旅游流强度的空间耦合分析［J］.地理研究，2019，38（5）.

［9］何子杰，徐驰.构建长三角区域一体化水网思路探讨［J］.人民长江，2021，52（S1）.

［10］洪银兴，谢云凤.新发展理念引领长三角一体化建设［J］.风流一

代，2021（33）.

[11] 纪碧华，刘增贤，李琛，等.面向长三角一体化的太湖流域智能水网建设构想 [J].水利水电快报，2021，42（9）.

[12] 寇书萌，张瀚舟.长三角协同建设国际油气交易中心的实施路径研究 [J].上海节能，2021（8）.

[13] 李敏.协同推进区域一体化安全风险防控 [J].群众，2020（18）.

[14] 凌定祥，王京元，郝钊.长三角高速公路一体化建设 [J].城市交通，2005（2）.

[15] 刘生龙，胡鞍钢.交通基础设施与中国区域经济一体化 [J].经济研究，2011，46（3）.

[16] 梅雅鑫.移动云打造"数智化"底座 助力长三角高质量发展 [J].通信世界，2021（13）.

[17] 牟莹莹.基于长三角机场群的航线网络优化 [D].南京：南京航空航天大学，2020.

[18] 隋朝霞，付亚轩.长三角地区能源需求分析及能源转型的思考 [J].中国石油和化工标准与质量，2021，41（9）.

[19] 孙春明，卜卫平，孙连慧，等.数字经济背景下泰兴融入长三角区域一体化发展路径探析 [J].中国工程咨询，2022（2）.

[20] 覃成林，柴庆元.交通网络建设与粤港澳大湾区一体化发展 [J].中国软科学，2018（7）.

[21] 屠烜.依托轨道交通打造上海城市高密度经济走廊 [J].科学发展，2021（12）.

[22] 王倍.跨境电商背景下长三角中小货代企业转型升级研究 [J].中国经贸导刊（中），2021（8）.

[23] 王成新，刘瑞超，王明苹，等.高速公路对城市群结构演变的影响研究——以山东半岛城市群为例.地理科学 [J].2011，31（1）.

[24] 王美福，徐璐.长三角区域率先形成新发展格局的优势分析 [J].

统计科学与实践，2021（4）.

［25］王郁.打造区域综合交通网络，促进长三角高质量一体化发展［N］.第一财经日报，2019-01-17（A11）.

［26］隗丹丹.高铁对长三角城市群要素资源配置的影响研究［D］.北京：北京交通大学，2021.

［27］翁史烈，黄震，于立军，等.长三角现代化能源大系统建设战略研究［J］.中国工程科学，2021，23（1）.

［28］吴欣."十一五"我国将加大对长三角水运投入［N］.现代物流报，2006-06-13（01）.

［29］徐军.长三角一体化过程中省级广播的机遇、实践和探索［J］.广电时评，2021（18）.

［30］徐勇明，王新影，王利军，等.党建引领长三角电力一体化发展的实践与探索［J］.中国电力教育，2020（S1）.

［31］杨潇悦.长三角城市群高速交通网络2小时通达范围研究［D］.上海：上海师范大学，2021.

［32］于明亮，李雨薛，陈文浩，等.长三角地区能源消费变化的驱动因素分解研究——基于1995—2016年数据的分析［J］.东南大学学报（哲学社会科学版），2020，22（2）.

［33］袁中慧.基于高速公路网络通达性的城市腹地变化研究［D］.上海：上海师范大学，2012.

［34］曾俊伟，钱勇生，朱雷鹏，等.西部地区多维轨道交通与新型城镇化协同发展演化［J］.经济地理，2021，41（11）.

［35］张文尝，王姣娥.改革开放以来中国交通运输布局的重大变化［J］.经济地理，2008（5）.

［36］张一博.数字经济背景下长春市人才发展对策研究——基于上海、杭州数字经济人才发展的分析［J］.中国市场，2022（6）.

［37］章强.长三角港口群发展定位的演变及上海港对策研究［J］.航海，

2020（6）.

［38］周明.正在被数字化改变的长三角［N］.马鞍山日报,2021-11-24（006）.

［39］白教.长三角都市圈地方政府间关系探析［D］.武汉:华中科技大学硕士论文,2007.

［40］陈吉晗.智能化医疗影像系统新发展［J］.信息与电脑,2019（9）.

［41］陈宪.以"上海都市圈"建设推动长三角一体化发展［J］.金融经济,2019（7）.

［42］丛亮.长三角一体化发展上升为国家战略三年成果丰硕［J］.宏观经济管理,2021（12）.

［43］翟子清.区域规划实施机制研究［D］.南京:东南大学硕士论文,2017.

［44］方明.长三角区域一体化法治建设思考［J］.群众,2020（1）.

［45］韩佳.长江三角洲区域经济一体化发展研究［D］.上海:华东师范大学博士论文,2008.

［46］韩坚,熊璇.新发展格局下长三角区域高质量发展的新机制和路径研究［J］.苏州大学学报（哲学社会科学版）,2021（2）.

［47］郝良峰.长三角城市群区域一体化发展的合作机制构建［J］.苏州科技大学学报（社会科学版）,2019（2）.

［48］何周倩,罗小龙,顾宗倪.长三角区域战略与竞合新趋势［J］.经济地理,2022（2）.

［49］洪银兴.长三角一体化新趋势——在同城化基础上推进长三角区域一体化［J］.上海经济,2018（3）.

［50］胡剑双,孙经纬.国家—区域尺度重组视角下的长三角区域治理新框架探析［J］.城市规划学刊,2020（5）.

［51］胡奇敏.刍议长三角一体化的基础法制建设［J］.中国发展,2019（5）.

［52］贾康,苏京春,周学腾.论"长三角一体化"顶层规划及相关供给

优化原则［J］.经济研究参考，2021（17）.

［53］刘冬，杨悦，张文慧，等.长三角区域一体化发展规划与政策制度研究［J］.环境保护，2020（20）.

［54］刘娟.长三角区域一体化规划实施中的行政协调机制探究［J］.盐城师范学院学报（人文社会科学版），2021（5）.

［55］刘雅媛，张学良."长江三角洲"概念的演化与泛化——基于近代以来区域经济格局的研究［J］.财经研究，2020（4）.

［56］刘志彪.长三角区域市场一体化与治理机制创新［J］.学术月刊，2019（10）.

［57］刘志彪.长三角一体化发展示范区建设：对内开放与功能定位［J］.现代经济探讨，2019（6）.

［58］刘志强.长三角一体化发展的制度机制建设重点及路径［J］.经济纵横，2021（11）.

［59］马仁锋.长江三角洲区域一体化政策供给及反思［J］.学术论坛，2019（5）.

［60］米晋宏，夏飞.政府基础研发、技术要素市场化与双循环格局［J］.上海经济研究，2020（12）.

［61］欧阳鹏，刘希宇，钟奕纯.应对重大疫情事件的跨区域联防联控机制探讨［J］.城市规划，2020（3）.

［62］曲泽静，张慧君.基于要素流动的长三角经济带经济体协同发展研究［J］.统计与决策，2016（6）.

［63］群仲平.加快推动长三角区域一体化发展落地落实［J］.群众，2019（20）.

［64］沈学伍，葛国曙.长三角卫生应急一体化实践与思考［J］.中国卫生事业管理，2021（4）.

［65］唐坚.积极探索智慧政务异地互通机制推动长三角智慧城市群发展［J］.智库时代，2019（28）.

［66］唐亚林，于迎．主动对接式区域合作：长三角区域治理新模式的复合动力与机制创新［J］．理论探讨，2018（1）．

［67］王华．新形势下长三角区域协同治理机制构建［J］．科学发展，2020（11）．

［68］王佳宁，罗重谱．新时代中国区域协调发展战略论纲［J］．改革，2017（12）．

［69］熊健，孙娟，王世营，等．长三角区域规划协同的上海实践与思考［J］．城市规划学刊，2019（1）．

［70］杨官鹏．日本跨行政区域组织机构管理经验及其对长三角一体化发展的启示［J］．云南行政学院学报，2020（2）．

［71］俞慰刚．日本首都圈政策及规划对长三角城市一体化的启示［J］．上海城市管理，2018（2）．

［72］郁鸿胜．新时代长三角一体化发展的新路径［J］．上海企业，2019（6）．

［73］张学良，林永然，孟美侠．长三角区域一体化发展机制演进：经验总结与发展趋向［J］．安徽大学学报（哲学社会科学版），2019（1）．

［74］长江三角洲城市经济协调会办公室．共建世界级城市群——长江三角洲城市经济协调会二十年发展历程（1997—2017）［M］．上海：东方出版中心，2017.

［75］郑序颖．习近平：实施国家大数据战略 加快建设数字中国［J］．科技新时代，2018.

［76］钟和．长三角一体化活力迸发成绩斐然［J］．上海企业，2021（11）．

［77］朱志伟．迈向包容性协同：长三角公共服务一体化的范式选择与发展趋向［J］．苏州大学学报（哲学社会科学版），2021（5）．

［78］方晨光．高质量推动杭州、上海两大都市圈融合发展［J］．创意城市学刊，2020（2）．

［79］姚凯．加快临港新片区人才集聚 打造自贸区人才辐射新窗口［N］．第一财经日报，2019-10-17（A11）．

［80］胡曙虹，张宓之，乐嘉昂．如何建设长三角科技创新共同体［J］．华东科技，2020（7）．

［81］刘志彪，徐宁．统一市场建设：长三角一体化的使命、任务与措施［J］．现代经济探讨，2020（7）．

［82］徐军海，黄永春，邹晨．长三角科技人才一体化发展的时空演变研究——基于社会网络分析法［J］．南京社会科学，2020（9）．

［83］胡东，周英芬．上海临港新片区高等院校"产教城"融合发展的思考［J］．产业与科技论坛，2020，19（1）．

［84］黄国雄，王平，李德俊，等．新时代皖苏结合部共建自贸区港研究［J］．安徽冶金科技职业学院学报，2019，29（1）．

［85］杨陈静，刘航．自贸区协同发展的研究综述［J］．四川行政学院学报，2019（2）．

［86］李娜，姜乾之，张岩．新时代下长三角港口群发展新趋势与对策建议［J］．上海城市管理，2019，28（4）．

［87］桂海滨，邵哲一．上海自贸试验区临港新片区设立对浙江的影响分析［J］．浙江海洋大学学报（人文科学版），2019，36（5）．

［88］唐芳，张奇．自贸试验区背景下海关特殊监管区域发展模式的思考［J］．国际贸易，2017（11）．

［89］李娜．基于区域一体化背景下的长三角海洋经济整合研究［J］．上海经济研究，2014（7）．

［90］黎梦竹．浦东打造社会主义现代化建设引领区，光明网［EB/OL］．http：//m.gmw.cn/baijia/2021-07/21/35013201.html.

［91］新华社．赋予浦东新区改革开放新的重大任务，中央人民政府网站［EB/OL］.http：//www.gov.cn/xinwen/2021-07/17/content_5625622.htm.

［92］刘新宇，胡静，沈爱萍．长三角生态绿色一体化发展示范区生态环境管理机制研究［J］．中国发展，2019，19（6）．

［93］陈建军．全局视野下的长三角协调发展机制研究［J］．人民论坛·学

术前沿，2015（18）.

［94］陈建军，陈菁菁，黄洁.长三角生态绿色一体化发展示范区产业发展研究［J］.南通大学学报（社会科学版），2020，36（2）.

［95］程必定.长三角更高质量一体化发展新论［J］.学术界，2019（11）.

［96］陈雯.彰显长三角一体化示范区的生态底色［J］.群众，2020（17）.

［97］胡彬，仲崇阳.长三角生态绿色一体化示范区跨界治理的需求层次与模式创新［J］.科学发展，2021（3）.

［98］李志青，刘瀚斌.长三角绿色发展区域合作：理论与实践［J］.企业经济，2020，39（8）.

［99］张仁开，周小玲.长三角生态绿色一体化发展示范区协同创新实践与思考［J］.科技中国，2021（8）.

［100］郭斯兰.找准省域层面推动共同富裕的着力点和突破口［J］.浙江经济，2021（5）.

［101］章斐龙.辩证把握推进共同富裕示范区建设的若干关系［J］.政策瞭望，2021（12）.

［102］黄祖辉，叶海键，胡伟斌.推进共同富裕：重点、难题与破解［J］.中国人口科学，2021（6）.

［103］郁建兴，任杰.共同富裕的理论内涵与政策议程［J］.政治学研究，2021（3）.

［104］王婷，苏兆霖.中国特色社会主义共同富裕理论：演进脉络与发展创新［J］.政治经济学评论，2021，12（6）.

［105］刘元春，刘晓光.在三大超越中准确把握共同富裕的理论基础、实践基础和规划纲领［J］.经济理论与经济管理，2021，41（12）.

［106］冯洁.推动共同富裕体制机制创新——访浙江工商大学校长、浙江大学社会治理研究院院长郁建兴［J］.浙江经济，2022（2）.

［107］胡献政.浙江高质量发展建设共同富裕示范区的主要做法及启示［J］.发展研究，2021，38（S1）.